Glencoe Spanish 1

California Edition

¡Buen viaje!

WITH FEATURES BY

NATIONAL
GEOGRAPHIC
SOCIETY

Conrad J. Schmitt • Protase E. Woodford

Glencoe
McGraw-Hill

New York, New York   Columbus, Ohio   Chicago, Illinois   Peoria, Illinois   Woodland Hills, California

About the Front Cover

Plaza Mayor, Madrid This is one of the largest squares in Europe. It was designed by the architect of Felipe II, but construction on it was completed in 1620, during the reign of Fernando III. The Plaza Mayor is closed to traffic, making it a pleasant spot to enjoy food and beverages at one of the many cafés.

About the Back Cover

(top) Montefrío (Andalucía), (middle) Ballet Folklórico de México; (right) Don Quijote, España; (bottom) Ruinas de Tulum, Yucatán, México

The McGraw·Hill Companies

The feature in this textbook entitled **Vistas** was designed and developed by the National Geographic Society's School Publishing Division. Copyright 2000 National Geographic Society. All rights reserved.

The name "National Geographic" and the yellow border are registered trademarks of the National Geographic Society.

Printed in the United States of America.

Send all inquiries to:
Glencoe/McGraw-Hill
8787 Orion Place
Columbus, OH 43240-4027

ISBN: 0-07-860979-8 (California Student Edition)
ISBN: 0-07-860953-4 (California Teacher Wraparound Edition)

2 3 4 5 6 7 8 9 10   071/055   10 09 08 07 06 05 04

About the Authors

Conrad J. Schmitt

Conrad J. Schmitt received his B.A. degree magna cum laude from Montclair State College, Upper Montclair, NJ. He received his M.A. from Middlebury College, Middlebury, VT. He did additional graduate work at Seton Hall University and New York University. Mr. Schmitt has taught Spanish and French at the elementary, junior, and senior high school levels, as well as at the undergraduate and graduate levels. In addition, he has traveled extensively throughout Spain, Central and South America, and the Caribbean.

Protase E. Woodford

Protase "Woody" Woodford has taught Spanish at all levels from elementary through graduate school. At Educational Testing Service in Princeton, NJ, he was Director of Test Development, Director of Language Programs, Director of International Testing Programs and Director of the Puerto Rico Office. He has served as a consultant to the United Nations Secretariat, UNESCO, the Organization of American States, the U.S. Office of Education, and many ministries of education in Asia, Latin America, and the Middle East.

Contenido

Lecciones preliminares

Objetivos

In these preliminary lessons you will learn to:

❖ greet people
❖ say good-bye to people
❖ express simple courtesies
❖ find out and tell the days of the week
❖ find out and tell the months of the year
❖ count from 1 to 30
❖ find out and tell the seasons

Capítulo 1

Objetivos

In this chapter you will learn to:

❖ ask or tell who someone is

❖ ask or tell what something is

❖ ask or tell where someone is from

❖ ask or tell what someone is like

❖ describe yourself or someone else

❖ talk about a famous Spanish novel and some Latin American heroes

Un amigo o una amiga

Contenido

Capítulo 2

Objetivos

In this chapter you will learn to:

- ❖ **describe people and things**
- ❖ **talk about more than one person or thing**
- ❖ **tell what subjects you take in school and express some opinions about them**
- ❖ **tell time**
- ❖ **tell at what time an event takes place**
- ❖ **talk about Spanish speakers in the United States**

Alumnos y cursos

Capítulo 3

Objetivos

In this chapter you will learn to:

❖ **identify and describe school supplies**

❖ **identify and describe articles of clothing**

❖ **shop for school supplies and clothing**

❖ **state color and size preferences**

❖ **speak to people formally and informally**

❖ **discuss differences between schools in the United States and in Spanish-speaking countries**

Las compras para la escuela

Contenido

Capítulo 4

Objetivos

In this chapter you will learn to:

* ❖ talk about going to school
* ❖ talk about some school activities
* ❖ greet people and ask how they feel
* ❖ tell how you feel
* ❖ describe where you and others go
* ❖ describe where you and others are
* ❖ discuss some differences between schools in the United States and schools in Spanish-speaking countries

En la escuela

Capítulo 5

Objetivos

In this chapter you will learn to:

- ❖ order food or a beverage at a café
- ❖ identify some food
- ❖ shop for food
- ❖ talk about activities
- ❖ talk about differences between eating habits in the United States and in the Spanish-speaking world

En el café

Capítulo 6

Objetivos

In this chapter you will learn to:

- ❖ talk about your family
- ❖ describe your home
- ❖ tell your age and find out someone else's age
- ❖ tell what you have to do
- ❖ tell what you are going to do
- ❖ tell what belongs to you and to others
- ❖ talk about families in Spanish-speaking countries

La familia y su casa

Capítulo 7 — Deportes de equipo

Objetivos

In this chapter you will learn to:

- ❖ talk about team sports and other physical activities
- ❖ tell what you want to, begin to, and prefer to do
- ❖ talk about people's activities
- ❖ express what interests, bores, or pleases you
- ❖ discuss the role of sports in the Hispanic world

Capítulo 8 — La salud y el médico

Objetivos

In this chapter you will learn to:

❖ **explain a minor illness to a doctor**

❖ **describe some feelings**

❖ **have a prescription filled at a pharmacy**

❖ **describe characteristics and conditions**

❖ **tell where things are and where they're from**

❖ **tell where someone or something is now**

❖ **tell what happens to you or someone else**

Capítulo 9

Objetivos

In this chapter you will learn to:

❖ describe summer and winter weather

❖ talk about summer activities and sports

❖ talk about winter sports

❖ discuss past actions and events

❖ refer to people and things already mentioned

❖ talk about resorts in the Hispanic world

El verano y el invierno

Capítulo 10 Diversiones culturales

Objetivos

In this chapter you will learn to:

❖ discuss movies, museums, and theater

❖ discuss cultural events

❖ relate more past actions or events

❖ tell for whom something is done

❖ discuss some dating customs in the United States and compare them with those in Spanish-speaking countries

❖ talk about cultural activities that are popular in the Spanish-speaking world

Capítulo 11 Un viaje en avión

Objetivos

In this chapter you will learn to:

- ❖ check in for a flight
- ❖ talk about some services on board the plane
- ❖ get through the airport after deplaning
- ❖ tell what you or others are currently doing
- ❖ tell what you know and whom you know
- ❖ discuss the importance of air travel in South America

Capítulo 12 Una gira

Objetivos

In this chapter you will learn to:

❖ **describe your personal grooming habits**

❖ **talk about your daily routine**

❖ **tell some things you do for yourself**

❖ **talk about a backpacking trip**

Capítulo 13 Un viaje en tren

Objetivos

In this chapter you will learn to:

- ❖ use expressions related to train travel
- ❖ purchase a train ticket and request information about arrival, departure, etc.
- ❖ talk about more past events or activities
- ❖ tell what people say
- ❖ discuss an interesting train trip in Spain and Peru

Capítulo 14 En el restaurante

Objetivos

In this chapter you will learn to:

❖ order food or a beverage at a restaurant

❖ identify eating utensils and dishes

❖ identify more foods

❖ make a reservation at a restaurant

❖ talk about present and past events

❖ describe some cuisines of the Hispanic world

Literary Companion

Handbook

Guide to Symbols

Throughout **¡Buen viaje!** you will see these symbols, or icons. They will tell you how to best use the particular part of the chapter or activity they accompany. Following is a key to help you understand these symbols.

 Audio link This icon indicates material in the chapter that is recorded on compact disk format and/or audiocassette.

 Recycling This icon indicates sections that review previously introduced material.

 Paired Activity This icon indicates sections that you can practice orally with a partner.

 Group Activity This icon indicates sections that you can practice together in groups.

 Un poco más This icon indicates additional practice activities that review knowledge from each chapter.

 ¡Adelante! This icon indicates the end of new material in each chapter. All remaining material is recombination and review.

 Literary Companion This icon appears in the review lessons to let you know that you are prepared to read the literature selection indicated if you wish.

 Interactive CD-ROM This icon indicates that the material is also on the Interactive CD-ROM.

El mundo hispanohablante

Spanish is the language of more than 350 million people around the world. Spanish had its origin in Spain. It is sometimes fondly called the "language of Cervantes," the author of the world's most famous novel and character, *Don Quijote.* The Spanish **conquistadores** and **exploradores** brought their language to the Americas in the fifteenth and sixteenth centuries. Spanish is the official language of almost all the countries of Central and South America. It is the official language of Mexico and several of the larger islands in the Caribbean. Spanish is also the heritage language of more than 35 million people in the United States.

▼ España

▲ México

◀ Chile

▲ Venezuela

GROENLANDIA
Mar de Groenlandia
ISLANDIA
Mar de Barents
Mar de Noruega
Mar de Kara
OCÉANO ÁRTICO
Mar de Láptiev

RUSIA
ASIA
Mar de Ojotsk

Mar del Norte
EUROPA
KAZAJSTÁN
MONGOLIA

Mar Negro
GEORGIA
ARMENIA
UZBEKISTÁN
KIRGUIZITÁN
COREA DEL NORTE
Mar del Japón
JAPÓN

TURQUÍA
TURKMENISTÁN
TAYIKISTÁN
CHINA
COREA DEL SUR

MELILLA
LÍBANO
SIRIA
AZERBAIJÁN
AFGANISTÁN
CEUTA
MAR MEDITERRÁNEO
ISRAEL
IRAK
JORDANIA
IRÁN
PAKISTÁN
NEPAL
BHUTÁN
Mar de la China oriental

MARRUECOS
TÚNEZ
KUWAIT
BAHREIN

SAHARA OCCIDENTAL
ARGELIA
LIBIA
EGIPTO
QATAR
ARABIA SAUDITA
EMIRATOS ÁRABES UNIDOS
OMÁN
INDIA
BANGLADESH
MYANMAR
LAOS
TAIWÁN
OCÉANO PACÍFICO

CABO VERDE
MAURITANIA
MALÍ
NÍGER
CHAD
SUDÁN
ERITREA
YEMEN
Golfo de Bengala
TAILANDIA
Mar de la China meridional
MARSHALL

SENEGAL
GAMBIA
GUINEA-BISSAU
BURKINA FASO
NIGERIA
ÁFRICA
DJIBOUTI
VIETNAM
FILIPINAS
MICRONESIA

SIERRA LEONA
GUINEA
GHANA
BENIN
REPÚBLICA CENTROAFRICANA
ETIOPÍA
SRI LANKA
CAMBOYA
BRUNEI
PALAU

COSTA DE MARFIL
LIBERIA
TOGO
CAMERÚN
UGANDA
SOMALIA
MALDIVAS
MALAYSIA
KIRIBATI

SAN TOMÉ E PRÍNCIPE
GABÓN
KENYA
SINGAPUR
NAURÚ

GUINEA ECUATORIAL
REP. DEL CONGO
RUANDA
REP. DEM. DEL CONGO
BURUNDI
SEYCHELLES
OCÉANO ÍNDICO
INDONESIA
PAPÚA-NUEVA GUINEA
SALOMÓN
TUVALU

TANZANIA
WALLIS Y FUTUNA

ANGOLA
MALAWI
ZAMBIA
ISLAS COMORES
Mar del Coral
VANUATU
ISLAS FIJI

OCÉANO ATLÁNTICO
NAMIBIA
ZIMBABWE
MOZAMBIQUE
MADAGASCAR
MAURICIO
AUSTRALIA
NUEVA CALEDONIA

BOTSWANA
REUNIÓN

SUDÁFRICA
SWAZILANDIA
LESOTHO
Mar de Tasmania
NUEVA ZELANDIA

ANTÁRTIDA

NORUEGA
FINLANDIA
SUECIA
IRLANDA
REINO UNIDO
DINAMARCA
ESTONIA
LETONIA
LITUANIA
RUSIA
RUSIA
BELARÚS

PAÍSES BAJOS
ALEMANIA
POLONIA
BÉLGICA
LUXEMBURGO
REPÚBLICA CHECA
UCRANIA

OCÉANO ATLÁNTICO
FRANCIA
SUIZA
AUSTRIA
ESLOVAQUIA
HUNGRÍA
MOLDOVA
ANDORRA
ESLOVENIA
CROACIA
RUMANIA
PORTUGAL
MÓNACO
BOSNIA-HERZOGOVINA
YUGOSLAVIA (Fed. Rep.)
Mar Negro
GEORGIA
ESPAÑA
ITALIA
BULGARIA
MELILLA
ALBANIA
MACEDONIA
TURQUÍA
CEUTA
Mar Mediterráneo
GRECIA
MALTA
CHIPRE
SIRIA
LÍBANO
ÁFRICA

España

CAPITAL
Madrid

POPULATION
39,800,000

FUN FACT
The verdant hills of Galicia, the golden fields of Castilla, and the white villages of Andalucía as well as the industrial areas of Cataluña and the Basque Country are all a part of beautiful Spain. Once home to Iberians, Carthaginians, Romans, Celts, and Moors, Spain is the birthplace of Spanish—the language of many nations scattered on five continents of the globe. Madrid, in the exact center of the country, is considered a major cultural center of Europe.

México

CAPITAL
Ciudad de México

POPULATION
99,600,000

FUN FACT
Beautiful Mexico shares a border with the United States. This magnificent nation of Aztec, Mayan, and Spanish heritage is a country of contrasts: cosmopolitan cities such as Mexico City; industrial centers such as Monterrey; quaint towns such as Taxco and San Miguel de Allende; world-famous beaches like Acapulco and Cancún; as well as magnificent vestiges of pre-Columbian civilization in Chichén Itzá and Tulum.

Los Estados Unidos

CAPITAL
Washington, D.C.

POPULATION
284,500,000

FUN FACT
The influence of Spanish and Mexican heritage has been evident in Texas and in the Southwest of the United States for generations. More recent is the proliferation of Hispanic or Latin cultures in all areas of the United States. New arrivals from the Caribbean, Central America, and South America bring their language, customs, music, and foods, adding to the rich cultural diversity of this "melting pot" country.
Today Spanish is heard in New York, Chicago, Minneapolis, Denver, and Miami as well as El Paso, Phoenix, and Los Angeles.

Guatemala

CAPITAL
Guatemala

POPULATION
13,000,000

FUN FACT
Guatemala is a verdant country with a large indigenous population—descendants of the Mayans. Incredible ruined cities overgrown by jungle tell of a civilization that lasted for two thousand years and whose decline has never been definitively explained. Guatemala is considered by many to be one of the most beautiful countries in the world, with its volcanoes, mountains, jungles, and scenic cities and villages, such as Antigua, Panajachel, and Chichicastenango.

El Salvador

CAPITAL
San Salvador

POPULATION
6,400,000

FUN FACT
El Salvador is the smallest and most densely populated of the Central American republics. It is also the only one that has no Atlantic seaboard. The country is traversed by two mountain ranges with many impressive volcanic peaks.

Honduras

CAPITAL
Tegucigalpa

POPULATION
6,700,000

FUN FACT
Traditionally Honduras has been an agricultural country. One-third of the country is made up of rich farmlands. Its people are friendly and tranquil, with a pleasant smile for foreigners. The major cities are Tegucigalpa and San Pedro Sula. Like its neighbor Guatemala, Honduras has incredible ruins of the pre-Columbian civilizations such as those in Copán.

Nicaragua

CAPITAL
Managua

POPULATION
5,200,000

FUN FACT
Nicaragua is a country that has more than 40 volcanoes, many of which have erupted in recent years. The capital, Managua, is on the shores of Lake Managua, the only inland lake inhabited by sharks. Northwest of Managua is the lovely university city of León with its colonial churches and eighteenth-century cathedral.

Costa Rica

CAPITAL
San José

POPULATION
3,700,000

FUN FACT
Many consider Costa Rica a very special place. Its residents, Ticos, are polite, peaceful, and extremely friendly. Costa Rica has no army and prides itself on having more teachers than police officers. Costa Rica is a country of sun-drenched beaches on the Pacific, tropical jungles along the Caribbean coast, cosmopolitan cities such as San José, and high mountains in the central valley. Costa Rica is a tourist's paradise as well as home to many expatriates.

Panamá

CAPITAL
Panamá

POPULATION
2,900,000

FUN FACT
Panama is a country of variety—a variety of races, customs, natural wonders, and attractions. It is a country of tropical forests, mountains, beautiful beaches, excellent fishing, picturesque lakes, rivers, two oceans, and—the most incredible engineering feat—the Panama Canal. Panama is also the largest financial center of Latin America. All this in a mere 77,432 square kilometers!

Cuba

CAPITAL
La Habana

POPULATION
11,300,000

FUN FACT
Havana, the capital of Cuba, is known for its gorgeous colonial architecture. This lush island, not far from Florida, is one of the world's greatest producers of sugar cane. Cuba has been ruled by Fidel Castro since 1959 when he overthrew the dictator Fulgencio Batista.

La República Dominicana

CAPITAL
Santo Domingo

POPULATION
8,600,000

FUN FACT
The Dominican Republic shares with Haiti the island of Hispaniola in the greater Antilles. The oldest university in our hemisphere, la Universidad de Santo Domingo, was founded in Santo Domingo. The Dominicans are ardent fans or aficionados of baseball, and this rather small island nation has produced some of the finest major league players.

Puerto Rico

CAPITAL
San Juan

POPULATION
3,900,000

FUN FACT
Puerto Ricans have an endearing term for their beloved island—la isla del encanto—island of enchantment. A commonwealth of the United States, Puerto Rico is a lush, tropical island with beaches along its Atlantic and Caribbean shores and gorgeous mountains with Alpine-like views in its interior. Puerto Rico is the home of the beloved coquí—a little frog that lives only in Puerto Rico and who lets no one see him.

Venezuela

Caracas

CAPITAL
Caracas

POPULATION
24,600,000

FUN FACT
Venezuela was the name given to this country by Spanish explorers in 1499, when they came across indigenous villages where people lived on the water and where all commerce was conducted by dugout canoes. The waterways reminded them of Venice, Italy. Caracas is a teeming cosmopolitan city of high-rises surrounded by mountains and tucked in a narrow nine-mile valley. Angel Falls in southern Venezuela is the highest waterfall in the world, reaching a height of 3,212 feet with an unbroken fall of 2,648 feet.

Colombia

Santafé de Bogotá

CAPITAL
Bogotá

POPULATION
43,100,000

FUN FACT
Colombia covers over 440,000 square miles of tropical and mountainous terrain. Bogotá is situated in the center of the country in an Andean valley 8,640 feet above sea level. The Caribbean coast in the North boasts many beautiful beaches; the South is covered by jungle, and the southern port of Leticia is on the Amazon River.

Ecuador

Quito

CAPITAL
Quito

POPULATION
12,900,000

FUN FACT
Ecuador takes its name from the equator, which cuts right across the country. Ecuador is the meeting place of the high Andean sierra in the center, the tropical coastal plain to the west, and the Amazon Basin jungle to the east. Snowcapped volcanoes stretch some 400 miles from north to south. The beautiful colonial section of the capital, Quito, is sometimes called "the Florence of the Americas."

Perú

Lima

CAPITAL
Lima

POPULATION
26,100,000

FUN FACT
Peru, like Ecuador, is divided into three geographical areas—a narrow coastal strip of desert along the Pacific, the Andean highlands where nearly half the population lives, and the Amazon jungle to the east. Lima is on the coast, and for almost nine months out of the year it is enshrouded in a fog called la garúa. Peru is famous for its Incan heritage. Nothing can prepare visitors for the awe-inspiring view of the Incan city of Machu Picchu, an imposing architectural complex high in the Andes.

Bolivia

La Paz

CAPITAL
La Paz

POPULATION
8,500,000

FUN FACT
Bolivia is one of two landlocked countries in South America. Mountains dominate the Bolivian landscape. La Paz is the highest city in the world at an altitude of 12,500 feet. Bolivia also has the world's highest navigable lake, Lake Titicaca, which is surrounded by the picturesque villages of the Aymara Indians.

Chile

Santiago

CAPITAL
Santiago

POPULATION
15,400,000

FUN FACT
Chile, a "string bean" country never more than 111 miles wide, stretches 2,666 miles from north to south along the Pacific Coast. The imposing Andes isolate it from Bolivia and Argentina. The northern part of the country is characterized by the super-arid Atacama desert, the South by the spectacular wind-swept glaciers and fjords of Patagonia. Over one-third of the country's population lives in the Santiago area.

Argentina

Buenos Aires

CAPITAL
Buenos Aires

POPULATION
37,500,000

FUN FACT
Argentina is often considered the most European country of South America. Buenos Aires is a beautiful city of parks, boutiques, restaurants, and wide boulevards. Argentina is famous for its beef from the cattle that graze on the huge estancias of the grassy Pampas. Farther south on the Chilean border is the gorgeous lake area with Swiss-like villages around Bariloche. To the south is Patagonia with its rocky countryside where the Welsh still graze sheep.

Paraguay

Asunción

CAPITAL
Asunción

POPULATION
5,700,000

FUN FACT
Paraguay, like Bolivia, is landlocked. Asunción, situated on seven small hills on the east bank of the río Paraguay, is home to one-fifth of the country's total population. Located in the center of South America, this somewhat quaint city is nearly equidistant from the Atlantic and the Andes. The area to the west of the río Paraguay is called the Chaco—a very dry, hot, windy area of grasslands and scrubby forests.

Uruguay

Montevideo

CAPITAL
Montevideo

POPULATION
3,400,000

FUN FACT
Uruguay is the smallest country in South America. Most of the country's terrain is grazing land for sheep and cattle. Montevideo, situated where the río de la Plata empties into the Atlantic, is a rather peaceful city whose suburbs look more like beautiful resorts. The beaches of Uruguay's Atlantic coastline, particularly Punta del Este, attract many people from Brazil and Argentina.

Ceuta and Melilla

POPULATION
72,200

FUN FACT
Ceuta and Melilla, located on the north coast of Africa, comprise an autonomous community of Spain. Both of these modern cities are free ports and offer a beautiful blend of many cultures: Christian, Moslem, Hebrew, and Hindu.

Guinea Ecuatorial

CAPITAL
Malabo

POPULATION
500,000

FUN FACT
The Republic of Equatorial Guinea, on the West Coast of Africa between Gabon and Cameroon, was formerly called Spanish Guinea. The country is made up of some 10,000 square miles on the mainland and several small islands. Its capital, Malabo, is on the island of Bioko. Today two languages are spoken in Equatorial Guinea—Spanish and French.

Las Islas Filipinas

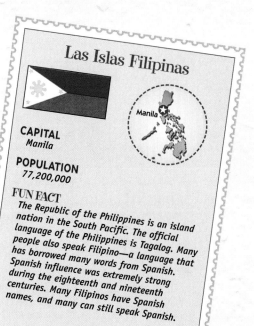

CAPITAL
Manila

POPULATION
77,200,000

FUN FACT
The Republic of the Philippines is an island nation in the South Pacific. The official language of the Philippines is Tagalog. Many people also speak Filipino—a language that has borrowed many words from Spanish. Spanish influence was extremely strong during the eighteenth and nineteenth centuries. Many Filipinos have Spanish names, and many can still speak Spanish.

La América del Sur

MAR CARIBE

OCÉANO
ATLÁNTICO

Barranquilla
Maracaibo
Caracas
Cartagena
Lago de
Maracaibo
Río Orinoco

Medellín
VENEZUELA
GUYANA
Santafé de
Bogotá
SURINAM
GUAYANA
FRANCESA
Río Magdalena
Cali
COLOMBIA

Ecuador
Otavalo
Río Amazonas
Quito
ECUADOR
Islas Galápagos
(Ecuador)
Guayaquil
Cuenca

PERÚ
BRASIL

El Callao
Lima
Cuzco
CORDILLERA
Lago
Titicaca
BOLIVIA
Brasília
La Paz
Cochabamba
Santa Cruz
Sucre

Trópico de Capricornio
DE
PARAGUAY
LOS
Asunción

CHILE
ANDES

Vicuña
Córdoba
Río Paraná

OCÉANO
PACÍFICO
Valparaíso
Rosario
URUGUAY
Santiago
Buenos Aires
Montevideo
La Plata
Río de la Plata
ARGENTINA

Mar del Plata

OCÉANO
ATLÁNTICO
Puerto Montt

PATAGONIA

Estrecho de
Magallanes
Islas Malvinas
(R.U.)
Tierra del
Fuego
Punta Arenas

Cabo de Hornos

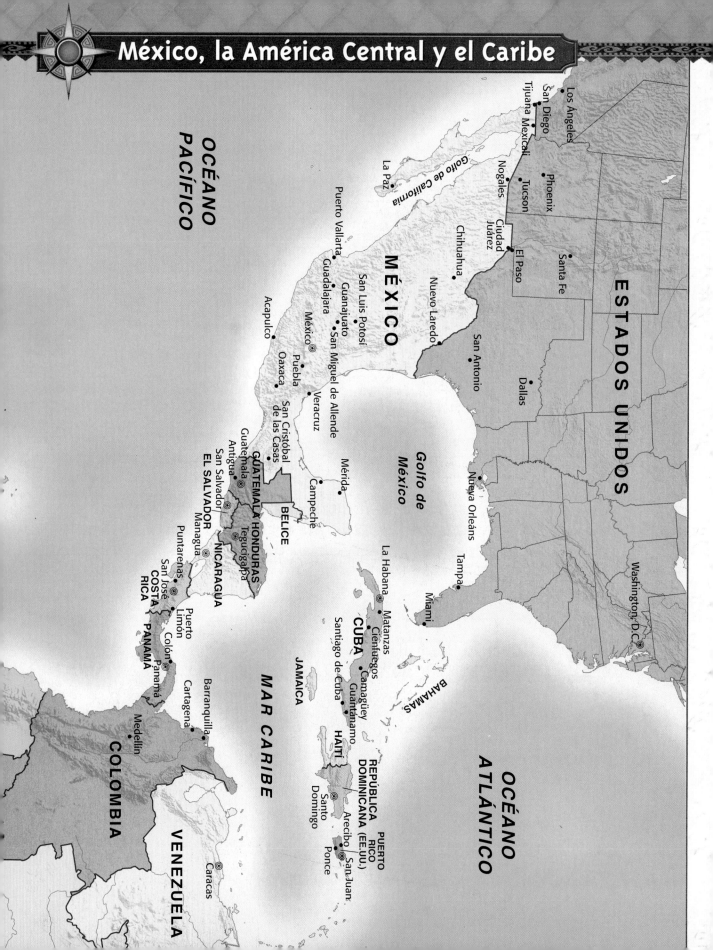

México, la América Central y el Caribe

OCÉANO PACÍFICO

OCÉANO ATLÁNTICO

ESTADOS UNIDOS

MÉXICO

Golfo de California

Golfo de México

MAR CARIBE

BAHAMAS

Los Ángeles
San Diego
Tijuana Mexicali
Phoenix
Nogales
Tucson
La Paz
Ciudad Juárez
El Paso
Santa Fe
Chihuahua
Nuevo Laredo
San Antonio
Dallas
Puerto Vallarta
Guadalajara
San Luis Potosí
Guanajuato
México
San Miguel de Allende
Acapulco
Oaxaca
Puebla
Veracruz
San Cristóbal de las Casas
Mérida
Campeche
Nueva Orleáns
Tampa
Miami
La Habana
Matanzas
Cienfuegos
CUBA
Camagüey
Santiago de Cuba
Guantánamo
JAMAICA
HAITÍ
REPÚBLICA DOMINICANA
Santo Domingo
Arecibo
Ponce
San Juan
PUERTO RICO (EE.UU.)
Washington, D.C.

Guatemala
Antigua
San Salvador
EL SALVADOR
GUATEMALA
BELICE
HONDURAS
Tegucigalpa
Managua
NICARAGUA
Puntarenas
San José
COSTA RICA
Puerto Limón
Colón
Panamá
PANAMÁ
Cartagena
Barranquilla
Medellín
COLOMBIA
VENEZUELA
Caracas

Los Estados Unidos

OCÉANO ATLÁNTICO

CANADÁ

Maine
Augusta ★
Massachusetts
Concord ★Boston
New ★Providence
Hampshire ★Montpelier Rhode Island
Vermont Albany Hartford Connecticut
★ ★Nueva Jersey
Nueva Trenton Delaware
York Dover
Washington, DC ⊛ Annapolis Maryland
Pensilvania Richmond
Harrisburg ★Virginia Raleigh
Ohio Washington, DC Occidental Carolina
Columbus Virginia del Norte
Charleston ★Frankfort Columbia
Indianápolis Kentucky Carolina
Indiana ★Nashville del Sur
Illinois Tennessee Florida
Springfield Atlanta
Michigan Georgia Tallahassee
Lansing Alabama
L. Michigan Montgomery

L. Superior
L. Huron
L. Ontario
L. Erie

Wisconsin Misisipi Golfo de
Madison Jackson México
★ Luisiana
Minnesota Misuri Baton
Saint ★ Jefferson Arkansas Rouge
Paul Iowa City Little
Des Moines Rock

Dakota Nebraska Oklahoma
del Norte ★Bismarck Topeka Oklahoma City
Lincoln ★ Austin
Pierre Kansas
Dakota del Sur Texas

ESTADOS UNIDOS

Wyoming Denver Colorado Santa Fe
Cheyenne Nuevo
Montana México
Helena Salt Lake Utah Phoenix
City Arizona
Idaho
Boise Nevada
Carson City
Washington Olympia Salem Oregón California
Sacramento

OCÉANO PACÍFICO

MÉXICO

OCÉANO PACÍFICO

CANADÁ
Juneau ★
Alaska Golfo de
Alaska
RUSIA
Mar de OCÉANO PACÍFICO
Bering

Hawai
Honolulú ★
OCÉANO PACÍFICO

Why Learn Spanish?

The Spanish-Speaking World

Culture Knowing Spanish will open doors to you around the world. As you study the language, you will come to understand and appreciate the way of life, customs, values, and cultures of people from many different areas of the world. Look at the map on pages xxii–xxiii to see where Spanish is spoken, either as a first or second language.

Learning Spanish can be fun and will bring you a sense of accomplishment. You'll be really pleased when you are able to carry on a conversation in Spanish. You will be able to read the literature of Spain and Latin America, keep up with current events in magazines and newspapers from Spain and Latin America, and understand Spanish language films without relying on subtitles.

The Spanish language will be a source of enrichment for the rest of your life—and you don't have to leave home to enjoy it. In all areas of the United States there are Hispanic radio and television stations, Latin musicians, Spanish-language magazines and newspapers, and a great diversity of restaurants serving foods from all areas of the Spanish-speaking world. The Latin or Hispanic population of the United States today totals more than 35 million people and is the fastest growing segment of the population.

Career Opportunities

Business Your knowledge of Spanish will also be an asset to you in a wide variety of careers. Many companies from Spain and Latin America are multinational and have branches around the world, including the United States. Many U.S. corporations have great exposure in the Spanish-speaking countries. With the growth of the Hispanic population in the U.S., bilingualism is becoming an important asset in many fields including retail, fashion, cosmetics, pharmaceutical, agriculture, automotive, tourism, airlines, technology, finance, and accounting.

You can use your Spanish in all these fields, not only abroad but also in the United States. On the national scene there are innumerable possibilities in medical and hospital services, banking and finance, law, social work, and law enforcement. The opportunities are limitless.

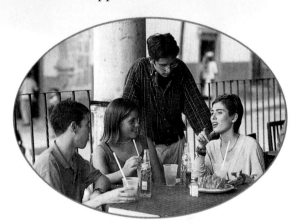

Language Link

Another benefit to learning Spanish is that it will improve your English. Once you know another language, you can make comparisons between the two and gain a greater understanding of how languages function. You'll also come across a number of Spanish words that are used in English. Just a few examples are: **adobe, corral, meseta, rodeo, poncho, canyon, llama, alpaca.** Spanish will also be helpful if you decide to learn yet another language. Once you learn a second language, the learning process for acquiring other languages becomes much easier.

Spanish is a beautiful, rich language spoken on many continents. Whatever your motivation is for choosing to study it, Spanish will expand your horizons and increase your job opportunities. **¡Viva el español! Y ¡buen viaje!**

El alfabeto español

a *a*vión

b *b*ebé

c *c*esta

d *d*edo

e *e*lefante

f *f*oto

g *g*emelos

h *h*amaca

i *i*glesia

j *j*abón

k *k*ilo

l *l*ago

m *m*ono

n *n*ariz

ñ

*ñ*ame

o

*o*so

p

*p*elo

q

*q*ueso

r

*r*ana

s

*s*ala

t

*t*é

u

*u*va

v

*v*aca

w

*W*ashington, D.C.

x

e*x*amen

y

*y*eso

z

*z*apato

ch

*ch*icle

ll

*ll*uvia

rr

guita*rr*a

Ch, ll, and *rr* are not letters of the Spanish alphabet. However, it is important for you to learn the sounds they represent.

Lecciones preliminares

Bienvenidos

Objetivos

In these preliminary lessons you will learn to:

❖ greet people
❖ say good-bye to people
❖ express simple courtesies
❖ find out and tell the days of the week
❖ find out and tell the months of the year
❖ count from 1 to 30
❖ find out and tell the seasons

Greeting people

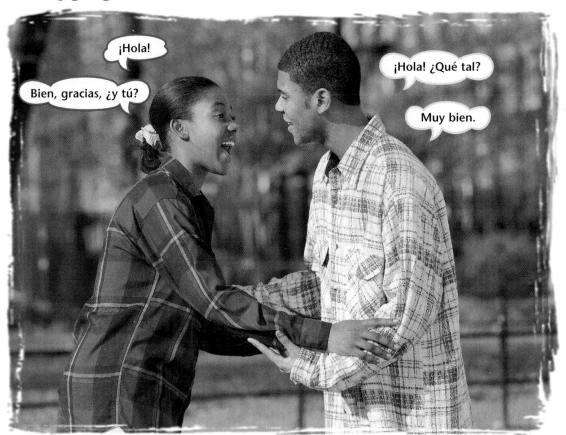

¡Hola!

Bien, gracias, ¿y tú?

¡Hola! ¿Qué tal?

Muy bien.

1 ¡Hola! Get up from your desk. Walk around the classroom. Say hello to each classmate you meet.

2 ¿Qué tal? Work with a classmate. Greet one another and find out how things are going.

Puerto Vallarta, México

Greeting people throughout the day

1. Some greetings are more formal than **Hola.** When you greet an older person, you may use one of the following expressions.

Buenos días, señora.   Buenas tardes, señorita.   Buenas noches, señor.

2. The titles **señor, señora,** and **señorita** are often used without the last name of the person.

    Buenos días, señor.
    Buenas tardes, señora.

3 **Buenos días** Draw some figures on the board. Some will represent friends your own age and others will represent older people. Greet each of the figures on the board properly.

4 **Saludos** Look at these photographs of young people in Spain and Mexico. As they greet one another, they do some things that are different from what we do when we greet each other. What do you notice in the photographs?

Adiós

Saying good-bye

Adiós, José.

Adiós, Gloria.

Chao, Patricia.

Chao, Roberto. ¡Hasta luego!

1. The usual expression to use when saying good-bye to someone is **Adiós**.

2. If you plan to see the person again soon, you can say **¡Hasta pronto!** or **¡Hasta luego!** If you plan to see the person the next day, you can say **¡Hasta mañana!**

3. An informal expression you often hear, particularly in Spain and in Argentina, is **¡Chao!**

1 **¡Chao!** Go over to a classmate and say good-bye to him or her.

2 **¡Hasta luego!** Work with a classmate. Say **Chao** to one another and let each other know that you will be getting together again soon.

3 **¡Adiós!** Say good-bye to your Spanish teacher. Then say good-bye to a friend. Use a different expression with each person.

Conversando más

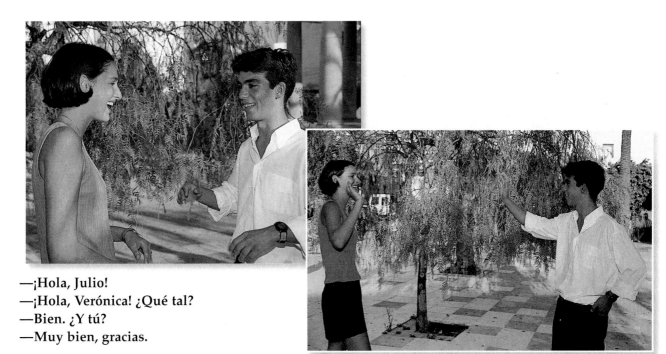

—¡Hola, Julio!
—¡Hola, Verónica! ¿Qué tal?
—Bien. ¿Y tú?
—Muy bien, gracias.

—Chao, Julio
—Chao, Verónica. ¡Hasta luego!

4 **¡Hola, amigo(a)!** Work with a classmate. Have a conversation in Spanish. Say as much as you can to one another.

Salamanca, España

Ordering food politely

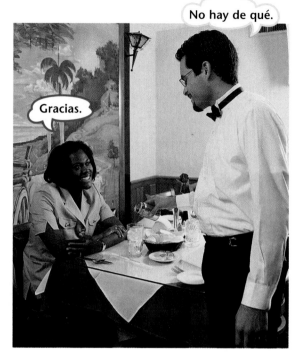

There are several ways to express *you're welcome*.

No hay de qué.
De nada.
Por nada.

1 **La cortesía** With a classmate, practice reading the conversation above. Be as animated and polite as you can.

2 Una cola, por favor. You are at a café in Manzanillo, Mexico. Order the following things from the waiter or waitress (your partner). Be polite when you order.

1. un sándwich   **2.** una cola   **3.** una limonada

4. un café   **5.** una pizza

3 Tacos, enchiladas, tamales You are in a Mexican restaurant. Order the following foods from the waiter or waitress (your partner). Be polite to each other.

1. un taco   **2.** una enchilada   **3.** un tamal

Guanajuato, México

Preliminar D

La fecha

Telling the days of the week

lunes	martes	miércoles	jueves	viernes	sábado	domingo
1	2	3	4	5	6	7
8	9	10	11	12	13	14

To find out and give the day of the week, you say:

— **¿Qué día es hoy?**

— **Hoy es lunes.**

1 **¿Qué día es?** Answer the following questions in Spanish.

1. ¿Qué día es hoy?
2. ¿Qué día es mañana?
3. ¿Cuáles son los días del fin de semana o *weekend?*

Telling the months

Finding out and giving the date

¿Cuál es la fecha de hoy?

Hoy es el doce de septiembre.

SEPTIEMBRE
12

Primero is used for the first day of the month. For other days you use **dos, tres, cuatro,** etc.

Nota

1 uno	11 once	21 veintiuno
2 dos	12 doce	22 veintidós
3 tres	13 trece	23 veintitrés
4 cuatro	14 catorce	24 veinticuatro
5 cinco	15 quince	25 veinticinco
6 seis	16 dieciséis	26 veintiséis
7 siete	17 diecisiete	27 veintisiete
8 ocho	18 dieciocho	28 veintiocho
9 nueve	19 diecinueve	29 veintinueve
10 diez	20 veinte	30 treinta

Avenida 9 de Julio,
Buenos Aires, Argentina

Celebración del
Cinco de Mayo

Telling the seasons

el verano

la primavera

el otoño

el invierno

2 ¿Cuántos? Answer the following questions in Spanish.

1. ¿Cuántos días hay en una semana, siete o cuatro?
2. ¿Cuántos meses hay en un año, siete o doce?
3. ¿Cuántas estaciones hay en un año, cuatro o doce?

3 ¿En qué mes? Each of you will stand up in class and give your birthday (**cumpleaños**) in Spanish. Listen carefully and keep a record of how many classmates were born in the same month. Then tell in Spanish in which month the greatest number of students in the class were born. In which month were the fewest born?

4 La estación, por favor. Tell in which season the following months are. Answer in Spanish.

1. ¿En qué estación es mayo?
2. ¿En qué estación es enero?
3. ¿En qué estación es julio?
4. ¿En qué estación es octubre?

Vocabulario

Greeting people

¡Hola!
Buenos días.
Buenas tardes.

Buenas noches.
¿Qué tal?
Muy bien.

Identifying titles

señor
señora
señorita

Saying good-bye

¡Adiós!
¡Chao!
¡Hasta luego!

¡Hasta pronto!
¡Hasta mañana!

Being courteous

Por favor.
Gracias.

De (Por) nada.
No hay de qué.

How well do you know your vocabulary?

• Choose an expression from the list to begin a conversation.
• Have a classmate respond.
• Take turns.

Identifying the days of the week

lunes
martes
miércoles
jueves
viernes

sábado
domingo
hoy
mañana
el fin de semana

Identifying the months of the year

enero
febrero
marzo
abril
mayo
junio

julio
agosto
septiembre
octubre
noviembre
diciembre

Identifying the seasons

la primavera
el verano

el otoño
el invierno

Other useful expressions

¿Qué día es hoy?

¿Cuál es la fecha?

Capítulo 1

Un amigo o una amiga

Objetivos

In this chapter you will learn to:

- ask or tell who someone is
- ask or tell what something is
- ask or tell where someone is from
- ask or tell what someone is like
- describe yourself or someone else
- talk about a famous Spanish novel and some Latin American heroes

¿Qué es?

una escuela
un colegio

¿Qué es un colegio?
Un colegio es una escuela secundaria.
Es una escuela secundaria en Latinoamérica.

¿Quién es?

el muchacho Nando

la muchacha Pepita

la amiga

el amigo

el alumno   la alumna

MÉXICO

San Miguel de Allende

Guadalupe es mexicana.
Guadalupe es de San Miguel de Allende.
Ella es alumna en un colegio.
Es alumna en el Colegio Juárez.
Guadalupe es una amiga de José Antonio.

¿Cómo es el muchacho?

alto   bajo

 guapo

 feo

 rubio

 moreno

 gracioso, cómico

 serio

 ambicioso

 perezoso

¿Cómo es la muchacha?

alta   baja

bonita, linda

fea

rubia

morena

graciosa, cómica

seria

 ambiciosa

 perezosa

Anita es alta. No es baja.
Ella es muy bonita, muy linda.

José es rubio.
Él es guapo. No es feo.

Nota There are many ways to express *good-looking, handsome,* or *pretty* in Spanish. The word **guapo(a)** can be used to describe a boy or a girl. The words **bonito, lindo, hermoso,** and **bello** all mean *pretty.* They can describe a pretty girl or a pretty item. The word **feo** in Spanish is not as strong as the word *ugly* in English. To get a friend's attention, you could even say jokingly, ¡Oye, feo!

The following words are used to express degrees.

Él es guapo.
Es bastante guapo.
Es muy guapo.

Ella es bonita.
Es bastante bonita.
Es muy bonita.

Vocabulario

Para empezar
Let's use our new words

1 **Historieta Un muchacho mexicano**

Contesten. (*Answer.*)

1. ¿Es Manolo mexicano o colombiano?
2. ¿Es de San Miguel de Allende o de Bogotá?
3. ¿Es alumno en el Colegio Juárez?
4. ¿Es el Colegio Juárez un colegio mexicano?
5. ¿Es Manolo un amigo de Alicia Gómez?

2 **Historieta Una muchacha americana**

Contesten. (*Answer.*)

1. ¿Es Debbi una muchacha americana?
2. ¿Es ella de Miami?
3. ¿Es ella alumna en una escuela secundaria de Miami?
4. ¿Es ella una alumna seria?
5. ¿Es Debbi una amiga de Bárbara Jones?

3 **¿Quién? ¿Manolo o Debbi?** Contesten. (*Answer.*)

1. ¿Quién es de San Miguel de Allende?
2. ¿Quién es de Miami?
3. ¿Quién es alumno en el Colegio Juárez?
4. ¿Quién es alumna en una escuela secundaria de Miami?

Miami, La Florida

4 **Historieta ¿Cómo es Fernando?**

Contesten según la foto. (*Answer according to the photo.*)

1. ¿Cómo es Fernando? ¿Es alto o bajo?
2. ¿Cómo es Fernando? ¿Es gracioso o serio?
3. ¿Cómo es Fernando? ¿Es guapo o feo?
4. ¿Cómo es Fernando? ¿Es rubio o moreno?

Barcelona, España

5 **Todo lo contrario** Contesten según el modelo.
(Answer according to the model.)

¿Es alta Teresa?

No, de ninguna manera. Es bastante baja.

1. ¿Es muy seria Teresa?
2. ¿Es morena Teresa?
3. ¿Es alta Teresa?
4. ¿Es muy ambiciosa Teresa?

Málaga, España

6   **¿Quién es?** Work with a classmate. Choose one of the photographs below, but don't tell which one. Describe the student in the photo. Your partner has to guess which one it is. Take turns.

7   **Juego** **¿Es un muchacho o una muchacha?**
Work with a classmate. Describe someone in the class. First your partner will tell whether you're describing a boy or a girl and will guess who it is. Take turns.

 UN POCO MÁS *For more practice using words from* **Palabras 1**, *do Activity 1 on page H2 at the end of this book.*

¿Quién soy yo y de dónde soy?

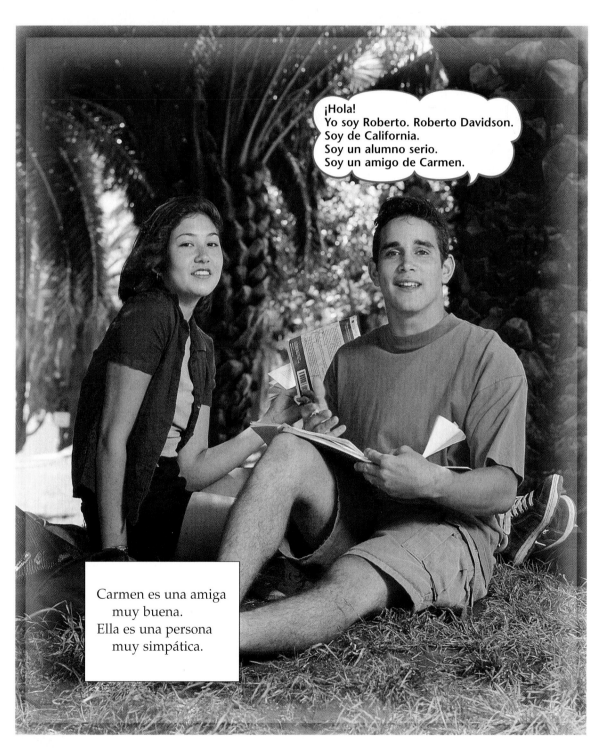

¡Hola!
Yo soy Roberto. Roberto Davidson.
Soy de California.
Soy un alumno serio.
Soy un amigo de Carmen.

Carmen es una amiga
muy buena.
Ella es una persona
muy simpática.

¿Quién es y cómo es?

Oye, Roberto. ¿Quién es?

Es muy flaco, ¿no? ¿Y él? ¿Quién es?

Ay, Jaime. Es el famoso don Quijote. Don Quijote es de la Mancha, en España.

Es el compañero de don Quijote. Es Sancho Panza. Sancho no es flaco como don Quijote. Es gordo.

flaco

gordo

Los números

0	cero	11	once	21	veintiuno
1	uno	12	doce	22	veintidós
2	dos	13	trece	23	veintitrés
3	tres	14	catorce	24	veinticuatro
4	cuatro	15	quince	25	veinticinco
5	cinco	16	dieciséis	26	veintiséis
6	seis	17	diecisiete	27	veintisiete
7	siete	18	dieciocho	28	veintiocho
8	ocho	19	diecinueve	29	veintinueve
9	nueve	20	veinte	30	treinta
10	diez				

Nota Words that look alike in Spanish and English are called "cognates." It is very easy to guess the meaning of cognates. But, **¡Cuidado!** *(Watch out!)* because even though they look alike and mean the same thing, they are pronounced differently. Here are some cognates. Take care to pronounce them correctly.

fantástico   honesto
tímido   generoso
sincero

Vocabulario

Para empezar
Let's use our new words

8 **Historieta** **Jim Collins, un muchacho americano** Contesten. *(Answer.)*

1. ¿Quién es americano, Jim Collins o Eduardo Dávila?
2. ¿De dónde es Jim? ¿Es de California o es de Guadalajara, México?
3. ¿De qué nacionalidad es Jim? ¿Es americano o mexicano?
4. ¿Dónde es alumno Jim? ¿En un colegio mexicano o en una escuela secundaria de California?
5. ¿Cómo es Jim? ¿ Es serio o gracioso?

San Francisco, California

9 **¿Cómo es la muchacha?**
Describan a cada muchacha. *(Describe each girl.)*

1. Ana

2. Alicia

3. Isabel

4. Victoria

5. Beatriz

6. Juanita

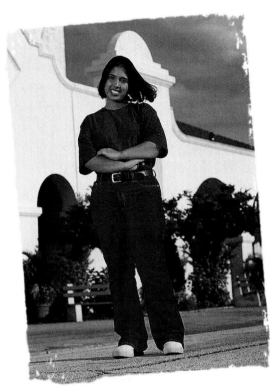

Una alumna mexicana

10 **Historieta** **Gabriela Torres, la graciosa**
Completen. *(Complete.)*

Gabriela Torres es de México. Ella es __1__.
No es americana. Gabriela es alumna en un
__2__ mexicano. No es alumna en una __3__
secundaria americana. Gabriela no es baja.
Ella es bastante __4__. ¿Es ella muy seria? No,
de ninguna manera. Gabriela es muy __5__.
Ella es una amiga __6__.

11 **¿Quién es?** Think of a student in the class.
A classmate will ask you questions about the
person and try to guess who it is. Take turns.

12 **Un(a) amigo(a) ideal** What are some of
the qualities an ideal friend would have?
With a classmate, discuss what you think an
ideal friend is like.

El Zócalo, Ciudad de México

UN AMIGO O UNA AMIGA

veintiuno 🌼 **21**

Estructura

Describing one person or thing
Artículos—el, la, un, una

1. The name of a person, place, or thing is a noun. In Spanish, every noun has a gender, either masculine or feminine. Many Spanish nouns end in either **o** or **a**. Almost all nouns that end in **o** are masculine, and almost all nouns that end in **a** are feminine.

2. There are two types of articles. The English word *the* is called a definite article because it is used to refer to a definite or specific person or thing—the girl, the school. The word *a (an)* is called an indefinite article because it refers to any person or thing, not a specific one—a girl, a school.

3. The definite articles in Spanish are **el** and **la. El** is used with a masculine noun and **la** is used with a feminine noun. The indefinite articles are **un** and **una. Un** is used with a masculine noun and **una** is used with a feminine noun.

el muchacho	la muchacha	un muchacho	una muchacha
el colegio	la escuela	un colegio	una escuela

Para continuar
Let's put our words together

13 **Historieta** **El muchacho y la muchacha**
Contesten con **sí.** (*Answer with* sí.)
1. ¿Es americano el muchacho?
2. ¿Y la muchacha? ¿Es ella americana?
3. ¿Es bastante guapo el muchacho?
4. ¿Es muy bonita la muchacha?

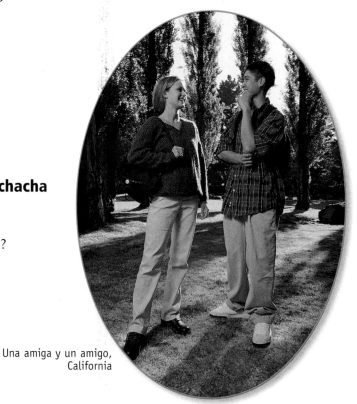

Una amiga y un amigo,
California

14 **Historieta** **El muchacho mexicano y la muchacha americana** Completen con **el** o **la**. (*Complete with* el *or* la.)

____1____ muchacho es mexicano. ____2____ muchacha es americana. ____3____ muchacho mexicano es Paco y ____4____ muchacha americana es Linda. ____5____ muchacha es morena y ____6____ muchacho es moreno. ____7____ muchacha es alumna en ____8____ Escuela Belair en Houston. ____9____ muchacho es alumno en ____10____ Colegio Hidalgo en Guanajuato.

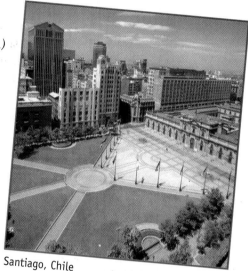
Guanajuato, México

15 **Historieta** **Un muchacho y una muchacha** Completen con **un** o **una**. (*Complete with* un *or* una.)

Roberto es ____1____ muchacho americano y Maricarmen es ____2____ muchacha chilena. Roberto es ____3____ alumno muy serio. Pero es ____4____ muchacho muy gracioso. Él es alumno en ____5____ escuela secundaria en Nueva York. Maricarmen es ____6____ alumna muy seria también. Ella es alumna en ____7____ colegio chileno en Santiago.

Santiago, Chile

Describing a person or thing
Adjetivos en el singular

1. A word that describes a noun is an adjective. The highlighted words in the following sentences are adjectives.

> **El muchacho rubio es muy guapo.**
> **La muchacha morena es una alumna muy buena.**

2. In Spanish, an adjective must agree with the noun it describes or modifies. If the noun is masculine, then the adjective must be in the masculine form. If the noun is feminine, the adjective must be in the feminine form. Many singular masculine adjectives end in **o,** and many singular feminine adjectives end in **a.**

> **un muchacho gracioso**   **una muchacha graciosa**
> **un alumno serio**   **una alumna seria**

SPANISH Online

For more information about Santiago and other cities in the Spanish-speaking world, go to the Glencoe Spanish Web site: **spanish.glencoe.com**

Estructura

Para continuar
Let's put our words together

16 **Historieta** **Elena y Eduardo**
Contesten. (*Answer.*)

1. ¿Es Elena americana o venezolana?
2. Y Eduardo, ¿es él americano o venezolano?
3. ¿Es moreno o rubio el muchacho?
4. Y la muchacha, ¿es ella rubia o morena?
5. ¿Es Elena una alumna seria?
6. ¿Es ella alumna en una escuela americana?
7. Y Eduardo, ¿es él un alumno serio también?
8. ¿Es él alumno en un colegio venezolano?

Nueva York

17 **¿Quién es gracioso?** Describan. (*Here are some adjectives that describe people. Choose a classmate and an adjective that describes that person. Then make up a sentence about him or her.*)

moreno · alto · rubio · serio · americano · gracioso · bajo · cómico · fantástico · tímido

Caracas, Venezuela

San Miguel de Allende, México

18 **¿Quién es y cómo es?** Show a classmate this photo of Isabel García, a new friend you made in San Miguel de Allende, Mexico. One of your classmates wants to know all about Isabel. Answer his or her questions.

19 **¿Quién es y cómo es?** Here's a photo of Pablo Gómez, another friend you met on your trip. He's from Guanajuato. Answer your classmate's questions about him.

Guanajuato, México

Identifying a person or thing
Presente del verbo **ser** en el singular

1. The verb *to be* in Spanish is **ser.** Study the following forms of this verb.

SER	
yo	soy
tú	eres
él	es
ella	es

2.

> Yo soy Eugenio.

> Tú eres Juan.

> Él es Alejandro.

> Ella es una alumna seria.

| You use **yo** to talk about yourself. | You use **tú** to address a friend. | You use **él** or the person's name to talk about a boy or a man. | You use **ella** or the person's name to talk about a girl or a woman. |

Note that the form of the verb changes with each person.

3. Since the form of the verb changes with each person, the subjects **yo, tú, él,** and **ella** can be omitted.

> **Soy Paco.**
> **Eres mexicano, ¿no?**
> **Es alumna.**

4. To make a sentence negative, you simply put **no** in front of the verb.

> **Antonio es mexicano. Él no es colombiano.**
> **Yo soy de Bogotá. No soy de Cali.**

Bogotá, Colombia

Estructura

Para continuar
Let's put our words together

20 **¡Qué coincidencia!** Practiquen la conversación. *(Practice the conversation.)*

—¡Hola!
—¡Hola! ¿Quién eres?
—¿Quién? ¿Yo?
—Sí, tú.
—Pues, soy Julia. Julia Rivera. Y tú, ¿quién eres?
—Yo soy Emilio. Emilio Ortega.
—¿Eres americano, Emilio?
—No, no soy americano.
—¿No? ¿De dónde eres?
—Soy de México.
—¡Yo soy de México también!
—¡Increíble!

21 **Julia Rivera y Emilio Ortega** Hablen de Julia y Emilio.
(Based on the conversation, tell what you know about Julia and Emilio.)

22 **Yo soy...** Contesten personalmente.
(Answer these questions about yourself.)

1. ¿Eres americano(a) o cubano(a)?
2. ¿Eres alumno(a)?
3. ¿Eres alumno(a) en una escuela secundaria?
4. ¿De dónde eres?
5. ¿Cómo eres? ¿Eres alto(a) o bajo(a)?
6. ¿Eres muy serio(a) o bastante gracioso(a)?

Ponce, Puerto Rico

23 **Historieta** **José, ¿eres...?**
Pregúntenle a José Fuentes si es...
(Ask José Fuentes if he is . . .)

1. puertorriqueño
2. de Ponce
3. alumno en un colegio de Ponce
4. un amigo de Inés García

24 **Historieta** **Inés, ¿eres...?**
Pregúntenle a Inés García si es...
(*Ask Inés García if she is . . .*)

1. de Chile
2. de Santiago
3. alumna en un colegio
4. una amiga de José Fuentes

Santiago de Chile

San Miguel de Allende, México

25 **En un café** You've just met a student your own age at a café in San Miguel de Allende, Mexico. Have a conversation to get to know one another better.

26 **Un(a) amigo(a) nuevo(a)**
A classmate will think of someone in class you both know and pretend that that person is his or her new boyfriend or girlfriend. Ask as many questions as you can to try to find out who the new boyfriend or girlfriend is.

27 **Juego** **¡Soy una persona fantástica!** Have a contest with a classmate to see which one of you can boast the most. Say something good about yourself and then your partner will "one-up" you.

ALUMNA 1: **Yo soy simpática.**
ALUMNA 2: **Yo soy simpática. Y soy generosa también.**

Andas bien. ¡Adelante!

¿De dónde eres?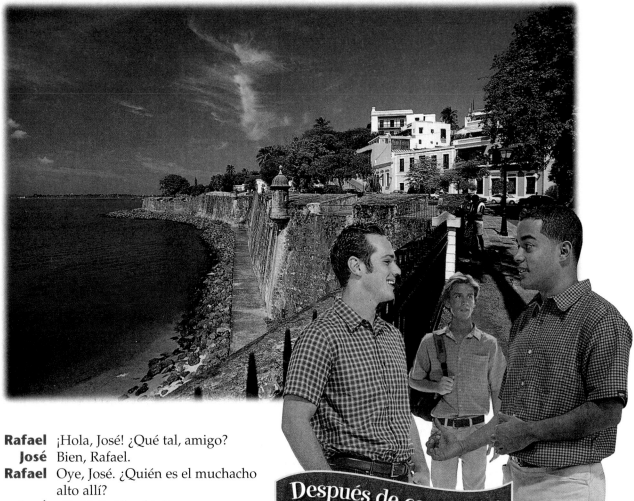

Rafael ¡Hola, José! ¿Qué tal, amigo?
José Bien, Rafael.
Rafael Oye, José. ¿Quién es el muchacho alto allí?
José ¿Quién? ¿El rubio?
Rafael Sí, él.
José Pues, es Felipe García. Él es un alumno nuevo. Soy un amigo de Felipe. ¡FELIPE!
Felipe Hola, José.
José Felipe, Rafael.
Felipe Hola, Rafael. Mucho gusto.
Rafael Mucho gusto. ¿De dónde eres, Felipe?
Felipe Soy de Puerto Rico.
Rafael ¿Sí? Hombre, yo también soy puertorriqueño.

Después de conversar

Contesten. *(Answer.)*

1. ¿Es José un amigo de Rafael?
2. ¿Quién es el muchacho alto?
3. ¿Es rubio el muchacho alto?
4. ¿Quién es un alumno nuevo en la escuela?
5. ¿Es José un amigo de Felipe?
6. ¿Es Rafael un amigo de Felipe?
7. ¿De dónde es Felipe?
8. Y Rafael, ¿de qué nacionalidad es?

Vamos a hablar más
Let's talk some more

 A **¿Quién es?** Think of someone in the class, but don't tell who it is. Say just one thing about the person and let your partner take a guess. If he or she guesses incorrectly, give another hint. Continue until your partner guesses correctly. Take turns.

Es alta.

¿Es Mónica?

No, no es Mónica.

 B *Juego* **¿Quién soy yo?** Play a guessing game. Think of someone in the class. Pretend you're that person and describe yourself. A classmate has to guess who you are.

Pronunciación

Las vocales a, o, u

When you speak Spanish, it is important to pronounce the vowels carefully. The vowel sounds in Spanish are very short, clear, and concise. The vowels in English have several different pronunciations, but in Spanish they have only one sound. Imitate carefully the pronunciation of the vowels **a, o,** and **u.** Note that the pronunciation of **a** is similar to the *a* in *father,* **o** is similar to the *o* in *most,* and **u** is similar to the *u* in *flu.*

a	o	u
Ana	o	uno
baja	no	mucha
amiga	Paco	mucho
alumna	amigo	muchacho

Repeat the following sentences.

Ana es alumna.
Adán es alumno.
Ana es amiga de Adán.

Lecturas culturales

Miguel de Cervantes Saavedra

El Quijote

El Quijote es una novela famosa de la literatura española. El autor de *El Quijote* es Miguel de Cervantes Saavedra.

El Quijote es la historia del famoso caballero andante[1], don Quijote de la Mancha. La Mancha es una región de España.

Don Quijote es alto y flaco. Sancho Panza es el compañero o escudero[2] de don Quijote. ¿Es alto y flaco como don Quijote? No, de ninguna manera. Sancho es bajo y gordo. Sancho Panza es una persona muy graciosa. Es muy cómico. ¿Y don Quijote? De ninguna manera. No es cómico. Él es muy serio y es muy honesto y generoso. Pero según[3] Sancho Panza, don Quijote es muy tonto[4]. Y según don Quijote, Sancho es perezoso.

[1]caballero andante *knight errant*
[2]escudero *knight's attendant*
[3]según *according to*
[4]tonto *foolish*

ESPAÑA

Madrid ★

La Mancha

Sancho Panza y Don Quijote

La Mancha, España

Don Quijote
de Pablo Picasso

Después de leer

A ¿Es don Quijote o Sancho Panza?

Decidan. (*Decide whether each sentence describes Don Quijote or Sancho Panza.*)

1. Es bajo.
2. Es alto.
3. Es muy gracioso.
4. Es gordo.
5. Es flaco.
6. Es muy serio.
7. Es un caballero andante.
8. Es honesto y generoso.
9. Es un escudero.

B Palabras afines

Busquen cinco palabras afines en la lectura. (*Find five cognates in the reading.*)

Lectura opcional 1

Una alumna venezolana

Alicia Bustelo es una muchacha venezolana. Ella es de Caracas, la capital de Venezuela. Alicia es alta y es una muchacha bastante bonita. Es muy graciosa. Pero es también una alumna muy seria. Es alumna en el Colegio Simón Bolívar. En Latinoamérica un colegio es una escuela secundaria. El Colegio Simón Bolívar es una escuela muy buena.

VENEZUELA
Caracas

AMÉRICA
DEL SUR

Plaza Simón Bolívar, Caracas

Después de leer

Latinoamérica Busquen la información en la lectura. *(Find the information in the reading.)*
1. the name of a Latin American country
2. the name of a Latin American capital
3. the name of a Latin American hero
4. the term for the Spanish-speaking countries of the Americas

Lectura opcional ②

Simón Bolívar

Simón Bolívar y José de San Martín

María Iglesias es una muchacha venezolana. Ella es de Caracas, la capital. El colegio de María Iglesias es el Colegio Simón Bolívar. Y la plaza principal de Caracas es la Plaza Simón Bolívar. Simón Bolívar es un héroe famoso de la América del Sur.

José Ayerbe no es venezolano. Él es peruano. Es de Lima, la capital del Perú. El colegio de José Ayerbe es el Colegio San Martín. Y la plaza principal de Lima es la Plaza San Martín. San Martín es otro héroe famoso de la América del Sur.

Simón Bolívar y José de San Martín luchan contra[1] España por la independencia de los países[2] de la América del Sur. Simón Bolívar es el gran[3] «libertador» de los países del norte del continente sudamericano y San Martín es el libertador de los países del sur.

[1]luchan contra *fight against*   [2]países *countries*   [3]gran *great*

José de San Martín

Después de leer

A Héroes Den ejemplos. *(Give examples.)*
Many schools in Spain and in Latin America are named after heroes. Is the same true in the United States? Give some examples.

B El libertador Expliquen. *(Explain.)*
What is the meaning of the word **libertador** or *liberator* in English? What does a liberator do?

C Historia de los Estados Unidos
Contesten. *(Answer.)*
Who is considered the liberator of the United States? What did he fight for?

Conexiones
Las ciencias sociales

La geografía

Geography is the study of the Earth. It deals with all of Earth's features, particularly the natural forces that create these features and cause them to change. It is also the study of where people, animals, and plants live and how rivers, deserts, and other of Earth's features affect their lives. It is a subject that has interested human beings since earliest times.

Look at the map of South America. Notice how many geographical terms you will be able to recognize in Spanish. Now find out how easy it is to read about geography in Spanish.

LA ISLA
EL CONTINENTE
EL DESIERTO
LA MONTAÑA
EL OCÉANO
LA PENÍNSULA

El desierto Atacama, Chile

El río Tajo, España

La geografía

Hay cuatro puntos cardinales: el norte, el sur, el este y el oeste.

Hay siete continentes: la América del Norte, la América del Sur, Europa, África, Asia, Australia y la Antártida.

El océano Atlántico es muy grande. Es inmenso. El océano Pacífico es muy grande también.

España es parte de una península. Puerto Rico es una isla. El español es la lengua[1] de España. Es la lengua de Puerto Rico también. El español es una lengua muy importante. Es la lengua de países[2] en la América del Sur, en la América Central, en la América del Norte y en Europa.

[1]lengua *language*   [2]países *countries*

Costa Brava, España

Los Andes, Argentina

Después de leer

A Un poco de geografía Escojan la palabra. (*Choose the correct word to complete each sentence. You may use a word more than once.*)

1. Europa es un ____.
2. España no es una isla. España es parte de una ____.
3. Puerto Rico es una ____.
4. Cuba es otra ____.
5. El Sahara es un ____ de África y el Atacama es un ____ de la América del Sur.

continente   isla   desierto   océano   península

B Estrategias Adivinen. (*Guess the meaning of the following words.*) Often you can guess the meaning of words because of other knowledge you have. You may not know the meaning of **el río** but when you see **el río Misisipí** or **el río Hudson,** you can probably figure out what **río** means.

1. el **río** Hudson
2. la **bahía** Chesapeake
3. el **lago** Superior, el **lago** Erie
4. el **golfo** de México
5. el **mar** Mediterráneo

¡Te toca a ti!

Use what you have learned

HABLAR

1 Un amigo nuevo

✔ *Describe a male friend and answer questions about him*

Work with a classmate. Here's a picture of your new friend, Carlos Álvarez. He's from Barcelona, Spain. Say as much as you can about him and answer any questions your partner may have about Carlos.

Barcelona, España

HABLAR

2 Una alumna nueva

✔ *Ask a female friend questions and tell her about yourself*

Inés Figueroa (a classmate) is a new girl in your school. You want to get to know her better and help her feel at home. Find out as much as you can about her. Tell Inés about yourself, too.

HABLAR

3 Oye, ¿quién es?

✔ *Ask someone questions about another person*

You and a friend (a classmate) are in a café in San Juan, Puerto Rico. You see an attractive girl or boy across the room. It just so happens your friend knows the person. Ask your friend as many questions as you can to find out more about the boy or girl you're interested in.

San Juan,
Puerto Rico

ESCRIBIR

4 Un amigo español
✔ *Write a postcard telling about yourself*

The following is a letter you just received from a new pen pal.
First read the letter. Then answer it. Give Jorge similar information
about yourself.

Plaza de Cibeles, Madrid, España

¡Hola!
Soy Jorge Pérez Navarro. Soy de Madrid, la
capital de España. Soy español. Soy alumno
en el Colegio Sorolla. Soy rubio y bastante
alto. Soy bastante gracioso. No soy muy
serio. Y no soy tímido. De ninguna manera.
Hasta pronto,
Jorge

Writing Strategy

Freewriting One of the easiest ways to begin any kind of
personal writing is simply to begin—to let your thoughts flow and
write the first thing that comes to mind. Sometimes as you think
of one word, another word will come to mind. If you get stuck,
take several minutes to think of another word or phrase. Such
brainstorming and freewriting are sometimes the best sources
when doing any type of writing about yourself.

HABLAR

5 ¿Quién soy yo?
ESCRIBIR

On a piece of paper write down as
much as you can about yourself in
Spanish. Your teacher will collect the
descriptions and choose students to
read them to the class. You'll all try to
guess who's being described.

Vocabulario

1 **Escojan.** *(Choose.)*

To review
Palabras 1, turn to
pages 14-15.

1.
a. serio
b. gracioso

2.
a. guapo
b. feo

3.
a. morena
b. rubia

4.
a. ambiciosa
b. perezosa

5.
a. alto
b. bajo

To review **Palabras 2,**
turn to pages 18-19.

2 **Completen.** *(Complete.)*

6. Roberto es ____ en una escuela secundaria.
7. Roberto no es ____. Él es bastante serio.
8. Carmen es una ____ de Roberto. Ella es una ____ muy simpática.
9. Sancho Panza es ____. No es flaco.

Estructura

3 **Completen con el o la.** *(Complete with* el *or* la.*)*

To review definite
and indefinite
articles, turn to
page 22.

10–11. ____ muchacho es americano y ____ muchacha es mexicana.
12. Ella es alumna en ____ Colegio de Santa Teresa.

4 **Completen con un o una.** *(Complete with* un *or* una.*)*

13–14. ____ colegio es ____ escuela secundaria.

5 **Completen.** *(Complete.)*

15. El muchacho es ____. (moreno)
16. La muchacha es ____ también. (moreno)
17. Ella es muy ____. (gracioso)
18. Pero él es bastante ____. (serio)

To review adjectives, turn to page 23.

6 **Completen con ser.** *(Complete with ser.)*

19. El muchacho ____ cubano.
20. Yo ____ americano(a).
21. Y tú, ¿de dónde ____?

To review ser in the singular, turn to page 25.

7 **Contesten en la forma negativa.**
(Answer in the negative.)

22. ¿Es muy tímida la muchacha?
23. ¿Eres argentino(a)?

To review negative sentences, turn to page 25.

Cultura

8 **Escojan.** *(Choose.)*

24. Don Quijote es ____.
    a. escudero   **b.** alto y flaco   **c.** bajo y gordo
25. El autor de *El Quijote* es ____.
    a. Shakespeare   **b.** Sancho Panza   **c.** Cervantes

To review this cultural information, turn to pages 30-31.

Vocabulario

Identifying a person or thing

el muchacho
la muchacha
el amigo
la amiga
el alumno

la alumna
la persona
el colegio
la escuela

Describing a person

alto(a)	moreno(a)	serio(a)	sincero(a)
bajo(a)	rubio(a)	ambicioso(a)	honesto(a)
guapo(a)	flaco(a)	perezoso(a)	generoso(a)
bonito(a)	gordo(a)	bueno(a)	simpático(a)
lindo(a)	gracioso(a)	fantástico(a)	ser
feo(a)	cómico(a)	tímido(a)	

Stating nationality

americano(a)
chileno(a)
colombiano(a)
cubano(a)

mexicano(a)
puertorriqueño(a)
venezolano(a)

Finding out information

¿quién?
¿qué?
¿cómo?
¿de dónde?

¿de qué nacionalidad?
¿no?

> ## How well do you know your vocabulary?
> - Choose five words that describe a good friend.
> - Use these words to write several sentences about him or her.

Expressing degrees

bastante
muy
no, de ninguna manera

Other useful expressions

secundario(a)

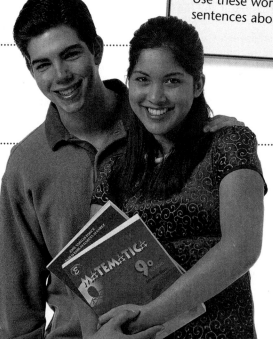

TECNOTUR

¡Buen viaje!

Hola, yo soy...

In this video episode, you will meet five teenagers: Juan Ramón and Cristina are Latinos from Los Angeles. Juan Ramón's family is originally from Puerto Rico, and Cristina's is from Colombia. Their friends Isabel and Luis are from Mexico, and Teresa is from Spain. They are all students at **el Instituto Malaca** in Málaga.

Juan Ramón

Cristina

Luis

Isabel

Teresa

FRANCIA
PORTUGAL
Madrid ★
ESPAÑA
Málaga
MARRUECOS

MALAGA

Costa del Sol

SPANISH Online

In the Chapter 1 Internet Activity, you will have a chance to learn more about where the countries mentioned in the video are located and other countries where Spanish is spoken. To begin your virtual adventure, go to the Glencoe Spanish Web site: spanish.glencoe.com

◀ Learn more online about Málaga, the city where your new friends from the video are attending school.

Capítulo 2

Alumnos y cursos

Objetivos

In this chapter you will learn to:

❖ describe people and things

❖ talk about more than one person or thing

❖ tell what subjects you take in school and express some opinions about them

❖ tell time

❖ tell at what time an event takes place

❖ talk about Spanish speakers in the United States

¿Quiénes son?

PUERTO RICO
• Ponce

las alumnas

las amigas

los alumnos

los amigos

¿Qué son?

Marta y Adela son puertorriqueñas.
Juan y Ricardo son puertorriqueños también.
Los cuatro amigos son de Ponce.
Ellos son alumnos en la misma escuela.
Son muy inteligentes.

¿Cómo son las clases?

Es una clase pequeña.
¿Cuántos alumnos hay en la clase?
Hay pocos alumnos en la clase.
Es una clase aburrida.

Es una clase grande.
Hay muchos alumnos en la clase.
Es una clase interesante.

El curso de matemáticas es bastante difícil (duro).

El curso de español no es difícil. Es fácil.

Nota Once again you will see how many Spanish words you already know because they are cognates. You should have no trouble guessing the meaning of these words.

el curso	inteligente	
la clase		dominicano
	interesante	ecuatoriano
el profesor,	popular	panameño
la profesora		

Vocabulario

Para empezar

Let's use our new words

1 **Historieta** **Los cuatro amigos argentinos**
Contesten. *(Answer.)*

1. ¿Son amigas Sara y Julia?
2. ¿Son amigos David y Alejandro?
3. ¿Son argentinos o mexicanos los cuatro amigos?
4. ¿Son de Buenos Aires o de Puebla?
5. ¿Son ellos alumnos muy buenos?

2 **Historieta** **La clase de español**
Contesten. *(Answer based on your own experience.)*

1. ¿Es grande o pequeña la clase de español?
2. ¿Hay muchos o pocos alumnos en la clase de español?
3. ¿Quién es el profesor o la profesora de español?
4. ¿De qué nacionalidad es él o ella?
5. ¿Cómo es el curso de español? ¿Es un curso interesante o aburrido?
6. ¿Es fácil o difícil el curso de español?
7. ¿Son muy inteligentes los alumnos en la clase de español?
8. ¿Son ellos alumnos serios?
9. ¿Cuántos alumnos hay en la clase de español?

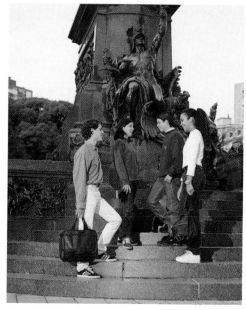

Plaza San Martín, Buenos Aires, Argentina

¿Lo sabes?

The word **hay** means *there is* or *there are.*

Una clase de español

CAPÍTULO 2

3 **De ninguna manera**

 Sigan el modelo. *(Follow the model.)*

Son interesantes, ¿no?

No, de ninguna manera.

Entonces, ¿cómo son?

Son aburridos.

1. Son pequeños, ¿no?
2. Son aburridos, ¿no?
3. Son fáciles, ¿no?

4. Son altos, ¿no?
5. Son bonitos, ¿no?

 4 **¿Cómo es la clase?** With a classmate, look at the photograph. Take turns asking each other questions about it. Use the following question words: **¿qué? ¿quién? ¿cómo? ¿de dónde? ¿cuántos?**

 5 **La escuela ideal** Get together with a classmate. Describe what for each of you is an ideal school. Say as much as you can about the teachers, classes, and students. Determine whether you agree.

Los cursos escolares

Las ciencias

la biología
la química
la física

Las matemáticas

la aritmética
el álgebra
la geometría
el cálculo

Las lenguas

el español
el inglés
el francés
el alemán
el latín

Las ciencias sociales

la historia
la geografía

**Otras asignaturas
o disciplinas**

la educación física
la música
el arte
la economía doméstica
la informática

¿Qué son?

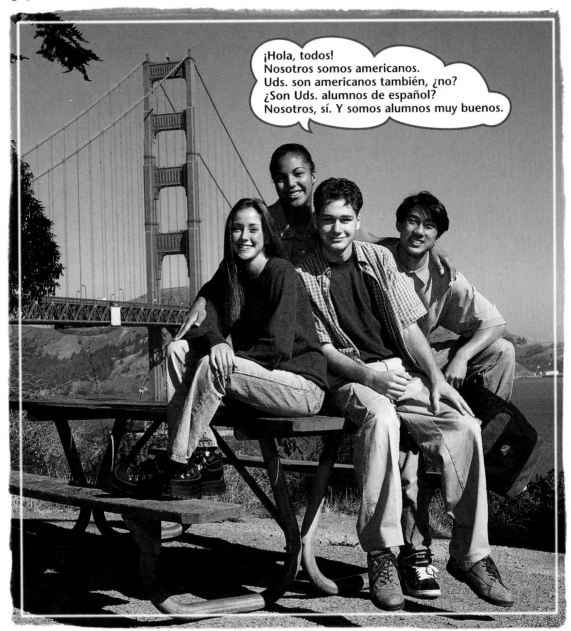

¡Hola, todos!
Nosotros somos americanos.
Uds. son americanos también, ¿no?
¿Son Uds. alumnos de español?
Nosotros, sí. Y somos alumnos muy buenos.

Más números

31	treinta y uno	36	treinta y seis	50	cincuenta
32	treinta y dos	37	treinta y siete	60	sesenta
33	treinta y tres	38	treinta y ocho	70	setenta
34	treinta y cuatro	39	treinta y nueve	80	ochenta
35	treinta y cinco	40	cuarenta	90	noventa

Para empezar

Let's use our new words

6 Ciencias, lenguas o matemáticas

Contesten con **sí** o **no**. *(Answer with sí or no.)*

1. La biología es una ciencia.
2. La historia y la geografía son matemáticas.
3. El cálculo es una lengua.
4. El latín y el francés son lenguas.
5. El arte y la música son cursos obligatorios.

7 Cursos fáciles y difíciles Contesten personalmente.

(Answer based on your own experience.)

1. ¿Es el español un curso difícil o fácil?
2. ¿Es grande o pequeña la clase de español?
3. ¿Qué cursos son fáciles?
4. ¿Cuántos cursos son fáciles?
5. ¿Qué cursos son difíciles?
6. ¿Cuántos cursos son difíciles?
7. ¿Qué cursos son interesantes?
8. ¿Qué cursos son aburridos?

8 Historieta Alumnos americanos

Contesten. *(Answer.)*

1. ¿De qué nacionalidad son los alumnos?
2. ¿Son alumnos en una escuela secundaria?
3. ¿Son alumnos de química?
4. ¿Son alumnos buenos o malos en la química?

9 ¿Qué curso o asignatura es?

Identifiquen el curso. *(Identify the course.)*

1. el problema, la ecuación, la solución, la multiplicación, la división
2. la literatura, la composición, la gramática
3. un microbio, un animal, una planta, el microscopio, el laboratorio
4. el círculo, el arco, el rectángulo, el triángulo
5. el piano, el violín, la guitarra, el concierto, la ópera, el coro
6. las montañas, los océanos, las capitales, los recursos naturales
7. la pintura, la estatua, la escultura
8. el fútbol, el básquetbol, el béisbol, el voleibol, el tenis

Una clase de ciencias

10 **¡Qué clase tan difícil!** Divide into groups of three or four. In each group rate your courses as **fácil, difícil, regular, interesante, aburrido, fantástico.** Tally the results and report the information to the class.

11 **En España** You are spending the summer with a family in Córdoba in southern Spain. Tell your Spanish "brother" or "sister" (your partner) all you can about your Spanish class and your Spanish teacher. Answer any questions he or she may have.

SPANISH Online
For more information about Córdoba and other cities in the Spanish-speaking world, go to the Glencoe Spanish Web site:
spanish.glencoe.com

Córdoba, España

12 **Juego** **Un número secreto** Think of a number between 1 and 99. Your partner will try to guess the number you have in mind. Use a hand gesture to indicate whether the number you are thinking of is higher or lower. Continue until your partner guesses the correct number. Take turns.

Estructura

Describing more than one
Sustantivos, artículos y adjetivos en el plural

1. Plural means *more than one.* In Spanish, the plural of most nouns is formed by adding an **s.**

SINGULAR	PLURAL
el muchacho	**los muchachos**
el colegio	**los colegios**
la amiga	**las amigas**
la escuela	**las escuelas**

2. The plural forms of the definite articles **el** and **la** are **los** and **las.** The plural forms of the indefinite articles **un** and **una** are **unos** and **unas.**

SINGULAR	PLURAL
el curso	**los cursos**
la alumna	**las alumnas**
un amigo	**unos amigos**
una amiga	**unas amigas**

3. To form the plural of adjectives that end in **o, a,** or **e,** you add **s** to the singular form.

El alumno es serio.	**Los alumnos son serios.**
La alumna es seria.	**Las alumnas son serias.**
La lengua es interesante.	**Las lenguas son interesantes.**

4. To form the plural of adjectives that end in a consonant, you add **es.**

El curso es fácil.	**Los cursos son fáciles.**
La lengua es fácil.	**Las lenguas son fáciles.**

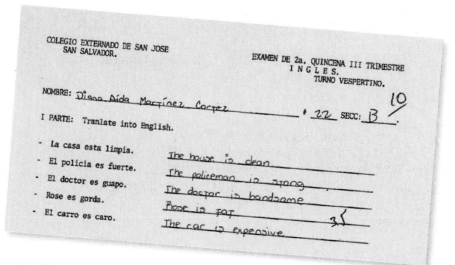

COLEGIO EXTERNADO DE SAN JOSE
SAN SALVADOR.

EXAMEN DE 2a. QUINCENA III TRIMESTRE
I N G L E S.
TURNO VESPERTINO.

NOMBRE: Diana Aída Martínez Cortez   # 22 SECC: B   10/

I PARTE: Tranlate into English.

- La casa esta limpia.   The house is clean
- El policia es fuerte.   The policeman is strong
- El doctor es guapo.   The doctor is handsome
- Rose es gorda.   Rose is fat
- El carro es caro.   The car is expensive   3/

Para continuar
Let's put our words together

13 Historieta Amigos nuevos
Contesten con **sí.** *(Answer with sí.)*

1. ¿Son amigos nuevos los dos muchachos?
2. ¿Son chilenos los dos muchachos?
3. ¿Son ellos alumnos en un colegio en Santiago de Chile?
4. ¿Son alumnos serios?
5. ¿Son ellos muchachos populares?

Santiago de Chile

14 ¿Cómo son?
Describan a las personas. *(Describe the people.)*

1. David, Domingo   **2.** Inés, Susana   **3.** Paco, Eduardo   **4.** Isabel, Carmen

15 Historieta La señora Ortiz Completen.
(Complete with any logical response.)

La señora Ortiz es una profesora muy __1__. Las clases de
la señora Ortiz son __2__. Las clases de la señora Ortiz no son __3__.
Los alumnos de la señora Ortiz son __4__. No son __5__.

Estructura

Talking about more than one
Presente de **ser** en el plural

1. You have already learned the singular forms of the verb **ser.** Review the following.

SER	
yo	soy
tú	eres
él	es
ella	es

2. Now study the plural forms of the verb **ser.**

SER	
nosotros(as)	somos
ellos	son
ellas	son
Uds.	son

3.

Nosotros somos amigos.

Ellos son americanos.

When you talk about yourself and another person or other people, you use the **nosotros(as)** form.

You use **ellos** when talking about two or more males or a mixed group of males and females.

Ellas son simpáticas.

¿Uds. son amigos?

Sí, somos amigos.

You use **ellas** when talking about two or more females.

When talking to more than one person, you use **ustedes,** the plural form for **tú.** **Ustedes** is commonly abbreviated as **Uds.**

Para continuar
Let's put our words together

16 **Somos alumnos americanos.**

Practiquen la conversación. *(Practice the conversation.)*

—¿Son Uds. americanos?

—Sí, somos americanos.

—¿Son Uds. alumnos?

—Sí, somos alumnos. Y somos alumnos serios.

—¿En qué escuela son Uds. alumnos?

—Somos alumnos en la Escuela Jorge Wáshington. Y Uds., ¿son alumnas?

—Sí, somos alumnas en la Escuela Martin Luther King.

Completen según la conversación. *(Complete according to the conversation.)*

Los muchachos __1__ americanos. Ellos __2__ alumnos. __3__ alumnos muy serios. __4__ alumnos buenos. __5__ alumnos en la Escuela Jorge Wáshington. Las muchachas __6__ americanas también. __7__ alumnas en la Escuela Martin Luther King.

17 **Él, ella y yo** Contesten. *(Answer with a classmate.)*

1. ¿Son Uds. amigos?
2. ¿Son Uds. alumnos serios?
3. ¿Son Uds. graciosos?
4. ¿En qué escuela son Uds. alumnos?

5. ¿Son Uds. alumnos en la misma clase de español o en clases diferentes?
6. ¿Son Uds. alumnos buenos en español?

Estructura

18 **¿Qué son Uds.?** Formen preguntas según el modelo.
(Ask classmates questions according to the model.)

americanos   cubanos

María y José, ¿son Uds. americanos o cubanos?
Somos cubanos.

1. americanos / mexicanos

2. bajos / altos

3. morenos / rubios

La costa de la República Dominicana

19 **Historieta** **El amigo de Carlos**
Completen con **ser.** *(Complete with ser.)*

Yo __1__ un amigo de Carlos. Carlos __2__ muy simpático. Y él __3__ gracioso. Carlos y yo __4__ dominicanos. __5__ de la República Dominicana.

La República Dominicana __6__ parte de una isla en el mar Caribe. Nosotros __7__ alumnos en un colegio en Santo Domingo. Santo Domingo __8__ la capital de la República Dominicana. Nosotros __9__ alumnos de inglés. La profesora de inglés __10__ la señora Drake. Ella __11__ americana.

La clase de inglés __12__ bastante interesante. Nosotros __13__ muy buenos en inglés. Nosotros __14__ muy inteligentes.

¿Y Uds.? Uds. __15__ americanos, ¿no? ¿De dónde __16__ Uds.? ¿__17__ Uds. alumnos en una escuela secundaria? ¿__18__ Uds. alumnos de español?

20 **¿De qué nacionalidad son?** Work in groups of four. Two of you get together and choose a city below. The other two will guess where you are from. Take turns. Use the model as a guide.

¿Son Uds. dominicanos?

Sí, somos de Santo Domingo.

Estructura

Telling time
La hora

1. Observe the following examples of how to tell time.

¿Qué hora es?

Es la una.

Son las dos.

Son las diez.

Son las doce.

Es el mediodía.

Es la medianoche.

Es la una y diez.

Son las tres y cinco.

Son las cuatro
y veinticinco.

Son las cinco
menos veinte.

Son las seis
menos diez.

Son las diez
menos cinco.

Son las dos
y cuarto.

Son las siete
menos cuarto.

Son las seis y media.

2. To indicate A.M. and P.M. in Spanish, you use the following expressions.

Son las ocho de la mañana.   **Son las tres de la tarde.**   **Son las once de la noche.**

3. Note how to ask and tell what time something (such as a party) takes place.

¿A qué hora es la fiesta?   **La fiesta es a las nueve.**

Para continuar
Let's put our words together

21 **¿Qué hora es?** Digan la hora. *(Tell the time on each clock.)*

1.   2.   3.   4.   5.   6.

22 **El horario escolar** Digan la hora de la clase. *(Tell the time of each class.)*

 For more practice telling time, do Activity 2 on page H3 at the end of this book.

Andas bien. ¡Adelante!

¿De qué nacionalidad son Uds.?

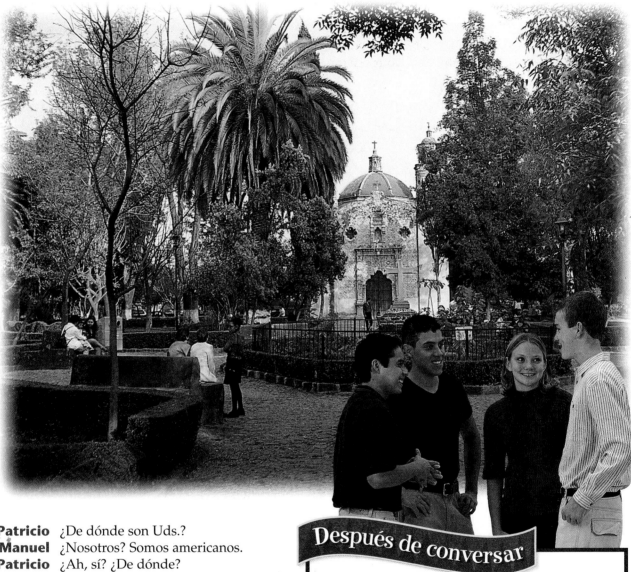

Patricio ¿De dónde son Uds.?
Manuel ¿Nosotros? Somos americanos.
Patricio ¿Ah, sí? ¿De dónde?
Manuel Somos de Tejas, de San Antonio.
¿De qué nacionalidad son Uds.?
Patricio Somos mexicanos. Somos de Coyoacán.
Manuel ¿Coyoacán?
Patricio Sí, es una colonia de la Ciudad
de México, la capital.

Después de conversar

Contesten. (*Answer.*)

1. ¿De dónde son los muchachos americanos?
2. ¿De dónde son los muchachos mexicanos?
3. ¿Cuál es la capital de México?
4. ¿Cuál es una ciudad en el estado de Tejas?
5. ¿Cuál es una parte de la Ciudad de México?

Vamos a hablar más
Let's talk some more

A **En México** Work in groups of four. Two of you are visiting Mexico and you meet two Mexican students in a café. Find out as much about each other and your schools as you can.

Guanajuato, México

B *Juego* **¿Qué clase es?** Work with a classmate. He or she gives you a one-sentence description of a class. Guess what class it is. If you're wrong, your partner will give you another hint. Continue until you guess the class being described. Take turns.

Pronunciación

Las vocales e, i

The sounds of the Spanish vowels **e** and **i** are short, clear, and concise. The pronunciation of **e** is similar to *a* in *mate*. The pronunciation of **i** is similar to the *ee* in *bee* or *see*. Imitate the pronunciation carefully.

e	i
Elena	**Isabel**
peso	**Inés**

Repeat the following sentences.

Elena es una amiga de Felipe.
Inés es tímida.
Sí, Isabel es italiana.

Lecturas culturales

El español en los Estados Unidos ♺

Mexicanoamericanos

¡Hola! Somos Alejandro Chávez y
Guadalupe Garza. Somos alumnos
en una escuela secundaria de Pueblo,
Colorado. Somos alumnos en una
escuela secundaria americana. Pero
para nosotros el español no es
una lengua extranjera[1]. ¿Por qué[2]?
Porque nosotros somos de
ascendencia[3] mexicana. Somos
mexicanoamericanos.

[1]extranjera *foreign*
[2]¿Por qué? *Why?*
[3]ascendencia *background, descent*

Jóvenes de ascendencia mexicana

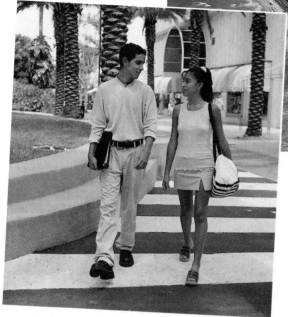

Miami, La Florida

Jóvenes de ascendencia cubana

Cubanoamericanos

Nosotros somos Raúl Ugarte y Marta Dávila. Somos de Miami, en la Florida. Como muchas personas en Miami, somos de ascendencia cubana. Somos cubanoamericanos.

En los Estados Unidos hay unos treinta y cinco millones de hispanohablantes[4]. El español es una lengua muy importante en los Estados Unidos.

[4]hispanohablantes   *Spanish speakers*

Después de leer

A Alejandro Chávez y Guadalupe Garza

Contesten. *(Answer.)*

1. ¿Quiénes son Alejandro Chávez y Guadalupe Garza?
2. ¿Dónde son alumnos?
3. ¿De dónde son ellos?
4. Para Alejandro y Guadalupe, ¿es el español una lengua extranjera?
5. ¿Por qué no? ¿Qué son ellos?

B Raúl Ugarte y Marta Dávila

Corrijan. *(Correct the false statements.)*

1. Raúl Ugarte y Marta Dávila son de ascendencia mexicana.
2. Ellos son mexicanoamericanos.
3. Ellos son de San Antonio, Tejas.
4. Hay unos treinta y cinco millones de hispanohablantes en Cuba.

Lectura opcional 1

El Álamo, San Antonio

San Antonio

San Antonio es una ciudad[1] muy bonita de Tejas. Es una ciudad muy histórica. Es la ciudad favorita de muchos turistas. San Antonio es una ciudad bilingüe. Hay mucha gente[2] de ascendencia mexicana en San Antonio. Hay muchos mexicanoamericanos.

[1]ciudad *city*
[2]gente *people*

Después de leer

A ¿Cómo es San Antonio?
Contesten con **sí** o **no**.
(*Answer with* sí *or* no.)

1. San Antonio es una ciudad bastante fea.
2. Hay monumentos históricos en San Antonio.
3. San Antonio es una ciudad de México.
4. Hay muchos hispanohablantes en San Antonio.
5. Hay muchos mexicanoamericanos en San Antonio.

B En español, por favor.
Busquen las palabras afines en la lectura.
(*Find the following cognates in the reading.*)

1. favorite   3. bilingual
2. historic   4. tourists

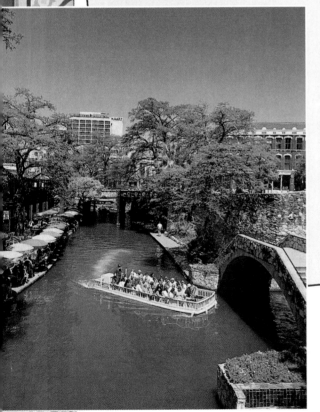

El río, San Antonio

Lectura opcional ②

Coyoacán, México

Coyoacán

La Ciudad de México es hoy día[1] la ciudad más grande del mundo[2]. Coyoacán es una colonia en la zona sur de la ciudad. Es una colonia bonita y tranquila. Es elegante también. Muchos residentes o habitantes de Coyoacán son personas famosas.

[1]hoy día *these days*
[2]mundo *world*

Después de leer

A La Ciudad de México
Completen. *(Complete.)*
1. ____ es la ciudad más grande del mundo.
2. ____ es una colonia de la Ciudad de México.
3. Coyoacán es una colonia en la zona ____ de la ciudad.
4. Hay muchas personas ____ en Coyoacán.

B En español, por favor. Busquen las palabras afines en la lectura. *(Find the following cognates in the reading.)*
1. zone
2. tranquil, calm
3. elegant
4. residents
5. inhabitants

MUSEO   N° 13376

Frida Kahlo

LONDRES N° 247
COL. DEL CARMEN
COYOACAN

ADMISION: N$ 5.00

NFK

El Museo de Frida Kahlo, Coyoacán

Conexiones

Las ciencias sociales

La sociología

Sociology is the study of society in all its aspects. A society is composed of many groups. All of us belong to a number of groups. We belong to a family group, a language group, and an ethnic or racial group.

The large Spanish-speaking world is one of great diversity. There are many ethnic groups living in Spain and in Latin America. Let's take a look at some of these groups.

Grupos étnicos de Latinoamérica

En Latinoamérica hay muchos grupos étnicos. ¿Cuáles son los grupos étnicos de Latinoamérica?

Influencia africana

En la región del Caribe hay mucha influencia africana. En Puerto Rico, Cuba, la República Dominicana, Panamá y en la costa norte de la América del Sur, la influencia negra es notable. Hay mucha gente[1] de ascendencia africana. Hay también mucha gente de raza mixta—de sangre[2] blanca y negra.

Influencia india o indígena

En México, Guatemala y la región andina—de los Andes—hay muchos indios. En Ecuador, Perú y Bolivia, hay muchos descendientes de los incas. En México y Guatemala hay muchos descendientes de los mayas. Hay también muchos mestizos, personas con una mezcla[3] de sangre india y blanca.

Criollos

¿Y quiénes son los criollos? Los criollos son los blancos nacidos[4] en las colonias—los españoles nacidos en América.

[1]gente *people*   [2]sangre *blood*   [3]mezcla *mixture*   [4]nacidos *born*

La almendra del cacao
de Diego Rivera

Después de leer

A En español Busquen las palabras afines en la lectura.
(Find the cognates in the reading.)

B La palabra, por favor. Pareen. *(Match.)*

1. área de las Américas donde el español es la lengua oficial
2. una persona de África
3. la región de los Andes
4. los indios del Perú, Ecuador y Bolivia
5. los indios de México y Guatemala
6. una persona con una mezcla de sangre india y blanca

a. mestizo
b. Latinoamérica
c. africano
d. andina
e. descendientes de los incas
f. descendientes de los mayas

¡Te toca a ti!

Use what you have learned

1 Nosotros(as)

✔ *Describe yourself and someone else*

Work with a classmate. Together prepare a speech that you are going to present to the class. To help you organize your presentation, use the following as a guide.

- tell who you are
- tell where you're from
- give the name of your school
- describe one of your classes

2 La escuela ideal

✔ *Talk about school*

Work with a classmate. Describe what for each of you is an ideal school. Say as much as you can about the teachers, classes, and students.

Salón de clase, San Miguel de Allende, México

```
*** LICEO SALVADOREÑO ***

INFORME  DE  NOTAS

22 - MANUEL ERNESTO MARTINEZ CORTEZ
                              PROF. RODRIGO RAMIREZ SANTOS
TERCERA AREA
                                      Nota    30%   3ra.   Nota Obs.
Nombre materia       1ra. 2da. Act Activ. P.U.              Area   Acum.
                     Area Area 10%  40%  50%

                                              88    26.4   2.6    4.8
EDUCACION EN LA FE    0.9  1.3  10   34   44   86    25.8   2.6    5.1
LENGUAJE              1.2  1.3   9   31   46   87    26.1   2.6    4.8
ESTUDIOS SOCIALES     1.0  1.2   8   33   46   97    29.1   2.9    5.5
INGLES                1.4  1.2  10   38   49   87    26.1   2.6    5.2
MATEMATICAS           1.2  1.4  10   37   40   83    24.9   2.5    5.2
CIENCIA,SALUD Y MEDIO A 1.3 1.4  9   38   36   95    28.5   2.9    5.3
EDUCACION ESTETICA    1.2  1.2   9   36   50  100    30.0   3.0    5.8
EDUCACION FISICA      1.4  1.4  10   40   50   86    25.8   2.6    5.1
MECANOGRAFIA          1.2  1.3  10   31   45   95    28.5   2.9    5.5
COMPUTACION           1.3  1.3   9   36   50

                                              FIRMA ENCARGADO
```

3 Un correo electrónico

✔ *Write about your classes and friends*

Answer an e-mail message from a student in Barcelona who wants to know about your life in the United States. Give him or her as many details as possible about school, classes, and friends.

Barcelona, España

Writing Strategy

Keeping a journal There are many kinds of journals you can keep, each having a different purpose. One type of journal is the kind in which you write about daily events and record your thoughts and impressions about these events. It's almost like "thinking out loud." By keeping such a journal, you may find that you discover something new that you were not aware of.

4 Clases y profesores

You've been in school for about a month. You've had a chance to get to know what your courses are like and to become familiar with your teachers. Create a journal entry in which you write about your classes and your teachers. Try to write about your classes— the days and times of each, whether there are many or few students, whether the class is big or small, what the class is like, who the teacher is, and what he or she is like. When you have finished, reread your journal entry. Did you discover anything about your courses or your teachers that you hadn't thought of before?

Vocabulario

1 **¿Sí o no?** *(Yes or no?)*

1. Hay muchos alumnos en una clase pequeña.
2. Una clase aburrida es muy interesante.
3. Marta y Tomás son alumnos en el Colegio Rubén Torres. Son alumnos en la misma escuela.

To review **Palabras 1**, turn to pages 44-45.

2 **Den lo contrario.** *(Give the opposite.)*

4. difícil
5. interesante
6. pequeño

3 **Identifiquen.** *(Identify.)*

¿Qué curso es?

To review **Palabras 2**, turn to pages 48-49.

7.

8.

$16 + 93 =$

9.

10.

Estructura

4 **Completen con el plural.** *(Complete with the plural.)*

11. El alumno es muy inteligente.
    ____ alumno__ ____ muy inteligente__.
12. La amiga de Carlos es puertorriqueña.
    ____ amiga__ de Carlos ____ puertorriqueña__.
13. El curso de matemáticas es fácil.
    ____ curso__ de matemáticas ____ fácil__.
14. La muchacha rubia es chilena.
    ____ muchacha__ rubia__ ____ chilena__.

To review plurals, turn to page 52.

5 **Completen con ser.** *(Complete with* ser.*)*

    15. ¿De qué nacionalidad ____ Uds.?

    16. Uds. ____ alumnos en la misma escuela, ¿no?

    17. Sí, (nosotros) ____ alumnos en el Colegio Hidalgo.

    18. Nosotros ____ mexicanos.

To review ser, turn to page 54.

Cultura

6 **Completen.** *(Complete.)*

    19–20. Hay muchos mexicanoamericanos y cubanoamericanos en los Estados Unidos. Los mexicanoamericanos son de ascendencia ____ y los cubanoamericanos son de ascendencia ____.

To review this cultural information, turn to pages 62-63.

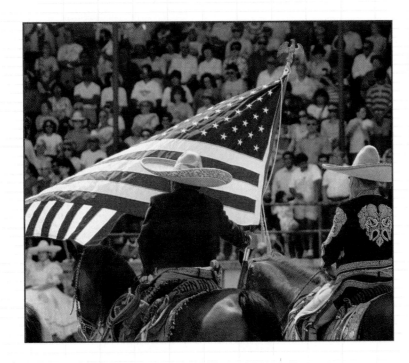

Vocabulario

Identifying a person or thing

el profesor   la clase
la profesora   el curso

Identifying school subjects

las ciencias
   la biología
   la química
   la física
las matemáticas
   la aritmética
   el álgebra
   la geometría
   el cálculo
las ciencias sociales
   la historia
   la geografía

las lenguas
   el inglés
   el español
   el francés
   el alemán
   el latín
otras asignaturas o disciplinas
   la educación física
   la música
   el arte
   la economía doméstica
   la informática

Describing teachers and courses

inteligente   fácil
interesante   difícil, duro(a)
aburrido(a)   popular
pequeño(a)   obligatorio(a)
grande

Identifying other nationalities

argentino(a)   ecuatoriano(a)
dominicano(a)   panameño(a)

Finding out information

¿quiénes?   ¿cuántos(as)?

Agreeing and disagreeing

sí, también
no, de ninguna manera

Other useful expressions

hay   mismo(a)
mucho   todos(as)
poco

How well do you know your vocabulary?

- Choose your favorite school subject. Choose words to describe this subject.
- Use these words to describe the subject and your teacher.

TECNOTUR

¡Buen viaje!

VIDEO • Episodio 2

Alumnos y cursos

In this video episode, Cristina attends Isabel's English class at her school in Mexico City. Like the students in the video, Cristina had to learn English when her family emigrated from Colombia to Los Angeles.

Cristina con Isabel en la escuela de Isabel y Luis ▶

◀ Isabel y Luis con Cristina

El inglés es una lengua muy importante y popular en el mundo hispano.

SPANISH Online

In the Chapter 2 Internet Activity, you will have a chance to learn more about cities with large Spanish-speaking populations and Hispanic origins in the United States. To begin your virtual adventure, go to the Glencoe Spanish Web site: spanish.glencoe.com

◀ Learn more online about English classes in Spanish-speaking countries, such as the one Isabel attended.

Capítulo 3

Las compras para la escuela

Objetivos

In this chapter you will learn to:

❖ identify and describe school supplies
❖ identify and describe articles of clothing
❖ shop for school supplies and clothing
❖ state color and size preferences
❖ speak to people formally and informally
❖ discuss differences between schools in the
   United States and in Spanish-speaking countries

Vocabulario

Los materiales escolares

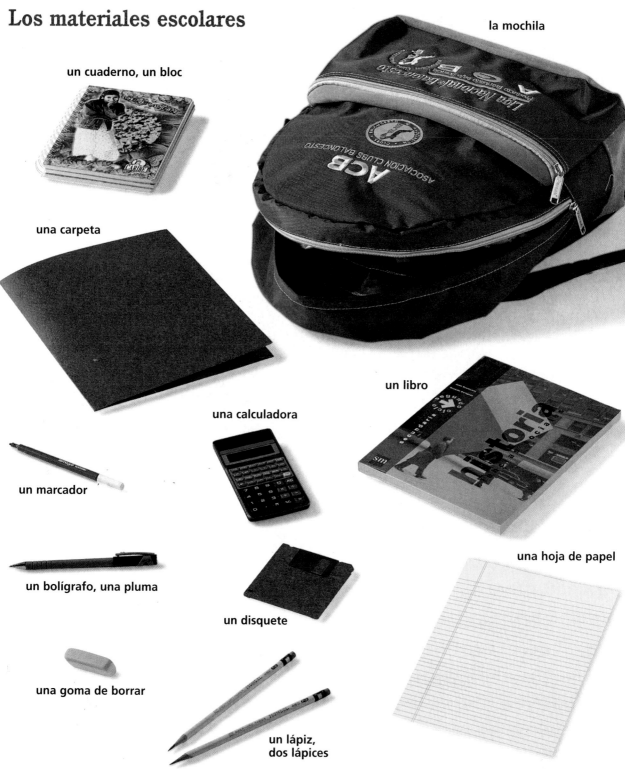

la mochila

un cuaderno, un bloc

una carpeta

un libro

una calculadora

un marcador

una hoja de papel

un bolígrafo, una pluma

un disquete

una goma de borrar

un lápiz,
dos lápices

En la papelería

Alejandro necesita materiales escolares.
Busca un cuaderno en la papelería.

Alejandro mira un cuaderno.
Mira un bolígrafo también.

¿El cuaderno?
¿Cuánto es, por favor?

Noventa pesos.

la dependienta,
la empleada

Alejandro habla con la dependienta.

la caja

Alejandro compra el cuaderno.
El cuaderno cuesta noventa pesos.
Alejandro paga noventa pesos.
Paga en la caja.

Alejandro lleva los materiales escolares
en una mochila.

LAS COMPRAS PARA LA ESCUELA

Vocabulario

Para empezar
Let's use our new words

1 **Los materiales escolares**
Preparen una lista de materiales escolares importantes. *(Make a list of important school supplies.)*

2 **Historieta** **En la papelería**
Contesten. *(Answer.)*

1. ¿Necesita la muchacha materiales escolares?
2. ¿Busca los materiales escolares en la papelería?
3. ¿Mira ella un bolígrafo?
4. ¿Habla con el dependiente?
5. ¿Compra el bolígrafo?
6. ¿Paga en la caja?

Una papelería, Santiago de Chile

Blíster de 3 carpetas con gomas y solapa TECNIGRAF,
~~690~~ **475** €2,85

3 **Historieta** **De compras**
Escojan. *(Choose.)*

1. Diego ____ materiales escolares.
   a. paga   **b.** habla   **c.** necesita
2. Él ____ un bolígrafo y un cuaderno.
   a. mira   **b.** cuesta   **c.** habla
3. Diego ____ con el empleado.
   a. paga   **b.** habla   **c.** mira
4. Él necesita ____ para la computadora.
   a. un disquete   **b.** un bloc   **c.** un lápiz
5. Diego ____ en la caja.
   a. paga   **b.** compra   **c.** lleva
6. Él ____ los materiales escolares en una mochila.
   a. compra   **b.** mira   **c.** lleva

4 Historieta Una calculadora, por favor.

Contesten. *(Answer.)*

Una papelería, Málaga, España

1. ¿Con quién habla Casandra en la papelería?
2. ¿Qué necesita ella?
3. ¿Qué busca?
4. ¿Compra la calculadora?
5. ¿Cuánto cuesta la calculadora?
6. ¿Dónde paga Casandra?

5 En la papelería
Work with a classmate. You're buying the school supplies below. Take turns being the customer and the salesperson.

10 pesos

18 pesos

45 pesos

99 pesos

4 pesos

6 Juego ¿Qué es?
Play a guessing game. Your partner will hide a school supply behind his or her back. Guess what he or she is hiding. Take turns.

La ropa

una gorra

una blusa

un traje

un pantalón corto

una chaqueta

un pantalón largo

un T-shirt, una camiseta

una camisa

38

la talla, el tamaño

una falda

36

el número

los zapatos

una corbata

La muchacha lleva un
  T-shirt y un blue jean.
Lleva un par de tenis.
Lleva una chaqueta.
No lleva una falda.

un blue jean

los calcetines

un par de tenis

¿Qué desea Ud.?

Una blusa, por favor.

Sí, señorita. ¿Qué talla usa Ud.?

Treinta y cuatro.

¿Qué número usa (calza) Ud.?

Treinta y ocho.

Gloria habla con la dependienta.
La dependienta trabaja en la tienda de ropa.

Rubén compra un par de zapatos.
Él habla con el dependiente.

La camisa cuesta mucho.
Es muy cara.

La gorra no cuesta mucho.
Cuesta poco.
Es bastante barata.

1.200 pesos

35 pesos

¿Lo sabes?

Ciento is shortened to **cien** before any word that is not a number: **cien pesos, ciento ochenta pesos**.

Los colores

¿De qué color es?

anaranjado(a) verde de color marrón

blanco(a)

gris

rosado(a)

rojo(a)

amarillo(a)

negro(a)   azul

Más números

100	ciento, cien		600	seiscientos
200	doscientos		700	setecientos
300	trescientos		800	ochocientos
400	cuatrocientos		900	novecientos
500	quinientos		1000	mil

150	ciento cincuenta
790	setecientos noventa
1800	mil ochocientos

Vocabulario

Para empezar
Let's use our new words

7 **¿Qué es?** Identifiquen. *(Identify.)*

1.

3.

4.

5.

6.

2.

Miraflores, Lima, Perú

8 **Historieta** **En la tienda de ropa**
Contesten según se indica.
(Answer according to the cues.)

1. ¿Con quién habla Eugenio?
   (con el dependiente)
2. ¿Dónde trabaja el dependiente?
   (en la tienda de ropa)
3. ¿Qué necesita Eugenio? (un T-shirt)
4. ¿Qué talla usa? (treinta y ocho)
5. ¿De qué color es el T-shirt? (blanco)
6. ¿Cuánto es? (cinco pesos)
7. ¿Cuesta mucho? (no, poco)
8. ¿Es caro? (no, barato)
9. ¿Compra Eugenio el T-shirt? (sí)
10. ¿Dónde paga? (en la caja)

9 **¿De qué color es?** Completen con el color. *(Complete with the color.)*

1. Tomás compra
   un pantalón ____.
2. Ana compra una
   blusa ____.
3. Emilio compra
   una camisa ____.

4. Paco compra una
   gorra ____.
5. Adriana compra una
   falda ____.
6. César compra zapatos
   de color ____.

10 **¿Qué es?** With a classmate, take turns asking each other what each of the following items is. Then ask questions about each one. Find out how much it costs and tell what you think about the price. Is it a real bargain—**¿una ganga?**

1.

2.

3.

4.

5.

11 **¿Quién es?** Work in small groups. One person tells what someone in the class is wearing. The others have to guess who it is. If several people are wearing the same thing, you will have to give more details.

12 **En la tienda de ropa** With a classmate, look at the photograph. Ask one another questions about it. Answer each other's questions. Then work together to make up sentences about the photograph. Put the sentences in logical order to form a paragraph.

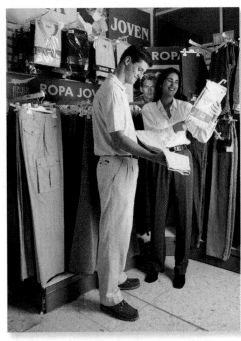

13 *Juego* **¿Cuál es el número?** Give some numbers in a mathematical pattern but leave one out. Your partner will try to figure out what the missing number is. Take turns. You can use the model as a guide.

doscientos, cuatrocientos, _____, ochocientos

seiscientos

Estructura

Telling what people do

Presente de los verbos en -ar en el singular

1. All verbs, or action words, in Spanish belong to a family, or conjugation. Verbs whose infinitive ends in **-ar** (**hablar:** *to speak,* **comprar:** *to buy*) are called first conjugation verbs.

   necesitar   comprar
   buscar   hablar
   mirar   pagar

2. Spanish verbs change their endings according to the subject. Study the following forms.

INFINITIVE	hablar	comprar	mirar	ENDINGS
STEM	habl-	compr-	mir-	
yo	hablo	compro	miro	-o
tú	hablas	compras	miras	-as
él	habla	compra	mira	-a
ella	habla	compra	mira	-a

¿Te acuerdas?

To make a sentence negative, put **no** in front of the verb.
Hablo español.
No hablo francés.
Necesita una hoja de papel.
No necesita una pluma.

3. Since the ending of the verb in Spanish indicates who performs the action, the subjects (**yo, tú, él, ella**) are often omitted.

Hablo español.

Hablas español.

Habla español.

Use **-o** when you talk about yourself.

Use **-as** when you talk to a friend.

Use **-a** when you talk about someone.

Para continuar
Let's put our words together

14 Historieta En la papelería
Contesten. *(Answer.)*

1. ¿Necesita Andrea materiales escolares?
2. ¿Busca ella un bolígrafo?
3. ¿Compra un bolígrafo en la papelería?
4. ¿Habla ella con la empleada?
5. ¿Paga ella en la caja?
6. ¿Lleva los materiales escolares en una mochila?

Una papelería, Caracas, Venezuela

15 Historieta Llevo un blue jean.

Contesten personalmente. *(Answer these questions about yourself.)*

1. ¿Llevas un blue jean?
2. ¿Necesitas un nuevo blue jean?
3. ¿Compras el blue jean en una tienda de ropa?
4. ¿Con quién hablas en la tienda?

5. ¿Qué talla usas?
6. ¿Dónde pagas?
7. ¿Pagas mucho?
8. ¿Cuánto pagas?

16 Historieta Necesito un par de tenis, por favor.
Contesten según se indica. *(Answer according to the cues.)*

1. ¿Qué necesitas? (un par de tenis)
2. ¿Dónde buscas los tenis? (en la tienda González)
3. ¿Qué número usas? (treinta y seis)
4. ¿Miras un par de tenis? (sí)
5. ¿Compras los tenis? (sí)
6. ¿Cuánto pagas? (quinientos pesos)
7. ¿Dónde pagas? (en la caja)

CONVERSION DE TALLAS

Ropa de señora — Vestidos y abrigos						
Estados Unidos	6	8	10	12	14	16
España	36	38	40	42	44	46
Sudamérica	34	36	38	40	42	44
Ropa de señora — Blusas y jersey						
Estados Unidos	30	32	34	36	38	40
España	38	40	42	44	46	48
Sudamérica	38	40	42	44	46	48
Ropa de caballeros — Trajes						
Estados Unidos	34	36	38	40	42	44
España	44	46	48	50	52	54
Sudamérica	44	46	48	50	52	54
Calzado — señoras						
Estados Unidos	4	5	6	7	8	9
España	34/35	35/36	36/37	38/39	39/40	41/42
Sudamérica	2	3	4	5	6	7
Calzado — caballeros						
Estados Unidos	8	8½	9	9½	10	10½
España	41	42	43	43	44	45
Sudamérica	6	6½	7	7½	8	8½

17 Perdón, ¿qué necesitas? Sigan el modelo. *(Follow the model.)*

Necesito un bolígrafo.

Perdón, ¿qué necesitas?

1. Necesito una hoja de papel.
2. Busco una goma de borrar.
3. Compro un disquete.
4. Llevo una mochila.

18 **Historieta** **En la tienda de ropa** Completen. *(Complete.)*

Casandra __1__ (necesitar) una blusa. Ella __2__ (buscar) una blusa verde. En la tienda de ropa Casandra __3__ (hablar) con una amiga.

—Casandra, ¿qué __4__ (buscar)?

—Yo __5__ (buscar) una blusa.

—¿__6__ (Necesitar) un color especial?

—Sí, verde.

—¿Qué talla __7__ (usar)?

—Treinta y seis.

—¿Por qué no __8__ (hablar) con la dependienta?

—¡Buena idea!

Casandra __9__ (hablar) con la dependienta.
Ella __10__ (mirar) varias blusas verdes. Casandra
__11__ (comprar) una blusa que es muy bonita.
Ella __12__ (pagar) en la caja.

Marbella, España

19 **¿Trabajas o no?** Find out from a classmate whether he or she works. Try to find out where and when. Tell the class about your friend's work.

20 **¿Qué necesitas?** You're talking on the phone with a good friend. The new school year **(la apertura de clases)** is about to begin. You need lots of things. Have a conversation with your friend. You may want to use some of the following words and expressions.

la papelería
ropa
necesitar
¿qué talla?
¿de qué color?
la tienda de ropa
materiales escolares
comprar
¿cuánto cuesta?

For more practice using words from **Palabras**
1 and **2** *and* **-ar** *verbs, do Activity 3 on page*
H4 at the end of this book.

Talking formally and informally
Tú o Ud.

1. In Spanish, there are two ways to say *you*. You can use **tú** when talking to a friend, to a person your own age, or to a family member. **Tú** is called the informal or familiar form of address.

> **José, ¿hablas español?**   **Carolina, ¿qué necesitas?**

2. You use **usted** when talking to an older person, a person you do not know very well, or anyone to whom you wish to show respect. The **usted** form of address is polite, or formal. **Usted** is usually abbreviated **Ud.** **Ud.** takes the same verb ending as **él** or **ella**.

> **Señor, ¿habla Ud. inglés?**
> **Señora, Ud. trabaja en la papelería, ¿no?**

Para continuar
Let's put our words together

 21 **¿Tú o Ud.?** Pregunten. (*Ask the following people what they need and what they are looking for. Use* **tú** *or* **Ud.** *as appropriate.*)

1.   **2.**   **3.**   **4.**   **5.**

 22 **Claudia y el señor** Sigan el modelo. (*Follow the model.*)

> —**Necesito una hoja de papel.**
> —**Y tú, Claudia, ¿qué necesitas?**
> —**¿Y qué necesita Ud., señor?**

1. Necesito un cuaderno.   **3.** Compro una camisa.
2. Busco una goma de borrar.   **4.** Hablo español.

Andas bien. ¡Adelante!

En la tienda de ropa

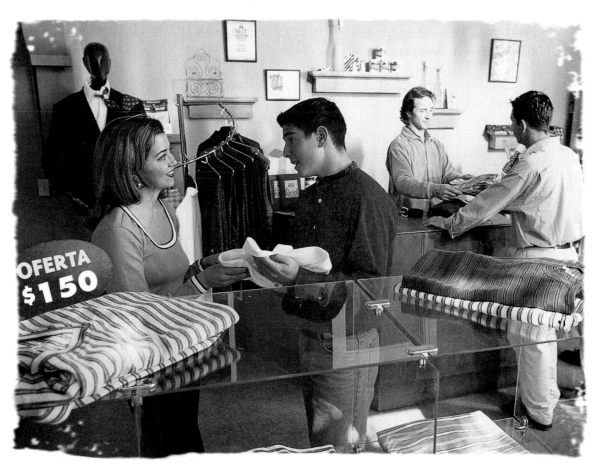

Empleada	Sí, señor. ¿Qué desea Ud.?
Cliente	Necesito una camisa.
Empleada	Una camisa. ¿De qué color, señor?
Cliente	Una camisa blanca.
Empleada	De acuerdo. ¿Qué talla usa Ud.?
Cliente	Treinta y seis.
	(After looking at some shirts)
Cliente	¿Cuánto es, por favor?
Empleada	Ciento cincuenta pesos.
Cliente	Bien. ¿Pago aquí o en la caja?
Empleada	En la caja, por favor.

Después de conversar

Contesten. *(Answer.)*

1. ¿Con quién habla el cliente?
2. ¿Qué necesita?
3. ¿Qué talla usa?
4. ¿Mira el señor una camisa?
5. ¿Cuánto es la camisa?
6. ¿Compra el señor la camisa?
7. ¿Dónde paga?

Vamos a hablar más
Let's talk some more

SPANISH
Online

For more information about schools in the Spanish-speaking world, go to the Glencoe Spanish Web site:
spanish.glencoe.com

 A **Para la apertura de clases** Ask a classmate what school supplies he or she needs at the beginning of the new school year and where he or she usually **(generalmente)** buys them. Then tell the class what you find out.

 B **En las tiendas** Work with a classmate. Take turns playing the roles of the salesperson and the customer in the following situations.

- **En la papelería** You want to buy two pens—preferably red ones—, a notebook, and a calculator.

- **En la tienda de ropa** You want to buy a blue shirt for your friend. They have his size, but only in white.

- **En la zapatería** You need a pair of brown shoes. The ones the salesperson shows you are expensive.

 C *Juego* **¿Qué lleva?**
Have one student leave the room. The others will choose a classmate to describe. The student who left comes back in and has to guess which classmate the others have chosen by asking questions about his or her clothes. Use the model as a guide.

¿Lleva un blue jean azul y una camiseta roja?

¿Lleva un par de tenis negros?

¡Es Tomás!

No.

Sí.

Pronunciación

Las consonantes l, f, p, m, n

The pronunciation of the consonants **l**, **f**, **p**, **m**, and **n** is very similar in both Spanish and English. However, the **p** is not followed by a puff of breath as it often is in English. Repeat the following sentences.

> Lolita es linda y elegante.
> La falda de Felisa no es fea.
> Paco es una persona popular.
> La muchacha mexicana mira una goma.
> Nando necesita un cuaderno nuevo.

Lecturas culturales

Reading Strategy

Using pictures and photographs Before you begin to read, look at pictures, photographs, or any other visuals that accompany a reading. By doing this, you can often tell what the reading selection is about before you actually read it.

Un alumno madrileño

Julio Torres es de Madrid. Él es alumno en el Liceo Joaquín Turina en Madrid. Un liceo o colegio es una escuela secundaria en España. En Madrid, la apertura de clases[1] es a fines de[2] septiembre. Julio necesita muchas cosas para la apertura de clases. Necesita materiales escolares. En una papelería compra un libro, un bolígrafo, tres lápices y varios cuadernos. Compra también un disquete para la computadora.

Pero Julio no necesita ropa nueva para la escuela. ¿Por qué? Porque Julio no lleva un blue jean o una camiseta a la escuela. Él lleva un uniforme. Es obligatorio llevar uniforme a la escuela. Un muchacho lleva un pantalón negro y una camisa blanca. En algunas[3] escuelas es necesario llevar chaqueta y corbata también. Una muchacha lleva una falda y una blusa. Y a veces[4] es necesario llevar una chaqueta. ¿Qué opinas? ¿Es una buena idea llevar uniforme a la escuela?

[1]apertura de clases *opening of school*
[2]a fines de *at the end of*
[3]algunas *some*
[4]a veces *sometimes*

A Un alumno madrileño

Contesten. *(Answer.)*

1. ¿De dónde es Julio Torres?
2. ¿En qué escuela es alumno?
3. ¿Cuándo es la apertura de clases en Madrid?
4. ¿Qué necesita Julio para la apertura de clases?
5. ¿Dónde compra las cosas que necesita?
6. ¿Necesita Julio ropa nueva para la escuela?
7. ¿Qué lleva él a la escuela?
8. ¿Qué lleva una muchacha a la escuela?

B Julio Torres   Busquen la información en la lectura. *(Find the information in the reading.)*

1. de dónde es Julio Torres
2. la escuela de Julio
3. cuándo es la apertura de clases en Madrid
4. las cosas que compra Julio
5. lo que es obligatorio llevar a la escuela
6. lo que Julio no lleva a la escuela
7. el uniforme típico de un muchacho
8. el uniforme típico de una muchacha

C Discusión   ¿Qué opinas? *(What is your opinion?)*
¿Es una buena idea llevar uniforme a la escuela?

Colegio de Nuestra
Señora de la
Consolación, Madrid

El Retiro, Madrid

Lectura opcional 1

La ropa indígena

La ropa que lleva la población india o indígena de Latinoamérica es muy interesante y muy bonita.

En Guatemala, por ejemplo, la ropa cambia o varía de un pueblo[1] a otro. El traje que lleva una señora de Santiago de Atitlán no es el mismo traje que lleva una señora de Chichicastenango.

La india de Guatemala no lleva sombrero. Pero la india del Perú, sí. Ella lleva sombrero.

La india del famoso pueblo de Otavalo en el Ecuador lleva dos faldas de lana[2] oscura con una blusa muy brillante. El señor otavaleño lleva un pantalón blanco, una camisa blanca y un poncho azul.

[1]pueblo *town*   [2]lana *wool*

Después de leer

La ropa indígena
Identifiquen. *(Identify.)*
Some articles of clothing retain their Spanish names in English. Look at the photographs to find out what they are.

huaraches

sarape

poncho

Lectura opcional ②

Un diseñador famoso

El famoso diseñador de ropa Oscar de la Renta es de Santo Domingo, la capital de la República Dominicana. Los estilos de de la Renta son muy elegantes y lujosos. Los trajes de gala de de la Renta son muy caros. La fama de Oscar de la Renta es mundial[1].

Oscar de la Renta es también una persona muy buena y muy humana. En la República Dominicana, de la Renta funda un orfanato[2] y un tipo de «Boys' Town». El «Boys' Town» es para niños desamparados[3]. Funda también una escuela especial para sordos[4].

[1]mundial *worldwide*
[2]orfanato *orphanage*
[3]niños desamparados *homeless children*
[4]sordos *deaf people*

Después de leer

A En español, por favor. Busquen las palabras afines en la lectura. (*Look for the cognates in the reading.*)

B Oscar de la Renta Contesten. (*Answer.*)
1. ¿De dónde es Oscar de la Renta?
2. ¿Por qué es él un hombre (señor) muy famoso?

Conexiones

La tecnología

La computadora

Some years ago computers began to revolutionize the way people conduct their lives. They have changed the way we view the world and, in reality, they've changed the world. Computers have a place in our homes, in our schools, and in our world of business. If you are interested in computers, you may want to familiarize yourself with some basic computer vocabulary in Spanish. Then read the information about computers on the next page.

la computadora, el ordenador

la pantalla, el monitor

el teclado

el ratón

un disco compacto

un disquete

la impresora

Conecta la computadora y ¡a trabajar!

Una computadora procesa datos. El hardware es la computadora y todo el equipo[1] conectado con la computadora. El software son los programas de la computadora. Un programa es un grupo o conjunto de instrucciones.

La computadora almacena[2] datos. Envía o transmite los datos a un disco. La computadora calcula, compara y copia datos. Pero la computadora no piensa[3]. El operador o la operadora de la computadora entra las instrucciones y la computadora procesa la información.

El módem adapta una terminal a una línea telefónica para transmitir información por todo el mundo[4].

[1]equipo *equipment*   [2]almacena *stores*   [3]piensa *think*   [4]mundo *world*

El Internet—¡Conecta al mundo!

Con el Internet hay acceso al mundo entero. Hay información sobre la historia, la economía, el arte, la música y muchas otras áreas de interés. Cuando navegas por la red[5], es posible conectar con los centros de noticias. Es posible enviar correo[6] electrónico y conversar con amigos en otras partes del mundo. Y hay la posibilidad de crear una página Web. Sí, ¡el mundo entero en una pantalla!

[5]red *Net*   [6]correo *mail*

Después de leer

A En español, por favor.

Busquen las palabras en la lectura.
(Find the following words in the reading.)

1. hardware
2. software
3. program
4. data
5. terminal
6. surf the Net
7. Web page
8. e-mail (electronic mail)
9. to process information
10. access
11. computer operator

B Una página Web
Look at the monitor on page 94. If you have access to the Internet either at home or at school, go to **spanish.glencoe.com ¡a practicar el español!**

¡Te toca a ti!

Use what you have learned

HABLAR

1 En la papelería
✔ *Identify and shop for school supplies*

With a classmate, take turns playing the parts of a student shopping and a salesperson in a stationery store. Tell some supplies you need and find out how much each item costs. The salesperson will give you the information.

150 pesos

95 pesos

30 pesos

87 pesos

5 pesos

120 pesos

HABLAR

2 Lo que llevo yo
✔ *Identify and describe articles of clothing*

Work with a classmate. Each of you will describe what you typically wear to school.

HABLAR ESCRIBIR

3 Regalos
✔ *Shop for clothing*

You have just spent a few weeks in Spain and want to buy some articles of clothing as gifts for several friends. Make a list of what you want to buy. Go to the different stores to buy the items you want. With a classmate, take turns being the customer and salesperson at the stores where you are purchasing the items on your list.

Madrid, España

ESCRIBIR
4

Necesito ropa

✔ *Order clothing from a catalogue and give the size and color you need*

You want to order from the catalogue. Write a letter stating which items, what color, and what size.

Pantalón corto de vestir, en varios colores. 2.975.
1.995 €11,99

B - desde
3.795
Mocasines
35-41
PIEL DE SERRAJE

B - MOCASINES planos con forma de zuecos y pequeño talón de 1.5 cm. Empeine pespunteado de color crudo por el exterior. Exterior y plantilla en piel de serraje acabado ante.

malva	580.1030	negro 580.337
beige	580.3036	
35, 36, 37		**3.795 pesos**
38, 39, 40, 41		**4.195 pesos**

Camisa manga corta varios diseños.
1.975 **1.595** €9,59

C - BLUSA. 100% algodón.
MANGA CORTA CON VUELTA.
blanco   810.0638
38, 40   **1.995 pesos**
42, 44, 46   **2.195 pesos**
48, 50, 52   **2.395 pesos**
54   **2.595 pesos**

E - BERMUDAS. Largo desde el tiro 20 cm, boquilla 30 cm aprox.
1. malva 280.1116   4. marino 280.4409
2. beige 280.0118   5. negro 280.3468
3. caquí 280.2528
36, 38, 40   **2.495 pesos**
42, 44, 46   **2.695 pesos**

Writing Strategy

Preparing for an interview

An interview is one way to gather information for a story or a report. A good interviewer should prepare questions ahead of time. In preparing the questions, think about what you hope to learn from the interview. The best interview questions are open-ended. Open-ended questions cannot be answered with *yes* or *no*. They give the person being interviewed more opportunity to "open up" and speak freely.

¿De dónde?
¿Cuánto? ¿Cómo?
¿Quién? ¿Dónde?
¿Qué?

HABLAR
5
ESCRIBIR

Guadalupe Álvaro

It is the beginning of a new school year. Your first assignment for the school newspaper is to write an article about a new exchange student, Guadalupe Álvaro. Guadalupe is from Salamanca, Spain.

You decide to interview Guadalupe before writing your article. To prepare for the interview, write down as many questions as you can. Ask her about her personal life, school life in her country, her friends, etc. After you have prepared your questions, conduct the interview with a partner who plays the role of Guadalupe. Write down your partner's answers to your questions. Then organize your notes and write your article.

Assessment

Vocabulario

1 **Identifiquen.** *(Identify.)*

¿Qué es?

1.

2.

3.

To review **Palabras 1,** turn to pages 76–77.

2 **Completen.** *(Complete.)*

4. Alejandro ____ con la dependienta en la papelería.
5. El cuaderno ____ noventa pesos.
6. Alejandro paga en la ____.

3 **Identifiquen.** *(Identify.)*

To review **Palabras 2,** turn to pages 80–81.

7.

8.

9.

4 **Completen.** *(Complete.)*

    10. La muchacha ____ un blue jean y un T-shirt.

    11. La camisa no cuesta mucho. Es bastante ____.

    12. Rubén compra un par de ____, número 38.

Estructura

5 **Completen.** *(Complete.)*

    13. ¿Cuánto ____ (tú)? (pagar)

    14. Yo ____ un nuevo blue jean. (necesitar)

    15. ¿Dónde ____ tú el blue jean? (comprar)

    16. La dependienta ____ en la tienda de ropa. (trabajar)

To review -**ar** verbs in the singular, turn to page 84.

6 **Escojan.** *(Choose.)*

    17. ¿Dónde ____, señor?

        a. trabajas   **b.** trabaja Ud.

    18. Amigo, ¿qué ____?

        a. buscas   **b.** busca Ud.

To review **tú** and **Ud.**, turn to page 87.

Cultura

7 **Contesten.** *(Answer)*

    19. ¿Qué es un colegio o un liceo en España?

    20. En España, ¿qué lleva un alumno o una alumna a la escuela?

To review this cultural information, turn to page 90.

La Ciudad de México

Vocabulario

Identifying school supplies

los materiales escolares	el marcador	el libro
la mochila	la goma de borrar	la hoja de papel
el lápiz, los lápices	el cuaderno, el bloc	la calculadora
el bolígrafo, la pluma	la carpeta	el disquete

Identifying articles of clothing

la ropa	el blue jean, los blue jeans	la gorra
el pantalón	la falda	los calcetines
la camisa	la blusa	los zapatos
la corbata	la chaqueta	los tenis, un par de tenis
el T-shirt, la camiseta	el traje	

Describing clothes

largo(a)	corto(a)

Identifying colors

¿De qué color es?	anaranjado(a)
blanco(a)	rojo(a)
negro(a)	rosado(a)
gris	verde
azul	de color marrón
amarillo(a)	

Identifying some types of stores

la papelería	la tienda de ropa

Shopping

el/la dependiente(a)	necesitar
el/la empleado(a)	buscar
la caja	mirar
la talla, el tamaño	comprar
el número	pagar
barato(a)	usar, calzar
caro(a)	llevar
mucho	hablar
poco	trabajar

How well do you know your vocabulary?

- Identify the words and expressions that describe what you do to get ready for a new school year.
- Use as many words as you can from your list to write a story to tell about your preparation for going back to school.

Other useful expressions

¿Qué desea Ud.?	¿Cuánto es?, ¿Cuánto cuesta?

TECNOTUR

¡Buen viaje!

Las compras para la escuela

In this video episode, Teresa and Pilar go shopping for school supplies and new clothes in Madrid.

Teresa compra un cuaderno y un lápiz para Pilar. ▶

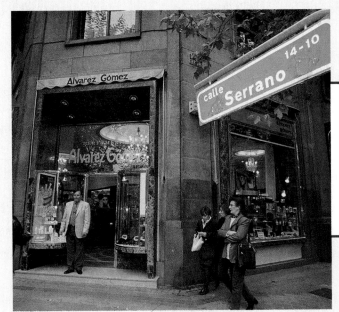

◀ En la tienda, Teresa busca ropa nueva.

Hay muchas tiendas elegantes en la calle Serrano, Madrid.

SPANISH Online

In the Chapter 3 Internet Activity, you will have a chance to learn more about what Hispanic teens are wearing this year. To begin your virtual adventure, go to the Glencoe Spanish Web site: spanish.glencoe.com

◀ Learn more online about shopping in various countries in the Spanish-speaking world.

Capítulo

4

En la escuela

Objetivos

In this chapter you will learn to:

❖ talk about going to school
❖ talk about some school activities
❖ greet people and ask how they feel
❖ tell how you feel
❖ describe where you and others go
❖ describe where you and others are
❖ discuss some differences between schools in the United States and schools in Spanish-speaking countries

Llegar a la escuela

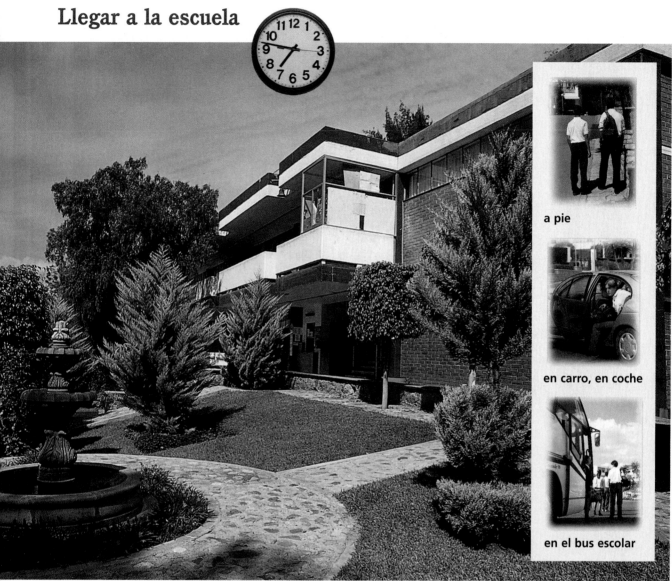

a pie

en carro, en coche

en el bus escolar

Los alumnos llegan a la escuela.
¿Cuándo llegan a la escuela?
¿A qué hora llegan?
Llegan a eso de las ocho menos cuarto.
No llegan a las ocho menos cuarto en punto.

Algunos van a la escuela a pie.
Algunos van en carro.
Otros toman el bus escolar.

En la escuela

entrar en la escuela

Los alumnos entran en la escuela.

la sala de clase, el salón de clase

Los alumnos están en la sala de clase.
Los alumnos estudian.
La profesora enseña.

Vocabulario

Para empezar
Let's use our new words

 1 **Historieta** **¡A la escuela!**
Contesten. (*Answer.*)

1. ¿Llegan los alumnos a la escuela?
   ¿Adónde llegan los alumnos?
   ¿Quiénes llegan a la escuela?
2. ¿Llegan a la escuela a eso de las
   ocho menos cuarto?
   ¿Cuándo llegan a la escuela?
   ¿A qué hora llegan a la escuela?
3. ¿Van algunos alumnos a la escuela
   a pie?
   ¿Cómo van a la escuela?
   ¿Adónde van a pie?
4. ¿Toman otros alumnos el bus escolar?
   ¿Qué toman?
   ¿Adónde toman el bus escolar?
   ¿Cómo llegan ellos a la escuela?

Colegio San José, Estepona, España

Autobuses escolares, Málaga, España

2 **Historieta** **En la escuela**
Contesten según se indica.
(*Answer according to the cues.*)

1. ¿Dónde están los alumnos? (en clase)
2. ¿Quiénes estudian? (los alumnos)
3. ¿Estudian mucho? (sí)
4. ¿Quién no estudia? (la profesora)
5. ¿Quién enseña? (la profesora)

UN POCO MÁS

*For more practice using words from **Palabras 1**,
do Activity 4 on page H5.*

3 Historieta ¡A la escuela, todos!

Completen. *(Complete.)*

Los alumnos __1__ a la escuela. Llegan a eso de las __2__ menos cuarto—a las ocho menos veinte o a las ocho menos trece. No __3__ a las ocho menos cuarto en punto. Algunos van a la escuela a __4__. Algunos __5__ en carro. Y otros __6__ el bus escolar.

Los alumnos entran en la __7__ de clase a eso de las ocho. Cuando entran en la clase, hablan con el __8__. Los alumnos __9__ mucho en la escuela. Pero el profesor no __10__; él __11__.

Una clase, Santurce, Puerto Rico

4 Entrevista

Work with a classmate. Pretend you are on the staff of your school newspaper and have been assigned to interview a Mexican exchange student about a school day in his or her hometown. Interview him or her.

Tec de Monterrey, Ciudad de México

En la clase

un examen

una nota buena,
una nota alta

una nota mala,
una nota baja

escuchar   hablar

la pizarra, el pizarrón

Los alumnos miran la pizarra.
Miran al profesor también.

El profesor habla.
El profesor explica la lección.
Los alumnos escuchan al profesor.
Prestan atención.
Cuando el profesor habla, los alumnos escuchan.

Los alumnos toman apuntes.

Ahora la profesora da un examen.
Los alumnos toman el examen.

Elena saca una nota buena.

La fiesta del Club de español

cantar

una merienda

bailar

un casete

un disco compacto

El Club de español da una fiesta.
Muchos alumnos van a la fiesta.
Escuchan discos compactos y casetes.
Los miembros del club bailan y cantan.
Toman una merienda también.

Más números

1000	mil		1200	mil doscientos
2000	dos mil		1492	mil cuatrocientos noventa y dos
2002	dos mil dos		1814	mil ochocientos catorce
2500	dos mil quinientos		1898	mil ochocientos noventa y ocho
3000	tres mil		1,000,000	un millón
3015	tres mil quince		2,000,000	dos millones
3650	tres mil seiscientos cincuenta			

Para empezar

Let's use our new words

5 **Historieta En clase** Contesten. *(Answer.)*

1. ¿Miran los alumnos la pizarra?
2. ¿Habla la profesora?
3. ¿Escuchan los alumnos?
4. ¿Prestan atención cuando la profesora habla?
5. ¿Toman los alumnos apuntes en un cuaderno?
6. ¿Estudian mucho los alumnos?
7. ¿Trabajan ellos mucho?
8. ¿Da la profesora un examen?
9. ¿Toman los alumnos el examen?
10. ¿Sacan notas buenas o malas en el examen?

Colegio San José, Estepona, España

6 **Historieta La escuela** Completen. *(Complete.)*

Los alumnos llegan a la escuela y luego van a __1__. Los alumnos __2__ mucho en la escuela y los profesores __3__. Los alumnos toman __4__ en un cuaderno. Cuando el profesor habla, los alumnos __5__ atención. El profesor da un __6__ y los alumnos toman el __7__. Algunos alumnos sacan notas __8__ y otros sacan notas __9__. Una nota buena es una nota __10__ y una nota mala es una nota __11__.

7 **Historieta El Club de español**
Contesten según la foto.
(Answer according to the photo.)

1. ¿Da una fiesta el Club de español?
2. ¿Van muchos alumnos a la fiesta?
3. ¿Bailan en la fiesta?
4. ¿Cantan también?
5. ¿Preparan los miembros del club una merienda?
6. ¿Toman una merienda?

En clase

With a classmate, look at the photograph. Take turns saying as much as you can about it.

 ¿Es importante el año? Think of a year that has some significance. Say the year in Spanish for your partner, who will write it down. Tell him or her whether the number is correct. Have your partner tell you (in English, if necessary) why that year is important. Take turns.

Tres músicos de Pablo Picasso

SPANISH Online

For more information about Pablo Picasso and other Hispanic artists, go to the Glencoe Spanish Web site:
spanish.glencoe.com

Estructura

Talking about things people do
Presente de los verbos en *-ar* en el plural

1. You have already learned the singular forms of regular **-ar** verbs. Now study the plural forms.

INFINITIVE	hablar	estudiar	tomar	ENDINGS
STEM	habl-	estudi-	tom-	
nosotros(as)	hablamos	estudiamos	tomamos	-amos
ellos, ellas, Uds.	hablan	estudian	toman	-an

2.

Hablamos español.

José y Casandra estudian mucho.

When you talk about yourself and someone else, you use **-amos.**

When you talk about two or more people, you use **-an.**

3. In most parts of the Spanish-speaking world, except for some regions of Spain, there is no difference between formal and informal address in the plural.

Uds. toman muchos apuntes.

When speaking to more than one person, you use the **ustedes** form of the verb. Note that **Uds.** is an abbreviation of **ustedes.**

¿Lo sabes?

Vosotros(as) is a familiar plural form used in much of Spain. **¿Cantáis y bailáis en la fiesta?**

4. Now review all the forms of the present tense of the regular **-ar** verbs.

INFINITIVE	hablar	estudiar	tomar	ENDINGS
STEM	habl-	estudi-	tom-	
yo	hablo	estudio	tomo	-o
tú	hablas	estudias	tomas	-as
él, ella, Ud.	habla	estudia	toma	-a
nosotros(as)	hablamos	estudiamos	tomamos	-amos
vosotros(as)	*habláis*	*estudiáis*	*tomáis*	*-áis*
ellos, ellas, Uds.	hablan	estudian	toman	-an

Para continuar
Let's put our words together

10 **Historieta** **En la escuela**
Sigan el modelo.
(Follow the model.)

> **llegar**
> **Los alumnos llegan.**

1. llegar a la escuela a las ocho
2. llevar los materiales escolares en una mochila
3. entrar en la sala de clase
4. hablar con el profesor
5. prestar atención
6. tomar apuntes
7. estudiar mucho
8. sacar notas buenas

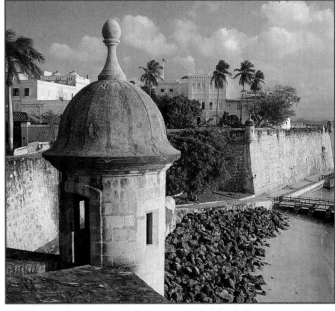
El Viejo San Juan, Puerto Rico

11 **Historieta** **¿Y Uds.?** Contesten personalmente.
(Answer about yourself and a friend.)

1. ¿A qué hora llegan Uds. a la escuela?
2. ¿Toman Uds. el bus escolar a la escuela?
3. ¿Estudian Uds. mucho?
4. ¿Toman Uds. un curso de español?
5. ¿Hablan Uds. mucho en la clase de español?
6. ¿Escuchan Uds. al profesor cuando habla?
7. ¿Miran Uds. un video?
8. ¿Escuchan Uds. casetes?

Estructura

12 Historieta Sí, estudiamos. Sigan el modelo. (Follow the model.)

Uds. necesitan estudiar.

Pero, estudiamos.

1. Uds. necesitan estudiar mucho.
2. Uds. necesitan mirar el video.
3. Uds. necesitan escuchar los casetes.
4. Uds. necesitan trabajar.
5. Uds. necesitan prestar atención.
6. Uds. necesitan escuchar al profesor cuando habla.

13 Historieta En un colegio del Perú Completen. (Complete.)

Emilio __1__ (ser) un muchacho peruano. Él __2__ (estudiar) en un colegio en Lima. Los amigos de Emilio __3__ (llevar) uniforme a la escuela. Uno de los amigos de Emilio __4__ (hablar):

—Sí, todos nosotros __5__ (llevar) uniforme a la escuela. __6__ (Llevar) un pantalón negro, una camisa blanca y una corbata negra. ¿__7__ (Llevar) Uds. uniforme a la escuela en los Estados Unidos?

Los amigos de Emilio __8__ (tomar) muchos cursos. Y Emilio también __9__ (tomar) muchos cursos. Algunos cursos __10__ (ser) fáciles y otros __11__ (ser) difíciles. Los amigos de Emilio __12__ (hablar):

—Nosotros __13__ (tomar) nueve cursos. En algunos cursos nosotros __14__ (sacar) notas muy buenas y en otros __15__ (sacar) notas bajas.

Un amigo __16__ (preguntar):

—¡Oye, Emilio! ¿En qué cursos __17__ (sacar) tú notas buenas y en qué cursos __18__ (sacar) tú notas malas?

Emilio __19__ (contestar):

—Cuando yo __20__ (trabajar) y __21__ (estudiar) yo __22__ (sacar) notas buenas en todos los cursos.

Plaza de Armas, Lima, Perú

14 Una clase Ask a classmate about one of his or her classes. Then he or she will ask you about one of your classes. The following are some words or expressions you may want to use.

enseñar

aburrido   profesor   ¿quién?   hablar

grande   escuchar   mirar

pequeño   ¿cómo?

interesante   tomar

apuntes   ¿a qué hora?

exámenes   prestar

15 Un día típico With a classmate look at the illustrations. Take turns talking about them.

16 ¿Cuándo? ¿En clase, después de las clases o en una fiesta?
Work with a classmate. He or she will suggest an activity. You will tell where or when you and your friends typically take part in the activity. Take turns.

Describing people's activities
Presente de los verbos **ir, dar, estar**

1. The verbs **ir** *(to go)*, **dar** *(to give)*, and **estar** *(to be)* are irregular. An irregular verb does not conform to the regular pattern. Note the similarity in the irregular **yo** form of these verbs.

> **yo**   **voy**   **doy**   **estoy**

2. The other forms of these verbs are the same as those you have learned for regular **-ar** verbs.

INFINITIVE	ir	dar	estar
yo	voy	doy	estoy
tú	vas	das	estás
él, ella, Ud.	va	da	está
nosotros(as)	vamos	damos	estamos
vosotros(as)	*vais*	*dais*	*estáis*
ellos, ellas, Uds.	van	dan	están

Para continuar
Let's put our words together

17 **Historieta** **Voy a la escuela.**
Contesten. *(Answer.)*

1. ¿Vas a la escuela?
2. ¿A qué hora vas a la escuela?
3. ¿Vas a la escuela a pie?
4. ¿Vas en el bus escolar?
5. ¿Vas en carro?
6. ¿Cómo vas?
7. ¿Estás en la escuela ahora?
8. ¿En qué clase estás ahora?

San Juan, Puerto Rico

18 Perdón, ¿adónde vas? Sigan el modelo. *(Follow the model.)*

Voy a la escuela.

Perdón, ¿adónde vas?

1. Voy a la clase de español.
2. Voy a la clase de biología.
3. Voy a la cafetería.
4. Voy al laboratorio.
5. Voy al gimnasio.
6. Voy a la papelería.

19 ¿Dónde están Uds.? Preparen una conversación. *(Prepare a conversation.)*

Santurce, Puerto Rico

Tomamos una merienda. (en la cafetería)
—¿Dónde están Uds.? ¿En la cafetería?
—Sí, estamos en la cafetería.

1. Tomamos un sándwich. (en la cafetería)
2. Miramos un video. (en la clase de español)
3. Compramos un cuaderno. (en la papelería)
4. Estudiamos biología. (en el laboratorio)
5. Damos una fiesta. (en el Club de español)

20 Historieta La escuela
Contesten. *(Answer.)*

1. ¿A qué hora van Uds. a la escuela?
2. ¿Cómo van?
3. ¿Están Uds. en la escuela ahora?
4. ¿En qué clase están?
5. ¿Está el/la profesor(a)?
6. ¿Da él/ella muchos exámenes?
7. ¿Da él/ella exámenes difíciles?
8. ¿Qué profesores dan muchos exámenes?

La Torre del Oro,
Sevilla, España

Estructura

Expressing direction and possession
Las contracciones **al** y **del**

1. The preposition **a** means *to* or *toward*. **A** contracts with the article **el** to form one word: **al.** The preposition **a** does not change when used with the other articles **la, las,** and **los.**

> **a + el = al**
>
> **En la escuela voy al laboratorio.**
> **Después voy a la cafetería.**
> **Y después voy a las tiendas.**

2. The preposition **a** is also used before a direct object that refers to a specific person or persons. It is called the "personal **a**" and has no equivalent in English.

> **Miro la televisión.**   **Miro al profesor.**
> **Escucho el disco compacto.   Escucho a los amigos.**

3. The preposition **de** can mean *of, from,* or *about.* Like **a,** the preposition **de** contracts with the article **el** to form one word: **del.** The preposition **de** does not change when used with the other articles **la, las,** and **los.**

> **de + el = del**
>
> **Él habla del profesor de español.**
> **Es de la ciudad de Nueva York.**
> **Él es de los Estados Unidos.**

4. You also use the preposition **de** to indicate possession.

> **Es la calculadora del profesor.**
> **Son los bolígrafos de Teresa y Sofía.**
> **Son los cuadernos de Juan y Fernando.**
> **Son los exámenes de los alumnos**
> **de la clase de español.**

Para continuar
Let's put our words together

21 Historieta ¿Qué o a quién? Contesten con **sí.** (*Answer with* sí.)

1. ¿Miras el video?
2. ¿Miras la pizarra?
3. ¿Miras al muchacho?
4. ¿Miras a la muchacha?

5. ¿Escuchas el disco compacto?
6. ¿Escuchas la música?
7. ¿Escuchas al profesor?
8. ¿Escuchas a las profesoras?

22 **Historieta ¿Adónde vas?** Preparen una conversación.
(Prepare a conversation based on each illustration.)

—¿Adónde vas?
—¿Quién? ¿Yo?
—Sí, tú.
—Pues, voy a la escuela.

1.

2.

3.

4.

5.

23 **Historieta Roberta Smith**
Contesten. *(Answer.)*

1. ¿Es Roberta de la ciudad de Nueva York?
2. ¿Es Roberta de los Estados Unidos?
3. ¿Habla Roberta del curso de biología?
4. ¿Habla del profesor de biología?
5. Y después de las clases, ¿habla Roberta con los amigos?
6. ¿Hablan de la escuela?
7. ¿Hablan de los cursos que toman?
8. ¿Hablan de la fiesta del Club de español?

Andas bien. ¡Adelante!

La fiesta del Club de español

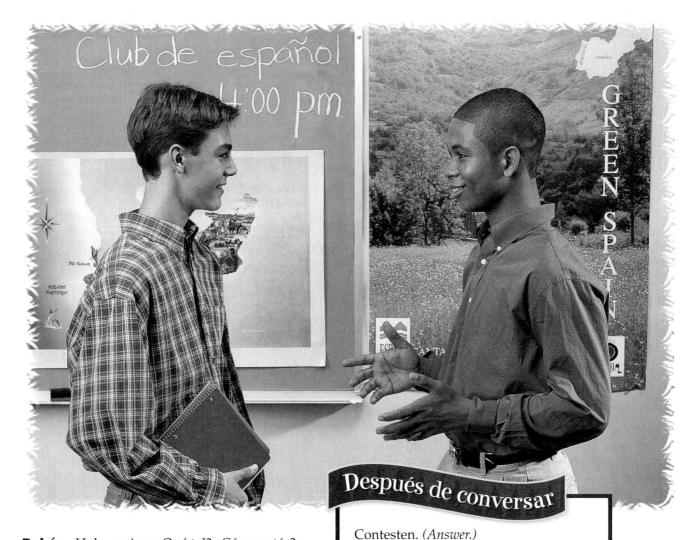

Después de conversar

Rubén Hola, amigo. ¿Qué tal? ¿Cómo estás?	Contesten. (*Answer.*)

Rubén Hola, amigo. ¿Qué tal? ¿Cómo estás?
Héctor Bien. ¿Y tú?
Rubén Muy bien. Oye, ¿adónde vas el viernes?
Héctor ¿El viernes? Pues, voy a la fiesta del
Club de español. ¿Tú no vas, hombre?
Rubén Sí, voy. ¿Por qué no vamos juntos?
Héctor ¿Por qué no? ¡Buena idea!
Rubén En la fiesta bailamos, cantamos.
Héctor Sí, y tomamos una merienda—
¡con tacos y enchiladas!

Contesten. (*Answer.*)

1. ¿Con quién habla Rubén?
2. ¿Cómo están los dos muchachos?
3. ¿Adónde va Héctor el viernes?
4. ¿Va Rubén también?
5. ¿Quién da la fiesta?
6. ¿Van juntos los dos muchachos?
7. ¿Bailan en la fiesta?
8. ¿Cantan?
9. ¿Toman una merienda?
10. ¿Qué toman?

Vamos a hablar más
Let's talk some more

A **Para ser un(a) alumno(a) bueno(a)** Work with a classmate.
Prepare a list of things one has to do to be a good student. Take
turns telling each other what you have to do. Each will respond to
the other's advice. Use the models as a guide.

ALUMNO 1: **Necesitas estudiar.** ALUMNO 1: **Es necesario estudiar.**
ALUMNO 2: **Pues, estudio.** ALUMNO 2: **Sí, y yo no estudio.**

B **¿Bailan o qué?** With a classmate, look at the places below.
Choose one and tell several things students usually do in that place.
Take turns.

1.   2.   3.   4.

C **Un día típico** Work with a classmate. Each of you will tell about
your typical school-day activities. When you finish, identify those
things that both of you do.

Pronunciación

La consonante t

The **t** in Spanish is pronounced with the tip of the tongue pressed
against the upper teeth. It is not followed by a puff of air.

ta	**te**	**ti**	**to**	**tu**
taco	Teresa	tienda	toma	tú
canta	interesante	tiempo	tomate	estudia
está	casete	latín	Juanito	estupendo

Repeat the following sentences.

Tito necesita siete disquetes de la tienda.
Tú tomas apuntes en latín.
Teresa invita a Tito a la fiesta.

Lecturas culturales

Escuelas del mundo hispano

Reading Strategy

Making comparisons while reading If you read a passage that discusses a topic from different points of view, you can make comparisons while reading. Noting such similarities and differences will help make the ideas clearer and you will probably remember more of what you read. You can make these comparisons in your head or write them down as you read.

Paula y Armando son dos amigos peruanos. Son de Miraflores. Miraflores es un suburbio bonito de Lima.

Paula y Armando no van a la misma escuela. Paula va a una academia privada y Armando va a un colegio privado. Muchas escuelas privadas en España y Latinoamérica no son para muchachos y muchachas. No son mixtas. Pero la mayoría[1] de las escuelas públicas son mixtas.

Hay otra diferencia interesante entre una escuela norteamericana y una escuela hispana. Aquí los alumnos van de un salón a otro. El profesor o la profesora de álgebra enseña en un salón y el profesor o la profesora de español enseña en otro. En España y Latinoamérica, no. Los alumnos no van de un salón a otro. Pasan la mayor parte[2] del día en el mismo salón. Son los profesores que «viajan[3]» o van de una clase a otra.

[1]mayoría *majority*   [2]mayor parte *greater part*   [3]viajan *travel*

Colegio de Nuestra Señora del Carmen, Miraflores, Perú

Miraflores, Perú

Una vista de Miraflores

Después de leer

A ¿En Latinoamérica o en los Estados Unidos?

Decidan. *(Decide whether each statement describes more accurately a school in Latin America or one in the United States.)*

1. Los muchachos y las muchachas van a la misma escuela.
2. Los alumnos van de un salón a otro.
3. Los profesores van de un salón a otro.

B Las escuelas de Paula y Armando

Contesten. *(Answer.)*

1. ¿De dónde son Paula y Armando?
2. ¿Van a la misma escuela?
3. ¿Va Paula a una escuela pública o privada?
4. ¿Y Armando? ¿Va él a una escuela pública o privada?
5. ¿Son mixtas la mayoría de las escuelas privadas en Latinoamérica?
6. ¿Dónde pasan la mayor parte del día los alumnos hispanos?
7. ¿Quiénes «viajan» de una clase a otra?

C En español, por favor.

Busquen las palabras afines. *(Find the cognates in the reading.)*

Lectura opcional 1

Harvard University, Massachusetts

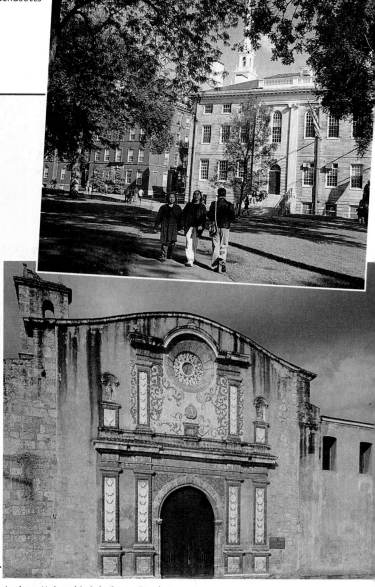

Una conferencia universitaria

En la universidad los profesores dan conferencias a los estudiantes. Hay una conferencia universitaria muy histórica y famosa. Es famosa porque es la primera[1] conferencia universitaria de las Américas. Y la primera conferencia que da un profesor en una universidad de América es una conferencia en español.

¿Por qué en español? Es en español porque el profesor da la conferencia en la Universidad de Santo Domingo. La universidad más antigua[2] de las Américas es la Universidad de Santo Domingo (1538). La universidad más antigua de los Estados Unidos es Harvard (1636).

[1]primera *first*   [2]más antigua *oldest*

Antigua Universidad de Santo Domingo

Después de leer

En inglés, por favor. Expliquen.
(Explain the significance of the information presented in the reading.)

¿Lo sabes?

The Spanish word **conferencia** is a false cognate. It looks like the English word *conference*, but it actually means *lecture*.

Lectura opcional ②

Punta Arenas, Chile

Gabriela Mistral (1889–1957)

Gabriela Mistral es una poeta famosa. Es de Vicuña. Vicuña es un pequeño pueblo rural de Chile. De joven[1], Gabriela Mistral enseña en varias escuelas primarias en áreas rurales de Chile. Ella pasa unos años[2] como directora de una escuela en Punta Arenas, en el extremo sur de la Patagonia chilena. Hoy la escuela lleva el nombre[3] de la maestra y poeta—el Liceo Gabriela Mistral. Es una maestra excelente y es también una poeta excelente. Como poeta, Gabriela Mistral recibe un gran honor. Gana[4] el Premio Nóbel de Literatura.

[1]De joven *As a young woman*   [3]nombre *name*
[2]años *years*   [4]Gana *She wins*

Liceo Gabriela Mistral, Punta Arenas

Después de leer

A Gabriela Mistral Digan que sí o que no.
(Tell whether the statements are true or false.)

1. Gabriela Mistral es novelista.
2. Gabriela Mistral es venezolana.
3. Ella es de Santiago de Chile.
4. Ella enseña en muchas áreas urbanas de Chile.
5. Ella enseña en varias escuelas secundarias.

B No es así. Corrijan. *(Correct the statements in Activity A that are not correct.)*

C Un poco de geografía Busquen en el mapa. *(On the map of South America on page xxxi, locate* Punta Arenas *and* la Patagonia. *Patagonia is in two countries. What countries are they?)*

Conexiones
Las ciencias naturales

La biología

Sciences are an important part of the school curriculum. If you like science, it would be fun to be able to read some scientific material in Spanish. You will see how easy it is. It's easy because you already have some scientific background and knowledge. The knowledge you already have helps you understand what you are reading. In addition, many scientific terms are cognates. The following is a short selection in Spanish about biology.

La biología

La biología es la ciencia que estudia los animales y las plantas. Es el estudio de la estructura de los organismos vivos. El/La biólogo(a) es el/la científico(a) que estudia la biología.

El microscopio

Los biólogos trabajan en un laboratorio. Un instrumento importante para los biólogos es el microscopio. El microscopio permite a los biólogos observar objetos muy pequeños, muy diminutos. Con el microscopio los biólogos observan y analizan células, microbios y bacterias.

Orquídeas de Costa Rica

Una clase de biología, Buenos Aires

Niña con una llama, Cuzco, Perú

La célula

¿Qué es una célula? La célula es el elemento básico y más importante de los seres vivientes[1]. Generalmente una célula es microscópica. Consiste en una masa llamada[2] «protoplasma» envuelta[3] en una membrana. Un microbio es un ser monocelular vegetal o animal. El microbio es solamente visible con el microscopio.

[1]seres vivientes *living creatures*
[2]llamada *called*
[3]envuelta *wrapped, encased*

Después de leer

A Palabras científicas
Hagan una lista. *(Make a list of science terms you recognize.)*

B La biología   Digan que sí o que no.
(Tell whether the statements are true or false.)
1. La biología es la ciencia que estudia los elementos químicos.
2. Los biólogos estudian los animales y las plantas.
3. Un vegetal es un animal.
4. Los biólogos trabajan en un laboratorio.
5. Los biólogos usan un telescopio.
6. Hay muchas cosas que son visibles solamente con el microscopio.
7. Una célula es bastante grande.
8. Un microbio es un ser de una sola célula—es monocelular.

Una clase de biología, Buenos Aires

C Estudio de palabras   Adivinen. *(Note that the following words are all related to one another. If you know the meaning of one of them, you can guess the meaning of the others.)*
1. la biología, el biólogo, biológico
2. observar, la observación, el observador
3. analizar, el análisis, analítico
4. la célula, celular
5. el microscopio, microscópico

¡Te toca a ti!

Use what you have learned

HABLAR

1 En el café
✔ *Talk about school life in the United States*

You're seated at a café in Barcelona. You're chatting with a friend (your partner). He or she has some questions about school life in the United States. Have a conversation. Be sure to answer his or her questions.

Barcelona, España

HABLAR

2 Diferencias
✔ *Talk about differences between schools in the United States and the Spanish-speaking world*

Your school is going to have an exchange student from Spain. Based on what you have learned about schools in the Spanish-speaking world, tell some things the exchange student will find that are different. Tell also what he or she will find that is similar.

ESCRIBIR

3 La rutina típica
✔ *Write about a typical school day*

You can now go back to the e-mail you sent your new friend on page 69 and add more details about what a typical school day is like in the United States.

Tec de Monterrey,
Ciudad de México

ESCRIBIR 4 Una fiesta del Club de español

✔ *Write about some typical party activities*

Write a brief letter to a friend of yours who is also studying Spanish. Tell him or her that you're a member of your school's Spanish Club. Describe to your friend a typical Spanish Club party.

Writing Strategy

Ordering ideas You can order ideas in a variety of ways when writing. Therefore, you must be aware of the purpose of your writing in order to choose the best way to organize your material. When describing an event, it is logical to put the events in the order in which they happen. Using a sensible and logical approach helps readers develop a picture in their minds.

ESCRIBIR 5 Una fiesta

In the most recent letter from your Spanish pen pal, Gloria Velázquez, she described a party she had for her best friend. She told you what she had to do to prepare for the party and what her friends did at the party. She wants to know whether the types of parties she has are similar to the ones teenagers give here in the United States. Write her a letter explaining what you do to prepare for a party and what the parties are like. Include as many details as you can. These words may be helpful to you: **dar, invitar, necesitar, preparar, llegar, estar, hablar, tomar, escuchar, bailar, cantar.**

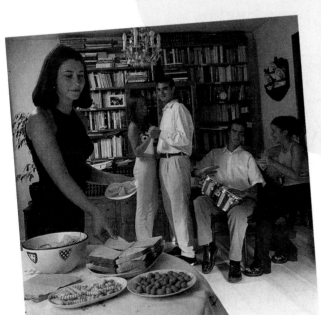

Madrid, España

Assessment

Vocabulario

To review **Palabras 1**, turn to pages 104-105.

1 **Completen.** *(Complete.)*

1. Los alumnos no van a la escuela a pie. Toman el ____.
2. ¿____ llegan los alumnos a la escuela? Llegan a las ocho en punto.

3–4. En la escuela los alumnos ____ y la profesora ____.

2 **Contesten.** *(Answer.)*

5. ¿Quién habla en la sala de clase?
6. ¿Quiénes escuchan y prestan atención?
7. ¿Qué miran los alumnos?

To review **Palabras 2**, turn to pages 108-109.

3 **Completen.** *(Complete.)*

8–9. La profesora ____ un examen y los alumnos ____ el examen.
10. El Club de español da una ____.
11. Los miembros del club bailan y ____ durante la fiesta.

Estructura

To review the plural of **-ar** verbs, turn to pages 112-113.

4 **Completen.** *(Complete.)*

12–13. Los alumnos ____ atención cuando el profesor ____. (prestar, hablar)
14–15. Nosotros ____ mucho y ____ notas buenas. (estudiar, sacar)
16. ¿En qué ____ Uds. los materiales escolares? (llevar)

To review **ir** and **estar**, turn to page 116.

5 **Contesten.** *(Answer.)*

17. ¿Vas a la escuela a pie o en carro?
18. ¿Estás en la escuela ahora?

6 Escojan. *(Choose.)*

19. Ahora nosotros _____ en la cafetería.
    a. estás   **b.** están   **c.** estamos

20. Pero en cinco minutos (nosotros) _____ a la clase de biología.
    a. va   **b.** vamos   **c.** van

21. Los miembros del Club de español _____ una fiesta el viernes.
    a. da   **b.** dan   **c.** damos

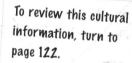
To review **ir, dar,** and **estar,** turn to page 116.

7 Completen. *(Complete.)*

22. No es la calculadora _____ profesor. Es la calculadora de los alumnos.

23. Ellos van _____ colegio en el bus escolar.

To review the contractions with **a** and **de,** turn to page 118.

Cultura

8 ¿Sí o no? *(Yes or no?)*

24. En una escuela mixta hay muchachos y muchachas. Muchas escuelas públicas en España y Latinoamérica son mixtas.

25. En las escuelas de España y Latinoamérica los alumnos van de un salón de clase a otro como aquí en los Estados Unidos.

To review this cultural information, turn to page 122.

Alumnos en San Juan, Puerto Rico

Vocabulario

Getting to school

llegar
ir a pie
en el bus escolar
en carro, en coche
entrar en la escuela

Identifying classroom objects

la sala (el salón) de clase
la pizarra, el pizarrón

Discussing classroom activities

estar en clase
estudiar
enseñar
mirar
escuchar

prestar atención
tomar apuntes
dar un examen
sacar notas buenas (altas)
sacar notas malas (bajas)

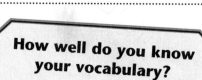

Discussing the Spanish Club

el Club de español
el miembro
la fiesta
la música
el disco compacto
el casete

la merienda
bailar
cantar
preparar
dar una fiesta

Finding out information

¿a qué hora?
¿cuándo?
¿adónde?

Other useful expressions

a eso de
en punto
otros(as)

algunos(as)
ahora
también

How well do you know your vocabulary?

- Choose words from the list that describe a typical school day.
- Use these words to write about or tell what you do at school.

TECNOTUR
¡Buen viaje!

VIDEO • Episodio 4

En la escuela

In this video episode, Cristina experiences campus life in a Mexican school with her friends Isabel and Luis.

Cristina visita a Isabel en la escuela. ▶

◀ ¿Estudia Luis para el examen de biología?

El Paseo de la Reforma es una avenida muy famosa en la Ciudad de México.

SPANISH Online

In the Chapter 4 Internet Activity, you will have a chance to learn more about Spanish-speaking schools worldwide. To begin your virtual adventure, go to the Glencoe Spanish Web site: spanish.glencoe.com

◀ Learn more online about life in Mexico, where Cristina and her friends are attending school.

Conversación

La apertura de clases

Julio   Anamari, ¿cómo estás?

Anamari   Muy bien, Julio. ¿Y tú?

Julio   Bien. ¿Adónde vas?

Anamari   Voy a la papelería. Necesito comprar algunas cosas para la apertura de clases.

Julio   ¡Ay, septiembre, una vez más y la apertura de clases! ¡Es increíble!

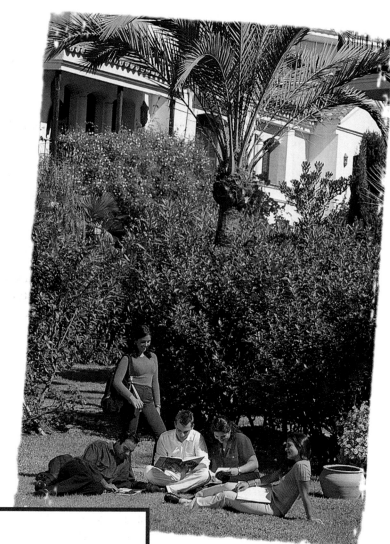

Estepona, España

Después de conversar

A **Anamari y Julio** Contesten. *(Answer.)*
1. ¿Con quién habla Anamari?
2. ¿Cómo está Julio?
3. ¿Son amigos Julio y Anamari?
4. ¿Son alumnos?
5. ¿Adónde va Anamari? ¿Qué necesita?
6. ¿De qué hablan los dos amigos?

B **¿Qué compra Anamari?** Preparen una lista de los materiales escolares que Anamari compra para la apertura de clases. *(Prepare a list of school supplies that Anamari buys for the beginning of school.)*

Estructura

Verbos, sustantivos, artículos y adjetivos

1. Review the forms of regular **-ar** verbs.

HABLAR	hablo	hablas	habla	hablamos	*habláis*	hablan
LLEVAR	llevo	llevas	lleva	llevamos	*lleváis*	llevan

2. Review the irregular verbs you have learned so far.

SER	soy	eres	es	somos	*sois*	son
IR	voy	vas	va	vamos	*vais*	van
ESTAR	estoy	estás	está	estamos	*estáis*	están
DAR	doy	das	da	damos	*dais*	dan

3. An adjective must agree with the noun it describes. Remember that adjectives that end in **o** have four forms. Adjectives that end in a consonant have two forms.

el amigo sincero	**los amigos sinceros**	**la amiga sincera**	**las amigas sinceras**
el curso difícil	**los cursos difíciles**	**la clase difícil**	**las clases difíciles**

1 **Entrevista** Contesten personalmente.
(Answer about yourself.)

1. ¿Vas a una escuela secundaria?
2. ¿Estás en la escuela ahora?
3. ¿Cuántos cursos tomas?
4. ¿Habla mucho la profesora?
5. ¿Son buenos los alumnos de español?
6. ¿Escuchan Uds. cuando la profesora habla?
7. ¿Sacan Uds. notas buenas?
8. ¿Dan los profesores muchos exámenes?

2 **Julio y Anamari** Work with a classmate. Look at the photo of Julio and Anamari. They are from Málaga, Spain. Say as much as you can about Julio. Then say as much as you can about Anamari. Take turns.

3 **Los amigos** Look at the photo of a group of friends from Estepona, Spain, on page 134. With a classmate, talk about the group. Ask one another questions about some of the people in the photo.

Literary Companion

You may wish to read the poem from *Versos sencillos* by José Martí. This literary selection is found on pages 470–471.

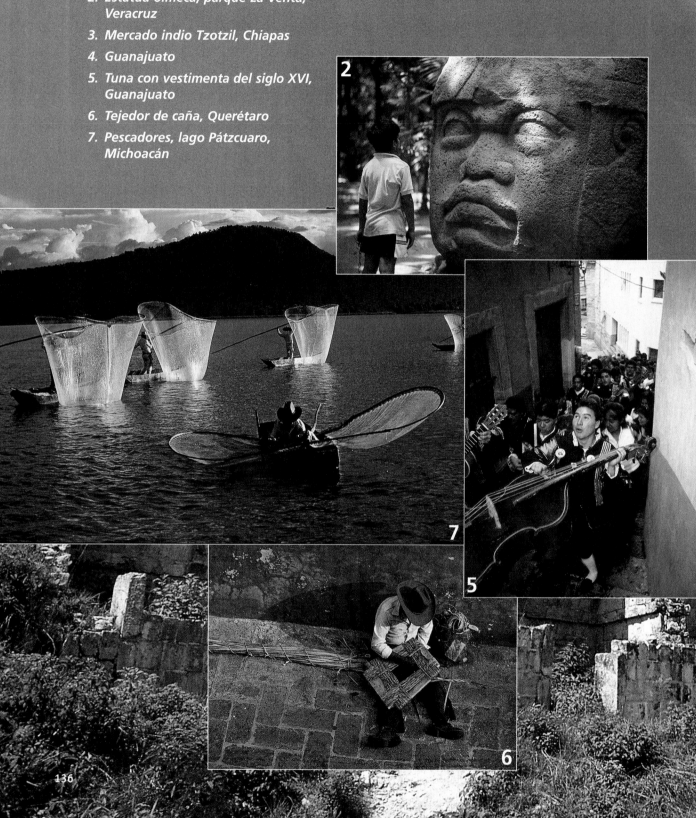

1

1. Ruinas de Uxmal
2. Estatua olmeca, parque La Venta, Veracruz
3. Mercado indio Tzotzil, Chiapas
4. Guanajuato
5. Tuna con vestimenta del siglo XVI, Guanajuato
6. Tejedor de caña, Querétaro
7. Pescadores, lago Pátzcuaro, Michoacán

3

NATIONAL GEOGRAPHIC
VISTAS
DE MÉXICO

4

1. Alhóndiga, museo, Guanajuato
2. Niña maya delante de la catedral de San Cristóbal de las Casas, Chiapas
3. Bolsa de valores, Ciudad de México
4. Cosecha de toronjas, Oaxaca
5. Maquiladora de televisores, Tijuana
6. Plataforma petrolera, Campeche
7. Monumento de la Independencia, Paseo de la Reforma, Ciudad de México

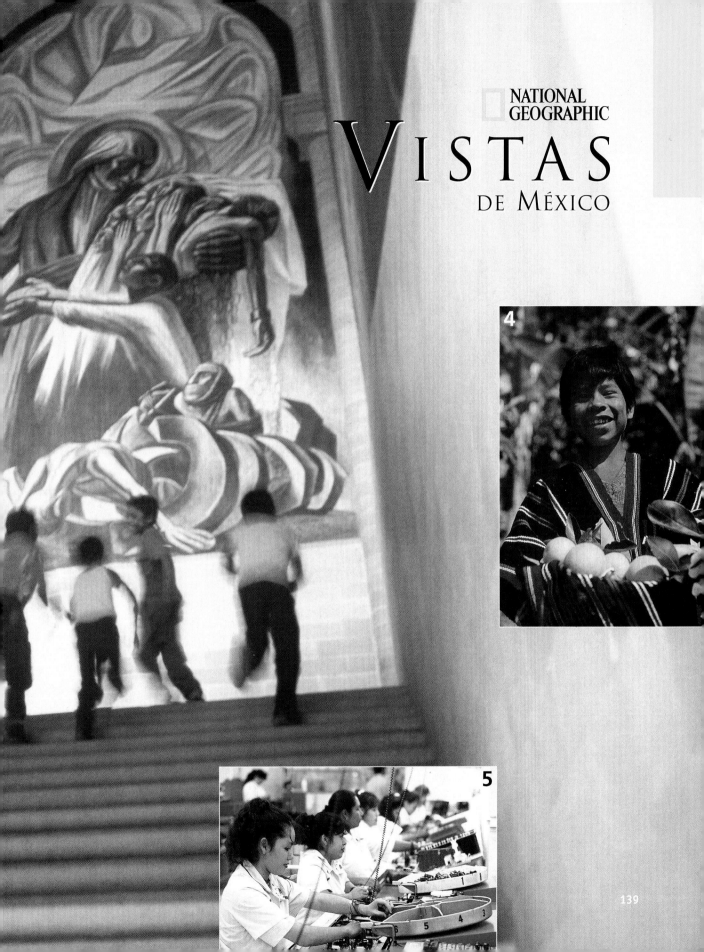

NATIONAL
GEOGRAPHIC

VISTAS
DE MÉXICO

4

5

Capítulo 5

En el café

Objetivos

In this chapter you will learn to:

❖ order food or a beverage at a café
❖ identify some food
❖ shop for food
❖ talk about activities
❖ talk about differences between eating habits in the United States and in the Spanish-speaking world

En el café

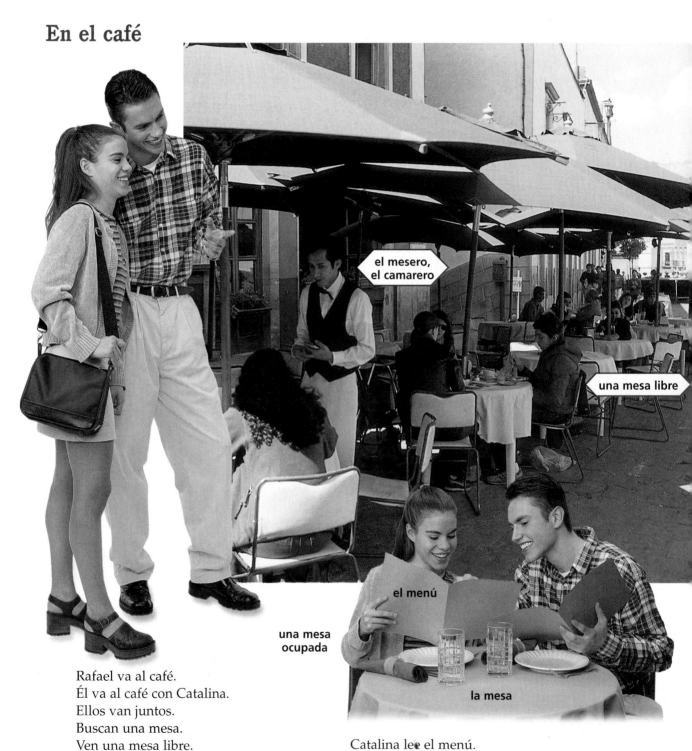

el mesero, el camarero

una mesa libre

el menú

una mesa ocupada

la mesa

Rafael va al café.
Él va al café con Catalina.
Ellos van juntos.
Buscan una mesa.
Ven una mesa libre.

Catalina lee el menú.

Para beber

un café solo

un café con leche

los refrescos

una cola

una cola

un té helado

una limonada

Para comer

una sopa

el jamón

el queso

una ensalada

una tortilla

un bocadillo,
un sándwich

papas fritas

una hamburguesa

un pan dulce

el postre

un helado
de vainilla

un helado
de chocolate

Antes de comer

Sí, señores, ¿qué desean Uds.?

Para mí, un café
con leche, por favor.

Y para mí,
una cola.

Los clientes hablan con el mesero.
El mesero escribe la orden.

Después de comer

La cuenta, por favor.

Sí, señor. Enseguida.

¿Está incluido el servicio?

Sí, señor.

la
cuenta

Nota When learning a language, try to guess the meaning of unfamiliar words. The other words in the sentence provide the context and will help you understand words you do not know.

Elena estudia español en la escuela. *Aprende* el español en la escuela. Elena lee un menú en español. Ella *comprende* el menú. *Comprende* porque *aprende* el español en la escuela. Elena *comprende*, habla, lee y escribe el español. Es una alumna buena. *Recibe* notas muy buenas.

EN EL CAFÉ

ciento cuarenta y tres **143**

Vocabulario

Para empezar
Let's use our new words

1 **Historieta** **Al café** Contesten. *(Answer.)*

1. ¿Adónde van los amigos?
2. ¿Qué buscan?
3. ¿Están ocupadas todas las mesas?
4. ¿Ven una mesa libre?
5. ¿Toman la mesa?
6. ¿Lee Gabriela el menú?
7. ¿Con quién hablan los amigos?
8. ¿Quién escribe la orden?
9. ¿Qué bebe Gabriela?
10. ¿Qué bebe Tomás?
11. ¿Toman un refresco los amigos?

Caracas, Venezuela

2 **Historieta** **En el café** Contesten. *(Answer.)*

1. Los amigos van ____.
   a. al café   **b.** a la cafetería de la escuela
2. Buscan ____.
   a. una mesa ocupada   **b.** una mesa libre
3. Los amigos leen ____.
   a. el menú   **b.** la orden
4. El mesero ____ la orden.
   a. lee   **b.** escribe
5. Para ____ hay café, té y soda.
   a. comer   **b.** beber
6. El cliente paga ____.
   a. el menú   **b.** la cuenta

3 **¿Qué toma José?** Sigan el modelo. *(Follow the model.)*

José bebe una cola.

**José come un bocadillo
de jamón y queso.**

1.

2.

3.

4.

5.

6.

4 Historieta Una experiencia buena

Contesten. *(Answer.)*

1. ¿Va Linda a un café?
2. ¿Va a un café en Jerez?
3. ¿Va con un grupo de alumnos americanos?
4. ¿Habla Linda con el camarero?
5. ¿Lee Linda el menú?
6. ¿Es en español el menú?
7. ¿Comprende Linda el menú?
8. ¿Y comprende Linda al camarero cuando él habla?
9. ¿Por qué comprende Linda? ¿Aprende ella el español en la escuela?
10. ¿Habla, lee y comprende Linda el español?

Jerez, España

5 Al café

Work in small groups. You're in a café in Mexico City. One of you will be the server. Have a conversation from the time you enter the café until you leave. You will get a table, order, get the check, and pay.

6 ¿Qué toman los amigos?

Look at the photographs below. With a classmate, take turns telling one another what's happening in each one.

Madrid, España

En el mercado

las manzanas

las naranjas

la lechuga

los plátanos

los tomates

las papas

las judías verdes

las frutas

las zanahorias

las habichuelas,
los frijoles

los guisantes

los vegetales

los mariscos

la carne

los huevos

el pollo

el pescado

¿A cuánto están los guisantes hoy?

A cincuenta el kilo.

Medio kilo, por favor.

¿Algo más, señora?

No, nada más, gracias.

La señora va de compras.
Va de compras en México.
La señora vive en México.

En el supermercado

Venden:

un bote (una lata) de atún

productos congelados

una bolsa
de papas fritas

un paquete de arroz

Las comidas

el desayuno

el almuerzo

la cena

Vocabulario

Para empezar
Let's use our new words

7 Historieta Al mercado

Contesten. *(Answer.)*

1. ¿Van Uds. al mercado?
2. ¿Compran Uds. comida en el mercado?
3. En el mercado, ¿venden vegetales y frutas?
4. ¿Venden carne y pescado también?
5. ¿Quiénes venden, los clientes o los empleados?
6. ¿Van Uds. al supermercado también?
7. En el supermercado, ¿venden productos en botes, paquetes y bolsas?
8. ¿Venden también muchos productos congelados?

Málaga, España

San Miguel de Allende, México

8 Historieta De compras Completen según la foto. *(Complete according to the photo.)*

La señora está en el mercado. La señora va a un mercado en México porque ella __1__ en México. Habla con la empleada. Compra una docena de __2__. Hoy los huevos están a __3__ pesos la docena. La señora compra los huevos pero no necesita __4__ más.

9 ¿El desayuno, el almuerzo o la cena? Contesten con **sí** o **no**.
(Answer with sí or no.)

1. En el desayuno comemos cereales, huevos, pan dulce, yogur y pan tostado con mermelada.
2. En la cena comemos un biftec.
3. En el desayuno comemos un bocadillo de pollo con papas fritas y una ensalada de lechuga y tomate.
4. En la cena comemos carne o pescado, papas o arroz, un vegetal y un postre.

10 Lo contrario

Escojan lo contrario. *(Choose the opposite.)*

1. algo	a. escribir
2. ocupado	b. aprender
3. para beber	c. nada
4. leer	d. libre
5. comprar	e. vender
6. enseñar	f. para comer

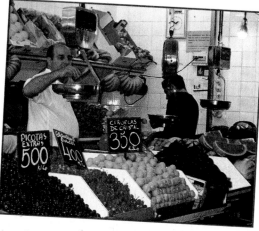

Málaga, España

11 Al mercado

 **Visit a Hispanic market in your community with your classmates. If you don't know the names of some foods that appeal to you, ask the vendor. Choose a few items and find out how much you owe. Be sure to speak Spanish. If there isn't a Latin American market in your community, set one up in your classroom. Bring in photos of food items. Take turns pretending to be the vendor and the customers.

12 Las comidas para mañana

Work with a classmate. Prepare a menu for tomorrow's meals—**el desayuno, el almuerzo y la cena.** Based on your menus, prepare a shopping list.

13 ¿Qué compras en el mercado?

You're at an open-air food market in Ecuador. Make a list of the items you want to buy. With a classmate, take turns being the vendor and the customer as you shop for the items on your lists.

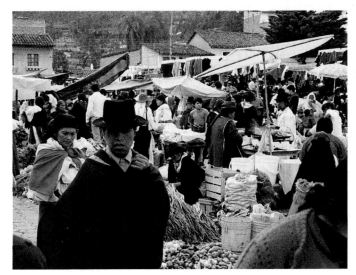

Un mercado del altiplano, Ecuador

Estructura

Describing people's activities
Presente de los verbos en -er e -ir

You have already learned that many Spanish verbs end in **-ar.** These verbs are referred to as first conjugation verbs. Most regular Spanish verbs belong to the **-ar** group. The other two groups of regular verbs in Spanish end in **-er** and **-ir.** Verbs whose infinitive ends in **-er (comer, beber, leer, vender, aprender, comprender)** are second conjugation verbs. Verbs whose infinitive ends in **-ir (vivir, escribir, recibir)** are third conjugation verbs. Study the following forms. Note that the endings of **-er** and **-ir** verbs are the same except for the **nosotros** and **vosotros** forms.

-ER VERBS			
INFINITIVE	**comer**	**leer**	**ENDINGS**
STEM	com-	le-	
yo	como	leo	-o
tú	comes	lees	-es
él, ella, Ud.	come	lee	-e
nosotros(as)	comemos	leemos	-emos
vosotros(as)	*coméis*	*leéis*	*-éis*
ellos, ellas, Uds.	comen	leen	-en

-IR VERBS			
INFINITIVE	**vivir**	**escribir**	**ENDINGS**
STEM	viv-	escrib-	
yo	vivo	escribo	-o
tú	vives	escribes	-es
él, ella, Ud.	vive	escribe	-e
nosotros(as)	vivimos	escribimos	-imos
vosotros(as)	*vivís*	*escribís*	*-ís*
ellos, ellas, Uds.	viven	escriben	-en

¿Lo sabes?

The verb **ver** *(to see)* follows the same pattern as other **-er** verbs with the exception of the **yo** form.

veo	vemos
ves	veis
ve	ven

Para continuar
Let's put our words together

14 **Historieta** **Un menú español**

Lean y contesten. *(Read and answer.)*

PABLO Linda, ¿lees el menú en español?

LINDA ¡Sí, claro!

PABLO Pero, ¿comprendes un menú en español?

LINDA Sí, comprendo. ¿Por qué preguntas?

PABLO Pero no eres española. Y no vives aquí en Madrid.
¿Lees el español? ¿Cómo es posible?

LINDA Pues, aprendo el español en la escuela en Nueva York.
En clase hablamos mucho. Leemos y escribimos también.

PABLO Pues, yo aprendo el inglés
aquí en Madrid. Hablo un
poco, pero cuando leo no
comprendo casi nada.
Comprendo muy poco.

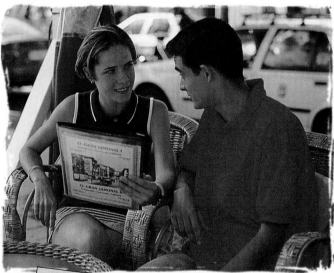

Madrid, España

1. ¿Qué lee Linda?
2. ¿En qué lengua lee el menú?
3. ¿Comprende el menú?
4. ¿Es de España Linda?
5. ¿Vive ella en Madrid?
6. ¿Por qué comprende? ¿Dónde
   aprende ella el español?
7. En la clase de español, ¿hablan
   mucho los alumnos?
8. ¿Leen y escriben también?
9. ¿Qué lengua aprende Pablo
   en Madrid?
10. ¿Comprende él cuando lee algo
    en inglés?

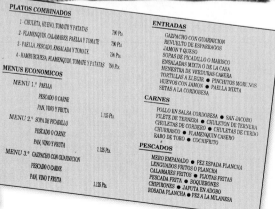

Estructura

15 **Historieta** **En un café** Completen. *(Complete.)*

En el café los clientes __1__ (ver) al mesero. Ellos __2__ (hablar) con el mesero. Los clientes __3__ (leer) el menú y __4__ (decidir) lo que van a comer o beber. Los meseros __5__ (tomar) la orden y __6__ (escribir) la orden en una hoja de papel o en un bloc pequeño. Los meseros no __7__ (leer) el menú. Los clientes __8__ (leer) el menú. Y los clientes no __9__ (escribir) la orden. Los meseros __10__ (escribir) la orden.

16 **Yo** Contesten personalmente. *(Answer about yourself.)*

1. ¿Dónde vives?
2. En casa, ¿hablas inglés o español?
3. ¿Aprendes el español en la escuela?
4. En la clase de español, ¿hablas mucho?
5. ¿Lees mucho?
6. ¿Escribes mucho?
7. ¿Comprendes al profesor o a la profesora cuando él o ella habla?
8. ¿Comprendes cuando lees?

17 **¿Qué comen todos?** Sigan el modelo. *(Follow the model.)*

carne
—Teresa come carne.
—Yo como carne también. / Yo no como carne.
 Y tú, ¿comes carne o no?

1. vegetales
2. pescado
3. mariscos
4. ensalada
5. postre
6. pollo
7. huevos

Cádiz, España

*For more practice using words from **Palabras 1** and **2** and -er verbs, do Activity 5 on page H6 at the end of this book.*

18 **Nosotros** Contesten personalmente. (*Answer about yourself and a friend.*)

1. ¿Dónde viven Uds.?
2. ¿A qué escuela asisten Uds. (van Uds.)?
3. ¿Escriben Uds. mucho en la clase de español?
4. ¿Escriben Uds. mucho en la clase de inglés?
5. ¿Leen Uds. mucho en la clase de español?
6. ¿En qué clase leen Uds. novelas y poemas?
7. ¿Aprenden Uds. mucho en la clase de español?
8. ¿Comprenden Uds. cuando el profesor o la profesora habla?
9. ¿Ven Uds. un video en la clase de español?
10. Recibimos notas buenas en español. ¿Reciben Uds. notas buenas también?

> **¿Lo sabes?**
> The verb **asistir** is a false cognate. It means *to attend*.

19 **¿Toman Uds. un refresco?** Sigan el modelo. (*Follow the model.*)

una cola
—Nosotros bebemos una cola. / No bebemos una cola.
   ¿Y Uds.? ¿Beben una cola o no?

1. café solo
2. café con leche
3. leche
4. limonada
5. té

20 **¿Qué comes?** With a classmate, take turns finding out what each of you eats for breakfast, lunch, and dinner.

Café Luna

sándwich	14 pesos
tamal	10 pesos
enchilada	11 pesos
café	2 pesos
limonada	3 pesos

21 **¿Cuánto es, por favor?** You are at a little café in South America. Your classmate is the waiter or waitress. Order something you want to eat and drink. Then find out how much it is. The waiter or waitress can refer to the menu to tell you how much you owe.

22 **El curso de inglés** Have a discussion with a classmate about your English class. Tell as much as you can about what you do and learn in class. You may want to use some of the following words: **aprender, leer, recibir, escribir, comprender.**

Andas bien. ¡Adelante!

Conversación

En la terraza de un café

Julia Carlos, hay mucha gente en el café.
Carlos Sí, veo que no hay muchas mesas libres.
Julia Verdad, pero allí hay una. ¿Ves? ¡Vamos!
Carlos ¡Vale!
(Llegan a la mesa y Julia lee el menú.)
Mesero Señores, ¿desean Uds. tomar algo?
Julia Sí, para mí una limonada, por favor.
Carlos Y para mí un café con leche.
Mesero Sí, señores. Enseguida.
(Julia y Carlos hablan mientras toman el refresco.)
Carlos ¿Qué lees, Julia?
Julia Leo una novela de Isabel Allende. Es excelente.
(Unos momentos después)
Carlos Mesero, la cuenta, por favor.
Mesero Sí, señor.

Después de conversar

Contesten. *(Answer.)*

1. ¿Dónde están Julia y Carlos?
2. ¿Hay mucha gente en el café?
3. ¿Qué ve Julia?
4. ¿Qué lee Julia?
5. ¿Con quién hablan Carlos y Julia?
6. ¿Qué desea Julia?
7. ¿Y Carlos?
8. ¿Qué novela lee Julia?
9. ¿Cómo es la novela?

Vamos a hablar más
Let's talk some more

A

En el café Work in groups of three or four. You're all friends from Madrid. After school you go to a café where you talk about lots of things—school, teachers, friends, etc. One of you will play the role of the waiter or waitress at the café. You have to interrupt the conversation once in a while to take the orders and serve.

B

¿Qué preparamos? Work in groups of three or four. The Spanish Club is having a party and you're planning the menu. You want to have one dish with meat and one without meat, since there are quite a few students who are vegetarians (**vegetarianos**). Look at the menu the club members have prepared and decide what you have to buy at the supermarket.

para comer:
sándwiches
hamburguesas
ensaladas
fruta
para beber:
refrescos
café

Pronunciación

La consonante d

The pronunciation of **d** in Spanish varies according to its position in the word. When a word begins with **d** (initial position) or follows the consonants **l** or **n,** the tongue gently strikes the back of the upper front teeth.

da	de	di	do	du
da	dependiente	difícil	domingo	dulce
merienda	vende	andino	condominio	

When **d** appears within the word between vowels (medial position), **d** is extremely soft. Your tongue should strike the lower part of your upper teeth, almost between the upper and lower teeth.

da	de	di	do	du
privada	modelo	estudio	helado	educación
ensalada	cuaderno	medio	congelado	

When a word ends in **d** (final position), **d** is either extremely soft or omitted completely—not pronounced.

nacionalidad   ciudad

Repeat the following sentences.

Diego da el disco compacto a Donato en la ciudad.
El dependiente vende helado y limonada.
Adela compra la merienda en la tienda.

Lecturas culturales

En un café en Madrid ♻

José Luis vive en Madrid. Después de las clases, los amigos de José Luis van juntos, en grupo, a un café. En el otoño y en la primavera, ellos van a un café al aire libre[1]. Pasan una hora o más en el café. Toman un refresco y a veces comen un bocadillo o un pan dulce. En el café, hablan y hablan. Hablan de la escuela, de los amigos, de la familia. Y a veces miran a la gente que pasa.

[1] al aire libre *outdoor*

Reading Strategy

Guessing meaning from context It's easy to understand words you have already studied. There are also ways to understand words you are not familiar with. One way is to use the context—the way these words are used in the sentence or reading—to help you guess the meaning of those words you do not know.

Paseo de la Castellana, Madrid

Madrid, España

Después de una hora o más, van a casa. Cuando llegan a casa, ¿comen o cenan enseguida, inmediatamente? No, no comen inmediatamente. En España, no cenan hasta las diez o las diez y media de la noche. Pero en España y en algunos países latinoamericanos la comida principal es la comida del mediodía.

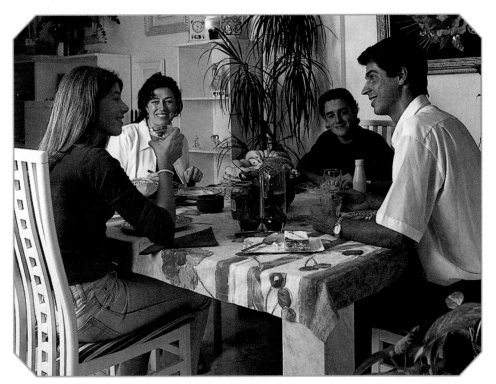

Estepona, España

Después de leer

A **José Luis** Contesten con **sí** o **no**. (*Answer with* sí *or* no.)
1. José Luis es un muchacho de la Ciudad de México.
2. José Luis va solo al café.
3. En el invierno, José Luis y un grupo de amigos van a un café al aire libre.
4. En el café, toman un refresco.
5. Hablan de muchas cosas diferentes.
6. Pasan solamente unos minutos en el café.
7. Cuando llegan a casa, los muchachos comen enseguida con la familia.
8. La comida principal es la cena.

B **La verdad, por favor.** Corrijan las oraciones falsas de la Actividad A. (*Correct the false statements from Activity A.*)

Lectura opcional 1

Las horas para comer

El desayuno

En España y en los países de Latinoamérica, la gente suele[1] comer más tarde que aquí en los Estados Unidos. Como nosotros, toman el desayuno a eso de las siete o las ocho de la mañana. A eso de las diez van a un café o a una cafetería donde toman otro café con leche y un churro o pan dulce.

El almuerzo

El almuerzo es a la una o, en el caso de España, a eso de las dos de la tarde. Hoy día la mayoría[2] de la gente no va a casa a tomar el almuerzo. Toman el almuerzo en la cafetería de la escuela o en la cafetería donde trabajan. Si no, comen en un café o en un restaurante. Muchos no van a casa a tomar el almuerzo porque hay mucho tráfico. Tarda (toma) demasiado tiempo[3].

La cena

En la mayoría de los países latinoamericanos la gente suele cenar a las ocho y media o a las nueve. Pero, en España, no. En España la cena es a las diez o a las diez y media.

Buenos Aires, Argentina

[1]suele *tend to*   [3]demasiado tiempo *too much time*
[2]mayoría *majority*

Después de leer

¡A comer en el mundo hispano! Contesten. *(Answer.)*

1. ¿Dónde suele comer la gente más tarde, en los Estados Unidos o en los países hispanos?
2. ¿A qué hora toman el desayuno en los países hispanos?
3. ¿A qué hora toman Uds. el desayuno?
4. ¿A qué hora es el almuerzo?
5. ¿Dónde toma la gente el almuerzo?
6. ¿Van muchos a casa?
7. ¿Por qué no van a casa?
8. ¿A qué hora cenan en Latinoamérica?
9. Y en España, ¿a qué hora cenan?
10. ¿A qué hora cenan Uds.?

Lectura opcional ②

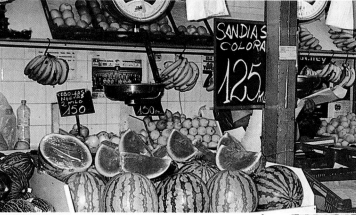

Málaga, España

¿Mercado o supermercado?

En los países hispanos hay muchos mercados. Algunos son mercados al aire libre. En el mercado la gente compra los alimentos o comestibles[1] que necesitan para las tres comidas. Los productos que venden en los mercados están muy frescos[2]. ¡Qué deliciosos!

Hay también supermercados—sobre todo (particularmente) en las grandes ciudades y en los alrededores[3] de las grandes ciudades. En los supermercados venden muchos productos en lata, en paquete o en bolsa. En los supermercados hay un gran surtido[4] de productos congelados.

[1]comestibles *foods*
[2]frescos *fresh*
[3]alrededores *outskirts*
[4]surtido *assortment*

Estepona, España

Después de leer

A De compras para la comida Completen. *(Complete.)*

1. En los países hispanos hay ____.
2. En los mercados la gente compra ____.
3. Los productos del mercado están ____.
4. Hay supermercados en ____.
5. En los supermercados venden ____.

B Otra expresión Busquen una expresión equivalente en la lectura.
(Find an equivalent expression in the reading for the italicized words.)

1. En *las naciones* hispanas hay muchos mercados al aire libre.
2. La gente compra *los alimentos* que necesitan.
3. Están muy frescos. ¡Y qué ricos y *sabrosos*!
4. Venden productos *enlatados*.
5. Hay *una gran selección*.

Conexiones

Las matemáticas

La aritmética

When we go shopping or out to eat, it is often necessary to do some arithmetic. We either have to add up the bill ourselves or check the figures someone else has done for us. In a café or restaurant we want to figure out how much tip we should leave. In order to do this we have to do some arithmetic.

We seldom do a great deal of arithmetic in a foreign language. We normally do arithmetic in the language in which we learned it. It is fun, however, to know some basic arithmetical terms in case we have to discuss a bill or a problem with a Spanish-speaking person.

Before we learn some of these terms in Spanish, let's look at some differences in numbers. Note how the numbers 1 and 7 are written in some areas of the Spanish-speaking world.

$$1 \quad 7$$

Also note the difference in the use of the decimal point in some countries.

$$1,000 \quad 1.000 \quad 1,07 \quad 1.07$$

La aritmética

sumar   +
restar   –
multiplicar   x
dividir   ÷

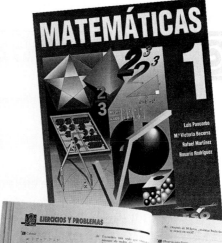

Para resolver un problema oralmente

Suma dos y dos.

    Dos y dos son cuatro. $2 + 2 = 4$

Resta dos de cinco.

    Cinco menos dos son tres. $5 - 2 = 3$

Multiplica dos por cinco.

    Dos por cinco son diez. $2 \times 5 = 10$

Divide quince entre tres.

    Quince entre tres son cinco. $15 \div 3 = 5$

El diez por ciento de ciento cincuenta pesos
son quince pesos.

N° 002246   **B**

Restaurante Del Valle

Humilladero, 4 · Teléf. 366 90 25 · Madrid

MESA Núm. /

2 de 10

2 Cartas	550
espinacas	550
Pastel verduras	1800
lenguado	1200
Callos	
Ribera Duero	950
Sorbete	500
Sorbete champán	700

TOTAL...... 6250

I.V.A. incluido

Después de leer

A **¿Cuánto es?** Resuelvan los problemas aritméticos en voz alta. *(Solve the following problems aloud.)*

1. $2 + 2 = 4$
2. $14 + 6 = 20$
3. $30 - 8 = 22$
4. $20 - 4 = 16$
5. $4 \times 4 = 16$
6. $8 \times 3 = 24$
7. $27 \div 9 = 3$
8. $80 \div 4 = 20$

B **La respuesta, por favor.** Contesten en español. *(Do the following problems in Spanish.)*

1. Suma 5 y 2.
2. Suma 20 y 3.
3. Resta 3 de 10.
4. Resta 8 de 25.
5. Multiplica 5 por 3.
6. Multiplica 9 por 4.
7. Divide 9 entre 3.
8. Divide 16 entre 2.

C **La cuenta, por favor.** Sumen.
(Add the bill in Spanish.)

Use what you have learned

1 En el café
✔ *Order something to eat and drink at a café*

Work with a classmate. You're in a café on the Gran Vía in Madrid. One of you is the customer. The other is the waiter or waitress. Have a conversation. Say as much as you can to each other.

2 En el mercado
✔ *Buy food from a vendor at a market*

You are spending a semester studying in Spain. You are going to prepare a dinner for your "Spanish family." Decide what you need to buy at the market. Then have a conversation with a classmate who will be the clerk at the food store.

SPANISH Online

For more information about the Gran Vía and other interesting parts of Madrid, go to the Glencoe Spanish Web site: spanish.glencoe.com

3 Juego Una competición
✔ *Use quantities correctly with food*

See which one of you can make up the most expressions using the following words.

un kilo   un paquete   una botella   una bolsa   una lata   una docena

ESCRIBIR

4 El menú
✔ *Plan a meal*

Write a menu in Spanish for your school cafeteria.

Estepona, España

ESCRIBIR

5 Un anuncio

✔ *Write an advertisement for a supermarket*

Using these supermarket ads as a guide, write similar food advertisements in Spanish for your local supermarket. Choose any three foods you would like to feature.

Writing Strategy

Visualizing Many writers have a mental picture of what they want to write before they actually begin to write. The mental picture helps organize what they want to say. It also helps them visualize what they want to describe in their writing. Closing your eyes and visualizing what you want to write can make the writing experience more pleasant. When writing in a foreign language, you must limit your mental picture to what you know how to say.

ESCRIBIR

6 Un café

You have been asked to write a short article about a visit to a café. Look at this photo. Pretend this is the mental picture you have of the restaurant you are going to write about. Look at it for several minutes and then write a paragraph about it.

Assessment

Vocabulario

1 Identifiquen. *(Identify.)*

1.
2.
3.

4.
5.

To review **Palabras 1**, turn to pages 142–143.

2 Completen. *(Complete.)*

En el café

6. **Mesero** Sí, señores. ¿Qué ____ Uds.?
   Cliente Un café con leche y una limonada, por favor.
   (Después)
7. **Cliente** Mesero, la ____, por favor.
   Mesero Sí, señor. Enseguida.
8. **Cliente** ¿Está incluido el ____?

3 Identifiquen. *(Identify.)*

9.
10.

11.
12.

To review **Palabras 2**, turn to pages 146–147.

4 Completen. *(Complete.)*

13–14. Las tres comidas del día son el ____, el almuerzo y la ____.

Estructura

5 Completen. *(Complete.)*

15–16. Nosotros ____ soda y Uds. ____ limonada. (beber)

17–18. Yo ____ muchos vegetales y mi amigo ____ muchas frutas. (comer)

19. Nosotros ____ en Estepona pero el profesor ____ en Málaga. (vivir)

To review -er and -ir verbs, turn to page 150.

6 Completen. *(Complete)*

20–21. Nosotros aprend____ mucho en la escuela y recib____ notas muy buenas.

22–23. Nosotros le____ novelas pero no escrib____ novelas.

Cultura

7 ¿Sí o no? *(Yes or no?)*

24. Los cafés son muy populares en España.

25. En España la gente cena a las seis. Cuando llegan a casa comen enseguida.

To review this cultural information, turn to pages 156–157.

Valldemossa, España

Vocabulario

Getting along in a cafe

el café	la orden	leer
la mesa	la cuenta	comer
el/la mesero(a),	libre	beber
el/la camarero(a)	ocupado(a)	¿Qué desean Uds.?
el menú	ver	¿Está incluido el servicio?

Identifying snacks and beverages

los refrescos	un yogur	una tortilla
una cola	una sopa	una ensalada
un café solo, con leche	un bocadillo, un sándwich	el postre
un té helado	el jamón	un helado de vainilla,
una limonada	el queso	de chocolate
el cereal	una hamburguesa	un pan dulce
el pan tostado	papas fritas	

Shopping for food

el mercado	una bolsa	¿A cuánto está(n)?
el supermercado	un kilo	algo más
un bote, una lata	congelado(a)	nada más
un paquete	vender	

Identifying foods and meals

los vegetales	las frutas	el pollo
los guisantes	las naranjas	el huevo
las habichuelas, los frijoles	las manzanas	el atún
las judías verdes	los plátanos	el arroz
las zanahorias	los tomates	las comidas
las papas	la carne	el desayuno
la lechuga	el biftec	el almuerzo
	los mariscos	la cena
	el pescado	

Other useful expressions

juntos(as)	aprender
antes de	escribir
después de	recibir
enseguida	vivir
comprender	

> ## How well do you know your vocabulary?
> • Choose words for specific foods you enjoy.
> • Create a menu using these words.

TECNOTUR

¡Buen viaje!

VIDEO • Episodio 5

En el café

In this video episode, Juan Ramón and Teresa have lunch at a café in Madrid. On their way home, they stop at the market to pick up a few things.

Después de llegar a Madrid, Juan Ramón y Teresa comen en un café. ▶

◀ Después van de compras a un mercado.

SPANISH Online

In the Chapter 5 Internet Activity, you will have a chance to learn more about foods and restaurants in the Spanish-speaking world. To begin your virtual adventure, go to the Glencoe Spanish Web site: spanish.glencoe.com

◀ Learn more online about typical foods such as **tapas** served at cafes like the one Juan Ramón and Teresa went to.

La cocina española es muy variada y deliciosa.

Capítulo 6

La familia y su casa

Objetivos

In this chapter you will learn to:

❖ talk about your family

❖ describe your home

❖ tell your age and find out someone else's age

❖ tell what you have to do

❖ tell what you are going to do

❖ tell what belongs to you and to others

❖ talk about families in Spanish-speaking countries

Vocabulario

La familia

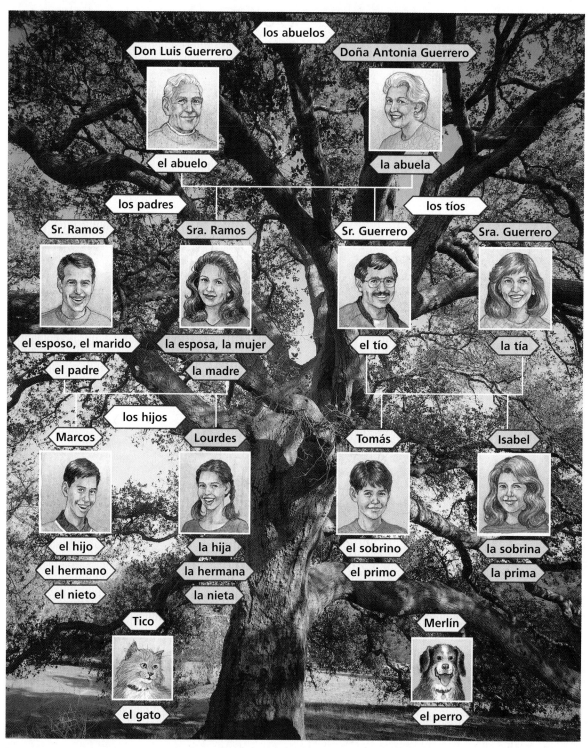

los abuelos

Don Luis Guerrero — el abuelo

Doña Antonia Guerrero — la abuela

los padres

los tíos

Sr. Ramos — el esposo, el marido / el padre

Sra. Ramos — la esposa, la mujer / la madre

Sr. Guerrero — el tío

Sra. Guerrero — la tía

los hijos

Marcos — el hijo / el hermano / el nieto

Lourdes — la hija / la hermana / la nieta

Tomás — el sobrino / el primo

Isabel — la sobrina / la prima

Tico — el gato

Merlín — el perro

Es la familia Moliner. Son de Quito.
El señor y la señora Moliner tienen dos hijos.
Tienen un hijo, Felipe, y una hija, Verónica.
Los Moliner tienen un gato, Tico.
La familia no tiene un perro.

¿Cuántos años tienen los hijos?
Felipe, el hijo, tiene dieciséis años.
Verónica, la hija, tiene catorce años.
Son jóvenes. No son viejos (ancianos).

el regalo

Hoy es el 28 de noviembre.
Es el cumpleaños de Verónica.
Los Moliner van a dar una fiesta
    para Verónica.
Van a invitar a todos sus parientes
    (los tíos, los abuelos) a la fiesta.
Los amigos van a llevar regalos
    para Verónica.

Para empezar
Let's use our new words

1 **Historieta** **La familia Rodríguez de España**
Contesten. (*Answer.*)

1. ¿Vive la familia Rodríguez en España?
2. ¿Tienen dos hijos los señores Rodríguez?
3. ¿Es grande o pequeña la familia Rodríguez?
4. ¿Cuántos años tiene Antonio?
5. ¿Cuántos años tiene Maricarmen?
6. ¿Tienen los Rodríguez un gato o un perro?

Madrid, España

2 **Los parientes** Completen. (*Complete.*)

1. El hermano de mi padre es mi ____.
2. La hermana de mi padre es mi ____.
3. El hermano de mi madre es mi ____.
4. La hermana de mi madre es mi ____.
5. El hijo de mi tío o de mi tía es mi ____.
6. La hija de mis tíos es mi ____.
7. Los hijos de mis tíos son mis ____.
8. Los padres de mis padres son mis ____.

3 **Y yo** Escojan. (*Choose.*)

1. Yo soy ____ de mis abuelos.
   a. el nieto **b.** la nieta
2. Yo soy ____ de mis padres.
   a. el hijo **b.** la hija
3. Yo soy ____ de mis tíos.
   a. el sobrino **b.** la sobrina
4. Yo soy ____ de mis primos.
   a. el primo **b.** la prima

Lima, Perú

4 **Historieta** **El cumpleaños de Luisa**

Contesten según se indica. *(Answer according to the cues.)*

1. ¿Qué es hoy? (el cumpleaños de Luisa)
2. ¿Cuántos años tiene hoy? ¿Cuántos años cumple? (quince)
3. ¿Qué dan sus padres en su honor? (una fiesta)
4. ¿A quiénes invitan a la fiesta? (a sus amigos y a sus parientes)
5. ¿Qué va a recibir Luisa? (muchos regalos)

5 **La familia Guzmán** With a classmate, look at the picture of the Guzmán family. Take turns saying as much as you can about each person in the photo.

6 **Juego** **¿Cúal de los parientes es?** Give a definition in Spanish of a relative. Your partner will then tell which relative you're referring to. Take turns.

la madre de mi madre

Es la abuela.

Vocabulario

La casa

la casa

el jardín

el garaje

alrededor de

JUAN ELCANO

la calle

la recámara

el cuarto de baño

el cuarto

el dormitorio

la sala

la cocina

el comedor

Es la casa de la familia Moliner.
Alrededor de la casa hay un jardín.
El garaje está cerca de la casa.
Los Moliner viven en una casa
  privada (particular).
Tienen un carro.
El carro está en el garaje.
La casa está en la calle Juan Elcano.

La casa de los Moliner tiene siete cuartos.

una emisión deportiva

el periódico

el libro

la revista

las noticias

una película

Después de la cena, la familia va a la sala.
En la sala leen.
Y ven la televisión.

Una casa de apartamentos (departamentos)

el décimo piso
el noveno piso
el octavo piso
el séptimo piso
el sexto piso
el quinto piso
el cuarto piso
el tercer piso
el segundo piso
el primer piso
la planta baja

Los García tienen un apartamento en
el quinto piso.
Suben al apartamento en el ascensor.
No toman la escalera.
Toman el ascensor.

Vocabulario

Para empezar
Let's use our new words

7 Historieta La casa de los Baeza
Contesten. *(Answer. Make up a story.)*

1. ¿Tienen los Baeza una casa bonita?
2. ¿Está en la calle Silva la casa?
3. ¿Cuántos cuartos tiene la casa?
4. ¿Tiene dos pisos la casa?
5. ¿Qué cuartos están en la planta baja?
6. ¿Qué cuartos están en el primer piso?
7. ¿Tienen los Baeza un carro?
8. ¿Está en el garaje el carro?
9. ¿Está el garaje cerca de la casa?
10. ¿Hay un jardín alrededor de la casa?

Málaga, España

8 Historieta Actividades en casa Completen. *(Complete.)*

1. La familia prepara la comida en la ____.
2. La familia come en ____ o ____. A veces comen en ____
   y a veces comen en ____.
3. Después de la cena, la familia va o pasa a ____.
4. En la sala leen ____, ____ o ____. No escriben cartas.
5. En la sala ven ____.
6. Ven ____, ____ o ____ en la televisión.

Madrid, España

9 **Historieta** **¿Es verdad o no?** Contesten con **sí** o **no.**
(Answer with sí *or* no.*)*

1. Una casa pequeña tiene sólo dos cuartos.
2. Un apartamento grande tiene dos cuartos.
3. La casa de apartamentos es alta.
4. Una casa privada o particular tiene sólo uno o dos pisos y una casa de apartamentos tiene muchos pisos.
5. En una casa privada la familia sube de un piso a otro en el ascensor.
6. La familia toma la escalera para subir de un piso a otro en una casa particular.

Santiago, Chile

Málaga, España

El Viejo San Juan, Puerto Rico

10 **Mi casa** Work with a classmate. One of you lives in a private house and the other lives in an apartment building. Ask each other as many questions as you can about your homes. Answer each other's questions, too.

11 **La rutina de mi familia** Get together with a classmate and discuss the routine your family follows after school or after work. You may want to use some of the following words.

comer   mirar   preparar   escribir
tomar   leer   ver

Telling what you and others have
Presente de **tener**

1. The verb **tener** *(to have)* is irregular. Study the following forms.

INFINITIVE	tener
yo	tengo
tú	tienes
él, ella, Ud.	tiene
nosotros(as)	tenemos
vosotros(as)	*tenéis*
ellos, ellas, Uds.	tienen

2. You also use the verb **tener** to express age in Spanish.

> **¿Cuántos años tienes?**
> **Tengo dieciséis años.**
> **¿Cuántos años tiene Ud.?**

Para continuar
Let's put our words together

12 **¿Cómo es tu familia?** Contesten personalmente.
(Answer these questions about yourself.)

1. ¿Tienes un hermano?
2. ¿Cuántos hermanos tienes?
3. ¿Tienes una hermana?
4. ¿Cuántas hermanas tienes?
5. ¿Tienes un perro?
6. ¿Tienes un gato?
7. ¿Tienes muchos amigos?
8. ¿Tienes una familia grande o pequeña?

13 ¿Tienes un hermano? Practiquen la conversación.

(Practice the conversation.)

¿Cuántos años tiene ella?

Tiene catorce años.

¿Uds. tienen un perro?

Ernesto, ¿tienes un hermano?

No, no tengo un hermano. Tengo una hermana.

Y tú, ¿cuántos años tienes?

Yo tengo dieciséis.

No, perrito no tenemos. Pero tenemos una gata adorable.

14 Ernesto y Teresa Hablen de Ernesto y Teresa.

(In your own words, tell all about Ernesto and Teresa.)

15 ¿Qué tienes? Formen preguntas con **tienes.**

(Form questions with tienes.*)*

1. un hermano
2. una hermana
3. primos
4. un perro
5. un gato
6. muchos amigos

16 ¿Qué tienen Uds.? Sigan el modelo.

(Follow the model.)

una casa o un apartamento
Marcos y Adela, ¿Uds. tienen una casa o un apartamento?
Tenemos una casa. / Tenemos un apartamento.

1. un perro o un gato
2. un hermano o una hermana
3. un sobrino o una sobrina
4. una familia grande o pequeña
5. una bicicleta o un carro
6. discos compactos o casetes

Santiago, Chile

For more practice using _tener_, do Activity 6 on page H7 at the end of this book.

UN POCO MÁS

17 Historieta La familia Sánchez
Completen con **tener.** *(Complete with* tener.*)*

Aquí ___1___ (nosotros) una foto de la familia Sánchez. La familia Sánchez ___2___ un piso (apartamento) muy bonito en Madrid. El piso ___3___ seis cuartos y está en Salamanca, una zona bastante elegante de Madrid. Los Sánchez ___4___ una casa de campo en Chinchón también. La casa de campo en Chinchón es un pequeño chalé donde los Sánchez pasan los fines de semana o los *weekend* y sus vacaciones. La casa de campo ___5___ cinco cuartos.

Hay cuatro personas en la familia Sánchez. Carolina ___6___ nueve años y su hermano Gerardo ___7___ once años. Gerardo y Carolina ___8___ un perrito encantador, Chispa. Adoran a su Chispa.

¿Tú ___9___ un perro? ¿Tú ___10___ un gato? ¿Tu familia ___11___ un apartamento o una casa? ¿Uds. también ___12___ una casa de campo donde pasan los fines de semana como los Sánchez?

La Plaza, Chinchón, España

18 Tengo tres hermanos.
With a classmate, take turns telling one another some things about your family. Tell whether you have a large or small family; tell the numbers of brothers and sisters you have and their ages, etc.

SPANISH Online

For more information about the Salamanca quarter of Madrid and Chinchón, go to the Glencoe Spanish Web site: spanish.glencoe.com

Telling what you have to do and what you are going to do
Tener que; Ir a

1. **Tener que** + *infinitive* (**-ar, -er,** or **-ir** form of the verb) means *to have to.*

Tengo que comprar un regalo.

2. **Ir a** + *infinitive* means *to be going to.* It is used to express what is going to happen in the near future.

Vamos a llegar mañana.
Ella va a cumplir quince años.

Para continuar
Let's put our words together

19 **Historieta** ¡Cuánto tengo que trabajar!
Contesten personalmente.
(Answer these questions about yourself.)

1. ¿Tienes que trabajar mucho en la escuela?
2. Antes de la apertura de clases, ¿tienes que comprar materiales escolares?
3. ¿Tienes que comprar ropa también?
4. ¿Tienes que estudiar mucho?
5. ¿Tienes que leer muchos libros?
6. ¿Tienes que tomar apuntes?
7. ¿Tienes que escribir mucho?

20 **Historieta** **Voy a dar una fiesta.**

Contesten con **sí.** (*Answer with* sí.)

1. ¿Vas a dar una fiesta?
2. ¿Vas a dar la fiesta para Ángel?
3. ¿Ángel va a cumplir diecisiete años?
4. ¿Vas a invitar a sus amigos?
5. ¿Van Uds. a bailar durante la fiesta?
6. ¿Van a comer?

Estepona, España

21 **Historieta** **¡Tenemos tanto que hacer!**

Sigan el modelo. (*Follow the model.*)

> ver la televisión / preparar la comida
> **No vamos a ver la televisión porque**
> **tenemos que preparar la comida.**

1. escuchar discos compactos / estudiar
2. hablar por teléfono / escribir una composición
3. tomar seis cursos / sacar notas buenas
4. tomar apuntes / escuchar al profesor
5. ir a la fiesta / trabajar

22 **Tengo que...** Tell a classmate some things you have to do tomorrow. Then find out if he or she has to do the same things. Report your findings to the class.

23 **No voy a...** Tell a classmate some things you're not going to do tomorrow because you have to do something else. Tell what you have to do. Your classmate will let you know if he or she is in the same situation.

Telling what belongs to whom
Adjetivos posesivos

1. You use possessive adjectives to show possession or ownership. Like other adjectives, the possessive adjective must agree with the noun it modifies. The possessive adjectives **mi, tu,** and **su** have only two forms: singular and plural.

mi libro y mi revista	mis libros y mis revistas
tu libro y tu revista	tus libros y tus revistas
su libro y su revista	sus libros y sus revistas

2. The possessive adjective **su** can mean *his, her, their,* or *your.* Its meaning is usually obvious from the way it is used in the sentence. However, if it is not clear, **su** can be replaced by a prepositional phrase.

el libro { de él, de ella, de Ud. }   el libro { de ellos, de ellas, de Uds. }

¿Lo sabes?

Vuestro is the possessive adjective used with **vosotros** in parts of Spain. **Vuestro,** like **nuestro,** has four forms.

3. The possessive adjective **nuestro** *(our)* has four forms.

nuestro apartamento	nuestros libros
nuestra casa	nuestras revistas

Marbella, España

Para continuar
Let's put our words together

 24 Historieta Mi familia y mi casa

Contesten personalmente. *(Answer about your family and your home.)*

1. ¿Dónde está tu casa o tu apartamento?
2. ¿Cuántos cuartos tiene tu casa o tu apartamento?
3. Tu apartamento o tu casa, ¿es grande o pequeño(a)?
4. ¿Cuántas personas hay en tu familia?
5. ¿Dónde viven tus abuelos?
6. Y tus primos, ¿dónde viven?

 25 Tengo una pregunta para ti. Sigan el modelo. *(Follow the model.)*

   la casa
   Lupita, ¿dónde está tu casa?

1. el hermano
2. la hermana
3. los primos
4. los libros
5. la escuela
6. el/la profesor(a) de español

26 La verdad es que... Preparen una conversación.
(Make up a conversation.)

   —¿Tienes tú mi libro?
   —No. De ninguna manera. No tengo tu libro.
   La verdad es que tú tienes tu libro.

1.

2.

3.

4.

27 ¿Cómo son sus parientes? Sigan el modelo. *(Follow the model.)*

   el hermano de Susana
   Su hermano es muy simpático.

1. el hermano de Pablo
2. la amiga de Pablo
3. el primo de Carlos y José
4. la tía de Teresa y José
5. los tíos de Teresa y José
6. los padres de Ud.

28 **Historieta** **Nuestra casa y nuestra escuela**

Contesten personalmente. *(Answer about your family and friends.)*

1. Su casa (la casa de Uds.), ¿es grande o pequeña?
2. ¿Cuántos cuartos tiene su casa?
3. ¿Su casa está en la ciudad o en el campo?
4. ¿En qué calle está su escuela?
5. Su escuela, ¿es una escuela intermedia o una escuela superior?
6. En general, ¿sus profesores son simpáticos?
7. ¿Son interesantes sus cursos?
8. ¿Son grandes o pequeñas sus clases?

Cotacachi, Ecuador

29 **Mi hermano y yo...** Work with a classmate. Tell him or her about yourself and a sibling, or your friend if you don't have a sibling. Then ask your classmate questions about his or her family. Here are some words you may want to use.

casa perro escuela amigo gato jardín carro amiga clase

Andas bien. ¡Adelante!

Conversación

¿Vas a la fiesta?

Tadeo ¿Vas a la fiesta de José Luis el viernes?

Jaime ¡Ah! ¡Es verdad! José Luis va a dar una fiesta.

Tadeo ¡Hombre! ¿No vas?

Jaime Pues, tengo que ir de compras. Tengo que comprar un regalo para mi hermana.

Tadeo ¿Tienes una hermana?

Jaime Sí, y va a cumplir quince años.

Tadeo ¿Uds. van a dar una fiesta?

Jaime ¡Claro! Vamos a tener una celebración.

Tadeo Pero, no es mañana, ¿verdad?

Jaime No. Su fiesta es el sábado.

Tadeo Pues, tienes que ir a la fiesta de José Luis.

Después de conversar

Contesten. (*Answer.*)

1. ¿Con quién habla Tadeo?
2. ¿Adónde tiene que ir Jaime?
3. ¿Qué tiene que comprar?
4. ¿Por qué tiene que comprar un regalo para su hermana?
5. ¿Cuántos años tiene su hermana?
6. ¿Cuántos años va a cumplir el sábado?
7. ¿Van a dar una fiesta?
8. ¿Cuándo es la fiesta de su hermana?
9. ¿Cuándo es la fiesta de José Luis?

Vamos a hablar más
Let's talk some more

A **¿Qué casa?** You and your family are planning to spend a month in Peru. Which of the houses or apartments, as described in the newspaper ads, would suit your family best? Explain why.

B **¡Qué familia!** Work with a classmate. Make up an imaginary family. Describe each family member and tell what he or she has to do. Be as creative as possible.

1 ALQUILER DE CASAS DEPARTAMENTOS Y RESIDENCIAS
En Lima, Callao y balnearios

1A.- CASAS

01 $ 1,500 2 chalets 21 Benavides colegio Humboldt Juana Larco Dammert 4 dorm. escritorio 9780150 o 9435188

01 CHACARILLA Maravillosa residencia 1-planta piscina 4 dormitorios 4 baños ideal diplomaticos funcionarios $ 2200 telefono· 4613661.

ALQUILO casa 5 baños 3 salas comedor cocina 3 cocheras piscina 2 bares amoblada area de servicio lavanderia preferencia extranjeros Tf. 4469062 - 9940537

CHALET 2 plantas $ 300 Pueblo Libre 3 dormitorios sala comedor 2 baños lavandería Telef. 4443394.

1B.- DEPARTAMENTOS

07 ALOJAMIENTO Temporal suite Los Pinos Pardo Miraflores departamentos full equipo 1 2 dormitorios cochera directo con departamentos cable VHS limpieza seguridad privacidad excelente ubicacion desde $ 45 diarios reservas 2421354 - 2421503 - 4477745

04 ALOJAMIENTO temporal San Isidro departamento independiente completamente equipado Tv cable limpieza diaria mínimo 1 semana T. 421-8092

02 VISTA AL MAR departamento nuevo 3 dormitorios 2 cocheras piscina jacuzzi c/s muebles $ 2.000 T. 445-8748

Pronunciación

Las consonantes b, v

There is no difference in pronunciation between a **b** and a **v** in Spanish. The **b** or **v** sound is somewhat softer than the sound of an English *b*. When making this sound, the lips barely touch. Imitate the following carefully.

ba	be	bi	bo	bu
bajo	bebé	bicicleta	bonito	bueno
bastante	escribe	bien	recibo	bus
trabaja	recibe	biología	árbol	aburrido

va	ve	vi	vo	vu
vamos	verano	vive	vosotros	vuelo
nueva	venezolano	violín	voleibol	

Repeat the following sentences.

El joven vive en la avenida Bolívar en Bogotá.
Bárbara trabaja los sábados en el laboratorio de biología.
La joven ve la bicicleta nueva en la televisión.

AVENIDA BOLÍVAR

Lecturas culturales

La familia hispana ♻

Cuando un joven hispano habla de su familia, no habla solamente de sus padres y de sus hermanos. Habla de toda su familia—sus abuelos, tíos, primos, etc. Incluye también a sus padrinos—a su padrino y a su madrina.

¿Quiénes son los padrinos? Los padrinos son los que asisten al bebé durante el bautizo[1]. En la sociedad hispana, los padrinos forman una parte íntegra de la familia. Y la familia es una unidad muy importante en la sociedad hispana. Cuando hay una celebración familiar como un bautizo, una boda[2] o un cumpleaños, todos los parientes van a la fiesta. Y los padrinos también van a la fiesta.

[1]bautizo *baptism*   [2]boda *wedding*

Estepona, España

San Juan, Puerto Rico

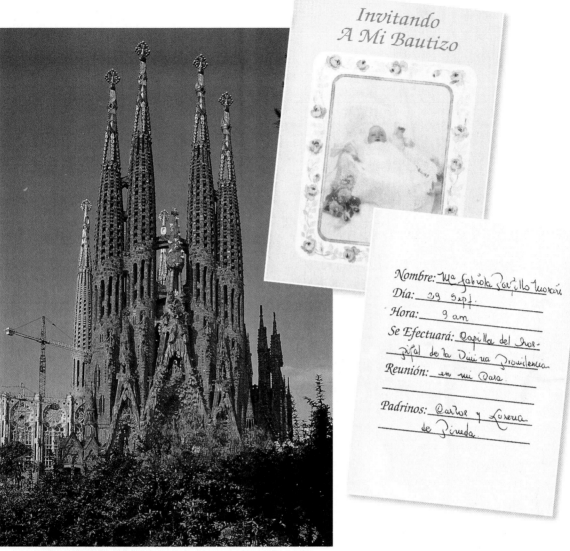

La Sagrada Familia, Barcelona, España

Invitando A Mi Bautizo

Nombre: Ma Gabriela Portillo Morán
Día: 29 Sept.
Hora: 9 am
Se Efectuará: Capilla del Hospital de la Divina Providencia
Reunión: en mi casa

Padrinos: Carlos y Lorena de Pineda

Después de leer

La familia hispana Contesten. *(Answer.)*

1. Cuando una persona hispana habla de su familia, ¿de quiénes habla?
2. ¿Quiénes son los padrinos?
3. ¿Son una parte importante de la familia los padrinos?
4. ¿Cuáles son algunas celebraciones familiares?
5. ¿Quiénes asisten a una celebración familiar?

Lectura opcional 1

En Tus Quince Años

La quinceañera

En los Estados Unidos celebramos la *Sweet Sixteen*. La *Sweet Sixteen* es una fiesta en honor de la muchacha que cumple dieciséis años.

En una familia hispana hay una gran celebración en honor de la quinceañera. ¿Quién es la quinceañera? La quinceañera es la muchacha que cumple quince años. La familia siempre da una gran fiesta en su honor. Todos los parientes y amigos asisten a la fiesta.

La quinceañera recibe muchos regalos. A veces los regalos son extraordinarios—como un viaje[1] a Europa o a los Estados Unidos, por ejemplo. Y si la quinceañera vive en los Estados Unidos es a veces un viaje a Latinoamérica o a España.

[1]viaje *trip*

Maracaibo, Venezuela

Después de leer

¿Una costumbre hispana o estadounidense? Lean las frases. *(Read the statements and tell whether each more accurately describes a Hispanic or an American custom. In some cases, it may describe a custom of both cultures.)*

1. Dan una fiesta en honor de una muchacha que cumple quince años.
2. Dan una fiesta en honor de la muchacha que cumple dieciséis años.
3. La muchacha recibe regalos para su cumpleaños.
4. La fiesta es principalmente para los amigos jóvenes de la muchacha.
5. Toda la familia asiste a la fiesta—los abuelos, los tíos, los padrinos.

Lectura opcional ②

Las Meninas de
Diego Velázquez

Las Meninas

Todos tenemos fotos de nuestra familia, ¿no? Muchos tenemos todo un álbum. No hay nada más adorable que la foto de un bebé—sobre todo (especialmente) si el bebé es un hijo, sobrino o nieto, ¿verdad?

Muchas familias tienen retratos[1] de su familia—sobre todo, las familias nobles. Aquí tenemos el famoso cuadro *Las Meninas*[2]. El cuadro *Las Meninas* es del famoso artista español del siglo XVII, el pintor Diego Velázquez.

En su cuadro, *Las Meninas,* vemos a la hija del Rey[3] con sus damas y su perro. Vemos al pintor mismo de pie delante de su caballete[4]. Y en el cuadro hay algo maravilloso. Más atrás en el espejo[5] vemos el reflejo del Rey y la Reina. En el cuadro vemos a toda la familia real[6]: al padre, el Rey; a la madre, la Reina; a la hija, la princesa.

[1]retratos *portraits*
[2]Las Meninas
  The ladies-in-waiting
[3]Rey *King*
[4]caballete *easel*
[5]espejo *mirror*
[6]real *royal*

Después de leer

A Una familia real Contesten. *(Answer.)*

1. ¿Qué tienen muchas familias?
2. ¿Qué es una colección de fotos?
3. ¿Son adorables las fotos de un bebé?
4. ¿Tienen muchas familias retratos familiares también?
5. ¿Quién es el pintor de *Las Meninas?*
6. ¿Es español o latinoamericano Velázquez?
7. La muchacha en el cuadro, ¿es hija de quién?
8. ¿Dónde está el pintor en el cuadro?
9. ¿De quiénes hay un reflejo en el espejo?
10. ¿A quiénes vemos en el cuadro?

B Las Meninas Busquen a las personas en el cuadro.
(Find the following people in the painting.)

1. el artista
2. la hija del Rey
3. las meninas o damas de la princesa
4. el Rey
5. el perro de la princesa
6. la madre de la princesa, la Reina

Conexiones
Las bellas artes

Autorretrato de Frida Kahlo

El arte

One may know a great deal or just a little about art. But almost everyone has at least some interest in art. How often have we heard, "I may not know anything about art, but I certainly know what I like"?

There is no doubt that many of the world's great artists have come from Spain and Latin America. Do you recognize any of the following names?

El Greco, Velázquez, Murillo, Goya, Zurbarán, Sorolla, Picasso, Dalí, Miró, Rivera, Orozco, Siqueiros, Kahlo, Tamayo, Botero.

Let's first read some information about art and then enjoy some famous works of Spanish and Latin American artists.

el lienzo

la materia

el pincel

la pintora

la espátula

el caballete

La pintura

El pintor

Antes de pintar, el pintor o artista tiene que preparar su lienzo. Tiene que colocar el lienzo en el caballete. El pintor escoge o selecciona el medio en que va a pintar. Los medios más populares son la acuarela[1], el óleo y el acrílico. El artista aplica los colores al lienzo con un pincel o una espátula.

El dos de mayo de Francisco de Goya

El motivo o tema

Para el observador, el individuo que mira el cuadro, el motivo o tema de una obra de arte es el principal elemento de interés. Es la materia que pinta el artista—una persona, un santo, una escena, una batalla, un paisaje[2].

El estilo

El estilo es el modo de expresión del artista. En términos generales, clasificamos el estilo en figurativo o abstracto. Una obra figurativa presenta una interpretación literal o realista de la materia. El observador sabe[3] enseguida lo que ve en el cuadro.

Una obra de arte abstracto enfatiza o da énfasis al diseño más que a la materia. El artista no pinta la escena misma. Pinta algo que representa la escena o materia.

Zapatistas de José Clemente Orozco

Aquí vemos unas obras famosas de algunos maestros de España y Latinoamérica.

[1]acuarela *watercolor*   [2]paisaje *landscape*   [3]sabe *knows*

El entierro del Conde de Orgaz de El Greco

Después de leer

El cuadro favorito   Identifiquen el favorito. *(Identify your favorite.)*

Look at the paintings and tell which one is your favorite. Explain why it's your favorite.

¡Te toca a ti!

Use what you have learned

HABLAR

1

Una residencia bonita
✔ *Describe a home or an apartment*

You are trying to sell one of the apartments or houses listed in the ads. Say as much as you can to convince your client (your classmate) to buy one.

BOSQUES DE LAS LOMAS. En venta, moderno, impecable, 377 m2, finos acabados. Areas recreativas, alberca, salón de fiestas, cancha de tenis, jardines, vigilancia las 24 horas.

TETELA DEL MONTE. Excelente, colonial mexicano. Arq. Sánchez. 1,500 m2 terreno, 500 m2 construcción, 4 rec., 3.5 baños, alberca, palapa

HABLAR

2

Una casa de apartamentos
✔ *Talk about families and where they live*

With a classmate, look at this plan of the fourth floor of an apartment building. A different family lives in each apartment. Give each family a name. Then say as much as you can about the families and their activities. Don't forget to describe their apartment. Give as many details as possible.

3 La quinceañera

✔ *Invite a friend to a birthday party*

Your best friend Anita will soon be fifteen years old. Write out an invitation to her birthday party.

4 Mi familia y yo

✔ *Describe yourself and your family*

You plan to spend next year as an exchange student in Argentina. You have to write a letter about yourself and your family to the agency in your community that selects the exchange students. Make your description as complete as possible.

Writing Strategy

Ordering details There are several ways to order details when writing. The one you choose depends on your purpose for writing. When describing a physical place, sometimes it is best to use spatial ordering. This means describing things as they actually appear—from left to right, from back to front, from top to bottom, or any other combination of logical order that works.

5 La casa de mis sueños

Write a description of your dream house. Be as complete as you can.

Fuengirola, España

Vocabulario

1 **Identifiquen.** *(Identify.)*

1. la madre de mi madre
2. el hermano de mi madre
3. el hijo de mi tío
4. la hija de mis padres
5. la esposa de mi padre

To review **Palabras 1**, turn to pages 170-171.

2 **Completen.** *(Complete.)*

6. Hoy es el ____ de Verónica. Hoy tiene quince años.
7. Los amigos tienen ____ para Verónica.

3 **Identifiquen.** *(Identify.)*

4 **Escojan.** *(Choose.)*

12. Después de la cena, papá lee ____.
    a. la televisión   **b.** el periódico   **c.** una emisión
13. Ellos ____ al quinto piso en el ascensor.
    a. toman   **b.** ven   **c.** suben

To review **Palabras 2**, turn to pages 174-175.

Estructura

5 **Contesten.** *(Answer.)*

14. ¿Cuántos años tienes?
15. ¿Tiene tu familia una casa o un apartamento?
16. ¿Tienen Uds. un perro?

To review **tener**, turn to page 178.

6 **Completen con tener.** *(Complete with* tener.*)*

17–18. —Yo ____ tres hermanos.
　　　—Perdón, Enrique. ¿Cuántos hermanos ____?

7 **Completen.** *(Complete.)*

19. Yo ____ compr__ un regalo para Sarita porque mañana es su cumpleaños.
20. Yo no ____ com__ mucho durante la fiesta.

To review **tener que** and **ir a**, turn to page 181.

8 **Escojan.** *(Choose.)*

21. ¿Dónde está el carro de Jorge? ____ carro está en el garaje.
　　a. Mi　**b.** Su　**c.** Nuestro
22. ¿Cuántos años tiene tu hermana? ____ hermana tiene trece años.
　　a. Mi　**b.** Nuestra　**c.** Tu
23. —¿Uds. tienen un perro?
　　—Sí, y ____ perro es adorable.
　　a. su　**b.** nuestro　**c.** nuestros

To review possessive adjectives, turn to page 183.

Cultura

9 **Contesten.** *(Answer.)*

24. Cuando una persona hispana habla de su familia, ¿de quiénes habla?
25. ¿Quiénes asisten al bebé durante el bautizo y luego forman parte de la familia?

To review this cultural information, turn to page 188.

Vocabulario

Identifying family members

la familia	el/la nieto(a)
los parientes	el/la tío(a)
el padre	el/la sobrino(a)
la madre	el/la primo(a)
el esposo, el marido	el gato
la esposa, la mujer	el perro
el/la hijo(a)	joven
el/la hermano(a)	viejo(a), anciano(a)
el/la abuelo(a)	

Talking about family affairs or events

el cumpleaños	tener
el regalo	cumplir… años
la celebración	invitar

Identifying rooms of the house

la sala
el comedor
la cocina
el cuarto, el dormitorio, la recámara
el cuarto de baño

How well do you know your vocabulary?

- Identify the cognates.
- Use as many of them as you can to write a story.

Talking about a home

la casa	el piso
el apartamento,	el ascensor
el departamento	la escalera
la calle	privado(a), particular
el jardín	alrededor de
el garaje	cerca de
el carro	subir
la planta baja	

Discussing some home activities

el periódico	la emisión deportiva
la revista	las noticias
el libro	ver la televisión
la película	escribir una carta

TECNOTUR

¡Buen viaje!

VIDEO • Episodio 6

La familia y su casa

In this video episode, Teresa's family welcomes Juan Ramón to their home in Madrid.

Juan Ramón visita a la familia de Teresa. ▶

◀ Juan Ramón habla de las fotos de su familia que vive en Puerto Rico.

La familia real de España

SPANISH Online

In the Chapter 6 Internet Activity, you will have a chance to "rent" or "buy" your own house or apartment in a Spanish-speaking country. To begin your virtual adventure, go to the Glencoe Spanish Web site: spanish.glencoe.com

◀ Learn more online about the royal family of Spain.

Capítulo 7

Deportes de equipo

Objetivos

In this chapter you will learn to:

- ❖ talk about team sports and other physical activities
- ❖ tell what you want to, begin to, and prefer to do
- ❖ talk about people's activities
- ❖ express what interests, bores, or pleases you
- ❖ discuss the role of sports in the Hispanic world

El fútbol

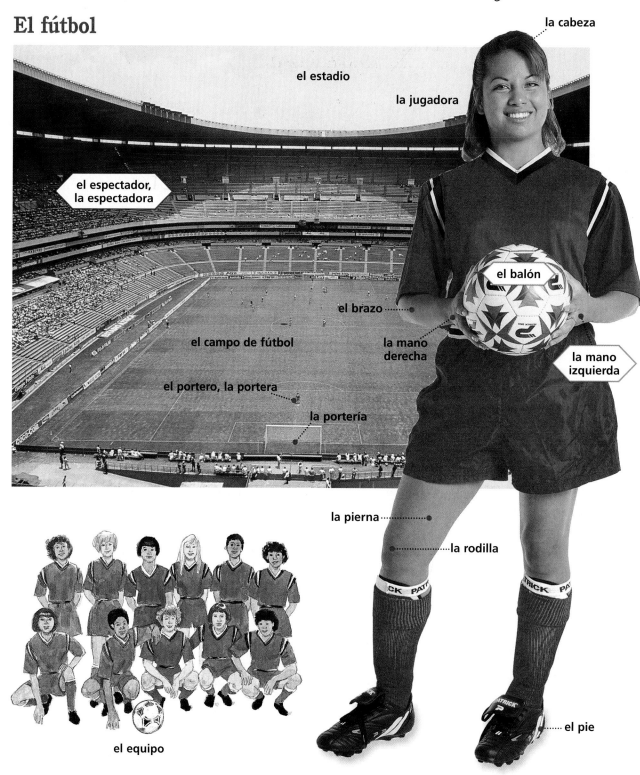

la cabeza

el estadio

la jugadora

el espectador, la espectadora

el balón

el brazo

el campo de fútbol

la mano derecha

la mano izquierda

el portero, la portera

la portería

la pierna

la rodilla

el pie

el equipo

19 noviembre

Real Madrid vs Barcelona

Hay un partido hoy.
Hay un partido entre el Real Madrid y
   el Barcelona.
El Real Madrid juega contra el Barcelona.

el tablero indicador   **el tanto**

Los jugadores juegan (al) fútbol.
Un jugador lanza el balón.
Tira el balón con el pie.
El portero guarda la portería.

El segundo tiempo empieza.
Los dos equipos vuelven al campo.
El tanto queda empatado en cero.

El portero no puede bloquear (parar)
   el balón.
El balón entra en la portería.
González mete un gol.
Él marca un tanto.

El Real Madrid gana el partido.
El Barcelona pierde.
Pero el Barcelona no pierde siempre.
A veces gana.

Vocabulario

Para empezar

Let's use our new words

1 Historieta Un partido de fútbol Contesten. *(Answer.)*

1. ¿Cuántos equipos de fútbol hay en el campo de fútbol?
2. ¿Cuántos jugadores hay en cada equipo?
3. ¿Qué tiempo empieza, el primero o el segundo?
4. ¿Vuelven los jugadores al campo cuando empieza el segundo tiempo?
5. ¿Tiene un jugador el balón?
6. ¿Lanza el balón con el pie o con la mano?
7. ¿Para el balón el portero o entra el balón en la portería?
8. ¿Mete el jugador un gol?
9. ¿Marca un tanto?
10. ¿Queda empatado el tanto?
11. ¿Quién gana, el Real Madrid o el Barcelona?
12. ¿Qué equipo pierde?
13. ¿Siempre pierde?

El estadio Atahualpa, Quito, Ecuador

2 Historieta El fútbol

Contesten según se indica. *(Answer according to the cues.)*

1. ¿Cuántos jugadores hay en el equipo de fútbol? (once)
2. ¿Cuántos tiempos hay en un partido de fútbol? (dos)
3. ¿Quién guarda la portería? (el portero)
4. ¿Cuándo mete un gol el jugador? (cuando el balón entra en la portería)
5. ¿Qué marca un jugador cuando el balón entra en la portería? (un tanto)
6. En el estadio, ¿qué indica el tablero? (el tanto)
7. ¿Cuándo queda empatado el tanto? (cuando los dos equipos tienen el mismo tanto)

El equipo de Chile, La Copa mundial

3 Un partido de fútbol

Work with a classmate. Take turns asking and answering each other's questions about the photograph below.

El béisbol

el jardinero

el campo de béisbol

el bate

el pícher, el lanzador

la base

el bateador

el platillo ..... el cátcher, el receptor

el jugador de béisbol

la pelota

el guante

El pícher lanza la pelota.

El cátcher devuelve la pelota.

El bateador batea.
Batea un jonrón.
El jugador corre de una base a otra.

	1 2 3 4 5 6 7 8 9 0
MARLINS	0 0 2 0 0 0 0 0 0
GIANTS	0 0 0 0 0 3 0 0 0

En un juego de béisbol hay nueve entradas.
Si después de la novena entrada el tanto queda
empatado, el partido continúa.

La jugadora atrapa la pelota.
Atrapa la pelota con el guante.

el cesto, la canasta ········

encestar

el balón

meter el balón
en el cesto

tirar el balón

El básquetbol, El baloncesto

driblar con
el balón

la cancha de
básquetbol

pasar el balón

DEPORTES DE EQUIPO

Vocabulario

Para empezar
Let's use our new words

4 **Historieta** **El béisbol**
Escojan la respuesta correcta.
(Choose the correct answer.)

1. Juegan al béisbol en ____ de béisbol.
   a. un campo **b.** una pelota
   c. una base
2. El pícher ____ la pelota.
   a. lanza **b.** encesta **c.** batea
3. El receptor atrapa la pelota en ____.
   a. una portería **b.** un cesto
   c. un guante
4. El jugador ____ de una base a otra.
   a. tira **b.** devuelve **c.** corre
5. En un partido de béisbol hay ____ entradas.
   a. dos **b.** nueve **c.** once

Monterrey, México

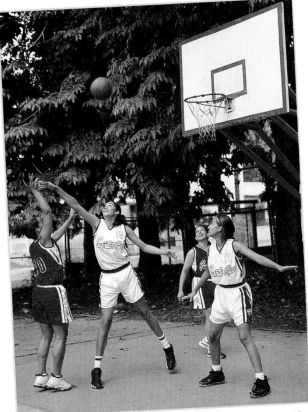

San Juan, Puerto Rico

5 **Historieta** **El baloncesto**
Contesten. *(Answer.)*

1. ¿Es el baloncesto un deporte de equipo o un deporte individual?
2. ¿Hay cinco o nueve jugadores en un equipo de baloncesto?
3. Durante un partido de baloncesto, ¿los jugadores driblan con el balón o lanzan el balón con el pie?
4. ¿El jugador tira el balón en el cesto o en la portería?
5. ¿El encestado (canasto) vale dos puntos o seis puntos?

6 **¿Qué deporte es?** Escojan. *(Choose.)*

el béisbol

el baloncesto

el fútbol

1. El jugador lanza el balón con el pie.
2. Hay cinco jugadores en el equipo.
3. Hay nueve entradas en el partido.
4. El jugador corre de una base a otra.
5. El portero para o bloquea el balón.
6. El jugador tira el balón y encesta.

 7 *Juego* **¿Qué deporte es?** Work with a classmate. Give him or her some information about a sport. He or she has to guess what sport you're talking about. Take turns.

Estructura

Telling what you want or prefer
Verbos de cambio radical e → ie en el presente

1. There are certain groups of verbs in Spanish that have a stem change in the present tense. The verbs **empezar** *(to begin)*, **comenzar** *(to begin)*, **querer** *(to want)*, **perder** *(to lose)*, and **preferir** *(to prefer)* are stem-changing verbs. The **e** of the stem changes to **ie** in all forms except **nosotros** and **vosotros.** The endings are the same as those of regular verbs. Study the following forms.

INFINITIVE	empezar	querer	preferir
yo	empiezo	quiero	prefiero
tú	empiezas	quieres	prefieres
él, ella, Ud.	empieza	quiere	prefiere
nosotros(as)	empezamos	queremos	preferimos
vosotros(as)	*empezáis*	*queréis*	*preferís*
ellos, ellas, Uds.	empiezan	quieren	prefieren

2. The verbs **empezar, comenzar, querer,** and **preferir** are often followed by an infinitive.

> **Ellos quieren ir al gimnasio.**
> **¿Por qué prefieres jugar al fútbol?**

¿Lo sabes?

Before an infinitive, **empezar** and **comenzar** require the preposition **a.**
Ellos empiezan (comienzan) a jugar.

Lima, Perú

Para continuar
Let's put our words together

8 Historieta Queremos ganar. Contesten. *(Answer.)*

1. ¿Empiezan Uds. a jugar?
2. ¿Empiezan Uds. a jugar a las tres?
3. ¿Quieren Uds. ganar el partido?
4. ¿Quieren Uds. marcar un tanto?
5. ¿Pierden Uds. a veces o ganan siempre?
6. ¿Prefieren Uds. jugar en el parque o en la calle?

Buenos Aires, Argentina

9 Historieta El partido continúa.
Formen oraciones según el modelo.
(Form sentences according to the model.)

> **el segundo tiempo / empezar**
> **El segundo tiempo empieza.**

1. los jugadores / empezar a jugar
2. los dos equipos / querer ganar
3. ellos / preferir marcar muchos tantos
4. Sánchez / querer meter un gol
5. el portero / querer parar el balón
6. el equipo de Sánchez / no perder

Roja para...

10 Historieta ¿Un(a) aficionado(a) a los deportes?
Contesten personalmente. *(Answer these questions about yourself.)*

1. ¿Prefieres jugar al béisbol o al fútbol?
2. ¿Prefieres jugar con un grupo de amigos o con un equipo formal?
3. ¿Prefieres jugar en el partido o prefieres mirar el partido?
4. ¿Prefieres ser jugador(a) o espectador(a)?
5. ¿Siempre quieres ganar?
6. ¿Pierdes a veces?

11 **Historieta** **¿Baloncesto o béisbol?** Completen. *(Complete.)*

Rosita __1__ (querer) jugar al baloncesto. Yo __2__ (querer) jugar al béisbol. Y tú, ¿__3__ (preferir) jugar al baloncesto o __4__ (preferir) jugar al béisbol? Si tú __5__ (querer) jugar al béisbol, tú y yo __6__ (ganar) y Rosita __7__ (perder). Pero si tú __8__ (querer) jugar al baloncesto, entonces tú y Rosita __9__ (ganar) y yo __10__ (perder).

12 **¿Qué prefieres?** With a partner, look at the illustrations below. They each depict two activities. Find out from your partner which activity he or she prefers to do and which one he or she doesn't want to do. Take turns.

1.

2.

3.

4.

5.

Describing more activities
Verbos de cambio radical o → ue en el presente

1. The verbs **volver** *(to return to a place)*, **devolver** *(to return a thing)*, **poder** *(to be able)*, and **dormir** *(to sleep)* are also stem-changing verbs. The **o** of the stem changes to **ue** in all forms except **nosotros** and **vosotros**. The endings are the same as those of regular verbs. Study the following forms.

INFINITIVE	volver	poder	dormir
yo	vuelvo	puedo	duermo
tú	vuelves	puedes	duermes
él, ella, Ud.	vuelve	puede	duerme
nosotros(as)	volvemos	podemos	dormimos
vosotros(as)	*volvéis*	*podéis*	*dormís*
ellos, ellas, Uds.	vuelven	pueden	duermen

> **¿Lo sabes?**
>
> **Jugar** is sometimes followed by **a** when a sport is mentioned. Both of the following are acceptable.
> **Juegan al fútbol.**
> **Juegan fútbol.**

2. The **u** in the verb **jugar** changes to **ue** in all forms except **nosotros** and **vosotros**.

> **jugar**   **juego, juegas, juega, jugamos,** *jugáis*, **juegan**

Para continuar
Let's put our words together

13 **Historieta** **Un partido de béisbol**
Contesten. *(Answer.)*

1. ¿Juegan Uds. al béisbol?
2. ¿Juegan Uds. con unos amigos o con el equipo de la escuela?
3. ¿Vuelven Uds. al campo después de cada entrada?
4. ¿Pueden Uds. continuar el partido si el tanto queda empatado después de la novena entrada?
5. ¿Duermen Uds. bien después de un buen partido de béisbol?

La Liga mexicana

14 **Historieta En la clase de español**
Contesten. *(Answer.)*

1. ¿Juegas al Bingo en la clase de español?
2. ¿Juegas al Loto en la clase de español?
3. ¿Puedes hablar inglés en la clase de español?
4. ¿Qué lengua puedes o tienes que hablar en la clase de español?
5. ¿Duermes en la clase de español?
6. ¿Devuelve el/la profesor(a) los exámenes pronto?

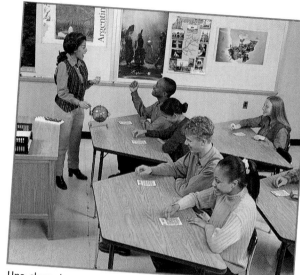

Una clase de español en los Estados Unidos

San Juan, Puerto Rico

15 **Historieta Sí, pero ahora no puede.** Completen. *(Complete.)*

Yo __1__ (jugar) mucho al fútbol y Diana __2__ (jugar) mucho también, pero ahora ella no __3__ (poder).

—Diana, ¿por qué no __4__ (poder) jugar ahora?

—No __5__ (poder) porque __6__ (querer) ir a casa.

Sí, Diana __7__ (querer) ir a casa porque ella __8__ (tener) un amigo que __9__ (volver) hoy de Puerto Rico y ella __10__ (querer) estar en casa. Pero mañana todos nosotros __11__ (ir) a jugar. Y el amigo puertorriqueño de Diana __12__ (poder) jugar también. Su amigo __13__ (jugar) muy bien.

16 **Quiero pero no puedo.** A classmate will ask you if you want to do something or go somewhere. Tell him or her that you want to but you can't because you have to do something else. Tell what it is you have to do. Take turns asking and answering the questions.

UN POCO MÁS *For more practice using stem-changing verbs, do Activity 7 on page H8 at the end of this book.*

Expressing what interests, bores, or pleases you
Interesar, aburrir y gustar

1. The verbs **interesar** and **aburrir** function the same in Spanish and in English. Study the following examples.

¿Te aburre el arte?	*Does art bore you?*
No, el arte me interesa.	*No, art interests me.*
¿Te aburren los deportes?	*Do sports bore you?*
No, los deportes me interesan.	*No, sports interest me.*

> **¿Lo sabes?**
> **Mí** and **ti** are used after a preposition: **para mí y para ti**
> **A mí me gustan.**
> **¿A ti también?**

2. The verb **gustar** in Spanish functions the same as **interesar** and **aburrir. Gustar** conveys the meaning *to like,* but its true meaning is *to please.* The Spanish equivalent of *I like baseball* is *Baseball pleases me.* Study the following examples.

> **¿Te gusta el béisbol? Ah, sí, me gusta mucho.**
> **¿Te gustan los deportes? Sí, me gustan mucho.**

3. The verb **gustar** is often used with an infinitive to tell what you like to do.

> **¿Te gusta jugar fútbol? Sí, me gusta jugar.**
> **¿Te gusta comer? Sí, me gusta comer.**

Para continuar
Let's put our words together

 17 **¿Qué cursos te interesan y qué cursos te aburren?**
Contesten. *(Answer.)*

1. ¿Te interesa la historia?
2. ¿Te interesa la geografía?
3. ¿Te interesa la biología?
4. ¿Te interesa la educación física?
5. ¿Te interesan las matemáticas?
6. ¿Te interesan las ciencias?
7. ¿Te interesan las lenguas?

Colegio San José, Estepona, España

18 **¿Te interesa o te aburre?** Sigan el modelo. *(Follow the model.)*

> **la biología**
> **La biología me interesa. No me aburre.**

1. el álgebra
2. la geometría
3. la historia
4. el español
5. la geografía

19 **¿Te interesan o te aburren?**
Sigan el modelo. *(Follow the model.)*

> **las películas**
> **¿Te interesan las películas o te aburren?**
> **Las películas me interesan. No me aburren.**

1. los partidos de fútbol
2. las películas románticas
3. las emisiones deportivas
4. las noticias

20 **Los deportes** Contesten. *(Answer.)*

1. ¿Te gusta el fútbol?
2. ¿Te gusta el béisbol?
3. ¿Te gusta el voleibol?
4. ¿Te gusta más el béisbol o el fútbol?
5. ¿Te gusta más el voleibol o el básquetbol?

DEPORTES

FÚTBOL

Los siguientes partidos de FÚTBOL corresponden a la Liga Nacional de Primera División.
Se recomienda consulten fechas por posibles cambios de fechas. / Please check dates for any changes.

• **ESTADIO SANTIAGO BERNABÉU**
P.º DE LA CASTELLANA, 104.
TEL.: 91 344 00 52. (METRO: SANTIAGO BERNABÉU).

4 Oct.
Real Madrid - Tenerife.

25 Oct.
Real Madrid - Racing.

• **ESTADIO VICENTE CALDERÓN**
VIRGEN DEL PUERTO, 67.
TEL.: 91 366 47 07. (METRO: PIRÁMIDES Y MARQUÉS DE VADILLO).

18 Oct.
Atlético de Madrid - Tenerife.

21 **Los alimentos** Contesten. *(Answer.)*

1. ¿Te gusta la ensalada?
2. ¿Te gusta un sándwich de jamón y queso?
3. ¿Te gusta la sopa?
4. ¿Te gusta la carne?
5. ¿Te gustan las tortillas?
6. ¿Te gustan las enchiladas?
7. ¿Te gustan los frijoles?
8. ¿Te gustan los tomates?

22 **¿Te gusta la ropa?** Sigan el modelo. *(Follow the model.)*

¿Te gusta la gorra?
Sí, a mí me gusta.

1.

2.

3.

4.

5.

6.

23 **¿Qué te gusta hacer?** Contesten. *(Answer.)*

1. ¿Te gusta cantar?   4. ¿Te gusta leer?
2. ¿Te gusta bailar?   5. ¿Te gusta más hablar o escuchar?
3. ¿Te gusta comer?   6. ¿Te gusta más jugar o ser espectador(a)?

24 **¿Qué te interesa?** Work with a classmate. Take turns telling those
things that interest you and those that bore you. Decide which
interests you have in common.

25 **Gustos** Get together with a classmate. Tell one another some things
you like and don't like. Some categories you may want to explore are:
comida, ropa, cursos, deportes, actividades. Decide whether you and
your classmates have any of the same likes and dislikes.

Andas bien. ¡Adelante!

¿Quieres jugar?

Anita Tomás, ¿prefieres el béisbol o el fútbol?

Tomás ¿Yo? Yo prefiero el fútbol. Me gusta más que el béisbol.

Anita ¿Juegas fútbol?

Tomás Sí, juego. Pero la verdad es que me gusta más ser espectador que jugador.

Anita ¿Es bueno el equipo de tu escuela?

Tomás Sí, tenemos un equipo estupendo.

Anita ¿Son campeones?

Tomás No, pero van a ganar el campeonato.

Después de conversar

Contesten. (*Answer.*)

1. ¿Prefiere Tomás el béisbol o el fútbol?
2. ¿Juega mucho al fútbol?
3. ¿Qué prefiere ser?
4. ¿Es bueno el equipo de su escuela?
5. ¿Qué va a ganar el equipo?

Vamos a hablar más
Let's talk some more

A **No soy muy aficionado(a) a...** Work with a classmate. Tell him or her what sport you don't want to play because you don't like it. Tell what you prefer to play. Then ask your classmate questions to find out what sports he or she likes.

B **Un partido de fútbol** You are at a soccer match with a friend (your classmate). He or she has never been to a soccer match before and doesn't understand the game. Your friend has a lot of questions. Answer the questions and explain the game. You may want to use some of the following words.

jugar

meter empezar

lanzar volver

ganar tirar perder marcar

Pronunciación

Las consonantes s, c, z

The consonant **s** is pronounced the same as the *s* in *sing*. Repeat the following.

sa	se	si	so	su
sala	base	sí	peso	su
pasa	serio	simpático	sopa	Susana
saca	seis	siete	sobrino	

The consonant **c** in combination with **e** or **i** (**ce, ci**) is pronounced the same as an **s** in all areas of Latin America. In many parts of Spain, **ce** and **ci** are pronounced like the *th* in English. Likewise, the pronunciation of **z** in combination with **a, o, u** (**za, zo, zu**) is the same as an **s** throughout Latin America and as a **th** in most areas of Spain. Repeat the following.

za	ce	ci	zo	zu
cabeza	cero	cinco	zona	zumo
empieza	encesta	ciudad	almuerzo	Zúñiga

Repeat the following sentences.

> González enseña en la sala de clase.
> El sobrino de Susana es serio y sincero.
> La ciudad tiene cinco zonas.
> Toma el almuerzo a las doce y diez en la cocina.

Lecturas culturales

El fútbol

La Liga española

Estamos en el estadio Santiago Bernabéu en Madrid. ¡Qué emoción! El Real Madrid juega contra el Atlético de Madrid. Quedan[1] dos minutos en el segundo tiempo. El partido está empatado en cero. ¿Qué va a pasar[2]? Da Silva pasa el balón a Casero. Casero lanza el balón con el pie izquierdo. El balón vuela[3]. El portero quiere parar el balón. ¿Puede o no? No, no puede. El balón entra en la portería. Casero mete un gol y marca un tanto. En los últimos dos minutos del partido, el equipo de Casero y da Silva gana. El Real Madrid derrota[4] al Atlético de Madrid uno a cero. El Real Madrid es triunfante, victorioso. Casero y da Silva son sus héroes.

La Copa mundial

Casero y da Silva son jugadores muy buenos y van a jugar en la Copa mundial. Pero da Silva no va a jugar con el mismo equipo que Casero. ¿Por qué? Porque da Silva no es español. Es del Brasil y en la Copa él va a jugar con el equipo del Brasil. Casero va a jugar con el equipo de España porque es español.

Cada cuatro años las estrellas[5] de cada país forman parte de un equipo nacional. Hay treinta y dos equipos nacionales que juegan en la Copa mundial. Los equipos de los treinta y dos países de todas partes del mundo compiten[6] para ganar la Copa y ser el campeón del mundo.

El estadio Santiago Bernabéu

[1]Quedan *Remain* [3]vuela *flies* [5]estrellas *stars*
[2]pasar *happen* [4]derrota *defeats* [6]compiten *compete*

A Lo mismo Escojan la palabra equivalente.
(Choose the equivalent term.)

1. la mayoría	**a.** victorioso
2. el vocabulario	**b.** tirar
3. lanzar	**c.** el o la que gana
4. el campeón	**d.** la mayor parte
5. triunfante	**e.** no permitir pasar, bloquear
6. el jugador	**f.** las palabras
7. parar	**g.** el miembro del equipo

B Lo contrario Escojan lo contrario. *(Choose the opposite.)*

1. el/la jugador(a)	**a.** primeros
2. últimos	**b.** derecho
3. izquierdo	**c.** el/la espectador(a)
4. gana	**d.** pierde
5. entra	**e.** sale

C El partido de fútbol
Contesten. *(Answer.)*

1. ¿A qué juegan los dos equipos?
2. ¿Cuántos minutos quedan en el segundo tiempo?
3. ¿Quién pasa el balón?
4. ¿Quién lanza el balón?
5. ¿Cómo lanza el balón?
6. ¿Puede parar el balón el portero?
7. ¿Qué mete Casero?
8. ¿Qué marca?
9. ¿Qué equipo es victorioso?
10. ¿Quiénes son los héroes?

La Copa mundial

D La Copa mundial Sí o no? *(Yes or no?)*

1. Los equipos juegan en la Copa mundial cada año.
2. Todos los jugadores de un equipo son de la misma nacionalidad.
3. Cada equipo que juega en la Copa representa un país.
4. Los equipos de veintidós naciones juegan en la Copa mundial.
5. Todos los equipos son de Europa.

Lectura opcional 1

La Argentina vs. Croacia

Deportes populares

El fútbol

El fútbol es un deporte muy popular en todos los países hispanos. Los equipos nacionales tienen millones de aficionados. Cuando el equipo de un país juega contra el equipo de otro país, el estadio está lleno[1] de espectadores.

El béisbol

El béisbol no es un deporte popular en todos los países hispanos. Es popular en sólo algunos. El béisbol tiene o goza de popularidad en Cuba, Puerto Rico, la República Dominicana, Venezuela, Nicaragua, México y Panamá. Como el béisbol es esencialmente un deporte norteamericano, la mayoría del vocabulario del béisbol es inglés: las bases, el pícher, el out, el jonrón.

Muchos jugadores de béisbol de las Grandes Ligas son hispanos. Entre 1919 y hoy más de cien jugadores latinos juegan en la Serie Mundial.

[1]lleno *full*

La Liga mexicana

Después de leer

A **¿Es la verdad o no?** Contesten con sí o no. (*Answer with* sí *or* no.)
1. El fútbol es un deporte popular en todas partes de Latinoamérica.
2. Casi todos los países tienen su equipo nacional de fútbol.
3. Cuando un equipo nacional juega contra otro equipo nacional—un equipo de otro país—hay muy poca gente en el estadio; hay muy pocos espectadores.
4. El béisbol es también un deporte popular en todos los países hispanos.
5. El béisbol es muy popular en los países del Caribe.
6. Muchos beisbolistas famosos de las Grandes Ligas de los Estados Unidos son de origen hispano o latino.

B **Las nacionalidades** Completen. (*Complete.*)
1. Un puertorriqueño es de ____.
2. Un cubano es de ____.
3. Un panameño es de ____ y un nicaragüense es de ____.
4. Un mexicano es de ____ y un dominicano es de la ____.

Lectura opcional ②

El país vasco, España

Miami, Florida

El «jai alai» o la pelota vasca

Jai alai es una palabra vasca. El país vasco es una región del norte de España y del sudoeste de Francia. El jai alai tiene otro nombre— la pelota vasca. El jai alai es un juego vasco popular.

Juegan al jai alai o pelota vasca en una cancha. Los jugadores son «pelotaris». Llevan un pantalón blanco, una camisa blanca, una faja roja y alpargatas. Tienen una cesta. Usan la cesta para lanzar y recibir la pelota.

En la cancha de jai alai hay tres paredes[1]. El frontón es la pared delantera[2]. «Frontón» es también el nombre de toda la cancha. El jugador lanza la pelota con la cesta contra la pared. Cuando la pelota pega[3] contra el frontón y rebota[4] hacia el jugador, el «pelotari» tiene que devolver la pelota. ¡Y la pelota viaja[5] a unas ciento cincuenta millas por hora!

[1]paredes *walls*
[2]delantera *front*
[3]pega *hits*
[4]rebota *rebounds*
[5]viaja *travels*

faja

cesta

alpargatas

Después de leer

Jai alai Completen. *(Complete.)*

1. El jai alai o la _____ es un juego popular vasco.
2. Los pelotaris son _____ de jai alai.
3. Llevan un pantalón _____, una camisa _____ y una faja _____.
4. Los pelotaris no llevan zapatos cuando juegan. Llevan _____.
5. Los pelotaris usan una _____ para lanzar y recibir la pelota.
6. El _____ es la cancha de jai alai.
7. En una cancha de jai alai hay tres _____.
8. El jugador tiene que _____ la pelota cuando pega contra el frontón.
9. En un juego de jai alai la pelota viaja a _____ millas por hora.

Conexiones
Las ciencias sociales

La arqueología

Archeology is a fascinating field. Archeologists travel to every corner of the globe searching for places to excavate and study the ruins of ancient civilizations. There have been interesting archeological discoveries in Latin America where many pre-Columbian civilizations existed long before the arrival of the Spaniards. Let's read about some of these archeological sites. A few famous ones revealed some interesting information about sports and games in pre-Columbian cultures.

Copán, Honduras

Chichén Itzá, México

La arqueología

La arqueología es el estudio de los monumentos y artefactos de la antigüedad. Los arqueólogos excavan y estudian los objetos antiguos hechos o producidos por seres humanos. En Latinoamérica hay muchos sitios arqueológicos famosos. Algunos tienen canchas de pelota que datan del siglo ocho.

Honduras y México

En Copán en Honduras y en Chichén Itzá en México hay ruinas de varias canchas de pelota. La cancha en Copán data de 775 después de Cristo. Es interesante notar que los juegos de los mayas de Copán y los juegos de los mayas de Chichén Itzá son bastante similares. Los indios usan una pelota grande de goma[1] y no pueden tocar[2] la pelota con las manos. El juego es una diversión[3] pero en Chichén Itzá tiene también sentido religioso. Después del juego sacrifican a los jugadores que ganan.

[1]goma *rubber*   [2]tocar *touch*   [3]diversión *amusement*

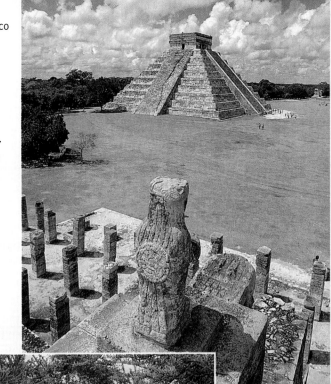

Chichén Itzá, México

Puerto Rico

Recientemente hay una excavación arqueológica cerca de Ponce en Puerto Rico. ¿Y qué descubren? Descubren una cancha de pelota. Y el juego que juegan los indios taínos de Puerto Rico es parecido o similar al juego de los mayas de Centroamérica. El juego de los taínos es el batú. El batú es un juego de diversión pero tiene también sentido religioso. En el juego hay dos bandos o equipos. Juegan con una pelota de goma. Uno de los bandos lanza la pelota al otro bando. El otro bando tiene que devolver la pelota. Y no pueden usar las manos. Tienen que lanzar la pelota con la pierna, la rodilla o el brazo pero no pueden tocar la pelota con la mano. El equipo que deja rodar[4] la pelota por el suelo[5] el mayor número de veces[6] pierde el juego.

[4]deja rodar *lets roll*
[5]suelo *ground*
[6]mayor número de veces
 greatest number of times

SPANISH Online

For more information about archeological sites in the Spanish-speaking world, go to the Glencoe Spanish Web site:
spanish.glencoe.com

Ponce, Puerto Rico

Después de leer

¡A discutir! Discutan. *(Discuss with your classmates.)*
There are many interesting and unbelievable things in this reading selection. This is particularly true when one realizes that the games took place centuries ago and that there is quite a distance between these areas of Central America and Puerto Rico. Discuss some of these interesting facts. You may wish to have your discussion in English.

Use what you have learned

HABLAR

1 Soy muy aficionado(a) a...

✔ *Describe your favorite sport*

Name a sport you really like. Then give a description of that sport.

HABLAR

2 Una entrevista con el capitán
✔ *Ask someone questions about a sports team*

You are to interview the captain (your classmate) of one of the school's sports teams for the local Spanish language television station. Try to find out as much information as possible. Then change roles.

HABLAR

3 Los deportes
✔ *Compare the sports you like and don't like*

Get together with a classmate. Take turns describing sports you like and don't like.

HABLAR

4 *Juego* ¡Adivina quién es!
✔ *Talk about your favorite sports hero*

Think of your favorite sports hero. Tell a classmate something about him or her. Your classmate will ask you three questions about your hero before guessing who it is. Then reverse roles and you guess who your classmate's hero is.

La estrella es...

5 Un reportaje

✔ *Write a description of a sporting event*

Work in groups of three. One of you is the captain of one of the school's teams. The other two are sports reporters for a Spanish newspaper. The two reporters will prepare an interview with the captain about the team's last game. The reporters will edit the information they get from the interview and write their report for tomorrow's paper. The report can be in the present tense.

6 Horario deportivo

✔ *Post a schedule of sporting events*

Your Spanish class has a Web site. Prepare your school's schedule of sporting events for the coming month in Spanish to post at your site.

Writing Strategy

Gathering information If your writing project deals with a topic you are not familiar with, you may need to gather information before you begin to write. Some of your best sources are the library, the Internet, and people who know something about the topic. Even if you plan to interview people about the topic, it may be necessary to do some research in the library or on the Internet to acquire enough knowledge to prepare good interview questions.

7 La Copa mundial

Many of you already know that the World Cup is a soccer championship. Try to give a description of the World Cup as best you can in Spanish. If you are not familiar with it, you will need to do some research. It might be interesting to take what you know or find out about the World Cup and compare it to the World Series in baseball. Gather information about both these championships and write a report.

Vocabulario

1 Escojan. *(Choose.)*

   1. El campo de fútbol está en ____.

     a. la portería   **b.** el tablero   **c.** el estadio

   2. Los ____ miran el partido.

     a. porteros   **b.** espectadores   **c.** jugadores

   3. El portero ____ el balón.

     a. bloquea   **b.** marca   **c.** gana

   4. En un partido de fútbol, el jugador tira o lanza el balón con ____.

     a. la mano   **b.** el tablero   **c.** el pie

To review **Palabras 1**, turn to pages 202-203.

2 Completen. *(Complete.)*

   5. En un juego de béisbol, el pícher ____ la pelota.

   6. Otro jugador batea y ____ de una base a otra.

   7. La jugadora atrapa la pelota con el ____.

   8. Hay nueve ____ en un juego de béisbol.

   9. En un juego de básquetbol, el jugador ____ con el balón.

   10. El jugador de básquetbol marca un tanto cuando ____.

To review **Palabras 2**, turn to pages 206-207.

Estructura

3 Contesten. *(Answer.)*

11. ¿Quieres jugar al fútbol?
12. ¿Quieren Uds. ganar?
13. ¿Prefieres el fútbol o el básquetbol?
14. ¿Qué deporte prefieren Uds.?
15. ¿Puedes ver el partido en la televisión?
16. ¿Pueden Uds. hablar con los jugadores?

To review stem-changing verbs, turn to pages 210 and 213.

4 Completen. *(Complete.)*

17–18. Ellos _____ al béisbol y nosotros _____ al fútbol. (jugar)
19. ¿Tú _____ a jugar a qué hora? (empezar)

5 Completen. *(Complete.)*

20–21. Me gust__ mucho los deportes. No me aburr__.
22. ¿Te interes__ más ver una película o una emisión deportiva?

To review interesar, aburrir, and gustar, turn to page 215.

Cultura

6 ¿Sí o no? *(Yes or no?)*

23. El estadio Santiago Bernabéu es un equipo de fútbol español.
24. Todos los jugadores del Real Madrid, un equipo español, son españoles.
25. Todos los jugadores de un equipo que juega en la Copa mundial tienen que ser de la misma nacionalidad.

La Copa de la FIFA

To review this cultural information, turn to page 220.

Identifying sports

el fútbol	el básquetbol,
el béisbol	el baloncesto

Describing a sports event in general

el estadio	el equipo	lanzar
el/la espectador(a)	el tablero indicador	perder
el campo	el tanto	ganar
la cancha	empatado(a)	entre
el partido	empezar, comenzar	contra
el/la jugador(a)	tirar	

Describing a football game

el fútbol	el/la portero(a)	bloquear	marcar un tanto
el balón	la portería	parar	meter un gol
el tiempo	jugar		

Describing a baseball game

el béisbol	el jardinero	la base	batear
el/la bateador(a)	el guante	la entrada	correr
el pícher, el lanzador	el platillo	la pelota	atrapar
el cátcher, el receptor	el jonrón	el bate	devolver

Describing a basketball game

el básquetbol,	driblar
el baloncesto	pasar
el cesto, la canasta	encestar
	meter

How well do you know your vocabulary?

- Choose a sport from the list.
- Ask classmates to give you as many words as they can associated with the sport you chose.

Expressing likes and interests

gustar	aburrir
interesar	

Identifying some parts of the body

el pie	la rodilla	el brazo
la pierna	la mano	la cabeza

Other useful expressions

poder	volver	a veces	izquierdo(a)
querer	preferir	siempre	derecho(a)

TECNOTUR

¡Buen viaje!

VIDEO • Episodio 7

Deportes de equipo

In this video episode, Luis and Cristina talk about sports—which ones they like to play and which ones are popular in their countries.

Luis y Cristina visitan la pintoresca comunidad de Coyoacán, México. ▶

◀ También juegan al fútbol con unos amigos.

SPANISH Online

In the Chapter 7 Internet Activity, you will have a chance to learn more about sports in the Spanish-speaking world. To begin your virtual adventure, go to the Glencoe Spanish Web site: spanish.glencoe.com

◀ Learn more online about sports and sporting facilities in the Spanish-speaking world.

El famoso estadio Azteca en la Ciudad de México

Conversación

Un partido importante

Julio   Alberto, Carlos y yo vamos al Café Miramar. ¿Quieres ir con nosotros?

Alberto   No, Julio, no puedo porque quiero ver el partido.

Julio   ¿De qué partido hablas?

Alberto   Los Osos juegan contra los Tigres y mi equipo favorito son los Osos.

Julio   ¿Vas al estadio a ver el partido?

Alberto   No. Las entradas (los boletos) cuestan mucho. Voy a ver el partido en la televisión.

Julio   ¿A qué hora empieza?

Alberto   A las siete y media. ¿Quieres ver el partido también?

Julio   Sí. ¿Dónde vives?

Alberto   Vivo en la calle Central, número 32.

Julio   Bien. ¡Hasta pronto!

Después de conversar

Los tres amigos   Contesten. *(Answer.)*

1. ¿Adónde quieren ir los dos muchachos?
2. ¿Invitan a Alberto?
3. ¿Puede ir Alberto?
4. ¿Por qué no?
5. ¿Por qué no va al estadio?
6. ¿Dónde va a ver el partido?
7. ¿A qué hora empieza?
8. ¿Van los muchachos a casa de Alberto?

Estructura

Verbos en -er, -ir

Review the forms of regular **-er** and **-ir** verbs.

COMER	como	comes	come	comemos	*coméis*	comen
VIVIR	vivo	vives	vive	vivimos	*vivís*	viven

 Tú y tus amigos

Contesten. *(Answer.)*

1. ¿Qué comes cuando vas a un café?
2. ¿Qué bebes cuando estás en un café?
3. ¿Qué aprenden tú y tus amigos en la escuela?
4. ¿Qué leen Uds. en la clase de inglés?
5. ¿Qué escriben Uds.?
6. ¿Comprenden los alumnos cuando el profesor de español habla?
7. ¿Reciben Uds. notas buenas en todas las asignaturas?

Verbos de cambio radical

1. Review the forms of stem-changing verbs.

e → ie

EMPEZAR	empiezo	empiezas	empieza	empezamos	*empezáis*	empiezan
PERDER	pierdo	pierdes	pierde	perdemos	*perdéis*	pierden

o → ue

VOLVER	vuelvo	vuelves	vuelve	volvemos	*volvéis*	vuelven
PODER	puedo	puedes	puede	podemos	*podéis*	pueden

2. Review the forms of the verb **tener.** Note that this verb also has a change in the stem.

TENER	tengo	tienes	tiene	tenemos	*tenéis*	tienen

2 Historieta Un juego de béisbol
Completen. *(Complete.)*

El juego de béisbol __1__ (empezar) a las tres y media. Habla Teresa:

—Hoy yo __2__ (querer) ser la pícher.

La verdad es que Teresa __3__ (ser) una pícher muy buena. Ella __4__ (jugar) muy bien. Nosotros __5__ (tener) un equipo bueno. Todos nosotros __6__ (jugar) bien. Nuestro equipo no __7__ (perder) mucho. Hoy yo __8__ (tener) que jugar muy bien porque nuestro equipo no __9__ (poder) perder. __10__ (Tener) que ganar.

3 Entrevista Contesten personalmente.
(Answer these questions about yourself.)

1. ¿Cuántos años tienes?
2. ¿Cuántos hermanos tienes?
3. ¿Cuántos años tienen ellos?
4. ¿Tienen Uds. un perro o un gato?

Adjetivos posesivos

Review the forms of possessive adjectives.

mi, mis   **nuestro, nuestra, nuestros, nuestras**
tu, tus
su, sus   **su, sus**

4 Historieta Nuestra casa
Completen. *(Complete.)*

Vivo en __1__. __2__ casa está en la calle __3__. __4__ padres tienen un carro. Y yo tengo una bicicleta. __5__ carro está en el garaje y __6__ bicicleta está en el garaje también. Nosotros tenemos un perro. __7__ perro está en el jardín. El jardín alrededor de __8__ casa es bonito. Mi hermano y __9__ amigos siempre juegan en el jardín.

Málaga, España

Verbos como **interesar, aburrir, gustar**

Review the construction for verbs such as **gustar**, **interesar**, and **aburrir**.

¿Te gusta el arte?
{ Sí, me gusta el arte.
El arte me interesa mucho.
No me aburre nada.

¿Te gustan los deportes?
{ Los deportes, sí, me gustan mucho.
Los deportes me interesan.
No me aburren nada.

5 **Información** Den cuantas respuestas posibles.
(Give as many answers as possible.)

1. ¿Qué te gusta?
2. ¿Qué te interesa?
3. ¿Qué te aburre?

6 **Una fiesta familiar** With a classmate, look at the illustration.
 Take turns describing the illustration, giving as much detail as
you can.

Literary Companion
You may wish to read the adaptation of «**Una
moneda de oro**» by Francisco Monterde. This
literary selection is found on pages 472–477.

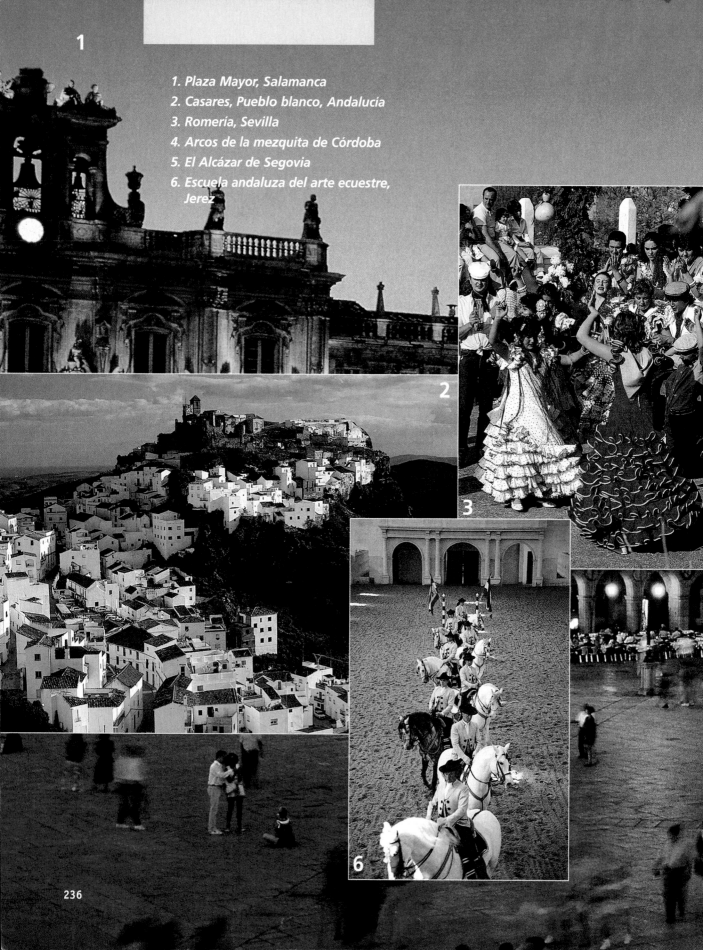

1. Plaza Mayor, Salamanca
2. Casares, Pueblo blanco, Andalucía
3. Romería, Sevilla
4. Arcos de la mezquita de Córdoba
5. El Alcázar de Segovia
6. Escuela andaluza del arte ecuestre, Jerez

236

NATIONAL GEOGRAPHIC

VISTAS
DE ESPAÑA

4

5

1

3

2

6

7

4

5

La salud y el médico

Objetivos

In this chapter you will learn to:

❖ explain a minor illness to a doctor
❖ describe some feelings
❖ have a prescription filled at a pharmacy
❖ describe characteristics and conditions
❖ tell where things are and where they're from
❖ tell where someone or something is now
❖ tell what happens to you or someone else

¿Cómo está?

enfermo

cansada

contento

triste

nervioso

El pobre muchacho está enfermo.
Tiene fiebre.
Tiene la gripe.

la cama

la fiebre

estornudar

La muchacha tiene catarro.
Está resfriada.

la garganta
toser

El muchacho tiene tos.
Tiene dolor de garganta.

La muchacha tiene dolor de cabeza.

el
estómago

El muchacho tiene dolor de estómago.

El enfermo tiene que guardar cama.
Tiene escalofríos porque tiene fiebre.
Él está de mal humor.
No está de buen humor.

los
escalofríos

Vocabulario

Para empezar
Let's use our new words

1 Historieta El pobre joven está enfermo.
Contesten.

1. ¿Está enfermo el pobre muchacho?
2. ¿Tiene la gripe?
3. ¿Tiene tos?
4. ¿Tiene dolor de garganta?
5. ¿Tiene fiebre?
6. ¿Tiene escalofríos?
7. ¿Tiene dolor de cabeza?
8. ¿Está siempre cansado?

Estepona, España

2 Historieta La pobre muchacha Contesten.

San Miguel de Allende, México

1. ¿Está enferma la muchacha?
2. ¿Tiene tos?
3. ¿Estornuda mucho?
4. ¿Tiene dolor de cabeza?
5. ¿Está resfriada?
6. ¿Está en cama?
7. ¿Tiene que guardar cama?
8. ¿Qué opinión tienes? ¿Qué crees?
   ¿Está la muchacha de buen humor o
   de mal humor?

TOA...¡PARA TOA LA TOS!

Toa...
adulto e infantil

TOA tiene un agradable sabor y además te permite seguir activo.

Y para sus niños... ¡TOA INFANTIL!

3 **¿Cómo está?** Contesten según las fotos.

1. ¿Cómo está el joven?
   ¿Está triste o contento?

2. Y la joven, ¿cómo está?
   ¿Está triste o contenta?

3. El señor, ¿está bien o
   está enfermo?

4. Y la señora, ¿está nerviosa
   o está tranquila?

4 **¿Cómo estás tú?** Contesten personalmente.

1. ¿Cómo estás hoy?
2. Cuando estás enfermo(a), ¿estás de buen humor o estás de mal humor?
3. Cuando tienes dolor de cabeza, ¿estás contento(a) o triste?
4. Cuando tienes catarro, ¿siempre estás cansado(a) o no?
5. Cuando tienes catarro, ¿tienes fiebre y escalofríos?
6. Cuando tienes la gripe, ¿tienes fiebre y escalofríos?
7. ¿Tienes que guardar cama cuando tienes catarro?
8. ¿Tienes que guardar cama cuando tienes fiebre?

5 **¿Qué te pasa?** Work with a classmate. Ask your partner what's the matter—**¿Qué te pasa?** He or she will tell you. Then suggest something he or she can do to feel better. **¿Por qué no… ?** Take turns.

En la consulta del médico

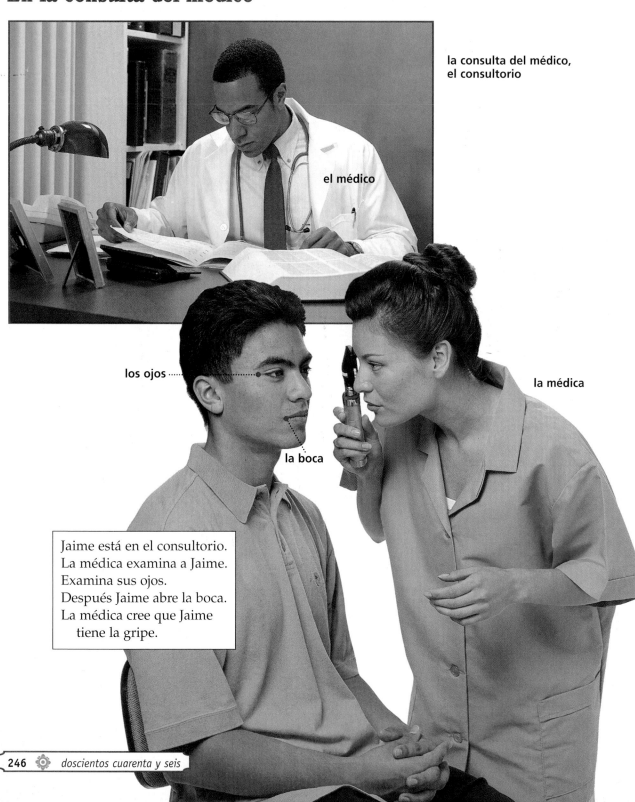

la consulta del médico, el consultorio

el médico

los ojos

la boca

la médica

Jaime está en el consultorio.
La médica examina a Jaime.
Examina sus ojos.
Después Jaime abre la boca.
La médica cree que Jaime
tiene la gripe.

En la farmacia

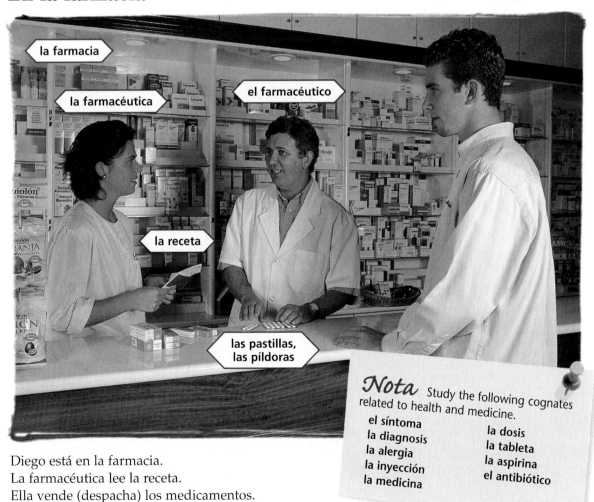

Diego está en la farmacia.
La farmacéutica lee la receta.
Ella vende (despacha) los medicamentos.

Vocabulario

Para empezar
Let's use our new words

6 **¿Qué te pasa?** Preparen una conversación según el modelo.

—¿Qué te pasa? ¿Tienes dolor de garganta?
—Sí, me duele mucho. ¡Qué enfermo(a) estoy!

Me duele la garganta.

Me duele el estómago.

1.

Me duele la cabeza.

2.

San Miguel de Allende, México

7 **Historieta** **En el consultorio**
Contesten.

1. ¿Dónde está Alberto? ¿En la consulta de la médica o en el hospital?
2. ¿Quién está enfermo? ¿Alberto o la médica?
3. ¿Quién examina a Alberto? ¿La médica o la farmacéutica?
4. ¿Qué examina la médica? ¿La cabeza o la garganta?
5. ¿Qué tiene que tomar Alberto? ¿Una inyección o una pastilla?
6. ¿Quién receta los antibióticos? ¿La médica o la farmacéutica?
7. ¿Adónde va Alberto con la receta? ¿A la clínica o a la farmacia?
8. ¿Qué despacha la farmacéutica? ¿Los medicamentos o las recetas?

8 **Historieta** **Alberto está enfermo, el pobre.**

Corrijan las oraciones.

1. Alberto está muy bien.
2. Alberto está en el hospital.
3. Alberto examina a la médica.
4. Alberto abre la boca y la médica examina los ojos.
5. La médica habla con Alberto de sus síntomas.
6. La farmacéutica receta unos antibióticos.
7. Alberto va al consultorio con la receta.
8. La médica despacha los medicamentos.

9 **Buenos días, doctor.** Look at the illustration. Pretend you're the patient. Tell the doctor how you're feeling.

10 **En la consulta del médico** Work with a classmate. You're sick with a cold or the flu. The doctor (your partner) will ask you questions about your symptoms. Answer the doctor's questions as completely as you can. Then change roles.

Characteristics and conditions
Ser y estar

1. In Spanish there are two verbs that mean *to be*. They are **ser** and **estar**. These verbs have very distinct uses. They are not interchangeable. **Ser** is used to express a trait or characteristic that does not change.

> **Ella es muy sincera.**
> **La casa de apartamentos es muy alta.**

2. **Estar** is used to express a temporary condition or state.

> **Eugenio está enfermo.**
> **Está cansado y nervioso.**

La familia está contenta, San Miguel de Allende

Para continuar
Let's put our words together

11 **Al contrario** Sigan el modelo.

> Roberto es rubio.

> Al contrario. No es rubio. Roberto es moreno.

1. Teresa es morena.
2. Justo es alto.
3. Héctor es feo.
4. Catalina es muy seria.
5. La clase de biología es aburrida.
6. Los cursos son fáciles.
7. Nuestro equipo de fútbol es malo.
8. Su familia es grande.

12 Tu escuela y tus clases Contesten.

1. ¿Cómo es tu escuela?
2. ¿Quién en la clase de español es rubio?
3. ¿Quién es moreno?
4. ¿Cuál es un curso interesante?
5. ¿Cuál es una clase aburrida?
6. ¿El equipo de qué deporte es muy bueno?

13 ¿Cómo está o cómo es? Describan a la persona en cada foto.

1. Antonia

2. Jorge

3. Beatriz

4. Teresa

5. Susana

 14 ¿Cómo eres? Den una descripción personal.

15 **Historieta** **Están enfermos.**

Completen con la forma correcta de **ser** o **estar.**

Rubén y Marisol __1__ enfermos.
Rubén no tiene energía. __2__ muy
cansado. __3__ triste. Y Marisol tiene
tos. Su garganta __4__ muy roja.
La mamá de Rubén y Marisol __5__
muy nerviosa. Su papá __6__
nervioso también porque sus dos
hijos __7__ enfermos. Pero su
médico __8__ muy bueno. El doctor
Rodríguez __9__ muy inteligente. Su
consultorio __10__ muy moderno. El
doctor Rodríguez examina a Rubén
y a Marisol. El médico habla:

—Uds. no __11__ muy enfermos. Tienen la gripe. Aquí tienen unos
antibióticos. Los antibióticos __12__ muy buenos.

Ahora todos __13__ muy contentos y los padres no __14__ nerviosos.
No __15__ nerviosos porque Rubén no __16__ muy enfermo y Marisol no
__17__ muy enferma. Dentro de poco, sus hijos van a __18__ muy bien.

16 **¿Por qué?** There is usually a reason for everything. Talk to a
classmate. He or she will ask you how you're feeling. Answer and
explain why you are feeling as you are. Some of the following words
may be helpful to you.

nervioso   triste   cansado   de mal humor

de buen humor   contento   melancólico

UN POCO MÁS *For more practice using words from **Palabras 1** and **ser**
and **estar**, do Activity 8 on page H9 at the end of this book.*

17 **Virtudes y defectos** Work in small groups. Make a list of characteristics and personality traits. Divide them into two groups— **características positivas (virtudes)** and **características negativas (defectos).** Then have some fun. Make up a description of a person with many virtues. Make up another description of a person with many defects or faults. Be as creative as possible.

Origin and location
Ser y estar

1. The verb **ser** is used to express where someone or something is from.

> **La muchacha es de Cuba.**
> **El café es de Colombia.**

2. **Estar** is used to express where someone or something is located.

> **Los alumnos están en la escuela.**
> **Los libros están en el salón de clase.**

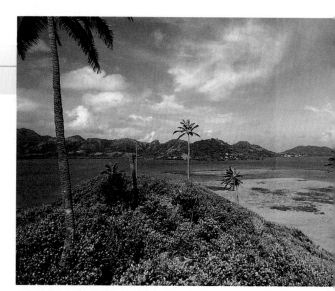

Isla de Providencia, Colombia

Para continuar
Let's put our words together

18 **¿De dónde es?** Contesten según el modelo.

> ¿Es cubano el muchacho?
>
> Sí, creo que es de Cuba.

1. ¿Es colombiana la muchacha?
2. ¿Es guatemalteco el muchacho?
3. ¿Es puertorriqueña la joven?
4. ¿Es española la profesora?

5. ¿Es peruano el médico?
6. ¿Son venezolanos los amigos?
7. ¿Son chilenas las amigas?
8. ¿Son costarricenses los jugadores?

Estructura

19 Historieta **Una carta a un amigo**
Completen la carta.

Caracas, Venezuela

Hola David,

¿Qué tal? ¿Cómo ___1___? Yo ___2___ muy bien. Yo ___3___ Alejandro Salas. ___4___ de Venezuela. Mi casa ___5___ en Caracas, la capital. ___6___ en la calle Rómulo Gallegos. Nuestro apartamento ___7___ moderno. Y ___8___ bastante grande. ___9___ en el quinto piso del edificio. El edificio ___10___ muy alto. Tiene muchos pisos. Me gusta nuestro apartamento.

David, ¿cómo ___11___ tu casa? ¿ ___12___ muy grande y moderna? Y tu familia, ¿ ___13___ grande o pequeña?

20 ¿De dónde es y dónde está ahora? Contesten.

1. Bernardo es de México pero ahora está en Venezuela.
   ¿De dónde es Bernardo?
   ¿Dónde está ahora?
   ¿De dónde es y dónde está?

2. Linda es de los Estados Unidos pero ahora está en Colombia.
   ¿De dónde es Linda?
   ¿Dónde está ahora?
   ¿De dónde es y dónde está?

3. La señora Martín es de Cuba pero ahora está en Puerto Rico.
   ¿De dónde es la señora Martín?
   ¿Dónde está ella ahora?
   ¿De dónde es y dónde está?

21 **Entrevista** Contesten personalmente.

1. ¿Estás en la escuela ahora?
2. ¿Dónde está la escuela?
3. ¿En qué clase estás?
4. ¿En qué piso está la sala de clase?
5. ¿Está el/la profesor(a) en la clase también?
6. ¿De dónde es él/ella?
7. ¿Y de dónde eres tú?
8. ¿Cómo estás hoy?
9. Y el/la profesor(a), ¿cómo está?
10. ¿Y cómo es?

22 **Historieta** **Un amigo, Ángel**
Completen con **ser** o **estar**.

West New York, New Jersey

Ángel __1__ un amigo muy bueno. __2__ muy atlético y __3__ muy inteligente. Además __4__ sincero y simpático. Casi siempre __5__ de buen humor. Pero hoy no. Al contrario, __6__ de mal humor. __7__ muy cansado y tiene dolor de cabeza. __8__ enfermo. Tiene la gripe. __9__ en casa. __10__ en cama.

La casa de Ángel __11__ en la calle 60. La calle 60 __12__ en West New York. West New York no __13__ en Nueva York. __14__ en Nueva Jersey. Pero la familia de Ángel no __15__ de West New York. Sus padres __16__ de Cuba y sus abuelos __17__ de España. Ellos __18__ de Galicia, una región en el noroeste de España. Galicia __19__ en la costa del Atlántico y del mar Cantábrico. Ángel tiene una familia internacional.

Pero ahora todos __20__ en West New York y __21__ contentos. Muchas familias en West New York __22__ de ascendencia cubana. El apartamento de la familia de Ángel __23__ muy bonito. __24__ en el tercer piso y tiene una vista magnífica de la ciudad de Nueva York.

Estructura

Telling what happens to whom
Me, te, nos

Me, te, and **nos** are object pronouns. Note that the pronoun is placed right before the verb.

> ¿**Te ve** el médico?
> Sí, el médico **me ve**. **Me examina**.
> ¿**Te da** una receta?
> Sí, **me da** una receta.
> Cuando tenemos la gripe, el médico **nos receta** antibióticos.

Para continuar
Let's put our words together

23 **Historieta** **En el consultorio**

Contesten.

1. ¿Estás enfermo(a)?
2. ¿Vas a la consulta del médico?
3. ¿Te ve el médico?
4. ¿Te examina?
5. ¿Te habla el médico?
6. ¿Te da una diagnosis?
7. ¿Te receta unas pastillas?
8. ¿Te despacha los medicamentos la farmacéutica?

Prevención y Tratamiento del Tabaquismo por el Farmacéutico

24 **Una invitación** Completen.

—Aquí tienes una carta.

¿Quién __1__ escribe?

—Carlos __2__ escribe.

—¿Ah, sí?

—Sí, __3__ invita a una fiesta.

—¿__4__ invita a una fiesta?

—Sí, Carlos siempre __5__ invita cuando tiene una fiesta.

Los Integrantes de la Promoción XXVIII
de
Institutos Educacionales Asociados
Tienen el gusto de invitarle a la fiesta que ofrecen
con motivo de su Graduación,
el Miércoles 30 de Julio

Recepción:
Hotel Tamanaco
Salón "Naiguatá"

Hora: 8:30 p.m.
Traje formal
1 Persona

Indispensable la presentación de esta tarjeta.

25 **Preguntas y más preguntas** Work with a partner. Have some
fun making up silly questions and giving answers. For example,
¿Te da una receta tu amigo cuando es tu cumpleaños? Use as many
of the following words as possible. Be original!

me · te · da · tu amigo(a) · invita

tu abuelo(a) · tu mamá · nos · habla · enseña

comprende

compra · el/la farmacéutico(a)

el/la médico(a)

tu profesor(a) · tu papá · el/la mesero(a)

Facultad de Farmacia, Universidad de Madrid

Andas bien. ¡Adelante!

En la consulta del médico

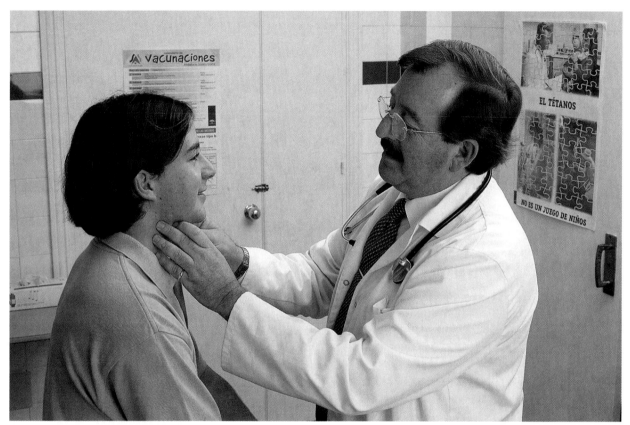

Alejandro	Buenos días, doctor López.
Doctor	Buenos días, Alejandro. ¿Qué te pasa? ¿Qué tienes?
Alejandro	Doctor López, ¡qué enfermo estoy!
Doctor	¿Me puedes explicar tus síntomas?
Alejandro	Pues, tengo fiebre. Y tengo escalofríos.
Doctor	¿Te duele la garganta?
Alejandro	¿La garganta? Me duele todo— la garganta, la cabeza.
Doctor	Bien, Alejandro. ¿Puedes abrir la boca? *(Después de mirar)* Ya veo. Tienes la garganta muy roja.
Alejandro	¿Qué tengo, doctor?
Doctor	No es nada serio. Tienes la gripe. Te voy a recetar unos antibióticos. Dentro de dos días vas a estar muy bien.

Después de conversar

Contesten.

1. ¿Dónde está Alejandro?
2. ¿Con quién habla?
3. ¿Cómo está Alejandro?
4. ¿Qué tiene?
5. ¿Tiene dolor de garganta?
6. ¿Tiene dolor de cabeza?
7. ¿Abre la boca Alejandro?
8. ¿Qué examina el médico?
9. ¿Cómo está la garganta?
10. ¿Qué cree el médico que Alejandro tiene?

Vamos a hablar más
Let's talk some more

A **¿Debes o no debes ser médico(a)?** Work with a classmate. Interview one another and decide who would be a good doctor. Make a list of questions for your interview. One question you may want to ask is: **¿Tienes mucha o poca paciencia?**

B **Juego** **¿Quién es?** Play a guessing game with a classmate. Give some features and characteristics of someone in the class. Then tell how the person appears to be today. Your partner will guess who it is you are talking about. Then your partner will describe someone and it will be your turn to guess.

ALUMNO 1: **Es morena y alta. Está contenta hoy.**
ALUMNO 2: **¡Es Alicia!**
ALUMNO 1: **Sí, es ella.**

Pronunciación

La consonante c

You have already learned that **c** in combination with **e** or **i** (**ce, ci**) is pronounced like an **s.** The consonant **c** in combination with **a, o, u** (**ca, co, cu**) has a hard **k** sound. Since **ce, ci** have the soft **s** sound, **c** changes to **qu** when it combines with **e** or **i** (**que, qui**) in order to maintain the hard **k** sound. Repeat the following.

ca	que	qui	co	cu
cama	que	equipo	como	cubano
casa	queso	aquí	médico	
catarro	parque	química	cocina	
cansado	pequeño	tranquilo		
cabeza				
boca				

Repeat the following sentences.

> **El médico cubano está en la consulta pequeña.**
> **El queso está en la cocina de la casa.**
> **El cubano come el queso aquí en el parque pequeño.**

Lecturas culturales

Reading Strategy

Visualizing As you are reading, try to visualize (or make a mental picture of) exactly what it is you are reading. Allow your mind to freely develop an image. This will help you to remember what you read. It may also help you identify with the subject you are reading about.

Una joven nerviosa 🔄

La pobre Patricia está muy enferma hoy. No tiene energía. Está cansada. Tiene dolor de garganta y tiene tos. Está de muy mal humor porque mañana tiene que jugar en un partido importante de fútbol. No quiere perder[1] el partido pero no puede jugar si está tan enferma y débil[2]. Pues, no hay más remedio para Patricia. Tiene que ir a ver al médico. Llega al consultorio.

[1]perder *to miss*
[2]débil *weak*

Málaga, España

Tegretol® 400 mg
Carbamazepina
Liberación Controlada
Grageas

7 702635 185291

⫿ NOVARTIS

PMUP Bs 2.7

10 grageas de Libera
S.N.M. 65.197

CLINICA NUESTRA SEÑORA DE AMERICA   NO VALIDO PARA FACTURA

En el consultorio Patricia habla con el médico. Explica que tiene un partido importante que no quiere perder. El médico examina a Patricia. Ella abre la boca y el médico examina la garganta. Sí, está un poco roja pero no es nada serio. Su condición no es grave.

Habla Patricia:

—Doctor, no puedo guardar cama. Tengo que jugar fútbol mañana.

—Patricia, estás muy nerviosa. Tienes que estar tranquila. No hay problema. Aquí tienes una receta. Vas a tomar una pastilla tres veces al día— una pastilla con cada comida. Mañana vas a estar mucho mejor[3] y no vas a perder tu partido. Y, ¡buena suerte[4]!

[3]mucho mejor *much better*
[4]buena suerte *good luck*

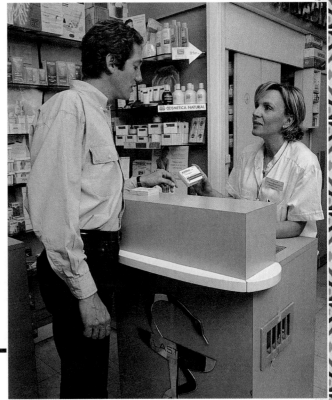
Madrid, España

Después de leer

Pobre Patricia

Contesten.

1. ¿Quién está enferma?
2. ¿Cuáles son sus síntomas?
3. ¿Está de buen humor o de mal humor?
4. ¿Por qué está nerviosa?
5. ¿Cuál es el único remedio para Patricia?
6. ¿Con quién habla Patricia en el consultorio?
7. ¿Qué examina el médico?
8. ¿Cómo está la garganta?
9. ¿Cómo es su condición?
10. ¿Tiene que guardar cama Patricia?
11. ¿Qué tiene que tomar?
12. ¿Cuándo tiene que tomar las pastillas?
13. ¿Cómo va a estar mañana?

Lectura opcional ①

Buenos Aires, Argentina

La farmacia

En los Estados Unidos si uno quiere o necesita antibióticos, es necesario tener una receta. Es necesario visitar al médico para un examen. El médico receta los medicamentos y el paciente lleva la receta a la farmacia. El farmacéutico no puede despachar medicamentos sin la receta de un médico.

En muchos países hispanos no es necesario tener una receta para comprar antibióticos. Uno puede explicar sus síntomas al farmacéutico y él o ella puede despachar los medicamentos. Pero hay una excepción. Los farmacéuticos no pueden despachar medicamentos que contienen sustancias controladas como un narcótico o un medicamento con alcohol.

Y hay otra cosa importante. El precio[1] de las medicinas en los países hispanos es mucho más bajo que el precio de las mismas medicinas en los Estados Unidos.

[1]precio *price*

Después de leer

¿Sí o no? Digan que sí o que no.
1. El farmacéutico en los Estados Unidos no puede despachar medicamentos si el cliente no tiene una receta de su médico.
2. En Latinoamérica el médico despacha los medicamentos.
3. En Latinoamérica es necesario ir a una clínica por los antibióticos.
4. El farmacéutico en Latinoamérica puede despachar antibióticos sin una receta del médico.
5. El farmacéutico en Latinoamérica no puede vender medicamentos que contienen o llevan una droga o alcohol sin una receta.
6. Los medicamentos cuestan más en los países hispanos que en los Estados Unidos.

Lectura opcional 2

La Habana, Cuba

Una biografía— El doctor Antonio Gassett

El doctor Antonio Gassett es de La Habana, Cuba. Recibe su bachillerato en ciencias en la Universidad de Belén, en Cuba. Más tarde estudia en la Facultad de Medicina de la Universidad de La Habana. Poco después, sale de[1] Cuba por motivos políticos. Va a Boston donde trabaja de técnico de laboratorio en la Fundación de Retina de Boston.

Le interesa mucho el trabajo con los ojos y decide estudiar oftalmología. Estudia en Harvard y en la Universidad de la Florida.

Hoy el doctor Gassett es una persona famosa. Descubre un método para tratar la córnea. Con el tratamiento del doctor Gassett muchas personas ciegas—que no pueden ver—recobran la vista[2]. El doctor recibe muchos premios[3] por sus investigaciones y descubrimientos[4].

[1]sale de *he leaves*
[2]recobran la vista *regain sight*
[3]premios *prizes, awards*
[4]descubrimientos *discoveries*

Después de leer

A Estudio de palabras Contesten.
1. The word **investigar** is a cognate of *investigate*. What does *to investigate* mean? In Spanish, **investigar** can mean both *to investigate* and *to do research*. Related words are: **las investigaciones, el investigador.** Use these words in a sentence.
2. In the reading, find a word related to each of the following: **tratar, descubrir.**

B Palabras sinónimas Busquen una expresión equivalente.
1. obtiene su bachillerato
2. por razones políticas
3. le fascina el trabajo
4. es una persona célebre, renombrada

Conexiones

Las ciencias naturales

La nutrición

Good nutrition is very important. What we eat can determine if we will enjoy good health or have poor health. For this reason, it is most important to have a balanced diet and avoid the temptation to eat "junk food."

Read the following information about nutrition in Spanish. Before reading this selection, however, look at the following groups of related words. Often if you know the meaning of one word you can guess the meaning of several other words related to it.

varía, la variedad, la variación
activo, la actividad
los adolescentes, la adolescencia
proveen, la provisión, el proveedor
el consumo, consumir, el consumidor
elevar, la elevación, elevado

Comer bien

Es muy importante comer bien para mantener la salud. Cada día debemos[1] comer una variedad de vegetales, frutas, granos y cereales y carnes o pescado.

Calorías

El número de calorías que necesita o requiere una persona depende de su metabolismo, de su tamaño y de su nivel[2] de actividad física. Los adolescentes necesitan más calorías que los ancianos o viejos. Requieren más calorías porque son muy activos y están creciendo[3]. Una persona anciana de tamaño pequeño con un nivel bajo de actividad física requiere menos calorías.

[1]debemos *we should*   [2]nivel *level*   [3]creciendo *growing*

Proteínas

Las proteínas son especialmente importantes durante los períodos de crecimiento. Los adolescentes, por ejemplo, deben comer comestibles o alimentos ricos[4] en proteínas porque están creciendo.

Carbohidratos

Los carbohidratos son alimentos como los espaguetis, las papas y el arroz. Los carbohidratos proveen mucha energía.

Grasas

Las grasas o lípidos son otra fuente[5] importante de energía. Algunas carnes contienen mucha grasa. Pero es necesario controlar el consumo de lípidos o grasa porque en muchos individuos elevan el nivel de colesterol.

Vitaminas

Las vitaminas son indispensables para el funcionamiento del organismo o cuerpo. ¿Cuáles son algunas fuentes de las vitaminas que necesita el cuerpo humano?

Madrid, España

VITAMINA	FUENTE
A	vegetales, leche, algunas frutas
B	carne, huevos, leche, cereales, vegetales verdes
C	frutas cítricas, tomates, lechuga
D	leche, huevos, pescado
E	aceites[6], vegetales, huevos, cereales

[4]ricos *rich*   [5]fuente *source*   [6]aceites *oils*

Después de leer

La nutrición Contesten.

1. ¿Qué debemos comer cada día?
2. ¿De qué depende el número de calorías que requiere una persona?
3. ¿Quiénes requieren más calorías? ¿Por qué?
4. ¿Por qué necesitan los adolescentes alimentos ricos en proteínas?
5. ¿Qué proveen los carbohidratos?
6. ¿Por qué es necesario controlar el consumo de grasas o lípidos?

¡Te toca a ti!

Use what you have learned

1 Todos están enfermos.

✔ *Describe cold symptoms and minor ailments*

Work with a classmate. Choose one of the people in the illustrations. Describe him or her. Your partner will guess which person you're talking about and say what's the matter with the person. Take turns.

Paco

Gloria

Ana

David

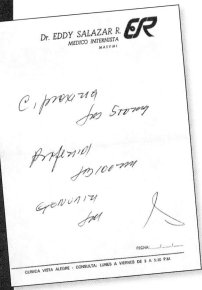

HABLAR

2 Una receta

✔ *Discuss a prescription with a pharmacist*

You are in a pharmacy in Spain or Latin America. Your classmate will be the pharmacist. Make up a conversation about your prescription. Explain why and how you have to take the medicine.

HABLAR

3 ¿Qué te pasa? ¿Qué tienes?

✔ *Explain an illness to a doctor*

With a partner, prepare a skit about a nervous person in a doctor's office. If you want, prepare the skit based on the story about **Una joven nerviosa.** Your skit can be about Patricia and her doctor.

HABLAR

4 *Juego* ¡Qué enfermo(a) estoy!

✔ *Talk about how you are feeling*

Work with a partner. Make gestures to indicate how you're feeling today. Your partner will ask you why you feel that way. Tell him or her. Be as creative and humorous as possible.

5 ¡Por favor!

✔ *Write a note describing a minor illness*

You're supposed to take a Spanish test today but you're not feeling well. Write a note to your Spanish teacher explaining why you can't take the test, and mention some symptoms you have.

SPANISH
Online

For more information about medical services in the Spanish-speaking world, go to the Glencoe Spanish Web site:
spanish.glencoe.com

6 El servicio en la comunidad

Your Spanish Club has a community service requirement. You have decided to work in the emergency room **(la sala de emergencia)** at your local hospital. You serve as a translator or interpreter for patients who speak only Spanish. Write a flyer for your Spanish Club. Tell about your experience with one or more patients. Give your feelings about the work you do and try to encourage other club members to volunteer their services, too.

Writing Strategy

Writing a personal essay In writing a personal essay, a writer has several options: to tell a story, describe something, or encourage someone to think a certain way or to do something. Whatever its purpose, a personal essay allows a writer to express a viewpoint about a subject he or she has experienced. Your essay will be much livelier if you allow your enthusiasm to be obvious; do so by choosing interesting details and vivid words to relay your message.

Vocabulario

1 Escojan.

1. Roberto está enfermo.
   - **a.** No está bien.
   - **b.** Está contento.
   - **c.** Está nervioso.
2. Ella tiene fiebre.
   - **a.** No tiene síntomas.
   - **b.** Y tiene escalofríos.
   - **c.** Está tranquila.
3. El muchacho tiene catarro.
   - **a.** Está nervioso.
   - **b.** Está resfriado.
   - **c.** Tiene dolor de estómago.
4. ¿Por qué tiene que guardar cama?
   - **a.** Porque no está de buen humor.
   - **b.** Tiene tos.
   - **c.** Tiene la gripe y tiene fiebre.

To review **Palabras 1**, turn to pages 242-243.

2 Identifiquen.

5.

6.

7.

8.

To review **Palabras 2**, turn to pages 246-247.

3 Expresen de otra manera.

    9. Tengo dolor de cabeza.

Estructura

4 Completen con **ser** o **estar**.

    10. Él ____ rubio.

    11. Alicia ____ enferma.

    12. El curso de historia ____ muy interesante.

    13. Él ____ de mal humor porque ____ cansado.

    14. ¿Dónde ____ la sala de consulta del médico?

    15. Madrid ____ en España.

    16. El amigo de Teresa ____ de Cuba.

    17. Ahora (él) ____ en Nueva York.

To review **ser** and **estar**, turn to pages 250 and 253.

5 Completen.

    18–19. —Cuando tienes la gripe, ¿el médico ____ da una receta?

           —Sí, ____ da una receta para unos antibióticos.

    20. Sí, cuando tenemos la gripe, el médico siempre ____ receta antibióticos.

To review object pronouns, turn to page 256.

Madrid, España

Vocabulario

Describing minor health problems

la salud
la fiebre
los escalofríos
la gripe
el catarro
la tos
la energía

el dolor
enfermo(a)
cansado(a)
estornudar
estar resfriado(a)
toser

Speaking with the doctor

¿Qué te pasa?
la consulta, el consultorio
el/la médico(a)
el hospital
el síntoma
la diagnosis
la alergia
la inyección

Me duele…
Tengo dolor de…
creer
examinar
abrir la boca
guardar cama
recetar

Describing some emotions

contento(a)
triste
de buen humor,
    de mal humor

nervioso(a)
tranquilo(a)

Identifying more parts of the body

la garganta
los ojos

la boca
el estómago

Speaking with a pharmacist

la farmacia
el/la farmacéutico(a)
la receta
el medicamento, la medicina
la aspirina
el antibiótico
la pastilla, la píldora, la tableta
la dosis
despachar, vender

How well do you know your vocabulary?

- Find as many cognates as you can in the list.
- Use five cognates to write several sentences.

TECNOTUR

¡Buen viaje!

La salud y el médico

In this video episode, Pilar seems to have the symptoms of a terrible illness until she hears what the pharmacist has to say!

Juan Ramón y Teresa hacen planes para ir a Segovia. ▶

◀ ¿Es verdad que Pilar está enferma?

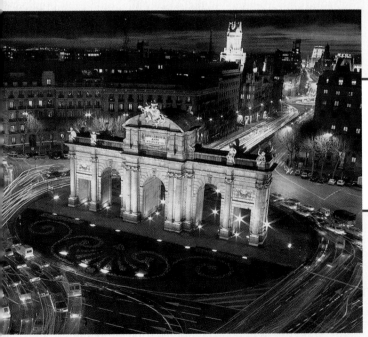

La Puerta de Alcalá en la Plaza de la Independencia

SPANISH Online

In the Chapter 8 Internet Activity, you will have a chance to find out whether or not you have a healthy lifestyle. To begin your virtual adventure, go to the Glencoe Spanish Web site: spanish.glencoe.com

◀ Learn more online about the Puerta de Alcalá and other sights that Juan Ramón and Teresa might see while in Madrid.

Capítulo

9

El verano y el invierno

Objetivos

In this chapter you will learn to:

❖ describe summer and winter weather

❖ talk about summer activities and sports

❖ talk about winter sports

❖ discuss past actions and events

❖ refer to people and things already mentioned

❖ talk about resorts in the Hispanic world

Vocabulario

El balneario

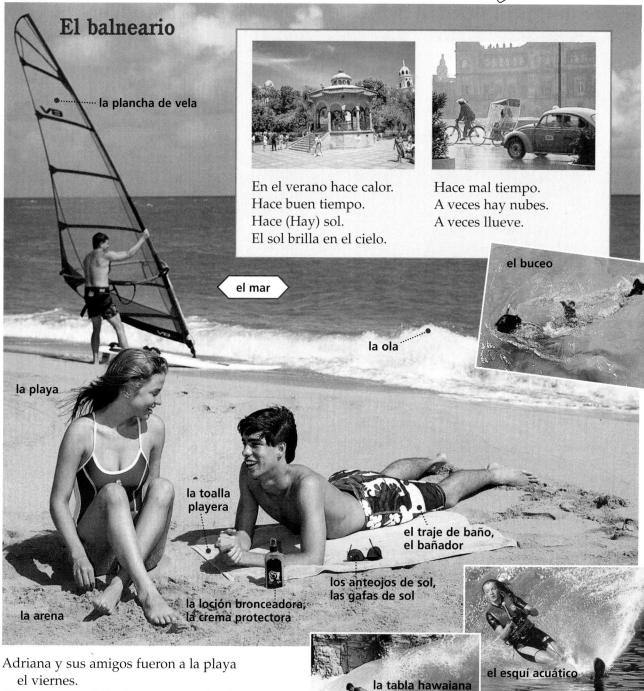

la plancha de vela

En el verano hace calor.
Hace buen tiempo.
Hace (Hay) sol.
El sol brilla en el cielo.

Hace mal tiempo.
A veces hay nubes.
A veces llueve.

el buceo

el mar

la ola

la playa

la toalla playera

el traje de baño, el bañador

la arena

la loción bronceadora, la crema protectora

los anteojos de sol, las gafas de sol

el esquí acuático

la tabla hawaiana

Adriana y sus amigos fueron a la playa
  el viernes.
Ellos pasaron el fin de semana en la playa.
Pedro practicó la plancha de vela.
Diego buceó.
Carlos tomó el sol.

Claudia esquió en el agua.

Alejandro practicó el surfing.

La natación

nadar

la piscina,
la alberca

Sandra fue a la piscina.
Ella nadó en la piscina.

El tenis

la raqueta

la pelota

la red

la cancha de tenis

el juego de tenis

Los amigos jugaron (al) tenis.
Jugaron tenis en una cancha al aire libre.
No jugaron en una cancha cubierta.

Jugaron singles, no dobles.
Un jugador golpeó la pelota.
La pelota pasó por encima de la red.

Vocabulario

Para empezar
Let's use our new words

1 **Historieta** ¡A la playa!

Contesten con **sí**.

1. ¿Fue Isabel a la playa?
2. ¿Pasó el fin de semana allí?
3. ¿Nadó en el mar?
4. ¿Esquió en el agua?
5. ¿Buceó?
6. ¿Tomó el sol?
7. ¿Usó una crema protectora?

San Juan, Puerto Rico

Acapulco, México

2 **Historieta** El tiempo

Completen.

En el verano __1__ calor. Hay __2__. El sol brilla en el __3__. Pero no hace buen tiempo siempre. A veces hay __4__. Cuando hay __5__, el cielo está nublado. No me gusta cuando __6__ cuando estoy en la playa.

3 ¿Qué compró Claudia? Contesten según las fotografías.

  Claudia fue a la tienda. ¿Qué compró?

1.

2.

3.

4.

Cancún, México

4 Historieta El balneario
Completen.

1. Un balneario tiene ____.
2. El Mediterráneo es un ____ y el Caribe es un ____.
3. En un mar o en un océano hay ____.
4. En la playa la gente ____ y ____ el sol.
5. ____ da protección contra el sol.
6. Una persona lleva ____ y ____ cuando va a la playa.
7. Me gusta mucho ir a la playa en el ____ cuando hace ____ y hay mucho ____.
8. Si uno no vive cerca de la costa y no puede ir a la playa, puede nadar en ____.

5 Historieta Un juego de tenis

Contesten.

1. ¿Dónde jugaron los tenistas al tenis?
2. ¿Jugaron singles o dobles?
3. ¿Cuántas personas hay en la cancha cuando juegan dobles?
4. ¿Golpearon los tenistas la pelota?
5. ¿La pelota tiene que pasar por encima de la red?

Estepona, España

6 Vamos a la playa.

Work with a classmate. You are going to spend a day or two at the beach. Go to the store to buy some things you need for your beach trip. One of you will be the clerk and the other will be the shopper. Take turns.

7 ¿Dónde vamos a jugar tenis?
Call some friends (your classmates) to try to arrange a game of doubles. Decide where you're going to play, when, and with whom.

SPANISH Online
For more information about the popularity of tennis in the Spanish-speaking world, go to the Glencoe Spanish Web site: spanish.glencoe.com

El invierno

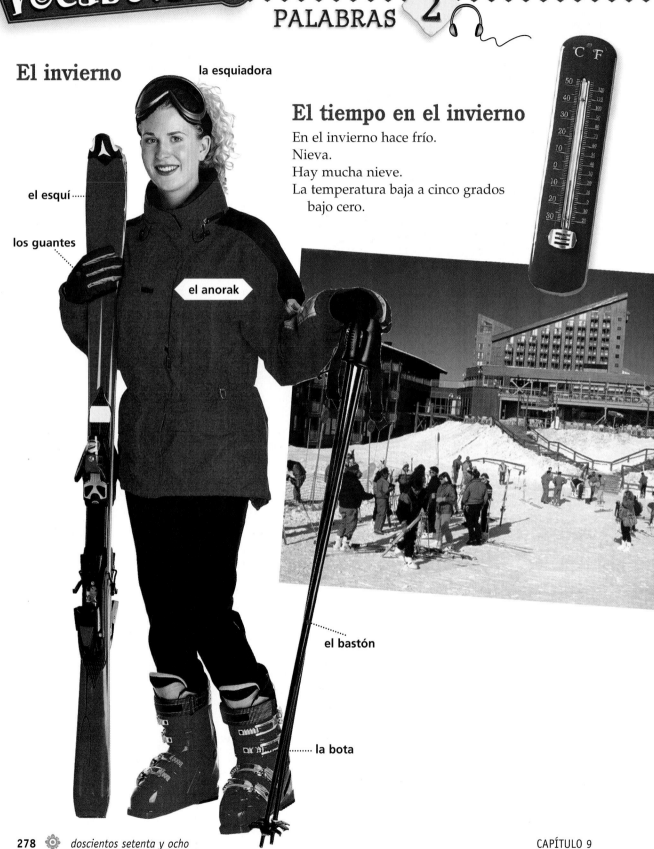

la esquiadora

el esquí

los guantes

el anorak

El tiempo en el invierno

En el invierno hace frío.
Nieva.
Hay mucha nieve.
La temperatura baja a cinco grados
bajo cero.

el bastón

la bota

La estación de esquí

el boleto, el ticket

la ventanilla, la boletería

Los esquiadores compraron los boletos en la ventanilla.

el telesquí, el telesilla

Ellos tomaron el telesilla para subir la montaña.

la pista

Nota You are familiar with the following expressions to talk about things that happen in the present. Look also at time expressions you use to talk about things that happened in the past.

EL PRESENTE
hoy
esta noche
esta tarde
esta mañana
este año
esta semana

EL PASADO
ayer
anoche
ayer por la tarde
ayer por la mañana
el año pasado
la semana pasada

Bajaron la pista.
Esquiaron muy bien.
Bajaron la pista para expertos, no la pista para principiantes.

Vocabulario

Para empezar
Let's use our new words

8 **¿Qué tiempo hace?** Describan el tiempo en la foto.

Villarrica, Chile

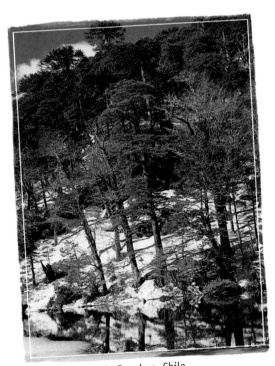

Parque Nacional de Puyehue, Chile

9 **Historieta** **En una estación de esquí**
Contesten según se indica.

1. ¿Cuándo son populares las estaciones de esquí? (en el invierno)
2. ¿Qué tipo de pistas hay en una estación de esquí? (para expertos y para principiantes)
3. ¿Dónde compraron los esquiadores los tickets para el telesquí? (en la ventanilla)
4. ¿Qué tomaron los esquiadores para subir la montaña? (el telesilla)
5. ¿Qué bajaron los esquiadores? (la pista)

10 **Me gusta esquiar.** Completen.

En el __1__ hace frío. A veces nieva. Cuando hay mucha __2__ me gusta ir a una __3__ de esquí. Llevo mis __4__, mis botas y los __5__ y voy a las montañas. Tomo el __6__ para subir la montaña. No soy un esquiador muy bueno. Siempre bajo una __7__ para principiantes.

11 ¡A esquiar! You're at a ski resort in Chile and have to rent **(alquilar)** some equipment for a day on the slopes. Tell the clerk (your partner) what you need. Find out whether he or she has what you need and how much it all costs.

12 En una estación de esquí Have a conversation with a classmate. Tell as much as you can about what people do at a ski resort. Find out which one of you knows more about skiing. If skiing is a sport that is new to you, tell whether you think it would interest you.

13 ¿A qué ciudad? With a classmate, look at the following weather map that appeared in a Spanish newspaper. You are in Madrid and want to take a side trip. Since you both have definite preferences regarding weather, use the map to help you make a decision. After you choose a city to go to, tell what you are going to do there.

Estructura

Describing past actions
Pretérito de los verbos en -ar

1. You use the preterite to express actions that began and ended at a definite time in the past.

> **Ayer María pasó el día en la playa.**
> **Yo, no. Pasé el día en la escuela.**

2. The preterite of regular **-ar** verbs is formed by dropping the infinitive ending **-ar** and adding the appropriate endings to the stem. Study the following forms.

INFINITIVE	hablar	tomar	nadar	ENDINGS
STEM	habl-	tom-	nad-	
yo	hablé	tomé	nadé	-é
tú	hablaste	tomaste	nadaste	-aste
él, ella, Ud.	habló	tomó	nadó	-ó
nosotros(as)	hablamos	tomamos	nadamos	-amos
vosotros(as)	*hablasteis*	*tomasteis*	*nadasteis*	-asteis
ellos, ellas, Uds.	hablaron	tomaron	nadaron	-aron

3. Note that verbs that end in **-car, -gar,** and **-zar** have a spelling change in the **yo** form.

c → qué   g → gué   z → cé

¿Marcaste un tanto?	Sí, marqué un tanto.
¿Llegaste a tiempo?	Sí, llegué a tiempo.
¿Jugaste (al) baloncesto?	Sí, jugué (al) baloncesto.
¿Empezaste a jugar?	Sí, empecé a jugar.

DEPORTES

* Basquet
* VoleyFutbol
* Handball
* Raquetball
* Pelota a mano
* Gimnasia deportiva

Para continuar
Let's put our words together

14 Historieta Una tarde en la playa

Contesten.

1. Ayer, ¿pasó Rubén la tarde en la playa?
2. ¿Tomó él mucho sol?
3. ¿Usó crema protectora?
4. ¿Nadó en el mar?
5. ¿Buceó?
6. ¿Esquió en el agua?

15 Historieta Un partido de tenis

Contesten según se indica.

1. ¿Qué compraron los amigos? (una raqueta)
2. ¿A qué jugaron los jóvenes? (tenis)
3. ¿Jugaron en una cancha cubierta? (no, al aire libre)
4. ¿Golpearon la pelota? (sí)
5. ¿Jugaron singles o dobles? (dobles)
6. ¿Quiénes marcaron el primer tanto? (Alicia y José)
7. ¿Quiénes ganaron el partido? (ellos)

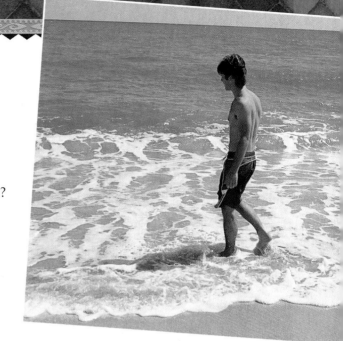

San Juan, Puerto Rico

MERIDIANO TELEVISIÓN

MAÑANA
06:00 Golf Boomme Valley Classic 2 Ronda
07:30 Formula 1 Gran Premio de Luxemburgo (En Vivo)
10:00 Máxima Velocidad
11:00 Mundo Marcial
11:30 Basket Nacional: Cocodrilos vs Tanqueros (En Vivo)

TARDE
01:30 Formula 1 Gran Premio de Luxemburgo
04:00 Fútbol Nacional: Caracas F.C. vs Minerven (En Vivo)
06:00 Supergolazo
06:30 Revista Semanal

NOCHE
07:00 Tenis Copa Davis USA vs Italia
09:00 Retrospectiva de Golf
09:30 Revista Semanal
10:00 Tercer Tiempo
10:30 Noticiero Meridiano
11:30 Wheelies

NOTA: Esta programación puede de estar sujeta a cambios por motivos de fuerza mayor.

16 Historieta En casa

Contesten personalmente.

1. Anoche, ¿a qué hora llegaste a casa?
2. ¿Preparaste la comida?
3. ¿Estudiaste?
4. ¿Miraste la televisión?
5. ¿Escuchaste discos compactos?
6. ¿Hablaste por teléfono?
7. ¿Con quién hablaste?

17 Historieta Yo llegué al estadio.

Cambien **nosotros** en **yo.**

Ayer nosotros llegamos al estadio y empezamos a jugar fútbol. Jugamos muy bien. No tocamos el balón con las manos. Lo lanzamos con el pie o con la cabeza. Marcamos tres tantos.

18 El baloncesto

Formen preguntas según el modelo.

¿Jugó Pablo?
A ver, Pablo, ¿jugaste?

1. ¿Jugó Pablo al baloncesto?
2. ¿Dribló con el balón?
3. ¿Pasó el balón a un amigo?
4. ¿Tiró el balón?
5. ¿Encestó?
6. ¿Marcó un tanto?

19 Historieta Una fiesta

Sigan el modelo.

hablar
Mis amigos y yo hablamos
durante la fiesta.

1. bailar
2. cantar
3. tomar un refresco
4. tomar fotos
5. escuchar música

20 Historieta En una estación de esquí

Completen.

El fin de semana pasado José, algunos amigos y yo __1__ (esquiar). __2__ (Llegar) a la estación de esquí el viernes por la noche. Luego nosotros __3__ (pasar) dos días en las pistas.

José __4__ (comprar) un pase para el telesquí. Todos nosotros __5__ (tomar) el telesquí para subir la montaña. Pero todos nosotros __6__ (bajar) una pista diferente. José __7__ (bajar) la pista para expertos porque él esquía muy bien. Pero yo, no. Yo __8__ (tomar) la pista para principiantes. Y yo __9__ (bajar) con mucho cuidado.

Valdesquí, España

21 **Pasaron el fin de semana en la playa.** Look at the illustration. Work with a classmate, asking and answering questions about what these friends did at the beach in Acapulco.

22 **Pasé un día en una estación de esquí.** You went on a skiing trip in the Sierra Nevada, Granada, Spain. You had a great time. Call your friend (a classmate) to tell him or her about your trip. Your friend has never been skiing so he or she will have a few questions for you.

*For more practice using words from **Palabras 1** and **2** and the preterite, do Activity 9 on page H10 at the end of this book.*

Referring to items already mentioned
Pronombres—lo, la, los, las

1. The following sentences each have a direct object. The direct object is the word in the sentence that receives the action of the verb. The direct object can be either a noun or a pronoun.

Ella compró el bañador.	**Ella lo compró.**
Compró los anteojos de sol.	**Los compró en la misma tienda.**
¿Compró loción bronceadora?	**Sí, la compró.**
¿Compró las toallas en la misma tienda?	**No, no las compró en la misma tienda.**
¿Invitaste a Juan a la fiesta?	**Sí, lo invité.**
¿Invitaste a Elena?	**Sí, la invité.**

2. Note that **lo, los, la,** and **las** are direct object pronouns. They must agree with the noun they replace. They can replace either a person or a thing. The direct object pronoun comes right before the verb.

Ella compró el regalo.	**Ella lo compró.**
Invitó a Juan.	**Lo invitó.**
No miré la fotografía.	**No la miré.**
No miré a Julia.	**No la miré.**

Para continuar
Let's put our words together

23 **¿Dónde está?** Sigan el modelo.

¿El bañador?

Aquí lo tienes.

1. ¿El traje de baño?
2. ¿El tubo de crema?
3. ¿La pelota?
4. ¿La crema protectora?
5. ¿Los anteojos de sol?

6. ¿Los boletos?
7. ¿Los esquís acuáticos?
8. ¿Las toallas playeras?
9. ¿Las raquetas?
10. ¿Las tablas hawaianas?

24 **De compras** Sigan el modelo.

—¿Cuándo compraste los bastones?
—Los compré ayer.
—¿Dónde los compraste?
—Los compré en la tienda Padín.
—¿Cuánto te costaron?
—Me costaron ciento cinco pesos.

25 **Historieta** **Un regalo que le gustó**
Completen.

Yo compré un regalo para Teresa. __1__ compré en la tienda de departamentos Corte Inglés. Compré unos anteojos de sol. A Teresa le gustaron mucho. Ella __2__ llevó el otro día cuando fue a la piscina. Ella tiene algunas fotografías con sus anteojos de sol. Su amigo Miguel __3__ tomó.

Madrid, España

Historieta Una fiesta Contesten.

1. ¿Invitaste a Juan a la fiesta?
2. ¿Invitaste a Alejandra?
3. ¿Compraste los refrescos?
4. ¿Preparaste la ensalada?
5. ¿Tomó Pepe las fotografías de la fiesta?

 # Describing past actions
Ir y ser en el pretérito

1. The verbs **ir** and **ser** are irregular in the preterite tense. Note that they have identical forms.

INFINITIVE	ir	ser
yo	fui	fui
tú	fuiste	fuiste
él, ella, Ud.	fue	fue
nosotros(as)	fuimos	fuimos
vosotros(as)	*fuisteis*	*fuisteis*
ellos, ellas, Uds.	fueron	fueron

2. The context in which each verb is used in the sentence will clarify the meaning. The verb **ser** is not used very often in the preterite.

> El Sr. Martínez fue profesor de español.
> Él fue a España.
> Mi abuela fue médica.
> Mi abuela fue al consultorio de la médica.

Para continuar
Let's put our words together

27 **¿Y tú?** Contesten personalmente.

1. Ayer, ¿fuiste a la escuela?
2. ¿Fuiste a la playa?
3. ¿Fuiste a la piscina?
4. ¿Fuiste al campo de fútbol?
5. ¿Fuiste a la cancha de tenis?
6. ¿Fuiste a las montañas?
7. ¿Fuiste a casa?
8. ¿Fuiste a la tienda?

28 **¿Quién fue y cómo?** Contesten personalmente.

1. ¿Fuiste a la escuela ayer?
2. ¿Fue tu amigo también?
3. ¿Fueron juntos?
4. ¿Fueron en carro?
5. ¿Fue también la hermana de tu amigo?
6. ¿Fue ella en carro o a pie?

29 **Anteayer** Work with a classmate. Ask whether he or she went to one of the places below the day before yesterday **(anteayer).** Your partner will respond. Take turns asking and answering the questions.

1.

2.

3.

4.

5.

Andas bien. ¡Adelante!

¡A la playa!

Gloria ¿Adónde fuiste ayer?

Paula Pues, fui a la playa. Y no puedes imaginar lo que me pasó.

Gloria ¿Qué te pasó?

Paula Llegué a la playa sin mi traje de baño.

Gloria ¿Sin tu traje de baño?

Paula Sí, ¡sin mi traje de baño! Lo dejé en casa.

Gloria ¡Fuiste a la playa y dejaste tu traje de baño en casa! ¡Muy inteligente, Paula!

Paula Ah, pero lo pasé muy bien. Fui a nadar.

Gloria ¿Nadaste? ¿Sin traje de baño?

Paula Querer es poder. Fui al agua en mi blue jean.

Después de conversar

Contesten.

1. ¿Adónde fue Paula ayer?
2. ¿Llegó a la playa con su traje de baño?
3. ¿Dónde dejó su traje de baño?
4. Pero, ¿lo pasó bien en la playa?
5. ¿Nadó?
6. ¿Qué llevó cuando fue al agua?

Vamos a hablar más
Let's talk some more

 A **¿Qué tiempo hace?** Work with a classmate. One of you lives in tropical San Juan, Puerto Rico. The other lives in Buffalo, New York. Describe the winter weather where you live.

B **Fuimos de vacaciones.** Work with a classmate. Take turns telling one another what you did last summer. You may wish to use the following words.

jugar   nadar   tomar

hablar   bailar   ir   esquiar   mirar

estudiar   comprar   invitar

Pronunciación

La consonante g

The consonant **g** has two sounds, hard and soft. You will study the soft sound in Chapter 10. **G** in combination with **a, o, u, (ga, go, gu)** is pronounced somewhat like the *g* in the English word *go*. To maintain this hard **g** sound with **e** or **i**, a **u** is placed after the **g: gue, gui.**

Repeat the following.

ga	gue	gui	go	gu
gafa	Rodríguez	guitarra	goma	agua
amiga	guerrilla	guía	estómago	guante
garganta			tengo	
paga			juego	
gato				

Repeat the following sentences.

El gato no juega en el agua.
Juego béisbol con el guante de mi amigo Rodríguez.
No tengo la guitarra de Gómez.

Lecturas culturales

Paraísos del mundo hispano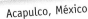

Reading Strategy

Summarizing When reading an informative passage, we try to remember what we read. Summarizing helps us to do this. The easiest way to summarize is to begin to read for the general sense and take notes on what you are reading. It is best to write a summarizing statement for each paragraph and then one for the entire passage.

¿Viajar[1] por el mundo hispano y no pasar unos días en un balneario? ¡Qué lástima[2]! En los países de habla española hay playas fantásticas. España, Puerto Rico, Cuba, México, Uruguay—todos son países famosos por sus playas.

En el verano cuando hace calor y un sol bonito brilla en el cielo, ¡qué estupendo es pasar un día en la playa! Y en lugares (sitios) como México, Puerto Rico y Venezuela, el verano es eterno. Podemos ir a la playa durante todos los meses del año.

Muchas personas toman sus vacaciones en una playa donde pueden disfrutar de[3] su tiempo libre. En la playa nadan o toman el sol. Vuelven a casa muy tostaditos o bronceados. Pero, ¡cuidado! Es necesario usar una crema protectora porque el sol es muy fuerte[4] en las playas tropicales.

[1]Viajar *To travel*   [3]disfrutar de *enjoy*
[2]lástima *pity*   [4]fuerte *strong*

Nerja, España

Acapulco, México

La playa de Varadero, Cuba

San Juan, Puerto Rico

Punta del Este, Uruguay

Después de leer

A La palabra, por favor.
Den la palabra apropiada.
1. un lugar que tiene playas donde la gente puede nadar
2. una cosa triste y desagradable
3. maravillosas, estupendas
4. célebres
5. lindo, hermoso
6. de y para siempre
7. regresan a casa

B En la playa Contesten.
1. ¿Qué hay en los países de habla española?
2. ¿Cuándo es estupendo pasar un día en la playa?
3. ¿Cómo disfruta de su tiempo la gente que va a la playa?
4. ¿Cómo es el sol en las playas tropicales?

Lectura opcional ❶

Estaciones inversas

Es el mes de julio. En España es el verano y la gente va a la playa a nadar. Y en la Argentina y Chile la gente va a las montañas a esquiar. ¿Cómo es que esquían en julio? Pues, el mes de julio es invierno. En el hemisferio sur las estaciones son inversas de las estaciones del hemisferio norte.

La Costa del Sol, España

Los Andes, Chile

Después de leer

A ¿A esquiar o a nadar? Contesten.
1. ¿Qué mes es?
2. ¿Qué estación es en España?
3. ¿Adónde va la gente?
4. ¿Qué estación es en la Argentina y Chile?
5. ¿Adónde va la gente?
6. En julio, ¿dónde nada la gente?
7. En julio, ¿dónde esquía la gente?

B ¿Qué estación es? Explica por qué es invierno en julio en Chile y la Argentina.

Lectura opcional ②

El «snowboarding»

¿Qué es el «snowboarding» o «el surf de nieve»? Es un deporte relativamente joven y nuevo. Es como el surfing—pero no sobre el agua. Practican el «snowboarding» sobre la nieve. Hay dos tipos o modalidades de surf de nieve—las carreras[1] y las exhibiciones.

Para practicar el «snowboarding», necesitas una tabla, un casco[2], guantes y rodilleras[3].

Sobre el skiboard—que es un tipo de tabla—el aficionado[4] hace unas piruetas y movimientos difíciles. El «snowboarding» es un deporte nuevo, pero ya hay competencias de «snowboarding» en los Juegos Olímpicos.

[1]carreras *races*   [3]rodilleras *kneepads*
[2]casco *helmet*   [4]aficionado *fan*

«Snowboarding» en Chile

Después de leer

¿Sí o no? Digan que sí o que no.
1. El «snowboarding» es un deporte antiguo.
2. El «snowboarding» es como el surfing sobre el agua, pero los aficionados lo practican en la nieve.
3. Hay solamente un tipo de surf de nieve.
4. El skiboard es un tipo de tabla, similar a una tabla hawaiana.
5. El aficionado de «snowboarding» hace unas piruetas en el aire.

Conexiones
Las ciencias sociales

El clima

We often talk about the weather, especially when on vacation. When planning a vacation trip, it's a good idea to take into account the climate of the area we are going to visit. When we talk about weather or climate, we must remember, however, that there is a difference between the two. Weather is the condition of the atmosphere for a short period of time. Climate is the term used for the weather that prevails in a region over a long period of time. Let's read about weather and climate throughout the vast area of the Spanish-speaking world.

El Parque Nacional de los Glaciares, Argentina

El clima y el tiempo

El clima y el tiempo son dos cosas muy diferentes. El tiempo es la condición de la atmósfera durante un período breve o corto. El tiempo puede cambiar[1] frecuentemente. Puede cambiar varias veces en un solo día.

El clima es el término que usamos para el tiempo que prevalece[2] en una zona por un período largo. El clima es el tiempo que hace cada año en el mismo lugar.

Zonas climáticas

En el mundo de habla española hay muchas zonas climáticas. Mucha gente cree que toda la América Latina tiene un clima tropical, pero es erróneo. El clima de Latinoamérica varía de una región a otra.

[1]cambiar *change*
[2]prevalece *prevails*

La vegetación tropical, Ecuador

El río Santiago Cayapas, Ecuador

El Amazonas

Toda la zona o cuenca amazónica es una región tropical. Hace mucho calor y llueve mucho durante todo el año.

Los Andes

En los Andes, aún en las regiones cerca de la línea ecuatorial, el clima no es tropical. En las zonas montañosas el clima depende de la elevación. En los picos andinos, por ejemplo, hace frío.

Clima templado

Algunas partes de la Argentina, Uruguay y Chile tienen un clima templado. España también tiene un clima templado. En una región de clima templado hay cuatro estaciones: el verano, el otoño, el invierno y la primavera. Y el tiempo cambia con cada estación. ¡Y una cosa importante! Las estaciones en la América del Sur son inversas de las de la América del Norte.

Los picos andinos cerca de Cuzco, Perú

Una aldea en las montañas, Urubamba, Perú

Después de leer

¿Sabes? Contesten en inglés.

1. What's the difference between weather and climate?
2. What is an erroneous idea that many people have about Latin America?
3. How can it be cold in some areas that are actually on the equator?
4. What is a characteristic of a tropical area?
5. What is a characteristic of a region with a temperate climate?

¡Te toca a ti!

Use what you have learned

1 ¿El mar o la montaña?

✔ *Talk about summer or winter vacations*

Work with a classmate. Tell him or her where you like to go on vacation. Tell what you do there and some of the reasons why you enjoy it so much. Take turns.

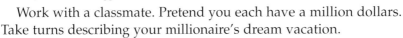
2 ¡Unas vacaciones maravillosas!
✔ *Talk about different vacation activities*

Work with a classmate. Pretend you each have a million dollars. Take turns describing your millionaire's dream vacation.

3 El esquí

✔ *Talk about skiing*

You are at a café near the slopes of Bariloche in Argentina. You meet an Argentine skier (your partner). Find out as much as you can about each other's skiing habits and abilities.

San Carlos de Bariloche, Argentina

ESCRIBIR

4 Una tarjeta postal

✔ *Write about a summer or winter vacation destination*

Look at these postcards. Choose one. Pretend you spent a week there. Write the postcard to a friend.

Cancún, México

Bariloche, Argentina

ESCRIBIR

5 Irene y José Luis durante un día de julio

It's a typical July day. But Irene is in Santiago de Chile and José Luis is in Santiago de Compostela in Spain. The days are quite different in these two places. Write a comparison between a July day in Santiago de Chile and in Santiago de Compostela. Explain why the days are so different.

Because of the type of weather, Irene's activities on this day are probably different from those of José Luis. Explain what each one is doing. Are they wearing the same clothing or not?

Not everything is different, however. What are Irene and José Luis both doing on this July day in two different places in spite of the different weather?

Writing Strategy

Comparing and contrasting
Before you begin to write a comparison of people, places, or things, you must be aware of how they are alike and different. When you compare, you are emphasizing similarities; when you contrast, you are emphasizing differences. Making a diagram or a list of similarities and differences is a good way to organize your details before you begin to write.

Vocabulario

1 Identifiquen.

1.

2.

3.

To review **Palabras 1**, turn to pages 274–275.

4.

5.

2 Contesten.

6. ¿Qué tiempo hace en el verano?

3 Completen.

To review **Palabras 2**, turn to pages 278–279.

7. La esquiadora lleva un ____ cuando hace frío y nieva mucho.
8. Para esquiar es necesario tener (uno necesita) ____ y bastones.
9. Los esquiadores tomaron el ____ para subir la montaña.
10. Los esquiadores que no esquían bien bajan la ____ para principiantes.

Estructura

4 Completen con el pretérito.

11. Él ____ en el mar. (nadar)
12. Sus amigos ____ en la piscina. (nadar)
13. Y tú, ¿____ en el agua? (esquiar)
14. No. Yo ____ el sol. (tomar)
15. Nosotros ____ toda la tarde en la playa. (pasar)
16. Y Uds., ¿____ a la playa también? (ir)

To review the preterite, turn to pages 282 and 288.

5 Escriban en el pretérito.

17. Juego al fútbol.
18. Sí, empiezo a jugar.

6 Escriban con un pronombre.

19. No tengo *mis anteojos de sol.*
20. Compré *la loción bronceadora* en la farmacia.
21. Tomás tomó *las fotografías.* Yo, no.
22. Invitamos *a José* a ir a la playa.
23. Ella compró *el bañador* en El Corte Inglés.

To review direct object pronouns, turn to page 286.

Cultura

7 ¿Sí o no?

24. Un balneario es una estación de esquí.
25. Muchos países de habla española tienen playas fabulosas.

To review this cultural information, turn to page 292.

Vocabulario

Describing the beach

el balneario	la arena	el mar
la playa	la ola	la piscina, la alberca

Describing summer weather

el verano	el cielo	Hace buen (mal)	El sol brilla.
la nube	Hace (Hay) sol.	tiempo.
estar nublado	Hace calor.	Llueve.

Identifying beach gear

el traje de baño, el bañador	los anteojos (las gafas)	el esquí acuático
la loción bronceadora,	de sol	la plancha de vela
la crema protectora	la toalla playera	la tabla hawaiana

Describing summer and beach activities

la natación	nadar	esquiar en el agua	pasar el fin de semana
el buceo	tomar el sol	bucear	practicar el surfing

Describing a tennis game

el tenis	el/la tenista	la red	jugar (al) tenis
la cancha de tenis (al	la raqueta	singles	golpear la pelota
aire libre, cubierta)	la pelota	dobles

Describing a ski resort

la estación de esquí	el ticket, el boleto	la pista	el/la principiante
la ventanilla, la	el/la esquiador(a)	el telesquí, el telesilla
boletería	la montaña	el/la experto(a)

Identifying ski gear

el esquí	el bastón	el guante
la bota	el anorak	

How well do you know your vocabulary?

- Choose one season—**el verano**, **el invierno**—from the list.
- Have a classmate make up sentences that tell about that season.

Describing winter activities

esquiar	tomar (subir en)	bajar
	el telesilla	la pista

Describing winter weather

el invierno	el grado	Hace frío.
la nieve	bajo cero	Nieva.
la temperatura		

Other useful expressions

ayer	por encima de

TECNOTUR
¡Buen viaje!

El verano y el invierno

In this video episode, Cristina and Isabel spend the afternoon at the beach in Puerto Vallarta.

Cristina está de vacaciones con Isabel y su familia en Puerto Vallarta, México. ▶

◀ Un juego de voleibol en la playa cerca del hotel

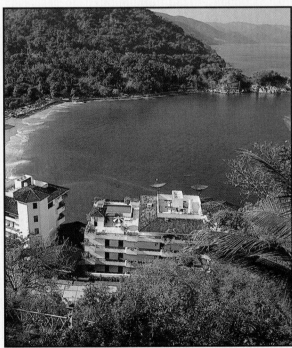

Puerto Vallarta es un centro turístico importante en la costa del Pacífico de México.

SPANISH Online

In the Chapter 9 Internet Activity, you will have a chance to find out today's weather forecast in other Spanish-speaking cities. To begin your virtual adventure, go to the Glencoe Spanish Web site: spanish.glencoe.com

◀ Learn more online about other popular tourist resorts in Mexico, such as the one Cristina and Isabel went to.

Capítulo

10

Diversiones culturales

Objetivos

In this chapter you will learn to:

❖ discuss movies, museums, and theater

❖ discuss cultural events

❖ relate more past actions or events

❖ tell for whom something is done

❖ discuss some dating customs in the United States and compare them with those in Spanish-speaking countries

❖ talk about cultural activities that are popular in the Spanish-speaking world

Al cine

Hay una cola delante de la taquilla.
Los amigos van a ver una película
    (un film).
Compran sus entradas (boletos).
Van a la sesión de las siete de
    la tarde.

el cine

la taquilla,
la boletería

la cola, la fila

En el cine

la pantalla

el film,
la película

la butaca

la fila

Cine Apolo

LA CELESTINA
MENOR   2.73 CST
5:00PM   0.27 TAX
               3.00 TOT
004226   16 51

la entrada,
el boleto

El joven vio una película.
Vio una película americana.
No la vio en versión original (en inglés).
La vio doblada al español.
Si la película no está doblada, lleva subtítulos.

Luego salió del cine.
¡Ay! Perdió el autobús (la guagua, el camión).

Como perdió el autobús, el joven fue
    a la estación de metro.
Subió al metro en la estación Insurgentes.
Volvió a casa en el metro.

Nota The verb **salir** has several uses.
Note the following meanings the verb can convey.

Diego salió anoche.
Diego went out last night.
Diego left last night.

Diego salió con Sandra.
Diego went out with (dated) Sandra.

Todo salió muy bien.
Everything turned out fine.

Vocabulario

Para empezar
Let's use our new words

1 **Historieta** **Al cine** Contesten.

1. ¿Fue Eduardo al cine?
2. ¿Compró su entrada en la taquilla?
3. ¿Fue a la sesión de las ocho de la tarde?
4. ¿Tomó una butaca en una fila cerca de la pantalla?
5. ¿Vio la película en versión original o doblada?
6. ¿A qué hora salió del cine?
7. ¿Perdió el autobús?
8. ¿Volvió a casa en el metro?

Málaga, España

2 **Historieta** **En la taquilla**
Escojan.

1. La gente hace cola delante de ____.
   a. la pantalla   **b.** la fila   **c.** la taquilla
2. Compran ____ en la taquilla.
   a. butacas   **b.** películas   **c.** entradas
3. En el cine presentan o dan ____ americana.
   a. una entrada   **b.** una película   **c.** una novela
4. No es la versión original de la película. Está ____ al español.
   a. entrada   **b.** doblada   **c.** en fila
5. Los clientes entran en el cine y toman ____.
   a. una pantalla   **b.** una entrada   **c.** una butaca
6. Proyectan la película en ____.
   a. la pantalla   **b.** la butaca   **c.** la taquilla

3 **Lo mismo** Den un sinónimo.

1. la película
2. el autobús
3. la boletería
4. la entrada

4 **Vamos al cine.** Work with a classmate. Pretend you and your partner are making plans to go out tonight to a Spanish-language movie. Discuss your plans together.

La estación de metro en la Puerta del Sol, Madrid

5 **Una encuesta** Work in groups of four. Conduct a survey. Find out the answers to the following:

- ¿Eres muy aficionado(a) al cine o no?
- ¿Cuántas películas ves en una semana?
- ¿Ves las películas en el cine o las alquilas (rentas) en una tienda de videos?

Compile the information and report the results of your survey to the class.

En el museo

el mural

el cuadro

la estatua

la escultora

el artista

Los turistas fueron al museo.
Vieron una exposición de arte.

En el teatro

el teatro

el escenario

la actriz

el actor

el telón

la escena

El autor escribió la obra.
Escribió una obra teatral.
García Lorca escribió la obra
Bodas de Sangre.

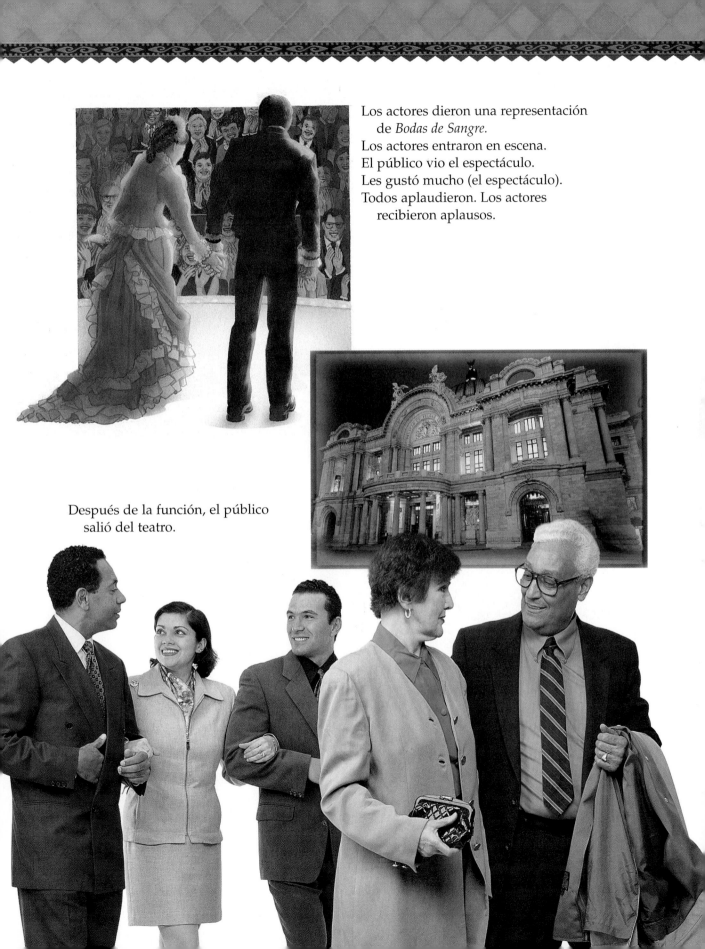

Los actores dieron una representación
de *Bodas de Sangre.*
Los actores entraron en escena.
El público vio el espectáculo.
Les gustó mucho (el espectáculo).
Todos aplaudieron. Los actores
recibieron aplausos.

Después de la función, el público
salió del teatro.

Vocabulario

Para empezar
Let's use our new words

 6 **Historieta** **En el museo**
Contesten según se indica.

1. ¿Adónde fueron los turistas? (al museo)
2. ¿Qué vieron? (una exposición de arte)
3. ¿Vieron unos cuadros de Botero, el artista colombiano? (sí)
4. ¿Qué más vieron de Botero? (unas estatuas en bronce)
5. ¿Les gustó la obra de Botero? (sí, mucho)

7 **¿Qué es?** Identifiquen.

1.

2.

3.

4.

5.

6.

7.

8.

9.

8 Historieta Una noche en Buenos Aires

Contesten según se indica.

1. ¿Quiénes salieron anoche?
   (Susana y sus amigos)
2. ¿Adónde fueron?
   (al teatro Colón)
3. ¿Qué vieron? (una obra
   de García Lorca)
4. ¿Quién escribió la obra?
   (García Lorca)
5. ¿Le gustó la representación
   al público? (sí, mucho)
6. ¿Quiénes recibieron aplausos?
   (los actores)
7. ¿A qué hora salieron del teatro
   Susana y sus amigos? (a eso de
   las diez y media)
8. ¿Cómo volvieron a casa?
   (en taxi)

El Teatro Colón, Buenos Aires

9 La palabra, por favor.

Escojan.

1. El ____ escribió la obra.
   a. actor   **b.** autor   **c.** artista
2. Cuando empieza el espectáculo, levantan ____.
   a. la pantalla   **b.** el telón   **c.** el escenario
3. El ____ es magnífico y muy bonito. Es una
   obra de arte.
   a. autor   **b.** público   **c.** escenario
4. Los ____ actuaron muy bien.
   a. autores   **b.** actores   **c.** escenarios
5. Al público le gustó mucho la representación
   y todos ____.
   a. aplaudieron   **b.** salieron
   c. entraron en escena

10 Me gusta ir al museo. Work with a classmate.

One of you likes to go to museums and the other
one finds them boring but really likes the theater.
Discuss the reasons for your preferences.

El interior del Teatro Colón, Buenos Aires

Telling what people did
Pretérito de los verbos en -er e -ir

1. You have already learned the preterite forms of regular **-ar** verbs. Study the preterite forms of regular **-er** and **-ir** verbs. Note that they also form the preterite by dropping the infinitive ending and adding the appropriate endings to the stem. The preterite endings of regular **-er** and **-ir** verbs are the same.

INFINITIVE	comer	volver	vivir	subir	ENDINGS
STEM	com-	volv-	viv-	sub-	
yo	comí	volví	viví	subí	-í
tú	comiste	volviste	viviste	subiste	-iste
él, ella, Ud.	comió	volvió	vivió	subió	-ió
nosotros(as)	comimos	volvimos	vivimos	subimos	-imos
vosotros(as)	*comisteis*	*volvisteis*	*vivisteis*	*subisteis*	*-isteis*
ellos, ellas, Uds.	comieron	volvieron	vivieron	subieron	-ieron

2. The preterite forms of the verbs **dar** and **ver** are the same as those of regular **-er** and **-ir** verbs.

INFINITIVE	dar	ver
yo	di	vi
tú	diste	viste
él, ella, Ud.	dio	vio
nosotros(as)	dimos	vimos
vosotros(as)	*disteis*	*visteis*
ellos, ellas, Uds.	dieron	vieron

3. Remember that the preterite is used to tell about an event that happened at a specific time in the past.

> **Ellos salieron anoche.**
> **Ayer no comí en casa. Comí en el restaurante.**
> **¿Viste una película la semana pasada?**

Para continuar
Let's put our words together

11 Historieta Una fiesta fabulosa

Contesten.

1. ¿Dio Carlos una fiesta?
2. ¿Dio la fiesta para celebrar el cumpleaños de Teresa?
3. ¿Escribió Carlos las invitaciones?
4. ¿Recibieron las invitaciones los amigos de Teresa?
5. ¿Vio Teresa a todos sus amigos en la fiesta?
6. ¿Le dieron regalos a Teresa?
7. ¿Recibió Teresa muchos regalos?
8. Durante la fiesta, ¿comieron todos?
9. ¿A qué hora salieron de la fiesta?
10. ¿Volvieron a casa muy tarde?

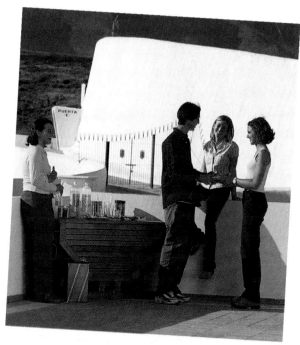
Málaga, España

12 En la escuela Contesten personalmente.

1. ¿A qué hora saliste de casa esta mañana?
2. ¿Perdiste el bus escolar o no?
3. ¿Aprendiste algo nuevo en la clase de español?
4. ¿Escribiste una composición en la clase de inglés?
5. ¿Comprendiste la nueva ecuación en la clase de álgebra?
6. ¿Viste un video en la clase de español?
7. ¿A qué hora saliste de la escuela?
8. ¿A qué hora volviste a casa?

El Teatro Ayacucho, Caracas, Venezuela

13 Al cine

Sigan el modelo.

> **ir al cine**
> —¿Fuiste al cine?
> —Sí, fui al cine.

1. ver una película en versión original
2. comprender la película en versión original
3. aplaudir
4. perder el autobús
5. volver a casa un poco tarde

Estructura

14 **Historieta** **Al cine y al restaurante**
Contesten.

1. ¿Salieron tú y tus amigos anoche?
2. ¿Vieron una película?
3. ¿Qué vieron?
4. ¿A qué hora salieron del cine?
5. ¿Fueron a un restaurante?
6. ¿Qué comiste?
7. Y tus amigos, ¿qué comieron?
8. ¿A qué hora volviste a casa?

15 **Historieta** **En la clase de español**
Completen.

—Ayer en la clase de español, ¿__1__
(aprender) tú una palabra nueva?

—¿Una? __2__ (Aprender) muchas.

—¿Les __3__ (dar) un examen el profesor?

—Sí, nos __4__ (dar) un examen.

—¿__5__ (Salir) Uds. bien en el examen?

—Pues, yo __6__ (salir) bien pero otros no __7__ (salir) muy bien.

—Entonces tú __8__ (recibir) una nota buena, ¿no?

Caracas, Venezuela

16 **Ayer** Work in groups of four. Find out what you all did yesterday. Ask each other lots of questions and tabulate your answers. What did most of you do? Use the following words.

volver   salir   ver   estudiar

tomar   ir   escribir   comer

comprar   mirar   nadar

UN POCO
MÁS

*For more practice using words from **Palabras 1** and **2** and the preterite, do Activity 10 on page H11 at the end of this book.*

Telling what you do for others
Complementos le, les

1. You have already learned the direct object pronouns **lo, la, los,** and **las.** Now you will learn the indirect object pronouns **le** and **les.** Observe the difference between a direct object and an indirect object in the following sentences.

Juan lanzó la pelota.   Juan **le** lanzó la pelota **a Carmen**.

In the preceding sentences, **la pelota** is the direct object because it is the direct receiver of the action of the verb **lanzó** *(threw)*. **Carmen** is the indirect object because it indicates "to whom" the ball was thrown.

2. The indirect object pronoun **le** is both masculine and feminine. **Les** is used for both the feminine and masculine plural. **Le** and **les** are often used along with a noun phrase—**a Juan, a sus amigos**.

María **le** dio un regalo a Juan.
María **les** dio un regalo a sus amigos.

Juan **le** dio un regalo a María.
Juan **les** dio un regalo a sus amigas.

3. Since **le** and **les** can refer to more than one person, they are often clarified as follows:

Le hablé ⎰ a él.
         ⎱ a ella.
           a Ud.

Les hablé ⎰ a ellos.
          ⎱ a ellas.
            a Uds.

Para continuar
Let's put our words together

17 **¿Qué o a quién?** Indiquen el complemento directo y el indirecto.

1. Carlos recibió la carta.
2. Les vendimos la casa a ellos.
3. Vimos a Isabel ayer.
4. Le hablamos a Tomás.
5. ¿Quién tiene el periódico?
   Tomás lo tiene.
6. El profesor nos explicó la lección.
7. Ella le dio los apuntes a su profesor.
8. Ellos vieron la película en el cine.

Plaza del Callao, Madrid, España

18 **Historieta** **Pobre Eugenio**

 Contesten según la foto.

1. ¿Qué le duele?
2. ¿Qué más le duele?
3. ¿Quién le examina la garganta?
4. ¿Quién le da la diagnosis?
5. ¿Qué le da la médica?
6. ¿Quién le da los medicamentos?

19 **Sí que le hablé.** Contesten.

1. ¿Le hablaste a Rafael?
2. ¿Le hablaste por teléfono?
3. ¿Le diste las noticias?
4. ¿Y él les dio las noticias a sus padres?
5. ¿Les escribió a sus padres?
6. ¿Les escribió en inglés o en español?

20 **Historieta** **Tiene que tener la dirección.**

Completen.

—¿ __1__ hablaste a Juan ayer?

—Sí, __2__ hablé por teléfono y __3__ hablé a Sandra también.

__4__ hablé a los dos.

—¿ __5__ diste la dirección de Maricarmen?

—No, porque Adriana __6__ dio la dirección. Y __7__ dio su

número de teléfono también.

SPANISH Online

For more information about **El Prado** and other museums in the Spanish-speaking world, go to the Glencoe Spanish Web site: spanish.glencoe.com

El Museo del Prado, Madrid

21 **Historieta** **Juan es aficionado al arte.**
Contesten.

1. ¿A Juan le interesa el arte?
2. ¿Le gusta ir a los museos?
3. ¿Le encantan las exposiciones de arte?
4. ¿Le gusta mucho la obra de Velázquez?
5. ¿Le gustan también los cuadros de Goya?
6. A sus amigos, ¿les interesa también el arte?
7. ¿Les gustan las obras de los muralistas mexicanos?

La fragua de Vulcano
de Diego Velázquez

22 **Regalos para todos** Work in pairs. Tell what each of the following
people is like. Then tell what you buy or give to each one as a gift.

mi mamá
mi hermano
mi profesor(a) de español
mi papá
mis abuelos
mi amigo(a)

Andas bien. ¡Adelante!

Conversación

¿Saliste?

Paco Hola, Julia. Te llamé por teléfono anoche
y no contestaste.

Julia ¿Ah, sí? ¿A qué hora me llamaste?

Paco A las siete y pico.

Julia Ay, no volví a casa hasta las ocho y media.

Paco ¿Adónde fuiste?

Julia Pues, fui al cine con Felipe.

Paco ¿Uds. fueron al cine y tú volviste a casa
a las ocho y media? ¿Cómo puede ser?

Julia Pues, fuimos a la sesión de las cinco.
Y después del cine comimos en
Pizza Perfecta.

Después de conversar

Contesten.

1. ¿A quién telefoneó Paco anoche?
2. ¿Ella contestó?
3. ¿A qué hora la llamó Paco?
4. ¿A qué hora volvió Julia a casa?
5. ¿Adónde fue?
6. ¿Con quién fue?
7. ¿A qué sesión fueron?
8. ¿Dónde comieron?

Vamos a hablar más
Let's talk some more

A **El viernes pasado y el viernes que viene** Get together with a group of classmates. Tell one another what you did last Friday night. Then tell what you're going to do next Friday night.

B **Un viaje escolar** The Spanish Club is going on a field trip. It's just in the planning stages. You may go to a museum that's showing the works of an Hispanic artist, a Spanish-language movie, a play in Spanish, or a Mexican or Spanish restaurant. Your Spanish teacher wants some input from you. With your classmates, discuss where you want to go and why.

C **¿Por qué volviste tan tarde?** You got home really late last night. One of your parents (your partner) wants to know why. He or she will ask a lot of questions. You'd better have some good answers!

Pronunciación

Las consonantes j, g

The Spanish **j** sound does not exist in English. In Spain, the **j** sound is very guttural. It comes from the throat. In Latin America, the **j** sound is much softer. Repeat the following.

ja	je	ji	jo	ju
Jaime	Jesús	Jiménez	joven	jugar
hija	garaje	ají	viejo	junio
roja			trabajo	julio
				ojos

G in combination with **e** or **i** (**ge, gi**) has the same sound as **j**. For this reason you must pay particular attention to the spelling of the words with **je, ji, ge,** and **gi**. Repeat the following.

ge	gi
general	biología
gente	alergia
generoso	original
Insurgentes	

Repeat the following sentences.

> El hijo del viejo general José trabaja en junio en Gijón.
> El jugador juega en el gimnasio.
> El joven Jaime toma jugo de naranja.

Lecturas culturales

Reading Strategy

Recognizing text organization Before you read a passage, try to figure out how the text is organized. If you can follow the organization of a text, you will understand the main ideas more quickly and be able to look for certain ideas and information more easily.

Dating

Algunas diferencias culturales son muy interesantes. Y las diferencias culturales pueden tener una influencia en la lengua que hablamos. Por ejemplo, *dating, boyfriend* y *girlfriend* son palabras que usamos mucho en inglés, ¿no? Y son palabras que no tienen equivalente en español. ¿Cómo es posible? Pues, vamos a hablar con Verónica. Ella es del Perú.

—Verónica, ¿saliste anoche?

—Sí, salí con un grupo de amigos de la escuela.

—¿Adónde fueron?

—Fuimos al cine. Vimos una película muy buena. Fue una película americana. La vimos en versión original con subtítulos en español.

—Verónica, ¿no sales a veces sola con un muchacho, con un amigo de la escuela?

—Pues, no mucho. Generalmente salimos en grupo. Pero es algo que está cambiando[1]. Está cambiando poco a poco[2]. Hoy en día una pareja[3] joven puede salir a solas. Podemos ir a un café, por ejemplo, a tomar un refresco. A veces vamos al cine o sólo damos un paseo[4] por el parque. Pero, para nosotros, es algo bastante nuevo.

[1]cambiando *changing*
[2]poco a poco *little by little*
[3]pareja *couple*
[4]damos un paseo *take a walk*

Buenos Aires, Argentina

Marbella, España

El Teatro Nacional, San José, Costa Rica

Después de leer

A *Dating* Contesten.

1. ¿En qué lengua usamos las palabras *dating, boyfriend* y *girlfriend?*
2. ¿Tienen equivalente en español?
3. ¿Hay mucho *dating* entre los jóvenes de Latinoamérica y España?
4. ¿Ahora empiezan a salir en parejas?
5. Por lo general, ¿cómo salen?
6. ¿Con quién salió Verónica?
7. ¿Adónde fueron?
8. ¿Qué vieron?

B *Aquí* Contesten personalmente.

1. Donde tú vives, ¿salen los jóvenes con más frecuencia en grupos o en parejas?
2. Y tú, ¿sales a veces con sólo un(a) muchacho(a)?
3. ¿Adónde van?
4. ¿Pueden salir durante la semana?
5. ¿Qué noche salen?
6. ¿A qué hora tienes que estar en casa?

Lectura opcional ①

La zarzuela

Hay un género teatral exclusivamente español. Es la zarzuela. La zarzuela es una obra dramática muy ligera. No es profunda. Generalmente tiene un argumento[1] gracioso.

La zarzuela es un tipo de opereta. A veces, durante la presentación, los actores hablan y a veces cantan.

[1]argumento *plot*

Una zarzuela,
Madrid, España

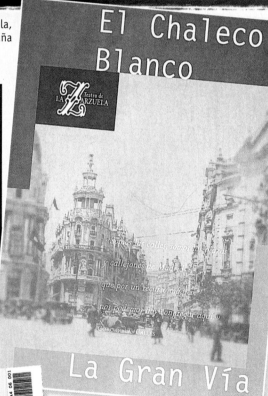

El Chaleco Blanco

La Gran Vía

Después de leer

La zarzuela Digan que sí o que no.
1. La zarzuela es una novela española.
2. La zarzuela es un tipo de obra teatral.
3. En una zarzuela los actores no hablan, sólo bailan.
4. Una zarzuela es un tipo de opereta.
5. Los actores en una zarzuela hablan y cantan.
6. El tema o argumento de una zarzuela es siempre serio y profundo.

Lectura opcional ②

El Palacio de Bellas Artes, México

El baile

El Ballet Folklórico de México goza de fama mundial. El espectáculo que presenta el Ballet Folklórico todos los domingos y miércoles en el Palacio de Bellas Artes es uno de los shows más populares de la Ciudad de México. La compañía baila una variedad de danzas regionales de México. A veces la coreografía del Ballet Folklórico de México es muy graciosa y divertida.

Hay también el Ballet Folklórico Nacional de México. Esta compañía presenta un programa auténtico y clásico de danzas mexicanas regionales en el Teatro de la Ciudad.

El Ballet Folklórico, México

Después de leer

Una comparación Expliquen la diferencia entre el Ballet Folklórico de México y el Ballet Folklórico Nacional de México.

Conexiones

Las bellas artes

La música

Music does not attempt to reproduce what we see in the world in such a tangible way as do painting and literature. Music is, and has been, however, an integral part of the daily lives of people in even the most primitive cultures.

First let's take a look at the many cognates that exist in the language of music. Then let's read some general information about music. Finally, let's take a look at some special music of the Hispanic world.

la danza

la orquesta sinfónica

la orquesta

la ópera

el coro

la banda

In addition, many names of musical instruments are cognates: **el piano, el órgano, el violín, la viola, la guitarra, la trompeta, el clarinete, el saxofón, la flauta, el trombón.**

Música y músicos

Instrumentos musicales

Clasificamos los instrumentos musicales en cuatro grupos. Son los instrumentos de cuerda, los instrumentos de viento, los instrumentos de metal y los instrumentos de percusión. Dividimos la orquesta en secciones de cuerda, viento, metal y percusión.

Una orquesta y una banda

¿Cuál es la diferencia entre una orquesta y una banda? En una banda no hay instrumentos de cuerda. No hay violines ni violas, por ejemplo.

La ópera

La ópera es una obra teatral. Pero en una ópera los actores no hablan. Cantan al acompañamiento de una orquesta.

La música popular

Además de[1] la música clásica hay muchas variaciones de música popular. De influencia afroamericana hay jazz y «blues». Hay «reggae» de Jamaica.

De las islas hispanohablantes de las Antillas hay salsa y merengue. Hay una relación íntima entre el canto (la canción) y la danza (el baile) en la música latinoamericana. Por ejemplo, en la lengua quechua del área andina, una sola palabra—taqui—significa «canción y baile».

Ejemplos de la música típica de Latinoamérica

Un instrumento muy popular entre los indios andinos es la flauta. El yaraví es una canción muy popular. En quechua esta palabra significa «lamento». Es una canción triste. A veces cantan un yaraví pero a veces sólo lo tocan con la flauta sin cantar.

Un instrumento popular de los indígenas de Guatemala es la marimba. Hay orquestas de marimba que van de un pueblo a otro para tocar en las fiestas locales.

Cuzco, Perú

Guatemala

La banda mariachi es un pequeño grupo de músicos ambulantes. Tocan guitarras, violines y trompetas. La música mariachi tiene su origen en Guadalajara, México, en el estado de Jalisco.

La salsa, el merengue y el mambo de Cuba, Puerto Rico y la República Dominicana son canciones y bailes.

El cante jondo es una canción triste y espontánea de los gitanos[2] andaluces. Es apasionada y emocional como lo es también el baile flamenco.

México

[1]Además de *In addition to*   [2]gitanos *gypsies*

Después de leer

A ¿Cuáles son? Identifiquen.
1. algunos instrumentos de cuerda
2. algunos instrumentos de viento
3. algunos instrumentos de metal

B Distintos tipos de música Expliquen
la diferencia entre una orquesta y una banda.

C ¿Sabes? Contesten.
1. ¿Qué es una ópera?
2. ¿Cuáles son algunos tipos de música popular?
3. ¿Entre qué hay una relación íntima en la música latinoamericana?

Murcia, España

¡Te toca a ti!

Use what you have learned

HABLAR
1 Diversiones

✔ *Discuss movies, plays, and museums*

Work with a classmate. Pretend you're on vacation in Cancún, México. You meet a Mexican teenager (your partner) who's interested in what you do for fun in your free time **(cuando tienes tiempo libre).** Tell him or her about your leisure activities. Then your partner will tell you what he or she does.

HABLAR
2 Una visita al museo

✔ *Ask and answer questions about a museum visit*

Work in groups of three or four. Several of you spent the day at a museum last Saturday. Other friends have some questions. Describe your museum visit and be sure to answer all their questions.

Nº 034782

LA CATEDRAL

Antigua Guatemala

Por Q. 0.25

Fecha

Museo Taurino

MMC

museos municipales de córdoba

ESCRIBIR
3 Información, por favor.

✔ *Write for information about cultural events*

You're going to spend a month in the Spanish-speaking city of your choice. Write a letter or an e-mail to the tourist office **(la oficina de turismo)** asking for information about cultural events during your stay. Be sure to mention your age, what kind of cultural activities you like, and the dates of your stay.

ESCRIBIR 4 — Un anuncio

✔ *Make a poster for a play*

Prepare a poster in Spanish for your school play. Give all the necessary information to advertise **el espectáculo.**

Persuasive writing Persuasive writing is writing that encourages a reader to do something or to accept an idea. Newspaper and magazine advertisements, as well as certain articles, are examples of persuasive writing. As you write, present a logical argument to encourage others to follow your line of thinking. Your writing should contain sufficient evidence to persuade readers to "buy into" what you are presenting. Explain how your evidence supports your argument; end by restating your argument.

ESCRIBIR 5 — Un reportaje

Your local newspaper has asked you to write an article to attract Spanish-speaking readers to a cultural event taking place in your hometown. You can write about a real or fictitious event. You have seen the event and you really liked it. Tell why as you try to convince or persuade your readers to go see it.

Assessment

Vocabulario

1 **Completen.**

1. Si mucha gente quiere ver la película, hay una ____ delante de la taquilla.
2. Un boleto para ir al cine es una ____.
3. Hay una ____ a las cuatro y otra a las siete de la tarde.
4. No, la película no está ____, pero no hay problema porque lleva subtítulos.
5. Él perdió el autobús y tomó el ____. El ____ es un tren subterráneo.

2 **Identifiquen.**

6.

7.

8.

9.

10.

> To review
> **Palabras 1**, turn to pages 306-307.

> To review **Palabras 2**, turn to pages 310-311.

Estructura

3 **Escojan.**

11. Yo _____ una hamburguesa con papas fritas.
    a. comió   **b.** comí   **c.** comimos

12. Ellos _____ del cine.
    a. volvimos   **b.** volvió   **c.** volvieron

13. ¿Cuándo _____ (tú) en Bogotá?
    a. vivió   **b.** viviste   **c.** volvisteis

14. Los actores _____ muchos aplausos.
    a. recibieron   **b.** recibió   **c.** recibiste

15. Él lo _____ en la escuela.
    a. vi   **b.** vieron   **c.** vio

To review the preterite, turn to page 314.

4 **Completen con un pronombre.**

16. María _____ dio un regalo a su amigo Felipe.

17. Ella _____ devolvió el balón a la otra jugadora.

18. A los amigos _____ gustó mucho la película.

To review **le** and **les**, turn to page 317.

Cultura

5 **Contesten.**

19. ¿Cuáles son dos palabras inglesas que no tienen equivalente en español?

20. Por lo general, ¿cómo salen los jóvenes en los países hispanos?

To review this cultural information, turn to page 322.

Vocabulario

Discussing a movie theater

el cine	la butaca	con subtítulos
la taquilla, la boletería	la fila	doblado(a)
la entrada, el boleto	la pantalla	
la sesión	la película, el film	
la cola	en versión original	

Describing a museum visit

el museo	la estatua
la exposición	el/la artista
el mural	el/la escultor(a)
el cuadro	

Describing a play

el teatro	el telón	la representación
la escena	el actor	la obra teatral
el escenario	la actriz	el público

Describing cultural events and activities

una diversión cultural	entrar en escena
ver una película (un espectáculo)	aplaudir
dar una representación	salir del teatro

How well do you know your vocabulary?

- Choose the name of a cultural event or an artistic profession.
- Have a classmate tell you his or her favorite in the category you chose.

Discussing transportation

perder el autobús (la guagua, el camión)
la estación de metro

Other useful expressions

el/la joven
delante de
luego

TECNOTUR
¡Buen viaje!

Diversiones culturales

In this video episode, Teresa and Juan Ramón discuss what cultural activities they enjoy and what they like to do on weekends when they go out with their friends.

Juan Ramón y Teresa visitan la ciudad de Segovia. ▶

◀ Uno de los lugares interesantes que visitaron fue el famoso Alcázar de Segovia.

El Alcázar de Segovia

SPANISH Online

In the Chapter 10 Internet Activity, you will have a chance to find out what's playing at the movies tonight in a Spanish-speaking city. To begin your virtual adventure, go to the Glencoe Spanish Web site:
spanish.glencoe.com

◀ Learn more online about the Alcázar and other famous cultural and historical wonders in Spain.

Capítulo

11

Un viaje en avión

Objetivos

In this chapter you will learn to:

❖ check in for a flight

❖ talk about some services on board the plane

❖ get through the airport after deplaning

❖ tell what you or others are currently doing

❖ tell what you know and whom you know

❖ discuss the importance of air travel in South America

Antes del vuelo

el aeropuerto

el maletero, la maletera

el taxi

¿Me permite ver su pasaporte, por favor? ¿Y su boleto?

el agente

la agente

el billete, el boleto

el pasaporte

el mostrador

la pantalla de salidas y llegadas

La agente revisa el pasaporte y el boleto.

el número del vuelo

la puerta de salida

la tarjeta de embarque

el destino

la sección de no fumar

el número del asiento

el control de seguridad

el equipaje de mano

Los pasajeros están pasando
por el control de seguridad.

el talón

las maletas

el equipaje

la báscula

la puerta de salida,
la sala de salida

14

Clarita hace un viaje en avión.
Hace un viaje a la América del Sur.
Toma un vuelo a Lima.
Clarita está facturando su equipaje.
Pone sus maletas en la báscula.
El agente pone un talón en cada maleta.

Los pasajeros están esperando en la puerta
de salida.
El avión sale de la puerta número catorce.
El vuelo sale a tiempo.
No sale tarde. No sale con una demora.

Para empezar
Let's use our new words

1 Historieta En el aeropuerto

Contesten.

1. ¿Hace Lupe un viaje a la América del Sur?
2. ¿Está en el aeropuerto?
3. ¿Está hablando con la agente de la línea aérea?
4. ¿Dónde pone sus maletas?
5. ¿Está facturando su equipaje a Bogotá?
6. ¿Pone la agente un talón en cada maleta?
7. ¿Revisa la agente su boleto?
8. ¿Tiene Lupe su tarjeta de embarque?
9. ¿De qué puerta va a salir su vuelo?

Madrid, España

2 La tarjeta de embarque

Den la información siguiente.

1. el nombre de la línea aérea
2. el número del vuelo
3. el destino del vuelo
4. la hora de embarque
5. la fecha del vuelo, el día que sale

3 ¿Dónde está su asiento? Completen según la tarjeta de embarque.

1. ¿Cuál es la letra del asiento que tiene el pasajero?
2. ¿En qué fila está el asiento?
3. ¿De qué puerta sale el avión?
4. ¿Tiene que conservar el pasajero la tarjeta durante el vuelo?
5. ¿Está su asiento en la sección de fumar o de no fumar?

4 Historieta Antes de la salida Escojan.

1. ____ indica el asiento que tiene el pasajero a bordo del avión.
   a. El talón   **b.** La tarjeta de embarque   **c.** El boleto
2. Bogotá es ____ del vuelo.
   a. el número   **b.** la ciudad   **c.** el destino
3. Inspeccionan el equipaje de mano de los pasajeros en ____.
   a. el mostrador de la línea aérea   **b.** el control de seguridad
   c. la puerta de salida
4. El vuelo para Bogotá sale ____ número cinco.
   a. del mostrador   **b.** del control   **c.** de la puerta
5. Los pasajeros están ____ por el control de seguridad.
   a. saliendo   **b.** facturando   **c.** pasando

5 En el aeropuerto Work with a classmate. You're checking in at the airport for your flight to Quito, Ecuador. Have a conversation with the airline agent (your partner) at the ticket counter.

6 Un vuelo Work with a classmate. Look at the following photograph. You are a passenger on this flight. Tell as much as you can about your experience at the airport.

 *For more practice using words from **Palabras 1**, do Activity 11 on page H12 at the end of this book.*

Después del vuelo

el control de pasaportes

Cuando los pasajeros desembarcan, tienen que pasar por el control de pasaportes.
Tienen que pasar por el control de pasaportes cuando llegan de un país extranjero.

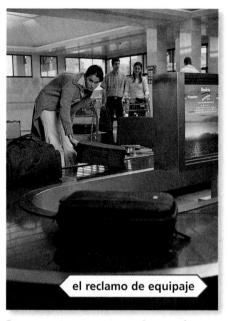

el reclamo de equipaje

Los pasajeros están reclamando (recogiendo) sus maletas.

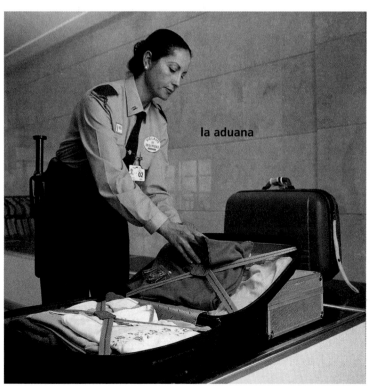

la aduana

La agente de aduana está abriendo las maletas.
Está inspeccionando el equipaje.
Quiere saber lo que está en las maletas.

El vuelo

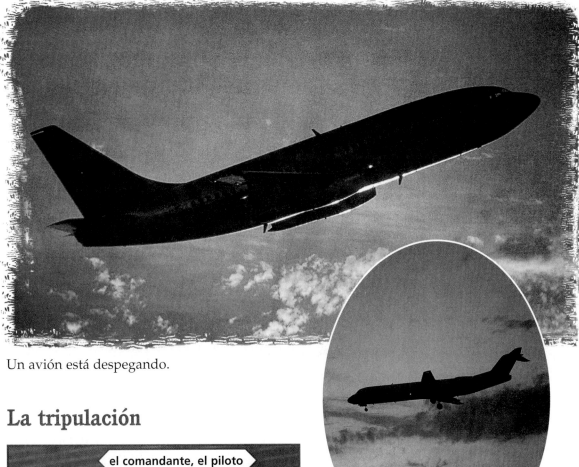

Un avión está despegando.

La tripulación

el comandante, el piloto

la copiloto

el asistente de vuelo

la asistente de vuelo

Otro avión está aterrizando.

La tripulación trabaja a bordo del avión.
Los asistentes de vuelo les dan la bienvenida
a los pasajeros.

Vocabulario

Para empezar
Let's use our new words

7 Historieta La llegada

Contesten.

1. Cuando el avión aterriza, ¿abordan o desembarcan los pasajeros?
2. ¿Tienen que pasar por el control de pasaportes cuando llegan a un país extranjero?
3. ¿Van los pasajeros al reclamo de equipaje?
4. ¿Reclaman su equipaje?
5. ¿Tienen que pasar por la aduana?
6. ¿Abre las maletas el agente?

Málaga, España

8 ¿Sí o no? Digan que sí o que no.

1. El avión aterriza cuando sale.
2. El avión despega cuando llega a su destino.
3. Un vuelo internacional es un vuelo que va a un país extranjero.
4. Los agentes de la línea aérea que trabajan en el mostrador en el aeropuerto son miembros de la tripulación.
5. La tripulación consiste en los empleados que trabajan a bordo del avión.

9 Pareo Busquen una palabra relacionada.

1. asistir	a. la llegada
2. controlar	b. la salida
3. reclamar	c. el asistente, la asistente
4. inspeccionar	d. el despegue
5. despegar	e. el aterrizaje
6. aterrizar	f. el control
7. salir	g. la inspección
8. llegar	h. el reclamo
9. embarcar	i. el vuelo
10. volar	j. el embarque

10 ¿Qué tenemos que hacer? You're on a flight to Caracas. The person seated next to you (your partner) has never flown before. He or she is confused as to what you have to do when you get off the plane. Be as helpful as possible in answering his or her questions.

11 Un trabajo Work with a classmate. You got a part-time job working at the airport because you can speak Spanish. You are called upon to help the Spanish-speaking passengers. In just one hour, the following situations need your attention. Help each of the following passengers.

- A person is leaving on flight 125 for Chicago. He doesn't know if it's leaving on time. Help him out.
- Another passenger is confused. He doesn't know his flight number to New York. Let him know what it is. Be extra helpful and let him know what time his flight leaves.
- Another passenger is in a real hurry. She's changing **(cambiar)** flights and wants to know what gate to go to for her flight to Los Angeles. Tell her.
- A young woman missed her flight and has to change her ticket. Go with her to the airline counter and explain to her what the agent says she has to do.

12 Una tarjeta de embarque This is a boarding card for a flight you are about to take. Tell a classmate (your partner) all you can about your flight based on the information on the card.

UN VIAJE EN AVIÓN

Caracas, Venezuela

Estructura

Telling what people do
Hacer, poner, traer, salir en el presente

1. The verbs **hacer** *(to do, to make)*, **poner**, **traer** *(to bring)*, and **salir** have an irregular **yo** form. The **yo** form has a **g.** All other forms are the same as those of a regular **-er** or **-ir** verb.

INFINITIVE	hacer	poner	traer	salir
yo	hago	pongo	traigo	salgo
tú	haces	pones	traes	sales
él, ella, Ud.	hace	pone	trae	sale
nosotros(as)	hacemos	ponemos	traemos	salimos
vosotros(as)	hacéis	ponéis	traéis	salís
ellos, ellas, Uds.	hacen	ponen	traen	salen

2. The verb **venir** *(to come)* also has an irregular **yo** form. Note that in addition it has a stem change **e → ie** in all forms except **nosotros** and **vosotros.**

   VENIR   **vengo   vienes   viene   venimos**   *venís*   **vienen**

> **¿Te acuerdas?**
>
> The verb **tener** also has a g in the **yo** form: **tengo**

3. The verb **hacer** means *to do* or *to make.* The question **¿Qué haces?** or **¿Qué hace Ud.?** means *What are you doing?* or *What do you do?* In Spanish, you will almost always answer these questions with a different verb.

   ¿Qué haces? Trabajo en el aeropuerto.

4. The verb **hacer** is used in many idiomatic expressions. An idiomatic expression is one that does not translate directly from one language to another. The expression **hacer un viaje** *(to take a trip)* is an idiomatic expression because in Spanish the verb **hacer** is used, whereas in English we use the verb *to take.* Another idiomatic expression is **hacer la maleta** which means *to pack a suitcase.*

Para continuar
Let's put our words together

13 Historieta Un viaje en avión Contesten.

1. ¿Haces un viaje?
2. ¿Haces un viaje a Europa?
3. ¿Haces un viaje a España?
4. ¿Sales para el aeropuerto?
5. ¿Sales en coche o en taxi?
6. ¿Traes equipaje?
7. ¿Pones el equipaje en la maletera del taxi?
8. En el aeropuerto, ¿pones el equipaje en la báscula?
9. ¿En qué vuelo sales?
10. ¿Sales de la puerta de salida número ocho?

Hoyo de Manzanares, Madrid, España

14 Historieta Al aeropuerto Sigan el modelo.

Ellos hacen un viaje...

Ellos hacen un viaje y nosotros también hacemos un viaje.

1. Ellos salen para el aeropuerto.
2. Ellos salen en taxi.
3. Ellos traen mucho equipaje.
4. Ellos ponen las maletas en la maletera.
5. Ellos salen a las seis.
6. Ellos vienen solos.

15 **Historieta** **Un viaje a Marbella**
Completen.

Yo __1__ (hacer) un viaje a
Marbella. Marbella __2__ (estar) en
la Costa del Sol en el sur de España.
Mi amiga Sandra __3__ (hacer) el
viaje también. Nosotros __4__ (hacer)
el viaje en avión hasta Málaga y
luego __5__ (ir) a tomar el autobús
a Marbella.

　　—¡Ay, ay, Sandra! Pero tú
　　__6__ (traer) mucho equipaje.
　　—No, yo no __7__ (traer) mucho.
　　__8__ (Tener) sólo dos maletas.

Marbella, España

　　Tú exageras. Tú también __9__ (venir) con mucho equipaje.
　　—¡Oye! ¿A qué hora __10__ (salir) nuestro vuelo?
　　—No __11__ (salir) hasta las seis y media. Nosotros __12__ (tener)
　　mucho tiempo.

16 **¿Adónde vas y qué haces?** Work with a classmate. Ask one
another about places you go to and what activities you do there.
Following are suggestions for places you may want to find out about:
**la escuela, el mercado, la tienda, el museo, las montañas, la playa,
el supermercado, una exposición de arte, el aeropuerto, el café,
la piscina, el cine.**

17 **¿Qué haces cuando… ?** Work with a classmate. Find out what he
or she does under the following weather conditions. Take turns
asking and answering questions.

nieva

llueve　　hace buen tiempo　　hay mucho sol

hace mal tiempo　　hace frío　　hace calor

Describing an action in progress
El presente progresivo

1. The present progressive is used in Spanish to express an action that is presently going on—an action in progress. The present progressive is formed by using the present tense of the verb **estar** and the present participle—*speaking, doing.* To form the present participle of most verbs in Spanish you drop the ending of the infinitive and add **-ando** to the stem of **-ar** verbs and **-iendo** to the stem of **-er** and **-ir** verbs. Study the following forms of the present participle.

INFINITIVE	hablar	llegar	comer	hacer	salir
STEM	habl-	lleg-	com-	hac-	sal-
PARTICIPLE	hablando	llegando	comiendo	haciendo	saliendo

2. Note that the verbs **leer** and **traer** have a **y** in the present participle.

    leyendo   **trayendo**

3. Study the following examples of the present progressive.

    ¿Qué está haciendo Isabel?
    Ahora está esperando el avión.
    Ella está mirando y leyendo su tarjeta de embarque.
    Y yo estoy buscando mi boleto.

Para continuar
Let's put our words together

18 **Historieta En el aeropuerto**
Contesten según se indica.

1. ¿Adónde están llegando los pasajeros? (al aeropuerto)
2. ¿Cómo están llegando? (en taxi)
3. ¿Adónde están viajando? (a Europa)
4. ¿Cómo están haciendo el viaje? (en avión)
5. ¿Dónde están facturando el equipaje? (en el mostrador de la línea aérea)
6. ¿Qué está mirando el agente? (los boletos y los pasaportes)
7. ¿De qué puerta están saliendo los pasajeros para Madrid? (número siete)
8. ¿Qué están abordando? (el avión)

• Tarjeta Iberia Plus Platino

La Tarjeta Iberia Plus Platino es el mayor reconocimiento de Iberia a su confianza. Una distinción exclusiva al acumular 7.000 Puntos Aéreos Básicos[1] en un año[2] para que disfrute de servicios de prestigio que le llevarán a lo más alto: crédito personal de hasta 1.500 puntos, servicio especial de limusina**, máxima franquicia de equipaje, etc.

** En aquellos aeropuertos donde exista este servicio, en utilización de puntos, para vuelos intercontinentales, en Gran Clase o Business Class.
[1] Puntos Aéreos Básicos son aquellos publicados en tablas sin tener en cuenta las promociones y ofertas.
Para titulares residentes fuera de España:
Tarjeta Iberia Plus Platino   6.500 *Puntos Aéreos Básicos*
[2] Periodo comprendido entre el 1 de abril del año en curso al 31 de marzo del siguiente año.

IBERIA *plus*

Estructura

19 **¿Qué estás haciendo?** Formen oraciones según el modelo.

Estoy viajando.
No estoy viajando. ◀ viajar ▶

1. comer
2. hablar
3. estudiar
4. bailar
5. escribir
6. aprender
7. trabajar
8. hacer un viaje
9. leer
10. salir para España

Telling what and whom you know
Saber y conocer en el presente

1. The verbs **saber** and **conocer** both mean *to know*. Note that like many Spanish verbs they have an irregular **yo** form in the present tense. All other forms are regular.

INFINITIVE	saber	conocer
yo	sé	conozco
tú	sabes	conoces
él, ella, Ud.	sabe	conoce
nosotros(as)	sabemos	conocemos
vosotros(as)	sabéis	conocéis
ellos, ellas, Uds.	saben	conocen

¿Lo sabes?
You always use lo when saber stands alone. Lo sé but No sé or No lo sé.

2. The verb **saber** means *to know a fact* or *to have information about something*. It also means *to know how to do something*.

   Yo sé el número de nuestro vuelo.
   Pero no sabemos a qué hora sale.
   Yo sé esquiar y jugar tenis.

3. The verb **conocer** means *to know* in the sense of *to be acquainted with*. It is used to talk about people and complex or abstract concepts rather than simple facts.

   Yo conozco a Luis.
   Teodoro conoce muy bien la literatura mexicana.

Para continuar
Let's put our words together

20 **Mi vuelo** Contesten.

1. ¿Sabes el número de tu vuelo?
2. ¿Sabes a qué hora sale?
3. ¿Sabes de qué puerta va a salir?

4. ¿Sabes la hora de tu llegada a Cancún?
5. ¿Conoces al comandante del vuelo?
6. ¿Conoces a mucha gente en Cancún?

21 **Historieta** **Adela Del Olmo**

Completen con **saber** o **conocer**.

PEPITA Sandra, ¿ __1__ tú a Adela Del Olmo?
SANDRA Claro que __2__ a Adela. Ella y yo
somos muy buenas amigas.
PEPITA ¿ __3__ tú que ella va a Panamá?
SANDRA ¿Ella va a Panamá? No, yo no __4__
nada de su viaje. ¿Cuándo va a salir?
PEPITA Pues, ella no __5__ exactamente qué
día va a salir. Pero __6__ que va a
salir en junio. Ella va a hacer su
reservación mañana. Yo __7__ que
ella quiere tomar un vuelo directo.
SANDRA ¿Adela __8__ Panamá?
PEPITA Creo que sí. Pero yo no __9__
definitivamente. Pero yo __10__ que
ella __11__ a mucha gente en Panamá.
SANDRA ¿Cómo es que ella __12__ a mucha
gente allí?
PEPITA Pues, tú __13__ que ella tiene parientes en Panamá, ¿no?
SANDRA Ay, sí, es verdad. Yo __14__ que tiene familia en Panamá
porque yo __15__ a su tía Lola. Y __16__ que ella es de Panamá.

La Bahía de Panamá

22 **Juego** **Lo/La conozco muy bien.** Work with a classmate.

Think of someone in the class whom you know quite well. Tell your
partner some things you know about this person. Don't say who it is.
Your partner will guess. Take turns.

Andas bien. ¡Adelante!

Conversación

Está saliendo nuestro vuelo. 🔄 🎧 ⊙

Señores pasajeros. Su atención, por favor. La compañía de aviación anuncia la salida de su vuelo ciento seis con destino a Santafé de Bogotá. Embarque inmediato por la puerta de salida número seis.

Antonio ¡Chist, Luisa! Están anunciando la salida de nuestro vuelo.

Luisa Sí, lo sé. ¡Y Dios mío! Antonio, ¿sabes dónde está Fernando?

Antonio Sí, tú conoces a Fernando. Llegó tarde otra vez. Todavía está facturando su equipaje.

Luisa Hablando de equipaje, ¿tienes los talones para nuestras maletas?

Antonio Sí, aquí están. Los tengo con los boletos.

Luisa ¿De qué puerta sale nuestro vuelo?

Antonio De la puerta número seis. Primero tenemos que pasar por el control de seguridad.

Luisa ¡Vamos ya! No vamos a esperar a Fernando. Él puede perder el vuelo si quiere. Pero yo, no.

Después de conversar

Contesten.

1. ¿Está Fernando con Antonio y Luisa?
2. ¿Sabe Antonio dónde está Fernando?
3. ¿Qué está haciendo Fernando?
4. ¿Siempre llega tarde?
5. ¿Qué va a perder?

Vamos a hablar más
Let's talk some more

A **Un billete para Madrid** Work with a classmate. You want to fly from Mexico City to Madrid. Call the airline to get a reservation. Your partner will be the reservation agent. Before you call, think about all the information you will need to give or get from the agent: date of departure, departure time, arrival time in Madrid, flight number, price.

B **Antonio, Antonio** Work with a classmate. You both know Antonio. He's a great guy, but he'll never get to the airport on time. He's always late. Have a conversation about Antonio. Tell some things you know about him that always make him late.

Pronunciación

La consonante r

When a word begins with an **r** (initial position), the **r** is trilled in Spanish. Within a word, **rr** is also trilled. The Spanish trilled **r** sound does not exist in English. Repeat the following.

ra	re	ri	ro	ru
rápido	reclama	Ricardo	Roberto	Rubén
raqueta	recoger	rico	rojo	rubio
párrafo	corre	perrito	perro	
		aterrizar	catarro	

The sound for a single **r** within a word (medial position) does not exist in English either. It is trilled less than the initial **r** or **rr**. Repeat the following.

ra	re	ri	ro	ru
demora	arena	Clarita	maletero	Perú
verano		consultorio	número	Aruba
para			miro	

Repeat the following sentences.

El mesero recoge los refrescos.
El perrito de Rubén corre en la arena.
El maletero corre rápido por el aeropuerto.
El avión para Puerto Rico aterriza con una demora de una hora.
El rico tiene una raqueta en el carro.

Lecturas culturales

El avión en la América del Sur ♻

Reading Strategy

Identifying the main idea When reading, it is important to identify the main idea the author is expressing. Each paragraph usually discusses a different idea. The main idea is often found in the first or second sentence of a paragraph. Go through the reading quickly to find the main idea in each paragraph. Do not read every word. Once you know the main idea of the passage, go back and read it again more carefully.

El avión es un medio de transporte muy importante en la América del Sur. ¿Por qué? Pues, vamos a mirar un mapa del continente sudamericano. Van a ver que es un continente inmenso. Por consiguiente[1], toma mucho tiempo viajar de una ciudad a otra, sobre todo por tierra.

En la mayoría de los casos es imposible viajar de un lugar a otro por tierra. ¿Por qué? Porque es imposible cruzar[2] los picos de los Andes o la selva (jungla) tropical del río Amazonas. Por eso, a todas horas del día y de la noche, los aviones de muchas líneas aéreas están sobrevolando[3] el continente. Hay vuelos nacionales que enlazan[4] una ciudad con otra en el mismo país. Y hay vuelos internacionales que enlazan un país con otro.

[1]Por consiguiente *Consequently*
[2]cruzar *to cross*
[3]sobrevolando *flying over*
[4]enlazan *connect*

El río Amazonas

Los Andes, Chile

La selva amazónica
cerca de Iquitos, Perú

La carretera
panamericana
en Ecuador

Después de leer

A ¿Sí o no? Digan que sí o que no.

1. El continente sudamericano es muy pequeño.
2. El tren es un medio de transporte importante en la América del Sur.
3. En muchas partes de la América del Sur, es difícil viajar por tierra.
4. Los picos andinos son muy altos.
5. Las selvas tropicales están en los picos andinos.

B Análisis Contesten.

1. ¿Por qué es el avión un medio de transporte importante en la América del Sur?
2. ¿Por qué es imposible viajar por tierra de una ciudad a otra en muchas partes de la América del Sur?
3. ¿Cuál es la diferencia entre un vuelo nacional y un vuelo internacional?
4. ¿Cuál es la idea principal de esta lectura?

Lectura opcional ①

El aeropuerto JFK
en Nueva York

Distancias y tiempo de vuelo

Nueva York a Madrid

Los vuelos entre los Estados Unidos y Europa son muy largos, ¿no? El Atlántico es un océano grande. Para cruzar el océano Atlántico toma mucho tiempo. Pero los vuelos dentro de la América del Sur pueden ser muy largos también. Vamos a hacer algunas comparaciones.

Susana Rogers está abordando un jet en el aeropuerto internacional de John F. Kennedy en Nueva York. Va a ir a Madrid. Es un vuelo sin escala[1] y después de unas siete horas, el avión va a aterrizar en el aeropuerto de Barajas en Madrid.

Caracas a Buenos Aires

A la misma hora que Susana está abordando el vuelo para Madrid, José Dávila está saliendo de Caracas, Venezuela. Él va a Buenos Aires, Argentina. Su vuelo es también un vuelo sin escala. ¿Sabe Ud. cuánto tiempo va a tomar? José va a llegar a Ezeiza, el aeropuerto de Buenos Aires, después de un vuelo de unas siete horas. Como ven Uds., hay muy poca diferencia entre el vuelo que cruza el océano de Nueva York a Madrid y el vuelo de Caracas a Buenos Aires.

[1]sin escala *nonstop*

El aeropuerto en
Caracas, Venezuela

Después de leer

¿Lo sabes? Busquen la siguiente información.

1. el nombre de un océano
2. el nombre de un país
3. el nombre de una ciudad norteamericana
4. el nombre de una ciudad sudamericana
5. la duración del vuelo entre Nueva York y Madrid
6. la duración del vuelo entre Caracas y Buenos Aires

Las líneas de Nazca

Un vuelo muy interesante es el vuelo en una avioneta de un solo motor sobre las figuras o líneas de Nazca. ¿Qué son las figuras de Nazca? En el desierto entre Nazca y Palpa en el Perú, hay toda una serie de figuras o dibujos misteriosos en la arena. Hay figuras de aves[1], peces[2] y otros animales. Hay también figuras geométricas—rectángulos, triángulos y líneas paralelas.

El origen de las figuras de Nazca es un misterio. No sabemos de dónde vienen. Pero sabemos que tienen unos tres o cuatro mil años de edad. Y son tan[3] grandes y cubren[4] un área tan grande que para ver las figuras bien es necesario tomar un avión. La avioneta para Nazca sale todos los días de Jorge Chávez, el aeropuerto internacional de Lima.

[1]aves *birds* [3]tan *so*
[2]peces *fish* [4]cubren *cover*

Después de leer

Nazca Contesten.
1. ¿Sobre qué vuela la avioneta?
2. ¿Cuántos motores tiene la avioneta?
3. ¿Dónde están las figuras o líneas de Nazca?
4. ¿Están en un desierto las figuras?
5. ¿Es un misterio el origen de las figuras o sabemos de dónde vienen?
6. ¿Qué tipo de figuras o líneas hay?
7. ¿Cuántos años tienen?
8. ¿Cubren un área muy grande las líneas?
9. ¿De dónde salen los aviones para ver las líneas?

Conexiones

Las matemáticas

Las finanzas

When we travel we have to take into account how much the trip will cost. A wise traveler has some idea of an affordable travel budget. Can the budget afford a luxury hotel or is it better to stay in an inexpensive hostel? Some travel ads, like this one below, suggest that people can travel now and pay later. Before making a decision, one must consider the financial impact. When are the payments due? What is the interest rate?

Here is some important information about everyday finances that may come in handy when traveling to a Spanish-speaking country.

la tarjeta de crédito

el cheque de viajero

el dinero en efectivo

Las finanzas

Si vamos a hacer un viaje, es necesario saber cuánto va a costar. Es una buena idea preparar un presupuesto[1]. El presupuesto nos permite saber cuánto dinero tenemos y cuánto podemos gastar[2]. El presupuesto tiene que incluir los siguientes gastos[3]:

Cuando viajamos, podemos pagar nuestras cuentas o facturas con una tarjeta de crédito, cheques de viajero o (dinero) en efectivo.

En un país extranjero no vamos a pagar con dólares. Vamos a usar la moneda nacional—pesos o soles, por ejemplo. Tenemos que cambiar dinero. En México es necesario cambiar dólares en pesos. Antes de cambiar dinero, es importante saber el tipo de cambio[4].

Si decidimos pagar a plazos[5], es necesario pagar un pronto[6] (un pie, un enganche). Luego hay que hacer un pago cada mes—una mensualidad. Antes de decidir pagar algo a plazos, es necesario saber la tasa de interés[7] que tenemos que pagar. Todos debemos ser consumidores inteligentes porque la tasa de interés puede ser muy alta.

precio del vuelo
transporte local
hotel
comidas y refrescos
entradas
— museos, teatros

[1]presupuesto *budget*   [4]tipo de cambio *exchange rate*   [6]pronto *down payment*
[2]gastar *to spend*   [5]pagar a plazos *to pay in installments*   [7]tasa de interés *interest rate*
[3]gastos *expenses*

Guanajuato, México

Después de leer

La palabra, por favor. Completen.

1. El _____ nos indica cuánto dinero tenemos y cuánto podemos gastar en varias categorías.
2. El dinero que tenemos que pagar es un _____.
3. Los _____ no pueden exceder la cantidad de dinero que tenemos.
4. Podemos pagar nuestras _____ con una tarjeta de crédito, _____ o _____.
5. En un país _____, no vamos a pagar con dólares.
6. En México tenemos que _____ dólares en pesos mexicanos. En España tenemos que _____ dólares en euros.
7. Antes de cambiar dinero es necesario saber el _____.
8. Si uno decide comprar algo a plazos, es necesario pagar un _____ al principio.
9. Un pago mensual es una _____.
10. Si vamos a comprar algo a plazos, es siempre necesario saber la _____ que puede ser bastante alta.

¡Te toca a ti!

Use what you have learned

1 ¿Adónde vas?

✔ *Talk about a plane trip*

You just got to the airport and unexpectedly ran into a friend (your partner). Exchange information about the trip and flight each of you is about to take.

HABLAR

2 ¿Vas a hacer un viaje?

✔ *Plan a plane trip to a Spanish-speaking destination*

Go to a travel agency in your community. Get some travel brochures and plan a plane trip. Tell all about your trip.

SPANISH Online

For more information about travel agencies and tours in the Spanish-speaking world, go to the Glencoe Spanish Web site: spanish.glencoe.com

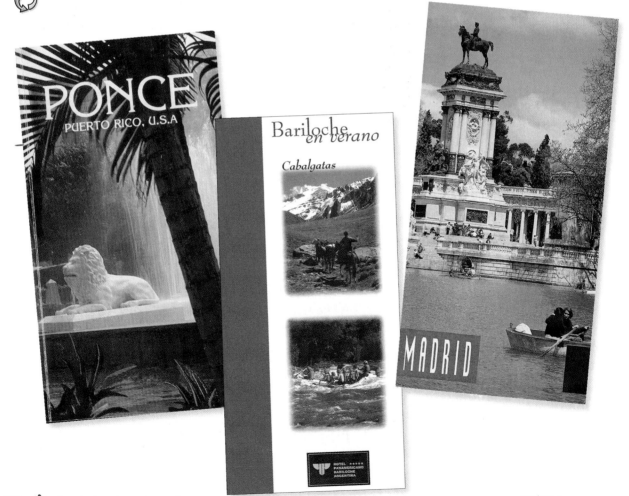

PONCE
PUERTO RICO, U.S.A

Bariloche *en verano*

Cabalgatas

HOTEL ★★★★★
PANAMERICANO
BARILOCHE
ARGENTINA

MADRID

ESCRIBIR

3

Un viaje en avión

✔ *Write about airport activities and services aboard the plane*

You have a Venezuelan pen pal who is going to visit you this winter. This will be his or her first flight. Write your pen pal a letter and explain all the things he or she is going to experience before, during, and after the flight.

ESCRIBIR

4

Un concurso

In order to win an all-expense-paid trip to the Spanish-speaking country of your choice, you have to write an essay in Spanish and send it to the company sponsoring the trip. Read the following essay questions and then write your answers. You really want to go, so be sure to plan your answers carefully and check your work.

¿A qué país quiere Ud. viajar?
¿Cómo quiere Ud. viajar?
¿Por qué quiere Ud. ir allí?
¿Qué quiere Ud. hacer allí?
¿Qué quiere aprender?

Writing Strategy

Answering an essay question
When writing an answer to an essay question, first read the question carefully to look for clues to determine how your answer should be structured. Then begin by restating the essay question in a single statement in your introduction. Next, support the statement in the body of the answer with facts, details, and reasons. Finally, close with a conclusion that summarizes your answer.

Vocabulario

1 Identifiquen.

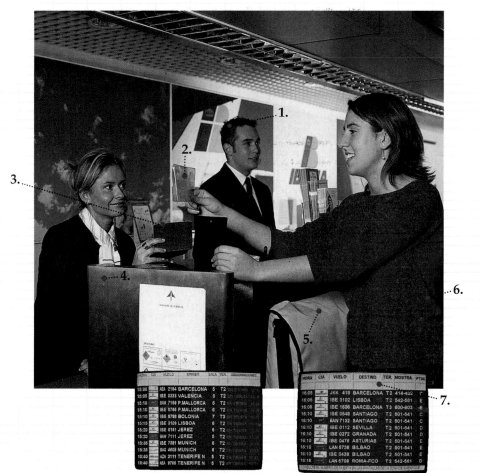

To review **Palabras 1**, turn to pages 336-337.

2 ¿Sí o no?

8. Cuándo los pasajeros desembarcan de un vuelo, tienen que pasar por el control de seguridad.

9. Después de un vuelo, los pasajeros reclaman su equipaje.

10. A veces un(a) agente de aduana inspecciona el equipaje de los pasajeros cuando desembarcan de un vuelo internacional (cuando llegan de un país extranjero).

To review **Palabras 2**, turn to pages 340-341.

Estructura

3 Contesten.

To review **hacer, poner, traer, salir,** turn to page 344.

11. Cuando haces un viaje, ¿pones tu ropa en una maleta o en una mochila?

12. ¿Traes mucho equipaje cuando haces un viaje largo?

13. ¿Vienen Uds. a la fiesta de Marta?

14. ¿Sale el vuelo para Madrid del aeropuerto internacional?

4 Escriban según el modelo.

To review the present progressive, turn to page 347.

El avión aterriza ahora.
El avión está aterrizando ahora.

15. Ellas hacen sus maletas ahora.

16. Su vuelo llega ahora.

17. No como nada.

18. ¿Qué lees?

5 Completen con **saber** o **conocer.**

To review **saber** and **conocer,** turn to page 348.

19. Yo no ____ a qué hora sale nuestro vuelo.

20. Ellos ____ muchas ciudades de España.

21. Yo ____ al amigo de Maricarmen. Es un tipo muy simpático.

22. ¿Tú ____ dónde vive (él)?

Cultura

6 ¿Sí o no?

To review this cultural information, turn to page 352.

23. El continente sudamericano es bastante pequeño.

24. Es imposible cruzar los picos altos de los Andes por tierra.

25. Hay muchas selvas tropicales en los picos andinos donde hace mucho frío.

Vocabulario

Getting around an airport—Departure

el aeropuerto
el taxi
la línea aérea
el avión
el mostrador
el/la agente
el billete, el boleto
el pasaporte
la pantalla de salidas y
   llegadas
la tarjeta de embarque
el número del asiento

el número del vuelo
el destino
la puerta de salida,
   la sala de salida
la sección de no fumar
la báscula
el talón
la maleta
el/la maletero(a)
el/la pasajero(a)
el equipaje (de mano)
el control de seguridad

Getting around an airport—Arrival

el control de pasaportes
la aduana
el reclamo de equipaje

How well do you know your vocabulary?

• Choose a word from the list.
• Have a classmate give a related word: **el viaje, viajar.**

Identifying airline personnel

el/la agente
la tripulación
el/la comandante,
   el/la piloto

el/la copiloto
el asistente de vuelo
la asistente de vuelo

Describing airport activities

hacer un viaje
dar la bienvenida
salir a tiempo
   tarde
   con una demora
revisar el boleto
pasar por el control
   de seguridad
tomar un vuelo

facturar el equipaje
abrir las maletas
inspeccionar
abordar
desembarcar
despegar
aterrizar
reclamar (recoger)
   el equipaje

Other useful expressions

el país
extranjero(a)
permitir
venir

poner
saber
conocer

TECNOTUR

¡Buen viaje!

Un viaje en avión

In this video episode, Luis misses his flight to Mexico City because of bad weather.

Luis tiene que volver a la Ciudad de México... ▶

◀ ... pero parece que hay un problema.

Mexicana es una línea aérea de México.

SPANISH Online

In the Chapter 11 Internet Activity, you will have a chance to familiarize yourself with airports in the Spanish-speaking world. To begin your virtual adventure, go to the Glencoe Spanish Web site: spanish.glencoe.com

◀ Learn more online about Hispanic airlines and the destinations they offer service to in the Spanish-speaking world.

Conversación

El pobre Juanito

Anita   Juanito fue a Navacerrada a esquiar.

Antonio   Ah, sí. ¿Qué tal lo pasó?

Anita   Muy bien. Pasó un fin de semana estupendo. Pero, ¿sabes dónde está ahora?

Antonio   No sé. No tengo idea.

Anita   Pues, está en la consulta del médico.

Antonio   ¿Qué tiene? ¿Qué le pasó?

Anita   No sé. Le duele mucho el estómago y no sabe si tiene fiebre.

Antonio   Pues, tú conoces a Juanito. Siempre está haciendo cosas que no debe hacer. ¿Qué comió?

Después de conversar

El pobre Juanito   Contesten.

1. ¿Adónde fue Juanito?
2. ¿Por qué fue a Navacerrada?
3. ¿Qué tal fue el fin de semana?
4. ¿Dónde está Juanito ahora?
5. ¿Por qué? ¿Qué tiene?
6. ¿Qué está haciendo siempre Juanito?
7. ¿Comió algo malo Juanito?

Estructura

Ser y estar

1. The verbs **ser** and **estar** both mean *to be*. **Ser** is used to tell where someone or something is from. It is also used to describe an inherent trait or characteristic.

> **Roberto es de Los Ángeles.**
> **Roberto es inteligente y guapo.**

2. **Estar** is used to tell where someone or something is located. It is also used to describe a temporary condition or state.

> **Ahora Roberto está en Madrid.**
> **Madrid está en España.**
> **Roberto está muy contento en Madrid.**

Nueva York

3. **Estar** is used with a present participle to form the progressive tense.

> **Estamos estudiando y aprendiendo mucho.**

 Historieta Roberto Completen con la forma apropiada de **ser** o **estar**.

Roberto __1__ de Caracas. Él __2__ muy simpático. __3__ muy gracioso también. Ahora él __4__ en Nueva York. __5__ estudiando en la universidad. Roberto __6__ muy contento en Nueva York.

Nueva York __7__ en el noreste de los Estados Unidos. Nueva York __8__ muy grande. __9__ muy interesante también. A Roberto le gusta mucho.

Hoy Roberto __10__ de mal humor. No __11__ muy contento. La nota que recibió en un curso no __12__ muy buena y Roberto __13__ muy inteligente.

Verbos irregulares en el presente

The following verbs all have an irregular **yo** form in the present tense. All other forms are regular.

HACER **yo hago**	TRAER **yo traigo**	SABER **yo sé**
PONER **yo pongo**	SALIR **yo salgo**	CONOCER **yo conozco**

2 **Entrevista** Contesten personalmente.

1. ¿Haces un viaje a Madrid?
2. ¿A qué hora sales para el aeropuerto?
3. ¿Pones las maletas en la maletera del carro?
4. ¿Traes mucho equipaje?

5. ¿Sabes a qué hora sale tu vuelo?
6. ¿Sabes el número del vuelo?
7. ¿Conoces Madrid?
8. ¿Sabes hablar español?

Los pronombres de complemento

1. The object pronouns **me, te,** and **nos** can function as either direct or indirect object pronouns. Note that the object pronouns in Spanish precede the conjugated verb.

> **¿Te vio Juan?**   **Sí, Juan me vio y me dio el libro.**

2. **Lo, los, la,** and **las** function as direct object pronouns only. They can replace persons or things.

Pablo compró el boleto.	**Pablo lo compró.**
Pablo compró los boletos.	**Pablo los compró.**
Elena compró la raqueta.	**Elena la compró.**
Elena compró las raquetas.	**Elena las compró.**
Yo vi a los muchachos.	**Yo los vi.**

3. **Le** and **les** function as indirect object pronouns only.

> **Yo le escribí una carta (a él, a ella, a Ud.).**
> **Yo les escribí una carta (a ellos, a ellas, a Uds.).**

Chacaltaya, una estación de esquí en Bolivia

3 **¡A esquiar!** Cambien los sustantivos en pronombres.

1. Llevo *los esquís* a la cancha.
2. También llevo *las botas*.
3. Compro *el boleto* en la taquilla.
4. Veo a *mi hermana* en el telesquí.
5. Doy *el boleto* a mi hermana.
6. Ella da *los esquís* a los muchachos.

Literary Companion

You may wish to read the adaptation of «La camisa de Margarita» by Ricardo Palma. You will find this literary selection on pages 478–483.

El pretérito

1. The preterite is used to express an event that started and ended in the past. Review the forms of the preterite of regular verbs.

INFINITIVE	mirar	comer	vivir
yo	miré	comí	viví
tú	miraste	comiste	viviste
él, ella, Ud.	miró	comió	vivió
nosotros(as)	miramos	comimos	vivimos
vosotros(as)	*mirasteis*	*comisteis*	*vivisteis*
ellos, ellas, Uds.	miraron	comieron	vivieron

2. The forms of **ir** and **ser** in the preterite are identical. The meaning is made clear by the context of the sentence.

fui	fuiste	fue	fuimos	*fuisteis*	fueron

 ### 4 ¿Qué hicieron todos? Contesten.

 1. ¿Fuiste al museo ayer?
¿Viste una exposición de arte?
¿Tomaste un refresco en la cafetería del museo?

2. ¿Salieron Uds. anoche?
¿Fueron al cine?
¿Tomaron el metro?

3. ¿Esquió Roberto?
¿Subió la pista en el telesilla?
¿Bajó la pista para expertos?

4. ¿Pasaron tus amigos el fin de semana en la playa?
¿Te escribieron una tarjeta postal?
¿Nadaron y tomaron el sol en la playa?

5 Deportes
The Latin American exchange student (your partner) at your school asks you what sports you played last year. Tell him or her and say which one you liked most and why. Then ask the exchange student the same questions.

6 Diversiones
Work with a classmate. Discuss what you each do when you have free time. Do you like to do the same activities?

1

1. Paseo de la Princesa, Viejo San Juan
2. Plaza de Armas, Viejo San Juan
3. Zona residencial, Viejo San Juan
4. Baile folklórico, Viejo San Juan
5. Coquí, Luquillo
6. Frutero, Viejo San Juan
7. Desfile de los Reyes Magos, Viejo San Juan

NATIONAL GEOGRAPHIC

VISTAS
DE PUERTO RICO

1. *Vegetación tropical, Sierra de Cayey*
2. *Radiotelescopio, Arecibo*
3. *Laguna del Condado, San Juan*
4. *Museo de arte, Ponce*
5. *Cosecha de piñas, Manatí*
6. *Atleta puertorriqueña, San Juan*
7. *Catedral de Nuestra Señora de Guadalupe, Ponce*

PUERTO RICO

NATIONAL GEOGRAPHIC

VISTAS
DE PUERTO RICO

3

4

Capítulo 12

Una gira

Objetivos

In this chapter you will learn to:

❖ describe your personal grooming habits
❖ talk about your daily routine
❖ tell some things you do for yourself
❖ talk about a backpacking trip

La rutina

Hola. Yo me llamo José.
¿Y tú? ¿Cómo te llamas?

El muchacho se llama José.

José se acuesta.
Se acuesta a las once de la noche.
Él se duerme enseguida.

La muchacha se despierta temprano.
Se levanta enseguida.

la cara

El muchacho se lava la cara.

la navaja

la crema
de afeitar

El muchacho se afeita.
Se afeita con la navaja.

el pelo

El muchacho toma una ducha.
El muchacho se lava el pelo.

La muchacha se baña.

El muchacho se cepilla (se lava) los dientes.

el maquillaje

La muchacha se maquilla.
Se pone el maquillaje.

el espejo

el peine

El muchacho se peina.
Se mira en el espejo cuando se peina.

Ella se pone la ropa.

La muchacha se sienta a la mesa.
Toma el desayuno.
Se desayuna.

un vaso de jugo de naranja

el pan tostado

el cereal

Vocabulario

Para empezar
Let's use our new words

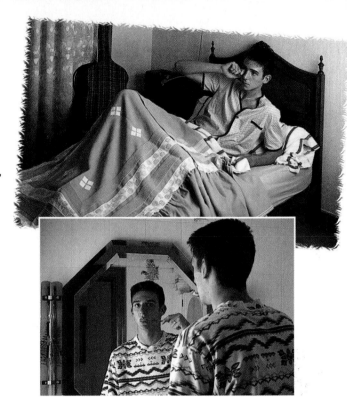

1 Historieta Un día en la vida de...

Contesten según se indica.

1. ¿Cómo se llama el joven? (Paco)
2. ¿A qué hora se despierta?
   (a las seis y media)
3. ¿Cuándo se levanta? (enseguida)
4. ¿Adónde va? (al cuarto de baño)
5. ¿Qué hace? (se lava la cara y
   se cepilla los dientes)
6. Luego, ¿adónde va? (a la cocina)
7. ¿Se sienta a la mesa? (sí)
8. ¿Qué toma? (el desayuno)

2 ¿Qué hace el muchacho o la muchacha? Describan.

1.

2.

3.

4.

5.

6.

3 Historieta Las actividades de Sarita
Completen.

Sarita __1__ por la mañana. Ella __2__
la cara y las manos. Ella __3__ los dientes.
Ella __4__ el pelo. Ella __5__ la ropa—un
blue jean y una camiseta. Ella __6__ en
la cocina. Ella __7__ a la mesa.

Málaga, España

4 Entrevista
Contesten personalmente.
1. ¿Cómo te llamas?
2. ¿A qué hora tomas el desayuno?
3. ¿Tomas el desayuno en la cocina o en el comedor?
4. ¿Te gusta tomar un desayuno grande?
5. ¿Qué comes en el desayuno?
6. ¿Te gustan los cereales?

5 La rutina Work with a classmate. Each of you will choose one family member and tell each other about that person's daily activities.

mi gato · papá · mi prima · mi hermana
mamá · mi perro · mi primo · mi hermano

*For more practice using words from **Palabras 1**, do Activity 12 on page H13 at the end of this book.*

Una gira

Los amigos están viajando por España.
Están haciendo un viaje económico.
Lo están pasando muy bien.
   Se divierten mucho.
Duermen en el saco de dormir.

el saco de dormir

¿Qué ponen o llevan en la mochila?

una botella de
agua mineral

el champú

un cepillo

un cepillo de dientes

un rollo de
papel higiénico

un tubo
de pasta (crema) dentífrica

una barra (una pastilla)
de jabón

Los amigos dan una caminata.
Algunos van a pie.
Y otros van en bicicleta.

Pasan la noche en un albergue para jóvenes.
Y a veces pasan la noche en un hostal o en
una pensión.

Vocabulario

Para empezar
Let's use our new words

6 ¿Qué pierde Pepe de la mochila? Identifiquen.

7 **Historieta** **Una gira** Contesten.

1. ¿Hacen los jóvenes un viaje de lujo o un viaje económico?
2. ¿Por dónde están viajando?
3. ¿En qué llevan sus cosas?
4. ¿Cuáles son algunas cosas que ponen en la mochila?
5. ¿Cómo van de un lugar (sitio) a otro?
6. ¿En qué duermen a veces?
7. ¿Dónde pasan la noche de vez en cuando (a veces)?
8. ¿Se divierten?

8 Historieta En el cuarto de baño Completen.

1. El muchacho va a tomar una ducha. Necesita ____.
2. La muchacha quiere peinarse pero, ¿dónde está ____?
3. El muchacho va a afeitarse. Necesita ____.
4. Juanito quiere lavarse los dientes. ¿Dónde está ____?
5. No hay pasta dentífrica. Tengo que comprar otro ____.
6. No hay más jabón. Tengo que comprar otra ____.
7. Siempre uso ____ para lavarme el pelo.

9 En la farmacia You're a clerk in a drugstore. A classmate is a Spanish-speaking customer who wants to buy the following toiletries. Have a conversation.

Telling what people do for themselves
Verbos reflexivos

1. Compare the following pairs of sentences.

Mariana baña al perro.

Mariana se baña.

Mariana cepilla al perro.

Mariana se cepilla.

In the sentences above the illustrations, Mariana performs the action. The dog receives the action. In the sentences below the drawings, Mariana both performs and receives the action of the verb. For this reason, the pronoun **se** must be used. **Se** refers back to Mariana in these sentences and is called a "reflexive pronoun." It indicates that the action of the verb is reflected back to the subject.

2. Study the forms of a reflexive verb.

INFINITIVE	lavarse	levantarse
yo	me lavo	me levanto
tú	te lavas	te levantas
él, ella, Ud.	se lava	se levanta
nosotros(as)	nos lavamos	nos levantamos
vosotros(as)	os laváis	os levantáis
ellos, ellas, Uds.	se lavan	se levantan

¿Lo sabes?

The reflexive pronoun is attached to the infinitive.
José va a lavarse.
Tengo que bañarme.

3. In the negative form, **no** is placed before the reflexive pronoun.

¿**No te lavas las manos?**
La familia Martínez no se desayuna en el comedor.

4. In Spanish when you refer to parts of the body and articles of clothing, you often use the definite article, not the possessive adjective.

Él se lava la cara.
Me lavo los dientes.
Me pongo la camisa.

Para continuar
Let's put our words together

10 Historieta Teresa Contesten.

1. ¿A qué hora se levanta Teresa?
2. ¿Se baña por la mañana o por la noche?
3. ¿Se desayuna en casa?
4. ¿Se lava los dientes después del desayuno?
5. ¿Se pone una chaqueta si sale cuando hace frío?

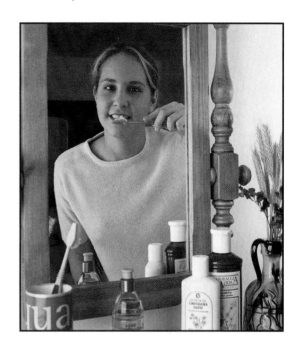

11 El aseo Contesten personalmente.

1. ¿A qué hora te levantas? ¿Y a qué hora te levantaste esta mañana?
2. ¿Te bañas por la mañana o tomas una ducha? Y esta mañana, ¿te bañaste o tomaste una ducha?
3. ¿Te cepillas los dientes con frecuencia? ¿Cuántas veces te cepillaste los dientes hoy?
4. ¿Te desayunas en casa o en la escuela? Y esta mañana, ¿dónde te desayunaste?
5. ¿Te afeitas o no? Y hoy, ¿te afeitaste?
6. ¿Te peinas con frecuencia? ¿Te miras en el espejo cuando te peinas? ¿Cuántas veces te peinaste hoy?

Estructura

 12 ¿Qué hace? Sigan el modelo.

—¿Se lava los dientes?
—Sí, se lava los dientes.

1.

2.

3.

4.

5.

6.

 13 ¿Y Uds.? Sigan el modelo.

Ellos se levantan a las siete.

Nos levantamos a las siete también.

Ah, sí. ¿Y a qué hora se levantan Uds.?

1. Ellos se levantan a las seis y media.
2. Ellos se bañan a las siete menos cuarto.
3. Ellos se desayunan a las siete y media.

14 **Nombres** Contesten.

1. ¿Cómo te llamas?
2. Y tu hermano(a), ¿cómo se llama?
3. ¿Cómo se llama tu profesor(a) de español?
4. ¿Y cómo se llaman tus abuelos?
5. Una vez más, ¿cómo te llamas?

15 **¿Qué hacen todos?** Completen según las fotos.

1. Yo
   Él
   Tú
   Ud.

2. Nosotros
   Ellos
   Uds.
   Él y yo

16 **Me desayuno y luego...** Work in groups of three or four. Tell the order of your daily activities from morning to night. Do you all do everything in the same order? Does anyone do things really differently? What's the most common routine? What's the weirdest routine?

17 *Juego* **Me pongo...** Describe some clothing you're putting on. A classmate will guess where you are going or what you are going to do.

Estructura

 Telling what people do for themselves
Verbos reflexivos de cambio radical

1. The reflexive verbs **acostarse (o → ue)** and **(divertirse e → ie)** are stem-changing verbs. Study the following forms.

INFINITIVE	acostarse	divertirse
yo	me acuesto	me divierto
tú	te acuestas	te diviertes
él, ella, Ud.	se acuesta	se divierte
nosotros(as)	nos acostamos	nos divertimos
vosotros(as)	os acostáis	os divertís
ellos, ellas, Uds.	se acuestan	se divierten

¿Lo sabes?

Dormirse (o → ue) and **sentarse (e → ie)** are two other reflexive verbs that have a stem change.

2. Many verbs in Spanish can be used with a reflexive pronoun. Often the reflexive pronoun gives a different meaning to the verb. Study the following examples.

María pone la blusa en la mochila.	*Mary puts the blouse in the backpack.*
María se pone la blusa.	*Mary puts on her blouse.*
María duerme ocho horas.	*Mary sleeps eight hours.*
María se duerme enseguida.	*Mary falls asleep immediately.*
María llama a Carlos.	*Mary calls Carlos.*
Ella se llama María.	*She calls herself Mary. (Her name is Mary.)*
María divierte a sus amigos.	*Mary amuses her friends.*
María se divierte.	*Mary amuses herself. (Mary has a good time.)*

Para continuar
Let's put our words together

18 **¿Cómo lo haces tú?**
Contesten personalmente.

1. ¿Duermes en una cama o en un saco de dormir?
2. Cuando te acuestas, ¿te duermes enseguida?
3. Y cuando te despiertas, ¿te levantas enseguida?
4. ¿Te sientas a la mesa para tomar el desayuno?
5. ¿Te diviertes en la escuela?

Cataluña, España

19 **Historieta** **Duermo ocho horas.** Completen.

Cuando yo ___1___ (acostarse), yo ___2___ (dormirse) enseguida. Cada noche yo ___3___ (dormir) ocho horas. Yo ___4___ (acostarse) a las once y ___5___ (levantarse) a las siete de la mañana. Cuando yo ___6___ (despertarse), ___7___ (levantarse) enseguida. Pero cuando mi hermana ___8___ (despertarse), ella no ___9___ (levantarse) enseguida. Y mi hermano, cuando él ___10___ (acostarse), no ___11___ (dormirse) enseguida. Él pasa horas escuchando música en la cama. Así él ___12___ (dormir) solamente unas seis horas.

20 **¿Lo está pasando bien? ¿Se divierte?** Choose an illustration below and describe it. A classmate will tell which one you're describing and let you know whether he or she thinks the people are having fun. Take turns.

1.

2.

3.

4.

21 **Juego** **¿Qué tengo?** You have something you have to use every day for part of your daily routine. Tell a classmate what it is. He or she will then guess what you do with it.

—**Tengo una navaja.**
—**Ah, te afeitas.**

Andas bien. ¡Adelante!

¿A qué hora te despertaste?

Timoteo Maripaz, ¿a qué hora te despertaste esta mañana?

Maripaz Esta mañana me levanté un poco tarde.

Timoteo ¿Te levantaste tarde? ¿Por qué?

Maripaz Porque anoche me acosté muy tarde.

Timoteo ¿Por qué te acostaste tan tarde? ¿Saliste?

Maripaz No, no salí. Pasé la noche estudiando. Hoy tengo un examen de álgebra. Estudié hasta la medianoche.

Timoteo ¿Estudiaste hasta la medianoche?

Maripaz Sí, y por lo general me despierto a las seis pero esta mañana no me desperté hasta las seis y media.

Timoteo ¿Llegaste tarde a la escuela?

Maripaz No, afortunadamente llegué a tiempo porque la clase de álgebra es mi primera clase.

Después de conversar

Contesten.

1. Esta mañana, ¿se levantó tarde o temprano Maripaz?
2. ¿Por qué se levantó tarde?
3. ¿Salió ella anoche?
4. ¿Cómo pasó la noche?
5. ¿Hasta qué hora estudió?
6. Por lo general, ¿a qué hora se despierta ella?
7. ¿A qué hora se despertó esta mañana?
8. ¿Llegó tarde a la escuela?
9. ¿Cuál es la primera clase de Maripaz?

Vamos a hablar más
Let's talk some more

A **Me acosté muy tarde.** You got to bed really late last night and you're feeling tired. Tell a classmate why. Then he or she will ask you some questions about what you're doing today and how things are.

B **Vamos a dar una caminata.** You're planning to backpack through a Spanish-speaking country. Work with a classmate. Decide what country you want to go to. Then decide what you are going to take with you, how long you'll be away, how much money you'll need, and how you plan to get around.

Pronunciación

La h, la y, la ll

The **h** in Spanish is silent. It is never pronounced. Repeat the following.

hijo	hotel	higiénico
hermano	hace	hostal

Y in Spanish can be either a vowel or a consonant. As a vowel, it is pronounced exactly the same as the vowel **i.** Repeat the following.

Juan y María
el jabón y el champú

Y is a consonant when it begins a word or a syllable. As a consonant, **y** is pronounced similarly to the *y* in the English word *yo-yo.* This sound has several variations throughout the Spanish-speaking world. Repeat the following.

ya	desayuno	ayuda	playa

The **ll** is pronounced as a single consonant in Spanish. In many areas of the Spanish-speaking world, it is pronounced the same as the **y.** It too has several variations. Repeat the following.

llama	botella	cepillo	toalla
llega	pastilla	rollo	lluvia

Repeat the following sentences.

La hermana habla hoy con su hermano en el hotel.
Está lloviendo cuando ella llega a la calle Hidalgo.
El hombre lleva una botella de agua a la playa hermosa.

Lecturas culturales

Del norte de España

¡Hola! Me llamo Iván Orama. Soy de San Juan, Puerto Rico. Pero ahora no estoy en Puerto Rico. Estoy en España donde un grupo de amigos de nuestro colegio estamos pasando el verano. Es una experiencia fabulosa. Nos divertimos mucho. ¿Me permites describir un día típico?

Esta mañana nos despertamos temprano. Todos nos levantamos enseguida. Con la mochila en la espalda[1] salimos de la pensión. Fuimos a una cafetería donde nos desayunamos. Yo tomé un jugo de china o, como lo llaman aquí en España, un zumo de naranja. Marta comió churros, una cosa típica española. Y los otros, no sé lo que comieron.

Cuando salimos del café, fuimos en nuestras bicicletas en dirección a Santiago de Compostela. Estamos siguiendo[2] más o menos el Camino[3] de Santiago.

[1]en la espalda *on our backs*
[2]siguiendo *following*
[3]Camino *Way, Route*

Reading Strategy

Skimming There are several ways to read an article or a passage—each one with its own purpose. Skimming means reading quickly in order to find out the general idea of a passage. To skim means to read without paying careful attention to small details, noting only information about the main theme or topic. Sometimes a reader will skim a passage only to decide whether it's interesting enough to then read it in detail.

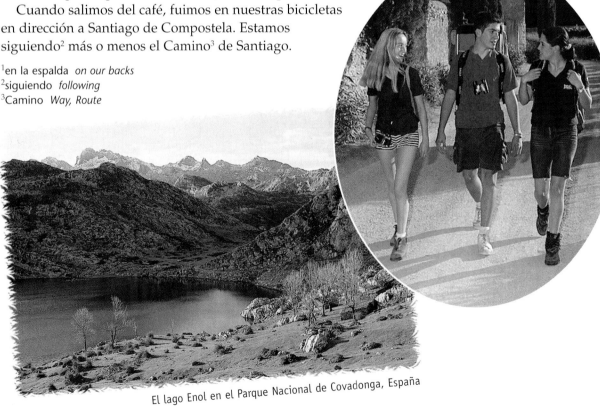

El lago Enol en el Parque Nacional de Covadonga, España

El otro día pasamos un día estupendo en San Sebastián. Nos sentamos en la playa y nos bañamos en el mar Cantábrico. Te aseguro[4] que el agua del Cantábrico está mucho más fría que el agua del Caribe en nuestro Puerto Rico.

El lunes dimos una caminata por los Picos de Europa. Fue increíble. Los picos son tan altos que aún[5] en julio están cubiertos de nieve.

No sabemos cuándo vamos a llegar a Santiago. Pero lo estamos pasando muy bien. Nos divertimos mucho.

[4]Te aseguro *I assure you*
[5]aún *even*

San Sebastián, España

Después de leer

A Un día con los amigos Contesten.

1. ¿Cómo se llama el muchacho?
2. ¿De dónde es?
3. ¿Dónde está ahora?
4. ¿Con quiénes está?
5. ¿Qué están haciendo?
6. ¿Cuándo se levantaron esta mañana?
7. ¿Adónde fueron cuando salieron de la pensión?
8. ¿Qué comió Marta en el desayuno?

B Más sobre la caminata Escojan.

1. Cuando salieron del café, fueron ____.
   a. al albergue juvenil
   b. a San Sebastián
   c. hacia Santiago de Compostela

2. Pasaron el otro día ____.
   a. en la playa
   b. en el Camino de Santiago
   c. en el Cantábrico

3. Hay una playa bonita en ____.
   a. Santiago de Compostela
   b. los Picos de Europa
   c. San Sebastián

4. El agua del mar está fría en ____.
   a. el mar Cantábrico
   b. el mar Caribe
   c. los Picos de Europa

5. Los Picos de Europa están cubiertos de nieve porque ____.
   a. están cerca del mar Cantábrico
   b. son muy altos y allí hace mucho frío
   c. son increíbles

C La ruta Dibujen un mapa de la ruta de los jóvenes.

Lectura opcional

El Camino de Santiago

Durante la Edad Media[1] hay tres peregrinaciones[2] famosas—la peregrinación a Jerusalén en Israel, la peregrinación a Roma y la peregrinación a Santiago de Compostela.

Santiago de Compostela está en Galicia, una región pintoresca en el noroeste de España. Galicia se parece más a[3] Irlanda que al resto de España. Llueve mucho en Galicia y todo es muy verde.

El Camino de Santiago es el camino que tomaron los peregrinos de la Edad Media. El camino empieza en los Pirineos, en el pueblo de Roncesvalles y termina en Santiago. Atraviesa o cruza todo el norte de España. ¿Por qué quieren ir a Santiago los peregrinos? Porque creen que allí está enterrado[4] el apóstol Santiago.

[1]Edad Media *Middle Ages*
[2]peregrinaciones *pilgrimages*
[3]se parece más a *looks more like*
[4]enterrado *buried*

Galicia, España

La catedral en Santiago de Compostela

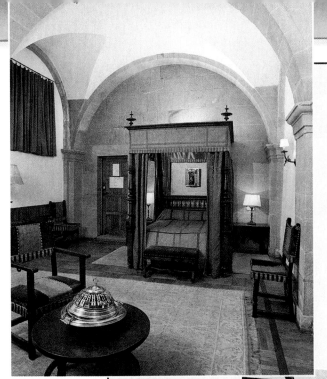

Los peregrinos viajan a pie (caminan) de un pueblo a otro. Cada día cubren un trecho[5] (tramo) fijo. Al final de cada trecho hay un hostal donde los peregrinos pueden pasar la noche. En el siglo XI hay hostales que pueden alojar[6] a unos mil peregrinos.

Una vez más el Camino de Santiago es muy popular. Hoy día muchos turistas toman la misma ruta. Pero no van a pie. Van en carro. Y muchos jóvenes van en bicicleta.

[5]trecho *stretch*
[6]alojar *lodge, accommodate*

Hostal de los Reyes Católicos, Santiago de Compostela

Después de leer

A Santiago de Compostela
Contesten.
1. ¿Dónde está Santiago de Compostela?
2. ¿En qué parte de España está Galicia?
3. ¿Por qué se parece mucho a Irlanda?
4. ¿Quién está enterrado en la catedral en Santiago de Compostela?

B ¿Qué sabes? Describan lo que aprendieron del Camino de Santiago.

Conexiones
Las ciencias naturales

La ecología

Ecology is a subject of great interest to young people around the world. No one wants to wake up each morning and breathe polluted air. No one wants to hike along a river bank that is loaded with debris or swim in a contaminated ocean. As people travel around the world, they are appalled by the destruction they see done to the environment. We are all aware that urgent and dramatic steps must be taken to avert future ecological disasters.

Santiago, Chile

La ecología

El término «ecología» significa el equilibrio entre los seres vivientes—los seres humanos—y la naturaleza[1]. Hoy en día hay grandes problemas ecológicos en casi todas partes del mundo.

La contaminación del aire

La contaminación del medio ambiente[2] es el problema número uno. La contaminación de todos los tipos es la plaga de nuestros tiempos.

El aire que respiramos[3] está contaminado. Está contaminado principalmente por las emisiones de gases que escapan de los automóviles y camiones. Está contaminado también por el humo[4] que emiten las chimeneas de las fábricas[5] que queman[6] sustancias químicas.

[1]naturaleza *nature*
[2]medio ambiente *environment*
[3]respiramos *we breathe*
[4]humo *smoke*
[5]fábricas *factories*
[6]queman *burn*

Caracas, Venezuela

El agua

Nuestras aguas están contaminadas también. Buques petroleros derraman[7] cantidades de petróleo cada año en nuestros mares y océanos. En las zonas industriales las fábricas echan los desechos[8] industriales en los ríos. Muchos de los desechos son tóxicos. Los ríos contaminados son portadores[9] de enfermedades serias.

El reciclaje

Hoy en día hay grandes campañas de reciclaje. El reciclaje consiste en recoger los desechos—papel, vidrio[10], metal—para transformar y poder utilizar estos productos de nuevo (una vez más).

[7]Buques petroleros derraman *Oil tankers spill*
[8]desechos *wastes*
[9]portadores *carriers*
[10]vidrio *glass*

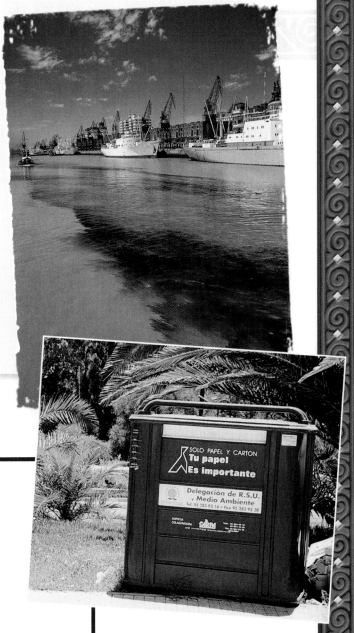

Río de la Plata,
Buenos Aires

Después de leer

A En español, por favor.

Busquen las palabras equivalentes en español.
1. ecology
2. ecological problems
3. air pollution
4. toxic wastes
5. recycling

B Para discutir Contesten.

1. ¿Está contaminado el aire donde Uds. viven?
2. ¿Hay mucha industria donde viven?
3. ¿Hay muchas fábricas?
4. ¿Hay muchos automóviles y camiones?
5. ¿Escapan gases de los automóviles?
6. ¿Hay campañas de reciclaje donde viven?

SPANISH Online

For more information about environmental issues in the Spanish-speaking world, go to the Glencoe Spanish Web site:
spanish.glencoe.com

¡Te toca a ti!

Use what you have learned

 HABLAR

1 Mi familia

 ✔ *Compare your family's routine to someone else's*

Work with a classmate. Talk about some of the family's habits in your respective homes. Compare them.

 HABLAR

2 Una gira

 ✔ *Talk about a backpacking trip*

Work with a classmate. The two of you plan to backpack around Spain next summer. Discuss all the things you plan or want to do.

HOTELES, CAMPINGS, APARTAMENTOS
españa

HOTEL

MADRID

H
**
HOSTAL RESIDENCIA
La Perla Asturiana
Plaza de Santa Cruz, 3
Teléfono 266 46 00
Fax 266 46 08
28012 MADRID

SR. D. *Alexander Woodford*
MR.

HABITACION N.º
ROOM NR.
CHAMBRE N.º

PRECIO
RATE   NUEVO TELEFONO
PRIX   366 46 00
                FAX 366 46 08
Dirección: JESUS LENTIJO

Hostal Goya
* *
Barrio de Santa Cruz

Habitación   Chambre n.º 30

Mateos Gago, 31 - 41004 SEVILLA - Teléfono 421 11 70 - Fax 456 29 88

3 Hay una diferencia.

✔ *Talk about your weekday and weekend routines*

Most people like a change of pace on the weekend. Talk with a classmate about things that students do or don't do during the week. Your partner will say how that differs on the weekend and why. Take turns.

Durante la semana los alumnos se despiertan muy temprano.

Durante los fines de semana los alumnos se despiertan más tarde.

4 Un día típico

✔ *Write about your daily routine*

Your Colombian pen pal is curious about your daily routine. Send him or her an e-mail describing all the activities you do on a typical day from the time you wake up to the time you go to bed.

5 Un trabajo de verano

You are working abroad this summer. You are going to help take care of two small children in Seville, Spain. The children's mother gives you many instructions about the children's routine and activities. Since you probably will not remember all she is telling you, you jot down notes. Take your notes and organize them to describe each child's day. Then write down your responsibilities—what it is you have to do.

Writing Strategy

Taking notes Taking notes gives you a written record of important information you may need for later use. When taking notes, write down key words and phrases as you continue to focus on what the speaker is still saying. When the speaker has finished, go back over your notes as soon as possible, highlighting the most important points and adding details to make them as complete as possible. If necessary, rewrite your notes, organizing them so they will be of utmost use to you.

Vocabulario

1 Pareen.

a.

b.

c.

d.

To review **Palabras 1**, turn to pages 374–375.

1. ____ Se afeita.   **3.** ____ Se peina.

2. ____ Se acuesta.   **4.** ____ Se levanta.

2 Identifiquen.

3 Completen.

8. Lo están pasando muy bien. ____ mucho.

9. No duermen en una cama. Duermen en un ____.

10. Un ____ es un tipo de hotel económico donde un cuarto no cuesta mucho.

To review **Palabras 2**, turn to pages 378–379.

4 Identifiquen.

11.

12.

13.

Estructura

5 **Completen en el presente.**

14–15. Cuando yo ____, ____ la cara enseguida.
(levantarse, lavarse)

16. ¿A qué hora ____ Uds.? (acostarse)

17. ¿Tu hermano ____? (afeitarse)

18. Nosotros ____ mucho. (divertirse)

19–20. Cuando tú ____, ¿____ enseguida?
(acostarse, dormirse)

To review reflexive verbs, turn to pages 382 and 386.

6 **Completen cuando necesario.**

21. Yo ____ pongo mi chaqueta en la maleta porque ____ pongo la chaqueta cuando hace frío.

22. Ella ____ duerme enseguida y luego ____ duerme ocho horas sin problema.

Cultura

7 **Den la(s) palabra(s).**

23. *orange juice* en España y Puerto Rico

24. una cosa típica que comen los españoles en el desayuno

25. el mar que baña las costas de Puerto Rico

To review this cultural information, turn to page 390.

San Juan, Puerto Rico

Vocabulario

Stating daily activities

la rutina	tomar una ducha	cepillarse	dormirse(ue)
despertarse(ie)	afeitarse	peinarse	llamarse
levantarse	ponerse la ropa	sentarse(ie)	divertirse(ie)
lavarse	mirarse	desayunarse	
bañarse	maquillarse	acostarse(ue)	

Identifying articles for grooming and hygiene

la navaja	el maquillaje	un rollo de papel
la crema de afeitar	una barra (una	higiénico
el cepillo	pastilla) de jabón	el champú
el peine	un tubo de pasta	
el cepillo de dientes	(crema) dentífrica	
el espejo		

Identifying more parts of the body

la cara
los dientes
el pelo

Identifying more breakfast foods

una botella de agua	el cereal
mineral	el pan tostado
un vaso de jugo de	
naranja	

How well do you know your vocabulary?

- Choose an expression from the list that describes something you do as part of your daily routine.
- Ask a classmate to give words related to that particular daily activity.

Describing backpacking

una gira	el hostal
la mochila	la pensión
el saco de dormir	dar una caminata
el albergue para	ir en bicicleta
jóvenes	

Other useful expressions

el lugar
de vez en cuando

TECNOTUR

¡Buen viaje!

Una gira

In this video episode, Cristina, Isabel, and Luis go hiking and camping near Puerto Vallarta.

Isabel, Luis y Cristina hacen una gira por el campo. ▶

◀ Durante la gira los jóvenes preparan un desayuno.

Un desayuno mexicano

SPANISH Online

In the Chapter 12 Internet Activity, you will have a chance to follow the famous Camino de Santiago in Galicia, a beautiful area in the north of Spain. To begin your virtual adventure, go to the Glencoe Spanish Web site: spanish.glencoe.com

◀ Learn more online about other outdoor activities in Mexico like the ones Cristina, Isabel, and Luis enjoyed. Learn also about differences in daily routines, such as a breakfast in a Spanish-speaking country.

Capítulo

13

Un viaje
en tren

Objetivos

In this chapter you will learn to:

❖ use expressions related to train travel

❖ purchase a train ticket and request
   information about arrival, departure, etc.

❖ talk about more past events or activities

❖ tell what people say

❖ discuss an interesting train trip in Spain
   and Peru

Vocabulario

En la estación de ferrocarril

el tablero de llegadas

el tablero de salidas

el quiosco

la sala de espera

el horario

HORARIOS 8 MADRID ALMERIA GRANADA

Un billete para Madrid, por favor.

¿En primera o en segunda?

En segunda—de ida y vuelta.

la ventanilla

el billete de ida y vuelta

el billete sencillo

el vagón, el coche

el tren

el mozo, el maletero

el equipaje

la maleta

el andén

la bolsa

la vía

La señora hizo un viaje.
Hizo el viaje en tren.
Tomó el tren porque no quiso ir en carro.
Subió al tren.

El mozo vino con el equipaje.
El mozo puso el equipaje en el tren.
Los mozos ayudaron a los pasajeros
    con su equipaje.

El tren salió del andén número cinco.
Algunos amigos estuvieron en el andén.

Vocabulario

Para empezar
Let's use our new words

1 **Historieta** **En la estación de ferrocarril**

Contesten según se indica.

1. ¿Cómo vino la señora a la estación? (en taxi)
2. ¿Dónde puso sus maletas? (en la maletera del taxi)
3. En la estación, ¿adónde fue? (a la ventanilla)
4. ¿Qué compró? (un billete)
5. ¿Qué tipo de billete compró? (de ida y vuelta)
6. ¿En qué clase? (segunda)
7. ¿Dónde puso su billete? (en su bolsa)
8. ¿Qué consultó? (el horario)
9. ¿Adónde fue? (al andén)
10. ¿De qué andén salió el tren? (del número dos)
11. ¿Por qué hizo la señora el viaje en tren? (no quiso ir en coche)

Atocha, una estación de ferrocarril en Madrid

En la estación de Atocha

2 **Historieta** **Antes de abordar el tren**

Escojan.

1. ¿Dónde espera la gente el tren?
   a. en la ventanilla **b.** en la sala de espera
   c. en el quiosco
2. ¿Dónde venden o despachan los billetes?
   a. en la ventanilla **b.** en el equipaje
   c. en el quiosco
3. ¿Qué venden en el quiosco?
   a. boletos **b.** maletas
   c. periódicos y revistas
4. ¿Qué consulta el pasajero para verificar la hora de salida del tren?
   a. la llegada **b.** la vía **c.** el horario
5. ¿Quién ayuda a los pasajeros con el equipaje?
   a. el mozo **b.** el tablero **c.** el andén
6. ¿De dónde sale el tren?
   a. de la ventanilla **b.** del andén
   c. del tablero

3 Historieta El billete del tren Contesten.

1. ¿De qué estación sale el tren?
2. ¿Adónde va el tren?
3. ¿Cuál es la fecha del billete?
4. ¿A qué hora sale el tren?
5. ¿Está el asiento en la sección de fumar o de no fumar?
6. ¿Qué clase de billete es?
7. ¿Con qué pagó el/la pasajero(a)?

4 RENFE (Red Nacional de Ferrocarriles Españoles)

You're in Spain and you want to visit one of the cities on the map. A classmate will be the ticket agent. Get yourself a ticket and ask the agent any questions you have about your train trip.

Vocabulario

PALABRAS 2

En el tren

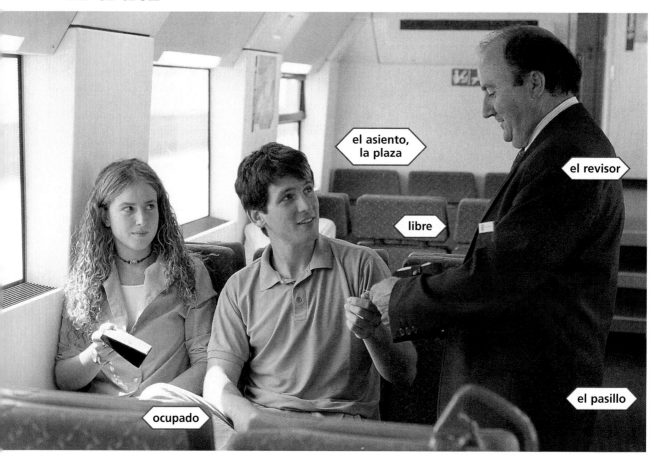

el asiento, la plaza

el revisor

libre

el pasillo

ocupado

el coche-comedor, el coche-cafetería

la litera

el coche-cama

MADRID Puerta de Atocha CADIZ	LLANO	
NUMERO DE TREN	9220	41 (1)
DIAS DE CIRCULACION	LMXJVSD	LMXJVSD
MADRID Puerta de Atocha	10:05	16:05
CIUDAD REAL	11:06	17:06
PUERTOLLANO	11:23	17:23
CORDOBA	12:12	18:11
SEVILLA Santa Justa	13:19	19:26
JEREZ DE LA FRONTERA	14:16	20:23
EL PUERTO DE STA. MARIA	14:27	20:36
SAN FERNANDO DE CADIZ	14:41	20:50
CADIZ	14:55	21:05

El tren salió a tiempo.
No salió tarde.
No salió con retraso
   (con una demora).

Los pasajeros van a bajar en la próxima
   parada (estación).
Van a transbordar en la próxima parada.

bajar(se) del tren

transbordar

Para empezar
Let's use our new words

5 **Historieta** **En el tren**

Contesten.

1. Cuando llegó el tren a la estación, ¿subieron los pasajeros a bordo?
2. ¿El tren salió tarde?
3. ¿Con cuántos minutos de demora salió?
4. ¿Vino el revisor?
5. ¿Revisó él los boletos?

Santiago, Chile

Madrid, España

6 **Historieta** **El tren**

Contesten según la foto.

1. ¿Tiene el tren compartimientos?
2. ¿Tiene el coche o vagón un pasillo?
3. ¿Cuántos asientos hay a cada lado del pasillo?
4. ¿Hay asientos libres o están todos ocupados?
5. ¿Está completo el tren?
6. ¿Hay pasajeros de pie en el pasillo?

7 **Historieta** **Un viaje en tren** Completen.

1. Entre Granada y Málaga el tren local hace muchas ____.
2. No hay un tren directo a Benidorm. Es necesario cambiar de tren. Los pasajeros tienen que ____.
3. Los pasajeros que van a Benidorm tienen que ____ en la próxima ____ o ____.
4. ¿Cómo lo sabes? El ____ nos informó que nuestro tren no es directo.

8 ¿Qué tienes que hacer?

Work with a classmate. You are spending a month in Madrid and your Spanish hosts are taking you to San Sebastián. You're trying to pack your bags and their child (your partner) has a lot of questions. Answer his or her questions and try to be patient. The child has never taken a train trip before.

¿Dónde nos sentamos en el tren?

Nos sentamos en un compartimiento.

Madrid

San Sebastián

9 De Santiago a Puerto Montt

You're planning a trip from Santiago de Chile to Puerto Montt. A classmate will be your travel agent. Get as much information as you can about the trip from Santiago to Puerto Montt. It gets rather cold and windy there and it rains a lot. You may want to find out if there are frequent delays. The following are some words and expressions you may want to use with the travel agent: **la demora, la tarifa, reservar, el número de paradas, el horario, el boleto de ida y vuelta, primera (segunda) clase.**

UN POCO MÁS

*For more practice using words from **Palabras 2**, do Activity 13 on page H14 at the end of this book.*

Relating more past actions
Hacer, querer y venir en el pretérito

1. The verbs **hacer, querer,** and **venir** are irregular in the preterite. Note that they all have an **i** in the stem and the endings for the **yo, él, ella,** and **Ud.** forms are different from the endings of regular verbs.

INFINITIVE	hacer	querer	venir
yo	hice	quise	vine
tú	hiciste	quisiste	viniste
él, ella, Ud.	hizo	quiso	vino
nosotros(as)	hicimos	quisimos	vinimos
vosotros(as)	*hicisteis*	*quisisteis*	*vinisteis*
ellos, ellas, Uds.	hicieron	quisieron	vinieron

2. The verb **querer** has several special meanings in the preterite.

Quise ayudar. *I tried to help.*
No quise ir en carro. *I refused to go by car.*

SPANISH Online

For more information about travel in Peru and other areas of the Spanish-speaking world, go to the Glencoe Spanish Web site:
spanish.glencoe.com

Para continuar
Let's put our words together

10 Historieta ¿Cómo viniste?
Contesten.

1. ¿Viniste a la estación en taxi?
2. ¿Viniste en un taxi público o privado?
3. ¿Hiciste el viaje en tren?
4. ¿Hiciste el viaje en el tren local?
5. ¿Lo hiciste en tren porque no quisiste ir en coche?

Lima, Perú

11 **No quisieron.** Completen.

1. —Ellos no __1__ (querer) hacer el viaje.

   —¿No lo __2__ (querer) hacer?

   —No, de ninguna manera.

   —Pues, ¿qué pasó entonces? ¿Lo __3__ (hacer) o no lo
   __4__ (hacer)?

   —No lo __5__ (hacer).

2. —¿Por qué no __6__ (venir) Uds. esta mañana?

   —Nosotros no __7__ (venir) porque no __8__ (hacer)
   las reservaciones.

3. —Carlos no __9__ (querer) hacer la cama.

   —Entonces, ¿quién la __10__ (hacer)?

   —Pues, la __11__ (hacer) yo.

   —¡Qué absurdo! ¿Tú la __12__ (hacer) porque él no la
   __13__ (querer) hacer?

12 **¡Rebelde!** A friend of yours (your classmate) is in trouble with his or her parents because he or she didn't help to get ready for their trip. Find out what your friend didn't do and why. Use the model as a guide.

¿Hiciste la maleta?

No.

¿Por qué no hiciste la maleta?

No hice la maleta porque no quise.

hacer la maleta
reservar un taxi
comprar los billetes
llamar a los parientes
hacer las reservaciones

13 **¿Qué hiciste durante el fin de semana?** With a classmate, take turns asking each other what you and other friends did over the weekend.

Estructura

Describing more past actions
Verbos irregulares en el pretérito

1. The verbs **estar, andar,** and **tener** are irregular in the preterite. They all have a **u** in the stem. Study the following forms.

INFINITIVE	estar	andar	tener
yo	estuve	anduve	tuve
tú	estuviste	anduviste	tuviste
él, ella, Ud.	estuvo	anduvo	tuvo
nosotros(as)	estuvimos	anduvimos	tuvimos
vosotros(as)	*estuvisteis*	*anduvisteis*	*tuvisteis*
ellos, ellas, Uds.	estuvieron	anduvieron	tuvieron

2. The verb **andar** means *to go,* but not to a specific place. The verb **ir** is used with a specific place.

Fueron a Toledo.
They went to Toledo.

Anduvieron por las plazas pintorescas de Toledo.
They wandered through (walked around) the picturesque squares of Toledo.

Vista de Toledo de El Greco

3. The verbs **poder, poner,** and **saber** are also irregular in the preterite. Like the verbs **estar, andar,** and **tener,** they all have a **u** in the stem. Study the following forms.

INFINITIVE	poder	poner	saber
yo	pude	puse	supe
tú	pudiste	pusiste	supiste
él, ella, Ud.	pudo	puso	supo
nosotros(as)	pudimos	pusimos	supimos
vosotros(as)	*pudisteis*	*pusisteis*	*supisteis*
ellos, ellas, Uds.	pudieron	pusieron	supieron

4. Like **querer,** the verbs **poder** and **saber** have special meanings in the preterite.

Pude parar.	*(After trying hard) I managed to stop.*
No pude parar.	*(I tried but) I couldn't stop.*
Yo lo supe ayer.	*I found it out (learned it) yesterday.*

Para continuar
Let's put our words together

14 **Historieta** **¿Dónde está mi tarjeta de identidad estudiantil?**
Contesten según se indica.

1. ¿Estuviste ayer en la estación de ferrocarril? (sí)
2. ¿Tuviste que tomar el tren a Toledo? (sí)
3. ¿Pudiste comprar un billete de precio reducido? (no)
4. ¿Tuviste que presentar tu tarjeta de identidad estudiantil? (sí)
5. ¿Dónde la pusiste? (no sé)
6. ¿La perdiste? (sí, creo)
7. ¿Cuándo supiste que la perdiste? (cuando llegué a la estación)

Toledo, España

15 Historieta En el mercado
Completen.

El otro día yo __1__ (estar) en el mercado de Chichicastenango, en Guatemala. Ramón __2__ (estar) allí también. Nosotros __3__ (andar) por el mercado pero no __4__ (poder) comprar nada. No es que no __5__ (querer) comprar nada, es que no __6__ (poder) porque __7__ (ir) al mercado sin un quetzal.

Chichicastenango, Guatemala

Telling what people say
Decir en el presente y en el pretérito

1. The verb **decir** *(to say)* is irregular in the present and preterite tenses. Study the following forms.

	Presente	Pretérito
yo	digo	dije
tú	dices	dijiste
él, ella, Ud.	dice	dijo
nosotros(as)	decimos	dijimos
vosotros(as)	*decís*	*dijisteis*
ellos, ellas, Uds.	dicen	dijeron

Para continuar
Let's put our words together

 16 **¿Qué dices?** Sigan el modelo.

> ¿Qué dices de la clase de español?

> Pues, yo digo que es fantástica. Estoy aprendiendo mucho.

1. ¿Qué dices de la clase de matemáticas?
2. ¿Qué dices de la clase de inglés?
3. ¿Qué dices de la clase de biología?

4. ¿Qué dices de la clase de educación física?
5. ¿Qué dices de la clase de historia?

17 **¿Qué dicen todos?** Completen con la forma apropiada del presente de **decir**.

Yo __1__ que quiero ir en tren pero Elena me __2__ que prefiere tomar el avión. Ella y Tomás también __3__ que no hay mucha diferencia entre la tarifa del avión y la tarifa del tren.

—¿Qué __4__ tú?

—Yo __5__ que es mejor ir en tren.

—Bien. Tú y yo __6__ la misma cosa. Estamos de acuerdo.

 18 **¿Qué dijeron todos?** Contesten.

1. ¿Dijiste tú que quieres ir?
2. ¿Dijeron Uds. que es mejor ir en tren?
3. ¿Dije yo que sí?

4. ¿Dijo Elena que ella tiene los boletos?
5. ¿Dijimos la misma cosa?

Andas bien. ¡Adelante!

Conversación

En la ventanilla

Pasajera Un billete para Madrid, por favor.
Agente ¿Sencillo o de ida y vuelta?
Pasajera Sencillo, por favor.
Agente ¿Para cuándo, señorita?
Pasajera Para hoy.
Agente ¿En qué clase, primera o segunda?
Pasajera En segunda. ¿Tiene Ud. una tarifa reducida para estudiantes?
Agente Sí. ¿Tiene Ud. su tarjeta de identidad estudiantil?
Pasajera Sí, aquí la tiene Ud.
Agente Con el descuento son tres mil pesetas.
Pasajera ¿A qué hora sale el próximo tren?
Agente Sale a las veinte y diez del andén número ocho.
Pasajera Gracias.

Después de conversar

Contesten.

1. ¿Dónde está la señorita?
2. ¿Adónde va?
3. ¿Qué tipo de billete quiere?
4. ¿Para cuándo lo quiere?
5. ¿En qué clase quiere viajar?
6. ¿Es alumna la señorita?
7. ¿Hay una tarifa reducida para estudiantes?
8. ¿Qué tiene la señorita?
9. ¿Cuánto cuesta el billete con el descuento estudiantil?
10. ¿A qué hora sale el tren?
11. ¿De qué andén sale?

Vamos a hablar más
Let's talk some more

A **El horario** Look at the train schedule. With a classmate, ask and answer as many questions as you can about it.

B **Vamos a Barcelona.** You and a classmate are spending a semester in Spain. You will be going to Barcelona for a couple of days. One of you is going to fly and the other is going to take the train. Compare your trips: time, cost, and what you have to do the day of departure.

Madrid
Toledo

Válido desde el 29 de mayo
24 de septiembre

TIPO DE TREN	REGIONAL	REGIONAL	REGIONAL	REGIONAL	REGIONAL
PRESTACIONES	2.ª	2.ª	2.ª	2.ª	2.ª
ORIGEN	■	■	MADRID CH.		■
MADRID-ATOCHA			9.25		
VILLAVERDE BAJO	7.20	8.25		10.55	
LOS ANGELES	7.28	8.33	9.39	11.03	
SAN CRISTOBAL DE LOS ANGELES	7.30	8.35		11.05	
GETAFE-INDUSTRIAL	7.33	8.38		11.08	
PINTO	7.36	8.41		11.11	
VALDEMORO	7.41	8.46		11.16	
CIEMPOZUELOS	7.47	8.52		11.22	
ARANJUEZ	7.52	8.57		11.27	
CASTILLEJO-AÑOVER	6.20	8.03		11.38	
VILLAMEJOR	8.08	10.11		11.53	
ALGODOR	8.13	9.18			
TOLEDO-INDUSTRIAL	6.37	8.22		12.02	
TOLEDO	6.50	8.29	9.44	10.40	12.09
		8.36			12.16
DESTINO	■	■	■	■	■
OBSERVACIONES	L M X J V S – (1)	Diario (2)	L M X J V – – (4)	– – – – S D (3)	Diario

OBSERVACIONES:
(1) No circula 25-VII y 15-VIII.
(2) Efectúa parada en Santa Catalina (7.26).
(3) Circula 25-VII y 15-VIII.
(4) No circula 25-VII y 15-VIII. Diario hasta Aranjuez.
(5) Efectúa parada en Santa Catalina (14.31).

(L) Lunes   (V) Viernes
(M) Martes   (S) Sábado
(X) Miércoles   (D) Domingo
(J) Jueves

Pronunciación

Las consonantes ñ, ch

The **ñ** is a separate letter of the Spanish alphabet. The mark over it is called a **tilde**. Note that it is pronounced similarly to the *ny* in the English word *canyon*. Repeat the following.

señor	otoño	España
señora	pequeño	cumpleaños
año		

Ch is pronounced much like the *ch* in the English word *church*. Repeat the following.

coche	chaqueta
chocolate	muchacho

Repeat the following sentences.

El señor español compra un coche cada año en el otoño.
El muchacho chileno duerme en una cama pequeña en el coche-cama.
El muchacho pequeño lleva una chaqueta color chocolate.

Lecturas culturales

En el AVE

José Luis y su hermana, Maripaz, pasan dos días en Sevilla. Vinieron a visitar a sus abuelos. El viaje que hicieron de Madrid, donde viven, fue fantástico. Tomaron el tren y llegaron a Sevilla en sólo dos horas y quince minutos. Salieron de Atocha en Madrid a las 17:00 y bajaron del tren en Sevilla a las 19:15. ¿Es posible recorrer el trayecto¹ Madrid–Sevilla en dos horas quince minutos? Es una distancia de 538 kilómetros. ¡Es increíble!

¹recorrer el trayecto *cover the route*

A bordo del AVE

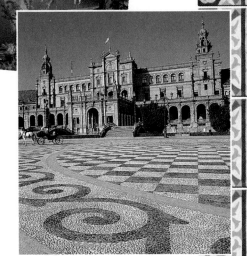
Plaza de España, Sevilla

Sí, es increíble, pero es verdad. El tren español de
alta velocidad es uno de los trenes más rápidos del
mundo. Viaja a 250 kilómetros por hora. El tren se
llama el AVE. ¿Por qué el AVE? Porque el tren vuela
como un ave o pájaro.

José Luis y Maripaz tomaron el AVE. Según ellos,
el viaje fue fantástico. ¿Por qué? Primero la velocidad.
Pero el tren es también muy cómodo². Lleva ocho
coches en tres clases. Los pasajeros pueden
escuchar música estereofónica o mirar tres
canales de video. El tren también dispone
de³ teléfono por si acaso⁴ un pasajero quiere
o necesita hacer una llamada telefónica.

²cómodo *comfortable*
³dispone de *has available*
⁴por si acaso *in case*

Torre del Oro, Sevilla

Después de leer

A Una visita a los abuelos
Contesten.
1. ¿Quiénes hicieron un viaje de Madrid a Sevilla?
2. ¿Quiénes vinieron a Sevilla, José Luis y su
   hermana o sus abuelos?
3. ¿Cómo hicieron el viaje?
4. ¿Qué tal fue el viaje?
5. ¿Cuánto tiempo tardó el viaje?
6. ¿A qué hora salieron de Madrid?
7. ¿A qué hora llegaron a Sevilla?

B Información Busquen la información.
1. uno de los trenes más rápidos del mundo
2. el nombre del tren
3. el número de coches que lleva el tren
4. el número de clases que tiene
5. algunas comodidades que el tren ofrece a los pasajeros

Plaza de España, Sevilla

Lectura opcional

De Cuzco a Machu Picchu

Un viaje muy interesante en tren es el viaje de Cuzco a Machu Picchu en el Perú. Cada día a las siete de la mañana, un tren de vía estrecha[1] sale de la estación de San Pedro en Cuzco y llega a Machu Picchu a las diez y media. Cuzco está a unos 3.500 metros sobre el nivel del mar. El tren tiene que bajar a 2.300 metros para llegar a Machu Picchu. Tiene que bajar 1.200 metros y en el viaje de regreso tiene que subir 1.200 metros.

Pero, ¿quiénes toman el tren para ir a Machu Picchu? Es un tren que lleva a muchos turistas que quieren ir a ver las famosas ruinas de los incas. Machu Picchu es una ciudad entera, totalmente aislada[2] en un pico andino al borde de[3] un cañón. Un dato histórico increíble es que los españoles no

[1]de vía estrecha *narrow gauge*
[2]aislada *isolated*
[3]al borde de *on the edge of*

La Plaza de Armas, Cuzco

El valle del Urubamba, Perú

Machu Picchu

descubrieron a Machu Picchu durante su conquista del Perú. Los historiadores creen que Machu Picchu fue el último refugio de los nobles incas al escaparse[4] de los españoles.

Machu Picchu fue descubierto por Hiram Bingham, el explorador y senador de los Estados Unidos, en 1911. ¿Cómo llegó Bingham a Machu Picchu en 1911? ¡A pie! Y aún hoy hay sólo dos maneras de ir a Machu Picchu—a pie o en el tren que sale a las siete y media de Cuzco.

[4]al escaparse *upon escaping*

Después de leer

¿Sí o no? Digan que sí o que no.
1. Machu Picchu está a una altura más elevada que Cuzco.
2. El tren que va de Machu Picchu a Cuzco tiene que subir 1.200 metros.
3. El viaje de Cuzco a Machu Picchu toma tres horas y media.
4. Hay muy pocos turistas en el tren a Machu Picchu.
5. En Machu Picchu hay ruinas famosas de los incas.
6. Machu Picchu fue una ciudad de los incas.
7. Los españoles descubrieron la ciudad de Machu Picchu durante su conquista del Perú.
8. Hiram Bingham fue un senador de los Estados Unidos.
9. Él también fue a Machu Picchu en tren.

Conexiones

Las matemáticas

Conversiones aritméticas

When traveling through many of the Spanish-speaking countries, you will need to make some mathematical conversions. For example, train as well as plane schedules and hours for formal events, radio, and television are given using the twenty-four-hour clock. The metric system rather than the English system is used for weights and measures. Let's take a look at some of the conversions that must be made.

La hora

Cuando lees el horario para el tren o un anuncio para un programa cultural, dan la hora usando las 24 horas. La una (1:00) es la una de la mañana y las doce (12:00) es el mediodía. Las trece (13:00), una hora después del mediodía, es la una de la tarde y las veinticuatro horas (00:00) es la medianoche.

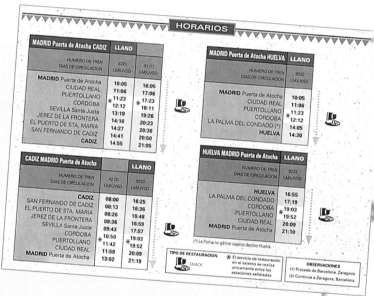

Nuestros amigos José Luis y Maripaz salieron de Madrid a las 17:00 y llegaron a Sevilla a las 19:15. Es decir que salieron de Madrid a las 5:00 de la tarde y llegaron a las 7:15 de la tarde.

El sistema métrico—pesos y medidas[1]

Pesos

Las medidas tradicionales para peso en los Estados Unidos son la onza, la libra y la tonelada. En el sistema métrico decimal, las medidas para peso están basadas en el kilogramo, o kilo.

[1]pesos y medidas *weights and measures*

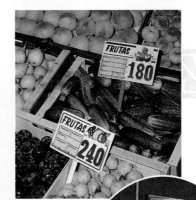

Hay mil gramos en un kilo. El kilo es igual a 2,2 libras. Una libra estadounidense es un poco menos de medio kilo.

Líquidos

Las medidas para líquidos en los Estados Unidos son la pinta, el cuarto y el galón. En el sistema métrico es el litro. Un litro contiene un poco más que un cuarto.

Distancia y altura

Para medir la distancia y la altura en los Estados Unidos usamos la pulgada, el pie, la yarda y la milla. El sistema métrico usa el metro. El metro es un poco más que una yarda. Un kilómetro (mil metros) es 0,621 millas—un poco más que media milla.

Después de leer

A La hora Read the schedule on page 424 and give the arrival and departure times of the trains using our system of telling time.

B El sistema métrico Contesten según las fotografías.
1. ¿Cuánto cuesta un litro de gasolina?
2. ¿Cuál es el límite de velocidad?
3. ¿Cuánto cuesta un litro de leche?
4. ¿Cuánto cuesta un kilo de carne?

¡Te toca a ti!

Use what you have learned

1 El tren, el bus o el avión
✔ *Discuss train, bus, and plane travel*

   Work in groups of three or four. Discuss the advantages **(las ventajas)** and the disadvantages **(las desventajas)** of bus, train, and air travel. In your discussion, include such things as speed, price, location of stations, and anything else you consider important.

2 Y ahora, ¿qué hacemos?
✔ *Discuss what to do if you miss your train*

   You and a classmate are on a bus on the way to the Atocha station in Madrid. There's an awful traffic jam **(un tapón, un atasco).** You know you are going to miss your train. Discuss your predicament with one another and figure out what you can do.

La estación de ferrocarril, Málaga

HABLAR

3 En la estación de ferrocarril
✔ *Talk about activities at a train station*

With a classmate look at the photograph and talk about it.

ESCRIBIR

4 ¡Una experiencia!
✔ *Write about an interesting train trip in Spain*

You took the AVE from Madrid to Sevilla. Write home and tell all about it.

ESCRIBIR

5 Un viaje excelente

Write about a trip you took to a place you love. The place can be real or imaginary. Describe how and where you went and when. Then describe what the weather is like in that place and what clothing you need there. Continue writing about what you saw and how you got to each place you visited. In your description of the place, try to make your readers understand what it is about the place that you think is so great.

Writing Strategy

Writing a descriptive paragraph Your overall goal in writing a descriptive paragraph is to enable the reader to visualize your scene. To achieve this you must select and organize details that create an impression. Using a greater number of specific nouns and vivid adjectives will make your writing livelier.

Vocabulario

1 **Completen.**

1. Elena va de Madrid a Córdoba y va a volver a Madrid. Quiere un billete ____.
2. Los pasajeros esperan el tren en el andén o en la ____.
3. El ____ de llegadas indica a qué hora llegan los trenes a la estación.
4. Venden periódicos y revistas en el ____ en la estación de ferrocarril.
5. Un tren tiene varios vagones o ____.

To review **Palabras 1**, turn to pages 404–405.

2 **¿Sí o no?**

6. El revisor trabaja en la estación de ferrocarril.
7. Una litera es un tipo de cama donde puede dormir un pasajero en un tren.
8. El tren que salió a tiempo salió con una demora.
9. Los pasajeros que van de Cuzco a Machu Picchu bajan del tren en Cuzco.

To review **Palabras 2**, turn to pages 408–409.

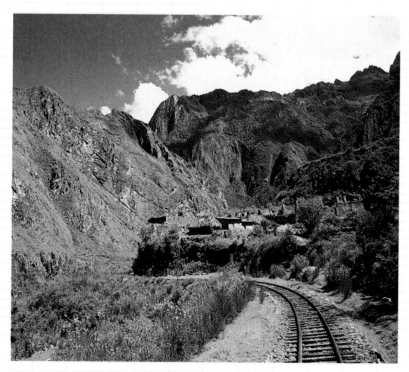

CAPÍTULO 13

Estructura

3 Escriban en el pretérito.

 10. Los turistas andan por la plaza principal.
 11. Él hace la cama en la mañana.
 12. Lo pongo en la maleta.
 13. ¿Quién lo sabe?
 14. No estamos en la capital.

To review the preterite, turn to pages 412, 414, and 415.

4 Completen con **decir.**

 15–16. Yo lo ____ ahora y lo ____ ayer.
 17–18. Ellos lo ____ ahora y lo ____ ayer.

To review **decir,** turn to page 416.

Cultura

5 Contesten.

 19. ¿Qué es el AVE?
 20. ¿A qué ciudad de Andalucía fueron José Luis y su hermana?

To review this cultural information, turn to page 420.

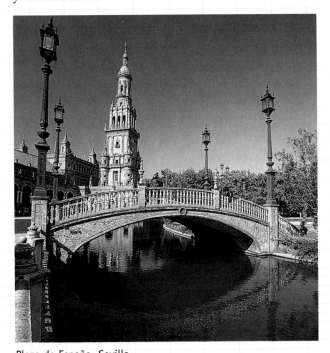

Plaza de España, Sevilla

Getting around a train station

la estación de
  ferrocarril
la ventanilla
el billete, el boleto sencillo
  de ida y vuelta
la sala de espera
el mozo, el maletero
el equipaje
la maleta
la bolsa

el tablero de llegadas,
  de salidas
el horario
el quiosco
el tren
el andén
la vía
en segunda (clase)
en primera (clase)

Describing activities at a train station

bajar(se) del tren
subir al tren
transbordar
salir a tiempo
  con retraso, con una demora

On board the train

el coche, el vagón
el pasillo
el compartimiento
el asiento, la plaza
  libre
  ocupado(a)
  reservado(a)
completo(a)
el coche-cama
el coche-comedor, el coche-cafetería
la litera
el revisor
la parada
en la próxima parada

> ### How well do you know your vocabulary?
> - Choose five words from the vocabulary list.
> - Use the words in original sentences to tell a story.

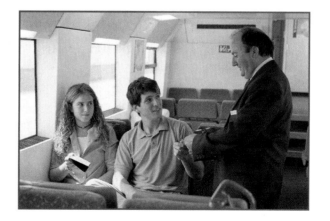

TECNOTUR

¡Buen viaje!

VIDEO • Episodio 13

Un viaje en tren

In this video episode, Juan Ramón and Teresa take the AVE from Madrid to Seville.

Juan Ramón y Teresa hacen un viaje en tren a Sevilla. ▶

◀ En Sevilla visitan varios lugares interesantes.

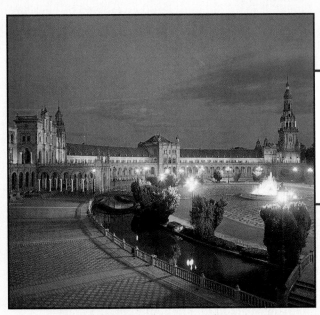

SPANISH Online

In the Chapter 13 Internet Activity, you will have a chance to plan your own train trip. To begin your virtual adventure, go to the Glencoe Spanish Web site:
spanish.glencoe.com

◀ Learn more online about the beautiful city of Sevilla that Juan Ramón and Teresa had a chance to visit.

Muchos españoles creen que Sevilla es la ciudad más bonita del mundo.

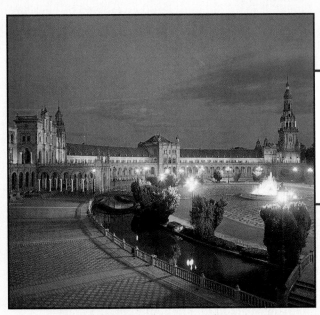

Capítulo 14

En el restaurante

Objetivos

In this chapter you will learn to:

❖ order food or a beverage at a restaurant
❖ identify eating utensils and dishes
❖ identify more foods
❖ make a reservation at a restaurant
❖ talk about present and past events
❖ describe some cuisines of the Hispanic world

En el restaurante

El mesero pone la mesa.

Tengo hambre.

Tengo hambre y quiero comer.

el camarero,
el mesero

el vaso

Tengo sed.

Tengo sed y quiero beber algo.

la sal

la pimienta

la taza

el platillo

el plato

la cuchara

el tenedor

la cucharita

la servilleta

el cuchillo

el mantel

La señorita pide el menú.

El cocinero fríe las papas.
Está friendo las papas.

El mesero le sirve la comida.

la tarjeta de crédito

la cuenta

el dinero

la propina

La señorita pide la cuenta.
El servicio no está incluido.
Ella deja una propina.

EN EL RESTAURANTE

cuatrocientos treinta y cinco **435**

Vocabulario

Para empezar
Let's use our new words

1 **¿Qué necesitas?** Contesten según el modelo.

> ¿Para tomar leche?
> Para tomar leche necesito un vaso.

1. ¿Para tomar agua?
2. ¿Para tomar café?
3. ¿Para comer la ensalada?
4. ¿Para comer el postre?
5. ¿Para cortar la carne?

2 **Historieta** **En el restaurante**

Contesten.

1. ¿Cuántas personas hay en la mesa?
2. ¿Tiene hambre María?
3. ¿Pide María el menú?
4. ¿Le trae el menú el mesero?
5. ¿Qué pide María?
6. ¿El mesero le sirve?
7. ¿El mesero le sirve bien?
8. Después de la comida, ¿le pide la cuenta al mesero?
9. ¿Le trae la cuenta el mesero?
10. ¿Paga con su tarjeta de crédito María?
11. ¿María le da (deja) una propina al mesero?
12. Después de la comida, ¿tiene hambre María?

3 Palabras relacionadas Busquen una palabra relacionada.

1. la mesa   a. el servicio
2. la cocina   b. la bebida
3. servir   c. el cocinero
4. freír   d. la comida
5. comer   e. el mesero
6. beber   f. frito

Alcalá de Henares, España

4 Historieta El mesero pone la mesa. Completen.

1. Para comer, los clientes necesitan ____, ____, ____ y ____.
2. Dos condimentos son la ____ y la ____.
3. El mesero cubre la mesa con ____.
4. En la mesa el mesero pone una ____ para cada cliente.
5. El niño pide un ____ de leche y sus padres piden una ____ de café.
6. Ellos tienen ____ y piden una botella de agua mineral.

5 En el restaurante Look at the advertisement for a restaurant in Santiago de Chile. Tell as much as you can about the restaurant based on the information in the advertisement. A classmate will tell whether he or she wants to go to the restaurant and why.

Aquí está Coco

El sabor de los mejores pescados y mariscos del Pacífico Sur, preparados como usted quiera, en un ambiente agradable e informal.

Más alimentos o comestibles

la carne

la carne de res, el biftec

la ternera

el cerdo

el cordero

el pescado

los mariscos

los camarones

las almejas

la langosta

el arroz

la alcachofa

el ajo

la berenjena

el maíz

los guisantes

el aceite

La joven pidió un biftec.
El mesero sirvió el biftec.
La comida está rica, deliciosa.

¡Diga!

Quisiera reservar una mesa, por favor.

Sí, señor. ¿Para cuándo?

Para esta noche a las nueve y media.

¿Cuántas personas?

Cuatro.

¿A nombre de quién, por favor?

A nombre de Julio Amaral.

Conforme, señor.

Vocabulario

Para empezar
Let's use our new words

6 **¿Te gusta(n) o no te gusta(n)?** Contesten según los dibujos.

1.

2.

3.

4.

5.

6.

Barcelona, España

7 **Historieta** **Cenó en el restaurante.**
Contesten.

1. ¿Fue Victoria al restaurante anoche?
2. ¿Quién le sirvió?
3. ¿Pidió Victoria un biftec?
4. ¿Pidió también una ensalada?
5. ¿Le sirvió el mesero una ensalada de lechuga y tomate?
6. ¿Le sirvió una comida deliciosa o una comida mala?

SPANISH Online

For more information about varieties of food in the Spanish-speaking world, go to the Glencoe Spanish Web site:
spanish.glencoe.com

8 ¿Qué te gusta? Contesten personalmente.

1. ¿Te gusta la ensalada?
2. ¿Te gusta la ensalada con aceite y vinagre?
3. ¿Te gusta el biftec?
4. ¿Te gusta el sándwich de jamón y queso?
   ¿Te gusta más con pan tostado?
5. ¿Te gusta la tortilla de queso?
6. ¿Te gustan los huevos con jamón?

9 Una reservación You call a restaurant in Buenos Aires. The headwaiter (a classmate) answers. Make a reservation for yourself and a group of friends.

10 ¿Qué recomienda Ud.? Here's a menu from a very famous restaurant in Madrid. In fact, it's the oldest restaurant in the city, dating from 1725. There are many items on the menu that you will be able to recognize. A classmate will be the server. Ask what he or she recommends and then order.

Estructura

 Describing more present activities
Verbos con el cambio **e → i** en el presente

1. The verbs **pedir, servir, repetir, freír, seguir** *(to follow)*, and **vestirse** *(to get dressed)* are stem-changing verbs. The **e** of the infinitive stem changes to **i** in all forms of the present tense except the **nosotros** and **vosotros** forms. Study the following forms. Note the spelling of **seguir**.

INFINITIVE	pedir	servir	seguir	vestirse
yo	pido	sirvo	sigo	me visto
tú	pides	sirves	sigues	te vistes
él, ella, Ud.	pide	sirve	sigue	se viste
nosotros(as)	pedimos	servimos	seguimos	nos vestimos
vosotros(as)	*pedís*	*servís*	*seguís*	*os vestís*
ellos, ellas, Uds.	piden	sirven	siguen	se visten

Para continuar
Let's put our words together

11 **Lo que yo pido** Digan si piden lo siguente o no.

1.

2.

3.

4.

5.

6.

12 Lo que pedimos en el restaurante

Sigan el modelo.

A Juan le gusta el pescado. ¿Qué pide él?

Él pide pescado.

1. A Teresa le gustan los mariscos. ¿Qué pide ella?
2. A Carlos le gusta el biftec. ¿Qué pide él?
3. A mis amigos les gustan las legumbres. ¿Qué piden ellos?
4. A mis padres les gusta mucho la ensalada. ¿Qué piden ellos?
5. Nos gusta el postre. ¿Qué pedimos?
6. Nos gustan las tortillas. ¿Qué pedimos?
7. ¿Qué pides cuando tienes sed?
8. ¿Qué pides cuando tienes hambre?

13 Historieta Vamos al restaurante. Completen.

Cuando mi amiga y yo __1__ (ir) al restaurante, nosotros __2__ (pedir) casi siempre una hamburguesa. Yo la __3__ (pedir) con lechuga y tomate y ella la __4__ (pedir) con queso. A mi amiga le __5__ (gustar) mucho las papas fritas. Ella __6__ (decir) que le __7__ (gustar) más cuando el cocinero las __8__ (freír) en aceite de oliva.

Marbella, España

14 Entrevista Contesten personalmente.

1. Cuando vas a un restaurante, ¿qué pides?
2. ¿Pides papas? Si no pides papas, ¿pides arroz?
3. ¿Qué más pides con la carne y las papas o el arroz?
4. ¿Quién te sirve en el restaurante?
5. Si te sirve bien, ¿qué le dejas?

15 ¿Por qué no pides... ?
You're in a restaurant with a friend (a classmate). You are hungry and thirsty, but you don't know what to order. Your friend will suggest something. Then you decide.

*For more practice using words from **Palabras 2** and the verb **pedir**, do Activity 14 on page H15 at the end of this book.*

Describing more activities in the past
Verbos con el cambio e → i, o → u en el pretérito

1. The verbs **pedir, repetir, freír, servir,** and **vestirse** have a stem change in the preterite. The **e** of the infinitive stem changes to **i** in the **él** and **ellos** forms.

INFINITIVE	pedir	repetir	vestirse
yo	pedí	repetí	me vestí
tú	pediste	repetiste	te vestiste
él, ella, Ud.	pidió	repitió	se vistió
nosotros(as)	pedimos	repetimos	nos vestimos
vosotros(as)	pedisteis	repetisteis	os vestisteis
ellos, ellas, Uds.	pidieron	repitieron	se vistieron

2. The verbs **preferir, divertirse,** and **dormir** also have a stem change in the preterite. The **e** in **preferir** and **divertirse** changes to **i** and the **o** in **dormir** changes to **u** in the **él** and **ellos** forms.

INFINITIVE	preferir	divertirse	dormir
yo	preferí	me divertí	dormí
tú	preferiste	te divertiste	dormiste
él, ella, Ud.	prefirió	se divirtió	durmió
nosotros(as)	preferimos	nos divertimos	dormimos
vosotros(as)	preferisteis	os divertisteis	dormisteis
ellos, ellas, Uds.	prefirieron	se divirtieron	durmieron

Para continuar
Let's put our words together

16 **Historieta Servicio bueno o malo** Contesten según se indica.

1. ¿Qué pediste en el restaurante? (una ensalada)
2. ¿Cómo la pediste? (sin aceite y vinagre)
3. ¿Cuántas veces repetiste «sin aceite y vinagre»? (dos veces)
4. Y, ¿cómo sirvió el mesero la ensalada? (con aceite y vinagre)
5. ¿Qué hiciste? (pedí otra ensalada)
6. ¿Qué pidió tu amigo? (puré de papas)
7. ¿Y qué pasó? (el cocinero frió las papas)
8. ¿Qué sirvió el mesero? (papas fritas)
9. ¿Pidieron Uds. una bebida? (sí)
10. ¿Qué pidieron para beber? (una limonada)
11. ¿Qué sirvió el mesero? (un té)
12. ¿Le dieron Uds. una propina al mesero? (no)

17 Historieta Preparando la comida

Completen con el pretérito.

Anoche mi hermano y yo __1__ (preparar) la comida para la familia. Yo __2__ (freír) el pescado. Mi hermano __3__ (freír) las papas. Mamá __4__ (poner) la mesa. Y papá __5__ (servir) la comida. Todos nosotros __6__ (comer) muy bien. A todos nos __7__ (gustar) mucho el pescado. Mi hermano y mi papá __8__ (repetir) el pescado. Luego yo __9__ (servir) el postre, un sorbete. Después de la comida mi hermano tomó una siesta. Él __10__ (dormir) media hora. Yo no __11__ (dormir). No me gusta dormir inmediatamente después de comer.

Valparaíso, Chile

18 Lo siento mucho.

You're in a restaurant and you're fed up with the waiter. He hasn't done a thing right. Call over the manager (a classmate) and tell him or her all that happened. He or she will apologize and say something to try to make you happy.

Andas bien. ¡Adelante!

Conversación

En el restaurante

Teresa	¿Tiene Ud. una mesa para dos personas?
Mesero	Sí, señorita. Por aquí, por favor.
Teresa	¿Es posible tener un menú en inglés?
Mesero	Sí, ¡cómo no!
Paco	Teresa, no necesito un menú en inglés. Lo puedo leer en español.
	(El mesero les da un menú en inglés.)
Paco	No sé por qué ella me pidió un menú en inglés.
Mesero	No hay problema. Le traigo uno en español.
Paco	Gracias.
Teresa	Pues, Paco, ¿qué vas a pedir?
Paco	Para mí, la especialidad de la casa.
Teresa	Yo también pido la especialidad de la casa.

Después de conversar

Completen.

1. ¿Para cuántas personas quiere la mesa Teresa?
2. ¿Tiene el mesero una mesa libre?
3. ¿Qué tipo de menú pide Teresa?
4. ¿Necesita un menú en inglés Paco?
5. ¿Sabe él por qué ella le pidió un menú en inglés?
6. ¿Qué va a pedir Paco?
7. Y Teresa, ¿qué pide ella?

Vamos a hablar más
Let's talk some more

A **Fuimos al restaurante.** You and your parents went to a restaurant last night. A classmate will ask you questions about your experience. Answer him or her.

B **Preferencias** Work with a classmate and discuss whether you prefer to eat at home or in a restaurant. Give reasons for your preferences.

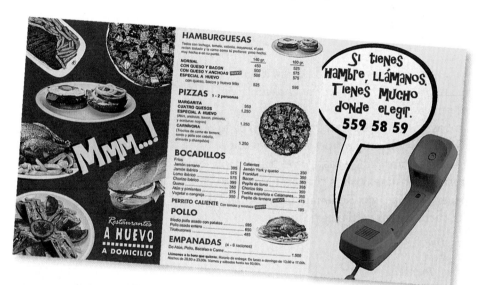

Pronunciación

La consonante x

An **x** between two vowels is pronounced much like the English *x* but a bit softer. It's like a **gs: examen → eg-samen.** Repeat the following.

exacto	examen
éxito	próximo

When **x** is followed by a consonant, it is often pronounced like an **s.** Repeat the following.

extremo   explicar   exclamar

Repeat the following sentence.

El extranjero exclama que baja en la próxima parada.

EN EL RESTAURANTE

cuatrocientos cuarenta y siete **447**

Lecturas culturales

La comida mexicana 🔄 🎧

Reading Strategy

Thinking while reading
Good readers always think while reading. They think about what the passage might be about after reading the title and looking at the visuals. They predict, create visual images, compare, and check for understanding; they continually think while the author is explaining.

Es muy difícil decir lo que es la comida hispana porque la comida varía mucho de una región hispana a otra.

Aquí en los Estados Unidos la comida mexicana es muy popular. Hay muchos restaurantes mexicanos. Algunos sirven comida típicamente mexicana y otros sirven variaciones que vienen del suroeste de los Estados Unidos donde vive mucha gente de ascendencia mexicana.

La base de muchos platos mexicanos es la tortilla. La tortilla es un tipo de panqueque. Puede ser de harina[1] de maíz o de trigo[2]. Con las tortillas, los mexicanos preparan tostadas, tacos, enchiladas, etc. Rellenan[3] las tortillas de pollo, carne de res o frijoles y queso.

[1]harina *flour*
[2]trigo *wheat*
[3]Rellenan *They fill*

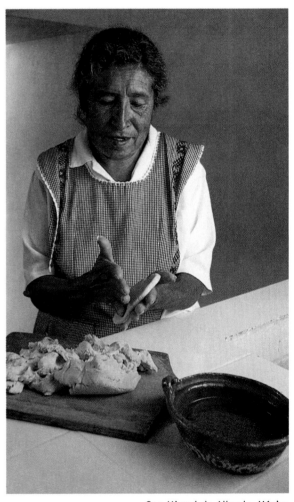

San Miguel de Allende, México

El cultivo del maíz
de Diego Rivera

SECRETARIA DE EDUCACION, CULTURA
Y RECREACION

MUSEO CASA
"DIEGO RIVERA"
GUANAJUATO, GTO.
COOPERACION N$ 5.00

Después de leer

La comida mexicana Contesten.

1. ¿Varía mucho la cocina hispana de una región a otra?
2. ¿Dónde es popular la comida mexicana?
3. ¿De dónde vienen muchas variaciones de la cocina mexicana?
4. ¿Qué sirve de base para muchos platos mexicanos?
5. ¿Qué es una tortilla? ¿De qué puede ser?
6. ¿De qué rellenan las tortillas?

Lectura opcional 1

Málaga, España

La comida española

En España, como en México, hay tortillas también. Pero hay una gran diferencia entre una tortilla mexicana y una tortilla española. La tortilla española no es de maíz. El cocinero español prepara la tortilla con huevos. La tortilla española, que es muy típica, lleva patatas (papas) y cebollas[1].

La cocina española es muy buena y muy variada. Como España es un país que tiene mucha costa, muchos platos españoles llevan marisco y pescado. Y los cocineros preparan muchos platos con aceite de oliva.

[1]cebollas *onions*

Málaga, España

Después de leer

La cocina española Contesten.
1. ¿Cuál es la diferencia entre una tortilla española y una tortilla mexicana?
2. ¿Qué lleva la típica tortilla española?
3. ¿Por qué llevan marisco y pescado muchos platos españoles?
4. ¿Qué usan muchos cocineros españoles para preparar una comida?

Lectura opcional ②

La comida del Caribe

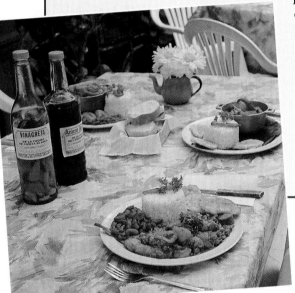

En el Caribe, en Puerto Rico, Cuba y la República Dominicana, la gente come muchos mariscos y pescado. Es natural porque Puerto Rico, Cuba y la República Dominicana son islas. Pero la carne favorita de la región es el puerco o el lechón[1]. No hay nada más delicioso que un buen lechón asado[2]. Sirven el lechón con arroz, frijoles (habichuelas) y tostones. Para hacer tostones el cocinero corta en rebanadas[3] un plátano, una banana grande, verde y dura. Luego fríe las rebanadas en manteca[4].

Humacao, Puerto Rico

[1]lechón *suckling pig*   [3]rebanadas *slices*
[2]asado *roast*   [4]manteca *lard*

Después de leer

¿Lo sabes? Busquen la información.
1. algunos países de la región del Caribe
2. por qué come la gente muchos mariscos y pescado en la región del Caribe
3. una carne favorita de los puertorriqueños, cubanos y dominicanos
4. lo que sirven con el lechón asado
5. lo que son tostones

Conexiones
Las humanidades

El lenguaje

As we already know, Spanish is a language that is spoken in many areas of the world. In spite of the fact that the Spanish-speaking world covers a large area of the globe, it is possible to understand a speaker of Spanish regardless of where he or she is from. Although there are regional differences, these differences do not cause serious comprehension problems.

However, pronunciation does change from area to area. For example, people from San Juan, Puerto Rico; Buenos Aires, Argentina; and Madrid, Spain have pronunciations that are quite different from one another. However, the same is true of English. People from New York, Memphis, and London also have a distinct pronunciation, but they can all understand one another.

The use of certain words also changes from one area to another. This is particularly true in the case of words for foods. Let's look at some regional differences with regard to vocabulary.

Regionalismos

Comestibles

En España son patatas y en todas partes de Latinoamérica son papas.

En casi todas partes es el maíz, pero en México es el maíz o el elote y en Chile es el choclo.

En España son cacahuetes; en muchas partes de Latinoamérica son cacahuates, pero en el Caribe son maní.

En muchas partes es jugo de naranja, pero en Puerto Rico es jugo de china y en España es zumo de naranja.

Las judías verdes tienen muchos nombres. Además de judías verdes son habichuelas tiernas, chauchas, vainitas, ejotes y porotos.

Cosas que no son comestibles

Tomamos el autobús en España, el camión en México y la guagua en el Caribe y en las Islas Canarias.

En España todos duermen en el dormitorio o en la habitación. En México duermen en la recámara y en muchas partes en el cuarto o en el cuarto de dormir.

En España sacas un billete en la ventanilla y en Latinoamérica compras un boleto en la ventanilla o en la boletería.

Después de leer

A Hispanohablantes If any of your classmates are heritage speakers of Spanish, ask them to compare the way they say things. Have them share this information with you.

B El inglés There are variations in the use of English words. Discuss the following terms and where they might be heard.

1. bag, sack
2. soda, pop
3. elevator, lift
4. line, queue
5. pram, baby carriage
6. truck, lorry
7. traffic circle, rotary, roundabout
8. subway, underground

¡Te toca a ti!

Use what you have learned

HABLAR

1 Vamos a un restaurante

✔ *Order food and beverages at a restaurant*

Pretend your Spanish class is at a restaurant. The restaurant serves food from Spain or Latin America. All the waiters and waitresses are Spanish speaking. Order your meal in Spanish and speak together in Spanish during your meal.

HABLAR

2 Una comida hispana

✔ *Describe a meal from some area of the Spanish-speaking world*

Work with a classmate. You have learned about some Hispanic cuisines. Talk about a meal or dish that you want to try **(probar).**

HABLAR

3 La comida

✔ *Talk about categories of food*

Mention a food category, such as meat, seafood, fruit, vegetable. Your partner will give the name of a food that belongs in that category. Take several turns each. Try to use as much as possible of the food vocabulary you've learned.

ESCRIBIR

4 El menú

✔ *Plan a menu*

Write out the menu for several meals in Spanish. You can plan meals for **el desayuno, el almuerzo,** and **la cena.**

35° Aniversario

La Estancia

ASADOR CRIOLLO

Lechón al Asador .... $ 14,00
Chivito «La Estancia» .... $ 16,00
Asado al Asador .... $ 11,00

COCINA

Costilla de Cerdo con puré
de manzana .... $ 10,00
Costilla de Cerdo a la Riojana ...... $ 12,00
Lomo a la Pimienta con papas
a la crema .... $ 16,00
Lomo al Champignon .... $ 17,00
Milanesa de Lomo .... $ 6,50
Milanesa de Lomo a la Napolitana . $ 9,50
Milanesa de Pollo .... $ 6,00
Milanesa de Pollo a la Napolitana ... $ 9,00
Suprema de Pollo «La Estancia» ..... $ 10,50
Suprema de Pollo a la Maryland ...... $ 10,00
1/2 Pollo deshuesado a la Parrilla ... $ 10,00

BIFES

Bife de costilla con Lomo
con guarnición de papas fritas .... $ 8,50
Bife de Chorizo .... $ 7,50
Bife especial «La Estancia» .... $ 14,50
Bife de Lomo especial «La Estancia» . $ 15,00
Costillas de Cerdo .... $ 8,00
Chorizos (c/u) .... $ 2,50
Salchicha Criolla (c/u) .... $ 3,00
Morcillas (c/u) .... $ 2,50
Matambrito Ternizado .... $ 10,00
Bife Aniversario con Lomo .... $ 17,00
Mollejas porción .... $ 11,00
Longaniza (c/u) .... $ 4,00
Riñones porción .... $ 5,00
Chinchulines de Ternera porción ..... $ 5,00
Chinchulines de Cordero porción .... $ 9,00
Ubre porción .... $ 4,50

Writing Strategy

Writing a letter of complaint When you write a letter of complaint, you must clearly identify the problem and suggest solutions; you should use a businesslike tone. You might be angry when you write a letter of complaint. But to be effective, you must control your emotions since your goal is to get the problem corrected. Your tone of voice is reflected in writing as much as it is in speech; your results will be better if you address the situation calmly and reasonably. In addition, it is important that the letter be addressed to the person who has the most authority.

ESCRIBIR

5 ¡Qué desastre!

Pretend you went to a restaurant where you had a very bad experience. The waiter didn't serve you what you ordered nor the way you ordered it. Write a letter to the management complaining about the food and the service.

Vocabulario

1 Identifiquen.

To review **Palabras 1**, turn to pages 434-435.

1.
2.
3.
4.
5.

2 Identifiquen.

6.
7.
8.

To review **Palabras 2**, turn to pages 438-439.

9.
10.

3 ¿Sí o no? Indiquen si la persona contesta bien.

11. —¿Para cuándo quiere Ud. la reservación?
    —Para cuatro.

12. —¿A nombre de quién, por favor?
    —Conforme, señor Pereda.

Estructura

4 **Completen con el presente.**

13. El mesero les ____ a los clientes en el restaurante. (servir)
14. Yo siempre ____ la misma cosa, un biftec. (pedir)
15. Ellas ____ elegantemente para ir al restaurante. (vestirse)
16. Nosotros no lo ____. (repetir)
17. El cocinero ____ las papas. (freír)

To review the present of stem-changing verbs, turn to page 442.

5 **Sigan el modelo.**

Él lo pidió.
Y yo lo pedí, también.

18. Ellos se divirtieron.
    Y yo ____, también.
19. Yo dormí bien.
    Y él ____ bien, también.
20. Tú lo repetiste.
    Y nosotros lo ____, también.
21. Ellos lo prefirieron.
    Y su amigo lo ____, también.
22. Nos vestimos.
    Y ellos ____, también.

To review the preterite of stem-changing verbs, turn to page 444.

Cultura

6 **Contesten.**

23. ¿Cuál es la base de muchas comidas mexicanas?
24. ¿Qué es una tortilla mexicana?
25. ¿De qué rellenan las tortillas para hacer tacos y enchiladas?

To review this cultural information, turn to page 448.

Vocabulario

Getting along at a restaurant

el restaurante	el menú
la mesa	la cuenta
el/la mesero(a),	la tarjeta de crédito
el/la camarero(a)	la propina
el/la cocinero(a)	el dinero

Identifying a place setting

el vaso	la cucharita
la taza	la cuchara
el platillo	el mantel
el plato	la servilleta
el tenedor	
el cuchillo	

Describing some restaurant activities

poner la mesa	repetir
pedir	reservar
servir	tener hambre
freír	tener sed

Identifying more foods

la carne	el cordero	la langosta	el maíz
la carne de res,	el pescado	el ajo	la sal
el biftec	los mariscos	la berenjena	la pimienta
la ternera	los camarones	la alcachofa	el aceite
el cerdo	las almejas	el arroz	el vinagre

Describing food

rico(a), delicioso(a)

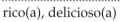

How well do you know your vocabulary?

- Choose a food category from the list, for example, **la carne.**
- Have classmates choose the names of foods that belong to that category.

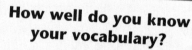

TECNOTUR

¡Buen viaje!

En el restaurante

In this video episode, Cristina, Isabel, and Luis are having lunch at a restaurant in Mexico.

Cristina, Isabel y Luis van a un restaurante. ▶

◀ Después del almuerzo los jóvenes miran los videos que reciben de España.

La Casa de los Azulejos en la Ciudad de México es un restaurante muy popular.

SPANISH Online

In the Chapter 14 Internet Activity, you will have a chance to learn more about restaurants in the Spanish-speaking world. To begin your virtual adventure, go to the Glencoe Spanish Web site: spanish.glencoe.com

◀ Learn more online about other popular restaurants in Mexico.

Conversación

El viaje en tren

Alberto	¿Te gustó el viaje que hiciste en tren?
María	Sí, bastante. Dormí bien en la litera.
Alberto	¿Te desayunaste en el tren?
María	No, porque llegamos a Madrid a las seis y media.
Alberto	Y, ¿a qué hora salieron de San Sebastián?
María	Salimos de San Sebastián a las veinte cuarenta.

Después de conversar

Los pasajeros Contesten.

1. ¿A María le gustó el viaje que hizo en tren?
2. ¿Cómo durmió en la litera?
3. ¿Se desayunó en el tren?
4. ¿A qué hora llegaron a Madrid?
5. ¿A qué hora salieron de San Sebastián?

Estructura

Verbos irregulares en el pretérito

1. Review the preterite forms of the following irregular verbs.

HACER	hice	hiciste	hizo	hicimos	*hicisteis*	hicieron
QUERER	quise	quisiste	quiso	quisimos	*quisisteis*	quisieron
VENIR	vine	viniste	vino	vinimos	*vinisteis*	vinieron
ANDAR	anduve	anduviste	anduvo	anduvimos	*anduvisteis*	anduvieron
ESTAR	estuve	estuviste	estuvo	estuvimos	*estuvisteis*	estuvieron
TENER	tuve	tuviste	tuvo	tuvimos	*tuvisteis*	tuvieron
PODER	pude	pudiste	pudo	pudimos	*pudisteis*	pudieron
PONER	puse	pusiste	puso	pusimos	*pusisteis*	pusieron
SABER	supe	supiste	supo	supimos	*supisteis*	supieron

 Historieta **En la estación de ferrocarril**

Completen con la forma apropiada del pretérito.

El otro día yo __1__ (tener) que ir a Toledo. Carlos __2__ (ir) también. Nosotros __3__ (estar) en la estación de ferrocarril. Carlos __4__ (hacer) cola en la ventanilla. Él me __5__ (dar) mi billete y yo lo __6__ (poner) en mi bolsa. Nosotros __7__ (estar) en el andén. Cuando __8__ (venir) el tren, yo no __9__ (poder) hallar mi billete. No sé dónde lo __10__ (poner). No sé dónde está.

Verbos de cambio radical

1. Some verbs have a stem change in both the present and preterite tenses. Verbs like **pedir (i, i)** change the **e** to **i** in both the present and preterite.

PRESENT	pido	pides	pide	pedimos	*pedís*	piden
PRETERITE	pedí	pediste	pidió	pedimos	*pedisteis*	pidieron

2. Verbs like **preferir (ie, i)** change the **e** to **ie** in the present; they change **e** to **i** in the preterite.

PRESENT	prefiero	prefieres	prefiere	preferimos	*preferís*	prefieren
PRETERITE	preferí	preferiste	prefirió	preferimos	*preferisteis*	prefirieron

3. Verbs like **dormir (ue, u)** change the **o** to **ue** in the present; they change **o** to **u** in the preterite.

PRESENT	duermo	duermes	duerme	dormimos	*dormís*	duermen
PRETERITE	dormí	dormiste	durmió	dormimos	*dormisteis*	durmieron

2 **Información** Completen con el presente.

1. Yo te _____ el café y tú me _____ el postre. Nosotros nos _____. (servir)
2. Tú lo _____ y yo lo _____. Nosotros dos lo _____. (preferir)
3. Ellos lo _____ y yo lo _____. Todos nosotros lo _____. (repetir)
4. Él _____ enseguida y yo _____ enseguida. Todos _____ enseguida. (dormirse)

3 **Información** Completen con el pretérito.

1. Yo pedí un biftec y Ud. _____ un biftec también.
2. Yo freí el biftec y Ud. también lo _____.
3. Nosotros les servimos a todos los clientes y Uds. también les _____ a todos.
4. Seguimos trabajando en el comedor hasta las once y Uds. también _____ trabajando hasta las once.

4 **Historieta** **En un restaurante mexicano**

Contesten.

1. ¿Quién pidió tacos, tú o tu amigo?
2. ¿Quién pidió enchiladas?
3. ¿Sirvieron las enchiladas con mucho queso?
4. ¿Pediste arroz y frijoles también?
5. ¿Frió el cocinero los frijoles?
6. ¿Sirvió el mesero la ensalada con la comida?
7. Después de comer, ¿dormiste?
8. Y tu amigo, ¿durmió él también?

Comida mexicana en el restaurante
«La Fonda», San Miguel de Allende

Verbos reflexivos

The subject of a reflexive verb both performs and receives the action of the verb. Each subject has its corresponding reflexive pronoun.

INFINITIVE	levantarse	acostarse
yo	me levanto	me acuesto
tú	te levantas	te acuestas
él, ella, Ud.	se levanta	se acuesta
nosotros(as)	nos levantamos	nos acostamos
vosotros(as)	os levantáis	os acostáis
ellos, ellas, Uds.	se levantan	se acuestan

5 ¿Y tú?
Contesten personalmente.

1. ¿A qué hora te acuestas?
2. ¿Te duermes enseguida?
3. Y, ¿a qué hora te despiertas?
4. ¿Te levantas enseguida?
5. ¿Cuántas horas duermes?

6 ¿Y ellos?
Escriban las respuestas de Actividad 5, cambiando **yo** a **mis hermanos.**

7 Un día típico

Work with a classmate. Compare a typical day in your life with a typical day in your partner's life.

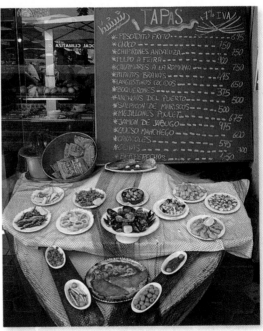
Tapas, Estepona, España

8 Comidas
Work with a classmate. Ask your partner about the meals he or she ate yesterday. Which meals did he or she eat, at what time, and what foods? Your partner will answer and tell you what he or she liked and didn't like to eat. Take turns.

Literary Companion
You may wish to read the adaptation of *El Quijote* by Miguel de Cervantes Saavedra. You will find this literary selection on pages 484–489.

1. Cosecha de cebada, provincia de Chimborazo
2. Mujer en un mercado, Saquisilí
3. Selva tropical cerca del río Coca
4. Nueva catedral, Cuenca
5. Plaza de la Independencia, Quito
6. Iguanas marinas, Islas Galápagos
7. Confección de sombreros de jipijapa, Cuenca

NATIONAL GEOGRAPHIC

VISTAS
DE ECUADOR

4

5

1

1. *Volcán Cotopaxi*
2. *Ciudad de Guayaquil*
3. *Perforación petrolera, río Napo*
4. *Alfombras hechas a mano, mercado de Otavalo*
5. *Envase del camarón, Guayaquil*
6. *Islas Galápagos*
7. *Plantación bananera, provincia de Guayas*

2

7

5

6

NATIONAL GEOGRAPHIC

VISTAS
DE ECUADOR

467

Literary Companion

These literary selections develop reading and cultural skills and introduce students to Hispanic literature.

Biblioteca, Universidad de México ▶

Versos sencillos José Martí

Vocabulario

una rosa

una flor

el corazón

El señor da la mano.

Actividad

¿Sí o no? Digan que sí o que no.

1. Una rosa es una flor bonita.
2. El corazón es un órgano vital.
3. Damos la mano a un amigo.

La Habana, Cuba

INTRODUCCIÓN José Martí (1853–1895) es cubano. Es un hombre muy famoso. Es poeta y es también un héroe. Durante toda la vida Martí lucha[1] por la independencia de Cuba.

Estudia en Madrid y en Zaragoza en España. José Martí admira mucho a la España artística y humana. Pero ataca la España política porque su país, Cuba, en aquel entonces[2] es una colonia de España.

Martí pasa mucho tiempo en varias repúblicas hispanoamericanas—México, Guatemala, Venezuela y Honduras. «De América soy hijo»—proclama Martí. Pasa también unos catorce años en los Estados Unidos. Publica *Versos sencillos* en Nueva York en 1891.

Versos sencillos es una colección de poemas (poesías).

[1]lucha *fights*   [2]en aquel entonces *at that time*

Versos sencillos

Cultivo una rosa blanca,
en julio como en enero
para el amigo sincero
que me da su mano franca.

Y para el cruel que me arranca°
el corazón con que vivo,
cardo ni ortiga° cultivo
cultivo la rosa blanca.

arranca *pulls out*

cardo ni ortiga
thistle nor nettle

Después de leer

En inglés, por favor. Contesten.
1. Is the theme of this short poem gardening, friendship, or roses?
2. What two types of people does the poet speak about?
3. In your own words in English, explain how the poet tells us that he treats all people equally.
4. How does the poet express "all the time"?

«Una moneda de oro» Francisco Monterde

Vocabulario

el parque

la luna

el suelo

el dedo

una moneda de oro

Es temprano por la noche (8:30).
Hay una moneda en el suelo.

La moneda refleja la luz de la luna.
Un señor halla la moneda.

la luz

La señora enciende la luz.

el agujero

el bolsillo

Ella cose el bolsillo porque
tiene un agujero.

el chaleco

La señora cuelga el chaleco
en la silla.

el mantel

El señor esconde la moneda.
Mete la moneda debajo del mantel.

El señor levanta el mantel.
Debajo del mantel hay dinero.
El señor está muy alegre.

un juguete

Es la Navidad.
El señor recoge el juguete.
La niña está dormida.

Actividades

A **¿Sabes la palabra?** Escojan.

1. El ____ de diciembre es la Navidad.
   a. veinticinco b. veinticuatro
2. Los niños reciben ____ para la Navidad.
   a. sillas b. juguetes
3. Él tiene que coser el bolsillo porque tiene ____.
   a. un agujero b. una moneda
4. El señor no pierde la moneda. ____ la moneda.
   a. Busca b. Halla

5. La señora cuelga ____ en la silla.
   a. el chaleco b. el mantel
6. El señor mete la moneda debajo del mantel. Él ____ la moneda.
   a. recoge b. esconde
7. En la mano hay cinco ____.
   a. monedas b. dedos

B **La moneda** Contesten.

1. ¿Dónde está el señor? (en el parque)
2. ¿Qué parte del día es? (la noche)
3. ¿Qué halla el señor? (una moneda)
4. ¿Recoge la moneda? (sí)
5. ¿De qué es la moneda? (de oro)
6. ¿Qué refleja la moneda? (la luna)

INTRODUCCIÓN Francisco Monterde es de México. Nace en 1894. Es poeta, dramaturgo y novelista. Es también cuentista. Publica una colección de cuentos[1] en 1943. Sus cuentos presentan un estudio serio de la historia de México.

Aquí tenemos el cuento «Una moneda de oro». Es un cuento sencillo[2] y tierno[3]. El autor habla de una pobre familia mexicana del campo.

[1]cuentos *stories*   [2]sencillo *simple*   [3]tierno *tender*

«Una moneda de oro»

1

Es una Navidad alegre para el pobre. El pobre es Andrés. No tiene dinero y no tiene trabajo desde el otoño.

Es temprano por la noche. Andrés pasa por el parque. En el suelo ve una moneda que refleja la luz de la luna. —¿Es una moneda de oro?—pregunta Andrés. —Pesa° mucho. ¡Imposible! No puede ser una moneda de oro. Es sólo una medalla.

Andrés sale del parque y examina la moneda. No, no es una medalla. Es realmente una moneda de oro. Andrés acaricia° la moneda. ¡Es muy agradable su contacto!

Pesa *It weighs*

acaricia *caresses*

2

Con la moneda entre los dedos, mete la mano derecha en el bolsillo de su pantalón. No, no puede meter la moneda en el bolsillo. Tiene miedo° de perder la moneda. Examina el bolsillo. No, no tiene agujeros. No hay problema. Puede meter la moneda en el bolsillo. No va a perder la moneda.

Andrés va a casa a pie. Anda rápido. La moneda de oro salta° en el bolsillo. El pobre Andrés está muy contento.

Luego tiene una duda. ¿Es falsa la moneda? Andrés tiene una idea. Va a entrar en una tienda. Va a comprar algo. Y va a pagar con la moneda. Si el dependiente acepta la moneda, es buena, ¿no? Y si no acepta la moneda, ¿qué? Andrés reflexiona. No, no va a ir a la tienda. Prefiere ir a casa con la moneda. Su mujer va a estar muy contenta.

Tiene miedo *He is afraid*

salta *jumps around*

3

Su casa es una casa humilde. Tiene sólo dos piezas o cuartos. Cuando llega a casa, su mujer no está. No está porque cada día tiene que ir a entregar° la ropa que cose para ganar unos pesos.

Andrés enciende una luz. Pone la moneda en la mesa. En unos momentos oye° a su mujer y a su hija. Ellas vuelven a casa. Esconde la moneda debajo del mantel.

La niña entra. Andrés toma la niña en sus brazos. Luego llega su mujer. Tiene una expresión triste y melancólica. —¿Tienes trabajo?—pregunta ella. —Hoy no puedo comprar pan. No me pagan cuando entrego la costura°.

Andrés no contesta. Levanta el mantel. Su mujer ve la moneda. Toma la moneda en las manos. —¿Quién te da la moneda?

—Nadie°—Andrés habla con su mujer. Explica como halla la moneda en el parque.

La niña toma la moneda y empieza a jugar con la moneda. Andrés tiene miedo. No quiere perder la moneda. Puede irse por° un agujero.

Andrés toma la moneda y pone la moneda en uno de los bolsillos de su chaleco. —¿Qué compramos con la moneda?—pregunta Andrés.

—No compramos nada. Tenemos que pagar mucho—suspira su mujer. Debemos° mucho.

—Es verdad—contesta Andrés. —Pero hoy es Nochebuena°. Tenemos que celebrar.

—No—contesta su mujer. —Primero tenemos que pagar el dinero que debemos.

entregar *return, deliver*

oye *he hears*

costura *sewing*

Nadie *No one*

irse por *slip through*

Debemos *We owe*
Nochebuena *Christmas Eve*

Una casa humilde, México

Andrés está un poco malhumorado. Se quita° el chaleco y el saco. Cuelga el chaleco y el saco en la silla.

—Bueno, Andrés. Si quieres, puedes ir a comprar algo. Pero tenemos que guardar lo demás°.

Andrés acepta. Se pone° el chaleco y el saco y sale de casa.

En la calle Andrés ve a su amigo Pedro.

—¿Adónde vas? ¿Quieres ir a tomar algo?

Andrés acepta. Los amigos pasan un rato en un café pequeño. Beben y hablan. Y luego Andrés sale. Va a la tienda. Sólo va a comprar comida para esta noche. Y un juguete para la niña.

Andrés compra primero los alimentos. El paquete está listo°. Andrés busca la moneda. Busca en el chaleco. No está. Busca en el saco. No está. Busca en su pantalón. La moneda no está en ninguno de sus bolsillos. El pobre Andrés está lleno de terror. Tiene que salir de la tienda sin la comida.

Una vez más está en la calle. Vuelve a casa. Llega a la puerta. No quiere entrar. Pero tiene que entrar. Entra y ve a la niña dormida con la cabeza entre los brazos sobre la mesa. Su mujer está cosiendo a su lado.

—La moneda…

—¿Qué?

—No tengo la moneda.

—¿Cómo?

La niña sobresalta°. Abre los ojos. Baja los brazos y bajo la mesa Andrés y su mujer oyen el retintín° de la moneda de oro.

¡Qué contentos están Andrés y su mujer! Recogen la moneda que la niña había escamoteado° del chaleco cuando estaba colgado en la silla.

Se quita *He takes off*

guardar lo demás *keep the rest*
Se pone *He puts on*

listo *ready*

sobresalta *jumps up*
retintín *jingle*

había escamoteado *had secretly taken out*

Después de leer

A Comprensión Contesten.

1. ¿Quién es el pobre?
2. ¿Por qué no tiene dinero?
3. ¿Por dónde pasa Andrés?
4. ¿Qué ve en el suelo?
5. ¿Es una moneda de oro o es una medalla?

B Andrés y la moneda Escojan.

1. ¿Por qué no debe Andrés meter la moneda en el bolsillo de su pantalón?
   a. Porque el bolsillo tiene un agujero.
   b. Porque puede perder la moneda.
   c. Porque la moneda es muy grande.

2. Cuando Andrés examina el bolsillo, ¿qué decide?
   a. Puede meter la moneda en el bolsillo porque no tiene agujero.
   b. Va a perder la moneda.
   c. La moneda de oro es sólo una medalla.
3. ¿Cómo va Andrés a casa?
   a. Salta.
   b. A pie y rápido.
   c. Con miedo.
4. ¿Qué duda tiene Andrés?
   a. Si tiene que comprar algo.
   b. Si la moneda es falsa o no.
   c. Si su pantalón tiene un agujero.
5. Si compra algo en una tienda, ¿por qué quiere pagar con la moneda?
   a. Si el dependiente acepta la moneda, no es falsa.
   b. Porque la moneda es falsa y Andrés no quiere la moneda.
   c. Porque no tiene dinero.
6. ¿Qué decide Andrés?
   a. Decide que la moneda es falsa.
   b. Decide que no necesita nada.
   c. Decide que no va a la tienda. Prefiere ir a casa.

Una vista del campo, México

La Navidad, México

C ¿Sí o no? Digan que sí o que no.
1. La casa de Andrés es muy humilde.
2. La casa tiene cuatro piezas.
3. Cuando llega Andrés, su mujer cose.
4. Su mujer cose para ganar dinero.
5. Su mujer y su hija vuelven a casa.
6. Andrés toma a su mujer en sus brazos.
7. Su mujer está muy contenta.
8. Hoy ella compra pan.
9. Cuando Andrés levanta el mantel, su mujer ve la moneda.
10. La niña empieza a jugar con la moneda.
11. Andrés quiere comprar algo para celebrar la Navidad.
12. Su mujer quiere comprar mucho.
13. Por fin Andrés puede ir a la tienda a comprar algo.

D Andrés sale. Contesten.
1. ¿A quién ve Andrés en la calle?
2. ¿Adónde van los dos?
3. Luego, ¿adónde va Andrés?
4. ¿Qué va a comprar?
5. ¿Qué busca Andrés?
6. ¿Qué no puede hallar?
7. ¿Qué ve cuando entra en la casa?
8. ¿Dónde está la moneda?

«La camisa de Margarita» Ricardo Palma

Vocabulario

Es un galán.
Es un señor muy elegante.
Es soltero. No tiene esposa.
  No está casado.

el cuello········•

el vestido
de novia

Los jóvenes están enamorados.
El joven le echa flores a la señorita.
La joven le flecha el corazón al joven.
Los jóvenes tienen una sonrisita.

una cadena de diamantes (brillantes)

El sacerdote habla con los recién casados.
Están en la iglesia.

....

el suegro el padre del marido o de la mujer
el sacerdote un padre (religioso) católico
el pobretón un muchacho pobre que no tiene dinero
el chisme la historieta, un rumor
los muebles la silla, la mesa, la cama, etc., son muebles
altivo arrogante
con mucha plata que tiene mucho dinero, rico

> ***Nota*** In this story you
> will come across the following
> words that describe money
> used in Peru in the eighteenth
> century. From the context of
> the reading you will be able to
> tell which were of little value
> and which were of great value.
> It is not necessary for you to
> learn these words: **un ochavo,
> un real, un maravedí, un
> duro, un morlaco.**

Actividades

A **Los jóvenes** Contesten según los dibujos.

1. ¿Es un tipo galán el joven?
2. ¿Es un poco altivo?
3. ¿Es soltero?
4. ¿Tiene esposa?
5. ¿Está enamorado el joven?
6. ¿Qué le echa a la señorita?
7. ¿Qué tiene en la cara?
8. ¿Tiene la señorita una cadena de diamantes en el cuello?

B **El galán** Expresen de otra manera.

1. Él no tiene mujer. No está casado.
2. Es un señor elegante.
3. Es un tipo muy arrogante.
4. No es un joven que tiene mucho dinero.
5. No sé si es verdad. Es un rumor.

INTRODUCCIÓN Ricardo Palma es uno de los hombres más famosos de letras peruanas de todos los tiempos. Él da origen a un nuevo género literario—la tradición. La tradición es una anécdota histórica.

Ricardo Palma publica sus *Tradiciones peruanas* en diez tomos de 1872 a 1910. Las tradiciones presentan la historia del Perú desde la época precolombina hasta la guerra con Chile (1879–1883). Las tradiciones más interesantes y más famosas son las tradiciones que describen la época colonial. «La camisa de Margarita» es un ejemplo de una tradición de la época colonial.

«La camisa de Margarita»

1

Cuando las señoras viejas de Lima quieren describir algo que cuesta mucho, ¿qué dicen? Dicen: —¡Qué! Si esto es más caro que la camisa de Margarita Pareja.

Margarita Pareja es por los años 1765 la hija mimada° de don Raimundo Pareja, un colector importante del Callao. La muchacha es una de estas limeñitas que es tan bella que puede cautivar° al mismo diablo°. Tiene unos ojos negros cargados° de dinamita que hacen explosión sobre el alma° de los galanes limeños.

Llega de España un arrogante joven llamado don Luis de Alcázar. Don Luis tiene en Lima un tío aragonés, don Honorato. Don Honorato es solterón y es muy rico. Si el tío es rico, no lo es el joven. No tiene ni un centavo.

mimada *spoiled*

cautivar *captivate, charm*

diablo *devil*

cargados *charged*

alma *soul*

2

En la procesión de Santa Rosa, Alcázar conoce a la linda Margarita. La muchacha le flecha el corazón. El joven le echa flores. Ella no le contesta ni sí ni no. Pero con sonrisitas y otras armas del arsenal femenino le da a entender al joven que es plato muy de su gusto.

Los enamorados olvidan° que existe la aritmética. Don Luis no considera su presente condición económica un obstáculo. Va al padre de Margarita y le pide su mano°. Al padre de Margarita, don Raimundo, no le gusta nada la petición del joven arrogante. Le dice que Margarita es demasiado joven para tomar marido.

olvidan *forget*

le pide su mano *asks for her hand*

Pero la edad de su hija no es la verdadera razón. Don Raimundo no quiere ser suegro de un pobretón. Les dice la verdad a algunos de sus amigos. Uno de ellos va con el chisme al tío aragonés. El tío, que es un tipo muy altivo, se pone° furioso.

se pone *becomes*

—¡Cómo! ¡Desairar° a mi sobrino! No hay más gallardo en todo Lima. Ese don Raimundo va a ver…

Desairar *To snub*

3

Y la pobre Margarita se pone muy enferma. Pierde peso° y tiene ataques nerviosos. Sufre mucho. Su padre se alarma y llama a varios médicos y curanderos. Todos declaran que la única medicina que va a salvar a la joven no se vende en la farmacia. El padre tiene que permitir a la muchacha casarse° con el varón de su gusto.

peso *weight*

casarse *to marry*

Don Raimundo va a la casa de don Honorato. Le dice: —Ud. tiene que permitir a su sobrino casarse con mi hija. Porque si no, la muchacha va a morir.

—No puede ser—contesta de la manera más desagradable el tío. —Mi sobrino es un pobretón. Lo que Ud. debe buscar para su hija es un hombre con mucha plata.

El diálogo entre los dos es muy borrascoso°.

borrascoso *stormy*

—Pero, tío, no es cristiano matar° a quien no tiene la culpa°—dice don Luis.

matar *kill*

culpa *blame*

Iglesia de San Francisco, Lima, Perú

—¿Tú quieres casarte con esa joven?

—Sí, de todo corazón, tío y señor.

—Pues bien, muchacho. Si tú quieres, consiento. Pero con una condición. Don Raimundo me tiene que jurar° que no va a regalar un ochavo a su hija. Y no le va a dejar un real en la herencia—. Aquí empieza otra disputa.

jurar *to swear*

—Pero, hombre, mi hija tiene veinte mil duros de dote°.

—Renunciamos a la dote. La niña va a venir a casa de su marido con nada más que la ropa que lleva o tiene puesta°.

—Entonces me permite regalar a mi hija los muebles° y el ajuar (vestido) de novia.

—Ni un alfiler°.

—Ud. no es razonable, don Honorato. Mi hija necesita llevar una camisa para reemplazar la puesta.

—Bien, Ud. le puede regalar la camisa de novia y se acaba°.

Al día siguiente don Raimundo y don Honorato van a la Iglesia de San Francisco a oír misa°. En el momento que el sacerdote eleva la Hostia, dice el padre de Margarita: —Juro no dar a mi hija más que la camisa de novia.

Y don Raimundo cumple con° su promesa. Ni en la vida ni en la muerte le da después a su hija un maravedí.

Los encajes° de Flandes que adornan la camisa de la novia cuestan dos mil setecientos duros. El cordoncillo que ajusta al cuello es una cadena de brillantes que tienen un valor de treinta mil morlacos.

Los recién casados hacen creer al tío aragonés que la camisa no vale° nada. Porque don Honorato es tan testarudo°, que a saber el valor real de la camisa, le hace al sobrino divorciarse.

Ahora sabemos por qué es muy merecida° la fama que tiene la camisa nupcial de Margarita Pareja.

dote *dowry*

tiene puesta *has on*

muebles *furniture*

alfiler *pin*

se acaba *that's it*

oír misa *to hear mass*

cumple con *fulfills*

encajes *lace*

vale *is worth*

testarudo *hard-headed*

merecida *deserved*

Palacio arzobispal, Lima

Después de leer

A Margarita Pareja Contesten.

1. ¿Quiénes dicen: —¡Qué! ¡Si esto es más caro que la camisa de Margarita Pareja—?
2. ¿Quién es Margarita Pareja?
3. ¿Cómo es Margarita?
4. ¿Quién llega al Perú?
5. ¿De dónde viene?
6. ¿Quién es?
7. ¿Cómo es el tío?
8. ¿Cómo es el sobrino?

B Don Luis Completen.

1. Don Luis conoce a Margarita en ____.
2. Margarita le ____. Y don Luis le ____.
3. Don Luis no considera su condición económica ____.
4. Don Luis va al padre de Margarita y ____.
5. Al padre no le gusta nada ____.
6. No le gusta la petición porque ____.
7. Cuando el tío sabe lo que dice don Raimundo, él se pone ____.

Palacio arzobispal, Lima

C En español, por favor.

Contesten en español.

1. What happens to Margarita?
2. What medicine does she need?
3. Why does the young man's uncle say his nephew cannot marry Margarita?
4. Under what condition does the uncle consent?

D En tus propias palabras

In your own words in English, explain the ending of this story. What does Margarita's father do?

Plaza de Armas, Lima

El Quijote Miguel de Cervantes Saavedra

Vocabulario

la lanza

don Quijote
un caballero andante

delgado

el caballo

Sancho Panza
un escudero

el asno

gordo

el aspa

el campo

el molino de viento

un(a) vecino(a) una persona que vive cerca, en la misma calle, por ejemplo
sabio(a) inteligente, astuto(a)
espantoso horrible, terrible
a toda prisa muy rápido
de nuevo otra vez
socorrer ayudar, dar auxilio o ayuda
no les hizo caso no les prestó atención

Actividades

A **Don Quijote y Sancho Panza** Contesten.

1. ¿Es don Quijote delgado o gordo?
2. ¿Quién es gordo?
3. ¿Quién es un caballero andante?
4. ¿Quién es su escudero?
5. ¿Quién tiene una lanza?
6. ¿Quién tiene un caballo?
7. Y Sancho Panza, ¿qué tiene él?
8. ¿Tiene aspas un molino de viento?

B **¿Cómo son?** Describan a don Quijote y a Sancho Panza.

C **¿Cómo se dice?** Expresen de otra manera.

1. Ellos viven en *una región rural.*
2. Fue una aventura *horrible.*
3. Él salió *rápido.*
4. No le *prestó atención* a su vecino.
5. Él es un señor *inteligente y astuto.*
6. Él lo hizo *otra vez.*
7. Trató pero no pudo *ayudar* a su vecino.

INTRODUCCIÓN La obra más famosa de todas las letras hispanas es la novela *El ingenioso hidalgo don Quijote de la Mancha* de Miguel de Cervantes Saavedra.

Los dos personajes principales de la novela son don Quijote y Sancho Panza. Don Quijote, un hombre alto y delgado, es un caballero andante. Es un idealista que quiere conquistar todos los males[1] del mundo. Su escudero, Sancho Panza, es un hombre bajo y gordo. Él es un realista puro. Siempre trata de desviar[2] a don Quijote de sus ilusiones y aventuras.

[1]males *evils*

[2]trata de desviar *tries to dissuade*

El Quijote

1

Un día, don Quijote salió de su pueblo en la región de la Mancha. Un idealista sin par°, don Quijote salió en busca de aventuras para conquistar los males del mundo. Es el trabajo de un verdadero caballero andante. Pero después de unos pocos días, don Quijote volvió a casa porque hizo su primera expedición sin escudero. No hay caballero andante sin escudero— sobre todo un caballero andante de la categoría de don Quijote.

Cuando volvió a su pueblo, empezó a buscar un escudero. Por fin encontró a un vecino, Sancho Panza, un hombre bajo y gordo. Salió por segunda vez, esta vez acompañado de su escudero. Don Quijote montó a su caballo, Rocinante, y Sancho lo siguió° montado en su asno.

sin par *without equal*

siguió *followed*

2

Los dos hicieron muchas expediciones por la región de la Mancha. El idealista don Quijote hizo muchas cosas que no quiso hacer el realista Sancho Panza. Más de una vez Sancho le dijo: —Pero, don Quijote, noble caballero y fiel compañero. Vuestra Merced° está loco. ¿Por qué no dejamos° con estas tonterías°? ¿Por qué no volvemos a casa? Yo quiero comer. Y quiero dormir en mi cama.

Don Quijote no les hizo mucho caso a los consejos° de Sancho. Uno de los episodios más famosos de nuestro estimado caballero es el episodio de los molinos de viento.

Vuestra Merced *Your Highness*

no dejamos con *put an end to*

tonterías *foolish things*

consejos *advice*

3

Del buen suceso que el valeroso don Quijote tuvo en la espantable y jamás imaginada aventura de los molinos de viento.

En esto descubrieron treinta o cuarenta molinos de viento que hay en aquel campo; y así como° don Quijote los vio, dijo a su escudero: —¡Sancho! ¡Mira! ¿Tú ves lo que veo yo?

— No, Vuestra Merced. No veo nada.

— Amigo Sancho, ¿no ves allí unos treinta o más gigantes que vienen hacia nosotros a hacer batalla?

— ¿Qué gigantes?

— Aquellos que allí ves, de los brazos largos.

— Don Quijote. No son gigantes. Son simples molinos de viento. Y lo que en ellos parecen° brazos son aspas.

— Bien parece, Sancho, que tú no sabes nada de aventuras. Ellos son gigantes. Y si tienes miedo…

— ¡Don Quijote! ¿Adónde va Vuestra Merced?

así como *as soon as*

parecen *appear to be*

Molinos de viento, La Mancha, España

4

¿Adónde fue don Quijote? Él fue a hacer batalla con los terribles gigantes. Gigantes como éstos no deben ni pueden existir en el mundo. En nombre de Dulcinea, la dama de sus pensamientos°, don Quijote los atacó. Puso su lanza en el aspa de uno de los molinos. En el mismo instante vino un viento fuerte. El viento movió el aspa. El viento la revolvió con tanta furia que hizo pedazos° de la lanza de don Quijote y levantó a don Quijote en el aire.

A toda prisa el pobre Sancho fue a socorrer a su caballero andante. Lo encontró° en el suelo muy mal herido°.

—Don Quijote, no le dije a Vuestra Merced que no vio gigantes. Vio simples molinos de viento. No puedo comprender por qué los atacó.

—Sancho, tú no sabes lo que dices. Son cosas de guerra° que tú no comprendes. Tú sabes que tengo un enemigo. Mi enemigo es el horrible pero sabio monstruo Frestón. Te dije las cosas malas que él hace. Y ahora convirtió a los gigantes en molinos de viento.

—Yo no sé lo que hizo vuestro enemigo, Frestón. Pero yo sé lo que le hizo el molino de viento.

Sancho levantó a don Quijote del suelo. Don Quijote subió de nuevo sobre Rocinante. Habló más de la pasada aventura pero Sancho no le hizo caso. Siguieron el camino hacia Puerto Lápice en busca de otras jamás imaginadas aventuras.

> dama de sus pensamientos *lady of his dreams*
>
> pedazos *pieces*
>
> encontró *found*
> herido *wounded*
>
> guerra *war*

Plaza de España, Madrid

Después de leer

A Don Quijote y Sancho Panza Escojan.

1. Don Quijote es ____.
   a. un realista
   b. un idealista
   c. un escudero
2. Don Quijote salió de su pueblo ____.
   a. en busca de la Mancha
   b. en busca de un escudero
   c. en busca de aventuras
3. Don Quijote volvió a casa para ____.
   a. comenzar su primera expedición
   b. buscar un escudero
   c. ver a Dulcinea

4. Sancho Panza es ____.
   a. un caballero andante también
   b. un idealista sin par
   c. un vecino de don Quijote
5. Sancho Panza tiene ____.
   a. un asno
   b. un caballo
   c. una lanza

B ¿Sí o no? Digan que sí o que no.

1. Don Quijote y Sancho Panza hicieron sólo dos expediciones.
2. Sancho le dice a don Quijote que está loco.
3. Don Quijote siempre quiere volver a casa.
4. Un episodio famoso del *Quijote* es el episodio de los molinos de viento.

C Los molinos de viento Completen.

1. Don Quijote ve unos treinta o cuarenta ____.
2. Sancho no ve ____.
3. Según don Quijote, los ____ quieren hacer ____.
4. Según don Quijote, los ____ que ve tienen ____ largos.
5. Según Sancho, no son gigantes. Don Quijote ve unos ____ y no tienen brazos. Tienen ____.

D La batalla Contesten.

1. ¿Contra quiénes fue don Quijote a hacer batalla?
2. ¿En dónde puso su lanza?
3. ¿Qué hizo mover al aspa?
4. ¿Revolvió rápidamente el aspa?
5. ¿Adónde levantó a don Quijote?
6. ¿Dónde encontró Sancho a don Quijote?
7. ¿Quién convirtió a los gigantes en molinos de viento?
8. Cuando Sancho levantó a don Quijote del suelo, ¿volvieron a casa?
9. Después de este episodio, ¿admite don Quijote que los gigantes son molinos de viento?

Handbook

Activity 1

Cristina

Sara

Alejandro / Eduardo

Isabel

Alberto

Alumno A Ask your partner the following questions. Correct answers are in parentheses.

1. ¿Cómo es Antonio, rubio o moreno?
   (Antonio es moreno.)

2. ¿Cómo es Fernando, gracioso o serio?
   (Fernando es gracioso.)

3. ¿Cómo es María, alta o baja? *(María es baja.)*

4. ¿Cómo es Ricardo, ambicioso o perezoso?
   (Ricardo es perezoso.)

5. ¿Cómo es Elena, cómica o seria?
   (Elena es seria.)

6. ¿Cómo es Ana, alta o baja? *(Ana es alta.)*

Alumno A Now answer your partner's questions based on the pictures below.

Alumno B Answer your partner's questions based on the pictures below.

Ana / María

Ricardo

Elena

Fernando

Antonio

Alumno B Ask your partner the following questions. Correct answers are in parentheses.

1. ¿Cómo es Alejandro, alto o bajo?
   (Alejandro es alto.)

2. ¿Cómo es Isabel, ambiciosa o perezosa?
   (Isabel es perezosa.)

3. ¿Cómo es Sara, graciosa o seria?
   (Sara es graciosa.)

4. ¿Cómo es Cristina, rubia o morena?
   (Cristina es rubia.)

5. ¿Cómo es Eduardo, alto o bajo?
   (Eduardo es bajo.)

6. ¿Cómo es Alberto, ambicioso o perezoso?
   (Alberto es ambicioso.)

Activity 2

8.

4.

7.

3.

6.

2.

5.

1.

Alumno A Answer your partner's questions based on the pictures below.

Alumno A Ask your partner **¿Qué hora es?** Correct answers are in parentheses.

1. ¿Qué hora es? (*Son las dos.*)
2. ¿Qué hora es? (*Son las tres y cinco.*)
3. ¿Qué hora es? (*Son las cuatro y veinticinco.*)
4. ¿Qué hora es? (*Son las cinco menos veinte.*)
5. ¿Qué hora es? (*Son las seis y media.*)
6. ¿Qué hora es? (*Es la una.*)
7. ¿Qué hora es? (*Son las siete menos cuarto.*)
8. ¿Qué hora es? (*Es la una y diez.*)

Alumno B Answer your partner's questions based on the pictures below.

Alumno B Ask your partner **¿Qué hora es?** Correct answers are in parentheses.

1. ¿Qué hora es? (*Son las once.*)
2. ¿Qué hora es? (*Son las dos y veinticinco.*)
3. ¿Qué hora es? (*Son las diez.*)
4. ¿Qué hora es? (*Son las seis menos diez.*)
5. ¿Qué hora es? (*Son las ocho y cuarto.*)
6. ¿Qué hora es? (*Son las diez menos cinco.*)
7. ¿Qué hora es? (*Es la una.*)
8. ¿Qué hora es? (*Es la una menos cuarto.*)

1.
5.
2.
6.
3.
7.
4.
8.

Alumno A Ask your partner the following questions. Correct answers are in parentheses.

1. ¿Buscas una gorra? *(Sí, busco una gorra.)*

2. ¿Necesitas un disquete?
(*No, no necesito un disquete.*)

3. ¿Buscas un bolígrafo?
(*No, no busco un bolígrafo.*)

4. ¿Compras una camisa?
(*Sí, compro una camisa.*)

5. ¿Llevas un traje? (*No, no llevo un traje.*)

6. ¿Necesitas una mochila?
(*Sí, necesito una mochila.*)

7. ¿Compras una falda?
(*No, no compro una falda.*)

8. ¿Buscas pantalones?
(*Sí, busco pantalones.*)

Alumno A Answer your partner's questions based on the pictures below.

Alumno B Answer your partner's questions based on the pictures below.

Alumno B Ask your partner the following questions. Correct answers are in parentheses.

1. ¿Buscas una falda? *(Sí, busco una falda.)*

2. ¿Necesitas una calculadora?
(*Sí, necesito una calculadora.*)

3. ¿Llevas un traje? (*No, no llevo un traje.*)

4. ¿Buscas una mochila?
(*No, no busco una mochila.*)

5. ¿Compras un bolígrafo?
(*Sí, compro un bolígrafo.*)

6. ¿Buscas un libro? (*No, no busco un libro.*)

7. ¿Necesitas un par de tenis?
(*Sí, necesito un par de tenis.*)

8. ¿Compras una camisa?
(*No, no compro una camisa.*)

Activity 4

Alumno A Ask your partner the following questions. Correct answers are in parentheses.

1. ¿Cómo llegan a la escuela Antonio y Ernesto?
   (*Antonio y Ernesto llegan a pie.*)

2. ¿Cómo llegan a la escuela Alicia y Pepe?
   (*Alicia y Pepe llegan en el bus escolar.*)

3. ¿Cómo llegan a la escuela José y Sara?
   (*José y Sara llegan en carro/coche.*)

4. ¿Cómo llegan a la escuela Anita y Paco?
   (*Anita y Paco llegan a pie.*)

5. ¿Cómo llegan a la escuela Conchita y Beatriz?
   (*Conchita y Beatriz llegan en carro/coche.*)

Alumno A Answer your partner's questions based on the pictures below.

Lupe
Rodolfo

Juan
Elena
Marisol
Vicente

Pedro
Silvia
Ana
Pablo

Alumno B Ask your partner the following questions. Correct answers are in parentheses.

1. ¿Cómo llegan a la escuela Lupe y Rodolfo?
   (*Lupe y Rodolfo llegan en carro/coche.*)

2. ¿Cómo llegan a la escuela Silvia y Pedro?
   (*Silvia y Pedro llegan en el bus escolar.*)

3. ¿Cómo llegan a la escuela Elena y Marisol?
   (*Elena y Marisol llegan a pie.*)

4. ¿Cómo llegan a la escuela Ana y Pablo?
   (*Ana y Pablo llegan en el bus escolar.*)

5. ¿Cómo llegan a la escuela Vicente y Juan?
   (*Vicente y Juan llegan a pie.*)

Alumno B Answer your partner's questions based on the pictures below.

José
Conchita
Sara
Beatriz

Antonio
Anita
Ernesto
Paco

Alicia
Pepe

Activity 5　　CAPÍTULO 5, Palabras 1, 2, Estructura, pages 142–143, 146–147, 150

Alumno A Answer your partner's questions based on the pictures below.

Alumno A Ask your partner the following questions. Correct answers are in parentheses.

1. ¿Comes pan dulce? (Sí, como pan dulce.)
2. ¿Comes pollo? (No, no como pollo.)
3. ¿Comes sopa? (Sí, como sopa.)
4. ¿Comes pescado? (No, no como pescado.)
5. ¿Comes un bocadillo? (Sí, como un bocadillo.)
6. ¿Comes mariscos? (Sí, como mariscos.)
7. ¿Comes queso? (No, no como queso.)
8. ¿Comes jamón? (Sí, como jamón.)

Alumno B Answer your partner's questions based on the pictures below.

Alumno B Ask your partner the following questions. Correct answers are in parentheses.

1. ¿Comes sopa? (No, no como sopa.)

2. ¿Comes pollo? (Sí, como pollo.)

3. ¿Comes pescado? (Sí, como pescado.)

4. ¿Comes huevos? (Sí, como huevos.)

5. ¿Comes un bocadillo?
   (No, no como un bocadillo.)

6. ¿Comes una tortilla? (Sí, como una tortilla.)

7. ¿Comes queso? (Sí, como queso.)

8. ¿Comes mariscos? (No, no como mariscos.)

Alumno A Ask your partner the following questions. Correct answers are in parentheses.

Alumno A Use the chart below to answer your partner's questions. Reminder: **tú** is you.

Sofía	15 años
Los abuelos	75 años
Pedro y Alicia	16
Tú	?
Teresa	9 años
Juan y Norma	13 años

1. ¿Cuántos años tiene Armando?
   (Armando tiene catorce años.)

2. ¿Cuántos años tienen Paco y José?
   (Paco y José tienen diecisiete años.)

3. ¿Cuántos años tienes tú?
   (Yo tengo _____ años.)

4. ¿Cuántos años tiene el profesor de ciencias?
   (El profesor de ciencias tiene treinta y seis años.)

5. ¿Cuántos años tienen Susana y Gabriela?
   (Susana y Gabriela tienen veintidós años.)

6. ¿Cuántos años tiene Pepe?
   (Pepe tiene ocho años.)

Alumno B Use the chart below to answer your partner's questions. Reminder: **tú** is you.

Armando	14 años
Paco y José	17 años
Tú	?
El profesor de ciencias	36 años
Susana y Gabriela	22 años
Pepe	8 años

Alumno B Ask your partner the following questions. Correct answers are in parentheses.

1. ¿Cuántos años tiene Sofía?
   (Sofía tiene quince años.)

2. ¿Cuántos años tienen los abuelos?
   (Los abuelos tienen setenta y cinco años.)

3. ¿Cuántos años tienen Pedro y Alicia?
   (Pedro y Alicia tienen dieciséis años.)

4. ¿Cuántos años tienes tú?
   (Yo tengo _____ años.)

5. ¿Cuántos años tiene Teresa?
   (Teresa tiene nueve años.)

6. ¿Cuántos años tienen Juan y Norma?
   (Juan y Norma tienen trece años.)

Activity 7

(The following content appears rotated 180° — Alumno A section)

Alumno A Ask your partner the following questions. Correct answers are in parentheses.

1. ¿Qué juega Antonio?
(*Antonio juega al baloncesto.*)

2. ¿Qué quiere el portero?
(*El portero quiere bloquear el balón.*)

3. ¿Qué prefieren Luisa y Carlos?
(*Luisa y Carlos prefieren el fútbol.*)

4. ¿Prefieres ser espectador(a) o jugador(a)?
(*Yo prefiero ser _____.*)

5. ¿Qué devuelve el cátcher?
(*El cátcher devuelve la pelota.*)

Alumno A Use the chart below to answer your partner's questions. Reminder: **tú** is you.

Marta	el béisbol
Tú	?
Los jugadores	marcar muchos tantos
Marco	ser espectador
Tomás y Sara	el fútbol

Alumno B Use the chart below to answer your partner's questions. Reminder: **tú** is you.

Antonio	el baloncesto
El portero	bloquear el balón
Luisa y Carlos	el fútbol
Tú	?
El cátcher	la pelota

Alumno B Ask your partner the following questions. Correct answers are in parentheses.

1. ¿Qué juega Marta? (*Marta juega al béisbol.*)

2. ¿Prefieres ser espectador(a) o jugador(a)?
(*Yo prefiero ser _____.*)

3. ¿Qué quieren los jugadores?
(*Los jugadores quieren marcar muchos tantos.*)

4. ¿Qué prefiere Marco?
(*Marco prefiere ser espectador.*)

5. ¿Qué juegan Tomás y Sara?
(*Tomás y Sara juegan al fútbol.*)

InfoGap

Activity 8

CAPÍTULO 8, Palabras 1, Estructura, pages 242–243, 250

Ernesto

Juana

Beatriz

Alumno A Answer your partner's questions based on the pictures below.

Silvia

Alberto

Alumno A Ask your partner the following questions. Correct answers are in parentheses.

1. ¿Cómo está Sara, triste o contenta?
   (Sara está triste.)

2. ¿Cómo es Fernando, ambicioso o perezoso?
   (Fernando es ambicioso.)

3. ¿Cómo está Paco, contento o enfermo?
   (Paco está enfermo.)

4. ¿Cómo está Elena, de buen humor o de mal humor? *(Elena está de buen humor.)*

5. ¿Cómo es Isabel, ambiciosa o perezosa?
   (Isabel es perezosa.)

Alumno B Answer your partner's questions based on the pictures below.

Isabel

Fernando

Elena

Sara

Paco

Alumno B Ask your partner the following questions. Correct answers are in parentheses.

1. ¿Cómo es Silvia, rubia o morena?
   (Silvia es morena.)

2. ¿Cómo está Ernesto, contento o nervioso?
   (Ernesto está nervioso.)

3. ¿Cómo está Beatriz, contenta o cansada?
   (Beatriz está cansada.)

4. ¿Cómo es Alberto, gracioso o serio?
   (Alberto es serio.)

5. ¿Cómo es Juana, ambiciosa o perezosa?
   (Juana es ambiciosa.)

Alumno A Ask your partner the following questions. Correct answers are in parentheses.

1. ¿Qué jugaron Roberto y Ernesto?
   (Roberto y Ernesto jugaron tenis.)

2. ¿Jugaron singles o dobles?
   (Jugaron singles.)

3. ¿Quién buceó? *(Juan buceó.)*

4. ¿Quién esquió en el agua?
   (Claudia esquió en el agua.)

5. ¿Nadó Sandra o practicó el surfing?
   (Sandra nadó.)

6. ¿Los jóvenes pasaron el día en la playa o en la estación de esquí?
   (Los jóvenes pasaron el día en la playa.)

Alumno A Answer your partner's questions based on the pictures below.

Tomás / Alicia

María / Patricio / Teresa / Armando

Susana / Manuel

Alumno B Answer your partner's questions based on the pictures below.

Claudia

Juan

Roberto / Ernesto

Sandra

Alumno B Ask your partner the following questions. Correct answers are in parentheses.

1. ¿Patricio y Teresa tomaron el telesilla o compraron boletos?
   (Patricio y Teresa tomaron el telesilla.)

2. ¿Qué compró Susana en la ventanilla?
   (Susana compró boletos en la ventanilla.)

3. ¿Quiénes bajaron la pista?
   (Tomás y Alicia bajaron la pista.)

4. ¿Esquiaron en el agua o en la nieve?
   (Esquiaron en la nieve.)

5. ¿Tomó el telesilla Armando?
   (Sí, Armando tomó el telesilla.)

6. ¿Los jóvenes pasaron el día en la playa o en la estación de esquí? *(Los jóvenes pasaron el día en la estación de esquí.)*

InfoGap

Activity 10   CAPÍTULO 10, Palabras 1, 2, Estructura, pages 306–307, 310–311, 314

Alumno A Ask your partner the following questions. Correct answers are in parentheses.

1. ¿Adónde fueron los turistas?
(Los turistas fueron al museo.)

2. ¿Qué vieron los turistas?
(Los turistas vieron una exposición de arte.)

3. ¿Qué miraron los niños?
(Los niños miraron un mural.)

Alumno A Answer your partner's questions based on the picture below.

Alumno B Answer your partner's questions based on the picture below.

Alumno B Ask your partner the following questions. Correct answers are in parentheses.

1. ¿Adónde fue el joven? *(El joven fue al cine.)*

2. ¿Qué vio el joven? *(El joven vio una película.)*

3. ¿Lleva subtítulos la película?
(No, la película no lleva subtítulos.)

Alumno A Ask your partner the following questions about his or her airplane ticket. Correct answers are in parentheses.

1. ¿Cuál es el nombre el la línea aérea? *(Lan Chile)*

2. ¿Cuál es el número del vuelo? *(doscientos)*

3. ¿Cuál es el destino del vuelo? *(Santiago)*

4. ¿Cuál es la fecha del vuelo? *(el veintiocho de julio)*

5. ¿Cuántas maletas tiene el/la pasajero(a)? *(dos)*

6. ¿Cuál es la hora de salida? *(las diez y media)*

Alumno A Answer your partner's questions based on your plane ticket below.

Mexicana			
Vuelo	Destino	Puerta	Clase
4	Guadalajara	8	C
Fecha	Hora de salida	Asiento	
13 abril	06:30	28A	
Maletas	Peso	Nombre del pasajero	
2	18	_____	

Alumno B Answer your partner's questions based on your plane ticket below.

Lan Chile			
Vuelo	Destino	Puerta	Clase
200	Santiago	15	C
Fecha	Hora de salida	Asiento	
28 julio	10:30	48B	
Maletas	Peso	Nombre del pasajero	
2	20	_____	

Alumno B Ask your partner the following questions about his or her airplane ticket. Correct answers are in parentheses.

1. ¿Cuál es el nombre el la línea aérea? *(Mexicana)*

2. ¿Cuál es el número del vuelo? *(cuatro)*

3. ¿De qué puerta sale el vuelo? *(ocho)*

4. ¿Cuál es la fecha del vuelo? *(el trece de abril)*

5. ¿Cuál es el destino del vuelo? *(Guadalajara)*

6. ¿Cuál es la hora de salida? *(las seis y media)*

Activity 12

Irene

Juana

Pepe

5. ¿Quién se sienta? (Graciela se sienta.)

4. ¿Se afeita un muchacho o una muchacha?
(Un muchacho se afeita.)

3. ¿Quién se despierta? (Paco se despierta.)

Gabriela

Faviola

2. ¿Se baña un muchacho o una muchacha?
(Una muchacha se baña.)

1. ¿Quién se lava la cara?
(Francisco se lava la cara.)

Alumno A Answer your partner's questions based on the pictures below.

Alumno A Ask your partner the following questions. Correct answers are in parentheses.

Alumno B Answer your partner's questions based on the pictures below.

Graciela

Felipe

Paco

Adela

Francisco

Alumno B Ask your partner the following questions. Correct answers are in parentheses.

1. ¿Quién se cepilla los dientes?
(Gabriela se cepilla los dientes.)

2. ¿Quién se peina? (Pepe se peina.)

3. ¿Se duerme un muchacho o una muchacha?
(Una muchacha se duerme.)

4. ¿Quién se maquilla? (Irene se maquilla.)

5. ¿Se pone la ropa un muchacho o una muchacha? (Una muchacha se pone la ropa.)

Activity 13

Susana y Pedro

Alberto

Señor Rivas

Alumno A Ask your partner the following questions. Correct answers are in parentheses.

1. ¿Quién es el revisor?
(*El señor Martínez es el revisor.*)

2. ¿El revisor está en el coche-cama o en el pasillo? (*El revisor está en el pasillo.*)

3. ¿Están Pablo y Ramona en el coche-comedor o en sus asientos?
(*Están en sus asientos.*)

4. ¿Luis y Antonia van a bajar o van a subir?
(*Luis y Antonia van a bajar.*)

Alumno A Answer your partner's questions based on the pictures below.

Alumno B Answer your partner's questions based on the pictures below.

Ramona   Pablo   Señor Martínez

Luis y Antonia

Alumno B Ask your partner the following questions. Correct answers are in parentheses.

1. ¿Dónde comen Susana y Pedro?
(*Susana y Pedro comen en el coche-comedor/ coche-cafetería.*)

2. ¿Alberto sube al tren o baja del tren?
(*Alberto baja del tren.*)

3. ¿El señor Rivas compra un billete o transborda? (*El señor Rivas transborda.*)

4. ¿El señor Rivas va a subir al tren o va a la sala de espera?
(*El señor Rivas va a subir al tren.*)

Activity 14   CAPÍTULO 14, Palabras 2, Estructura, pages 438–439, 442

Paco y Mercedes

Antonio

Los turistas

Norma

Alumno A Ask your partner the following questions. Correct answers are in parentheses.

1. ¿Quién pide el pescado?
   (Juanita pide el pescado.)

2. ¿Qué piden Marta y Teresa?
   (Marta y Teresa piden la langosta.)

3. ¿Quién pide una ensalada?
   (José pide una ensalada.)

4. ¿Qué piden los muchachos?
   (Los muchachos piden pollo.)

Alumno A Answer your partner's questions based on the pictures below.

Alumno B Answer your partner's questions based on the pictures below.

Marta y Teresa

José

Juanita

Los muchachos

Alumno B Ask your partner the following questions. Correct answers are in parentheses.

1. ¿Quién pide las almejas?
   (Antonio pide las almejas.)

2. ¿Qué piden Paco y Mercedes?
   (Paco y Mercedes piden la carne.)

3. ¿Qué piden los turistas?
   (Los turistas piden el maíz.)

4. ¿Quién pide los camarones?
   (Norma pide los camarones.)

Study Tips

This guide is designed to help you achieve success as you embark on the adventure of learning another language. There are many ways to learn new information. You may find some of these suggestions more useful than others, depending upon which style of learning works best for you. Before you begin, it is important to understand how we acquire language.

Receptive Skills

Each day of your life you receive a great deal of information through the use of language. In order to get this information, it is necessary to understand the language being used. It is necessary to understand the language in two different ways. First you must be able to understand what people are saying when they speak to you. This is referred to as oral or listening comprehension. Oral comprehension or listening comprehension is the ability to understand the spoken language.

You must also be able to understand what you read. This is referred to as reading comprehension. Reading comprehension is the ability to understand the written language.

Listening comprehension and reading comprehension are called the *receptive skills.* They are receptive skills because as you listen to what someone else says or read what someone else has written you receive information without having to produce any language yourself.

It is usually very easy to understand your native language or mother tongue. It is a bit more problematic to understand a second language that is new to you. As a beginner, you are still learning the sounds of the new language, and you recognize only a few words. Throughout **¡Buen viaje!** we will give you hints or suggestions to help you understand when people are speaking to you in Spanish or when you are reading in Spanish.

Hints for Listening Comprehension

When you are listening to a person speaking Spanish, don't try to understand every word. It is not necessary to understand everything to get the idea of what someone is saying. Listen for the general message. If some details escape you, it doesn't matter. Also, never try to translate what people are saying in Spanish into English. It takes a great deal of experience and expertise to be a translator. Trying to translate will hinder your ability to understand.

Hints for Reading Comprehension

Just as you will not always understand every word you hear in a conversation, you will not necessarily understand every word you encounter in a reading selection, either. In **¡Buen viaje!**, we have used only words you know or can easily figure out in the reading selections. This will make reading comprehension much easier for you. However, if at some time you wish to read a newspaper or magazine article in Spanish, you will most certainly come across some unfamiliar words. Do not stop reading. Continue to read to get the "gist" of the selection. Try to guess the meanings of words you do not know.

Productive Skills

There are two productive skills in language. These two skills are speaking and writing. They are called productive skills because it is you who has to produce the language when you say or write something. When you speak or write, you have control over the language and which words you use. If you don't know how to say something, you don't have to say it. With the receptive skills, on the other hand, someone else produces the language that you listen to or read, and you have no control over the words they use.

There's no doubt that you can produce your native language easily. You can say a great deal in your "mother tongue." You can write, too, even though you may sometimes make errors in spelling or punctuation. In Spanish, there's not a lot you can say or write as a beginner. You can only talk or write about those topics you have learned in Spanish class.

Hints for Speaking

Try to be as accurate as possible when speaking. Try not to make mistakes. However, if you do, it's not the end of the world. Spanish speakers will understand you. You're not expected to speak a language perfectly after a limited time. You have probably spoken with people from other countries who do not speak English perfectly, but you can understand them. Remember:

❖ Keep talking! Don't become inhibited for fear of making a mistake.

❖ Say what you know how to say. Don't try to branch out in the early stages and attempt to talk about topics or situations you have not yet learned in Spanish.

Hints for Writing

There are many activities throughout each chapter of ¡Buen viaje! that will help you to speak and write in Spanish. When you have to write something on your own, however, without the guidance or assistance of an activity in your book, be sure to choose a topic for which you know the vocabulary in Spanish. Never attempt to write about a topic you have not yet studied in Spanish. Write down the topic you are going to write about. Then think of the words you know that are related to the topic. Be sure to include some action words (verbs) that you will need.

From your list of words, write as many sentences as you can. Read them and organize them into a logical order. Fill in any gaps. Then proof your paragraph(s) to see if you made any errors. Correct any that you find.

When writing on your own, be careful not to rely heavily, if at all, on a bilingual dictionary. It's not that bilingual dictionaries are bad, but when you look up a word you will very often find that there are several or many translations

for the same word. As a beginning language student, you do not know which translation to choose; the chances are great that you will pick the wrong one.

As a final hint, never prepare your paragraph(s) in English and attempt to translate word for word. Always write from scratch in Spanish.

Capítulo 1

Vocabulario

PALABRAS 1 y 2 *(pages 14–21)*

1. Repeat each new word in the **Palabras** section as many times as possible. The more you use a word, the more apt you are to remember it and keep it as part of your active vocabulary.

2. Read the words as you look at the illustrations.

3. If you're the type who has to write something down in order to remember it, copy each word once or twice.

4. Do these activities diligently. They provide you with the opportunity to use your new words many times.

5. This may sound strange, but it's a good idea to read these activities aloud at home or when using the CD-ROM.

6. When doing the vocabulary activities by yourself or for homework, try to do each item orally before writing the answer.

7. After doing any activity that says **Historieta,** read all the answers aloud. Each time you do this, you will be telling a story in Spanish. It's an excellent way to keep using the material you are learning.

Classroom Suggestion Listen to what your classmates say when they respond in class. Do not tune them out. Paying attention to them allows you additional opportunities to hear your new words. The more you hear them, the more likely you are to learn them.

Study Tips

Estructura

Los adjetivos y los artículos *(pages 22–24)*
Pay particular attention to the final sound of many of the nouns and adjectives that you are learning. Remember that the vowel **o** is associated with masculine and the vowel **a** is associated with feminine.

El verbo ser *(pages 25–27)*
1. **Ser** is the first verb you are learning in Spanish. Throughout your study of Spanish, you will continue to learn many more verbs. The form of a verb in Spanish changes according to the subject. At this point you know three verb forms:

soy	when talking about yourself
eres	when talking to someone
él/ella es	when talking about someone

Get off to a good start! Learn these three simple forms and remember them.

2. As you do the more open-ended activities, don't try to use words you don't know in Spanish. For example, you may want to talk about someone who is very outgoing, but you don't know a Spanish equivalent for *outgoing.* Give the message using what you do know. For example, you can say: **Juan no es tímido.** You can also say: **¿Es tímida María? No, no. María no es tímida.** Using **no** with a word you know enables you to convey the meaning you wish even though you do not know the precise word.

Classroom Suggestion   Listen to your classmates as they respond to the structure activities. Remember, the more you hear a form, the more readily you will be able to use it.

3. After doing any activity that says **Historieta,** read all the answers aloud. Each time you do this, you will be telling a story in Spanish. It's an excellent way to keep using the material you are learning.

Lectura cultural

El Quijote *(pages 30–31)*
1. Always read the Reading Strategy at the beginning of the **Lectura cultural.** Practice these strategies and try applying them to other selections you read in Spanish. The Reading Strategy on page 30 talks about cognates and how they help you guess the meanings of words you do not know. For example, you read: **El Quijote es una novela muy famosa.** Even if you had never seen the word **famosa,** you could guess its meaning because it is a cognate of the English word *famous.*

2. Let's take a look at another way to guess meaning. You read: **El Quijote es una novela famosa, muy conocida.** You don't know the meaning of **conocida.** However, when you come across a word or expression followed by a comma and then another word (in apposition), the word in apposition almost always clarifies the previous word and has the same or similar meaning. Which of the following do you think **conocida** means? *Talented, creative? Famous, well-known? Good, interesting?*

   Hopefully you chose *famous, well-known.* Think about how and why you arrived at this correct answer.

Hints for Writing   As you complete your first chapter in Spanish, you are able to write a description of a person. At this point, you cannot tell what the person does because you don't have the necessary vocabulary. So avoid this. However, you are able to tell what he or she is like. Write down the words you know in order to write your description. Do not think of words in English. Try to think only of the words you know in Spanish. Begin to write your description. Remember what you learned about **o, a.** Be sure to use the **o** ending when describing a boy and the **a** ending as you describe a girl.

Vocabulario *(page 40)*
As you complete the chapter, look at the reference vocabulary list. If there are several words you don't remember, go back to the **Palabras 1** and **Palabras 2** sections and review. If there are only one or two, you can choose to look them up in the dictionaries beginning on page H34 at the end of this book.

············· *Capítulo* 2 ·············

Get off to a good start! Do your Spanish homework diligently and study for a short period of time each day. Do not skip some days and then try to cram. It doesn't work when studying a foreign language.

In each lesson of **¡Buen viaje!** you will learn a very manageable amount of new material. Since Spanish is a romance language, much of the new material will involve word endings. Study each small set of new endings on a daily basis, and you'll have no problem. Don't wait until you have lots of them and try to cram them in all at once.

Vocabulario

PALABRAS 1 y 2 *(pages 44–51)*

1. In Chapter 1 you learned that adjectives describing something masculine end in **o** and those describing something feminine end in **a.** In Chapter 2, you have seven new words that reinforce the same concept. They are **cuánto, pequeño, poco, mucho, aburrido, duro, mismo.**

> **Es una clase aburrida.**
> **Es un curso aburrido.**

Hint for Pronouncing New Words   Imitate the pronunciation of your teacher, the audiocassettes or CDs, or the CD-ROM to the best of your ability. Try to acquire the best pronunciation possible. However, don't be worried if you have a slight American accent.

There are three levels of pronunciation.

- ❖ **Near-native**   Try to pronounce like a native. Strive for a near-native pronunciation.
- ❖ **Accented but comprehensible**   Many people have an accent when they speak a foreign language. You can tell they are not native speakers, but in spite of their accent, you can understand them. If you have such an accent, don't be concerned.
- ❖ **Very accented and incomprehensible**   Some people have such a strong accent that it's impossible to understand what they're saying. If you have such a strong accent, it will be necessary to repeat and imitate more carefully.

Always remember to listen carefully, repeating as accurately as possible, and you'll succeed in acquiring acceptable pronunciation.

Hint for Speaking   Listen to your teacher pronounce new words or phrases and then repeat them several times. Once you know how to pronounce the words, read the words in your book. If you try to read a word in Spanish before ever hearing it, you will probably mispronounce it. Always try to listen, repeat, and then read.

2. The vocabulary in **Palabras 2** should be very easy to recognize and learn because many words are cognates. A cognate is a word that looks alike in both English and Spanish and has the same meaning in both languages. In the early lessons of **¡Buen viaje!** we have used many cognates to help you acquire a substantial vocabulary quickly and easily. However, be careful with the pronunciation of cognates. Even though they look alike and mean the same thing in both languages, they can be pronounced very differently.

Study Tips

Estructura

Sustantivos, artículos y adjetivos en el plural *(pages 52–53)*

When studying a new grammar or structure point try to simplify the rule to make it easy for you to remember. When it comes to adjectives, remember:

adjectives that end in **o** have four forms:

-o, -os, -a, -as

adjectives that end in **e** and most adjectives that end in a consonant have two forms:

-e, -es   consonant, **-es**

Presente de ser en el plural *(pages 54–57)*

1. In this lesson, you learn two new verb forms:

   somos   when talking about yourself and someone else

   son   when talking about or to two or more people

2. Go over all forms of the verb **ser** until you feel confident that you know them.

3. Do each activity aloud and then write the answers.

Lectura cultural

El español en los Estados Unidos *(pages 62–63)*

1. Read the Reading Strategy at the beginning of the **Lectura cultural.** Look at the title of the reading on page 62. It lets you know immediately the general topic you'll be reading about.

2. Read the two subtitles or heads in the passage. They give you a more specific idea of what you'll be reading. Without having read the reading selection, you now have some understanding of what the reading is about. This will make comprehension much easier.

3. After looking at the title and subtitles, you may very quickly skim the reading. Rather than trying to remember all the information, look at the comprehension questions that follow it. Then go back to the reading and look for the specific factual information called for.

·············· Capítulo 3 ··············

Vocabulario

PALABRAS 1 y 2 *(pages 76–83)*

1. Look at each photo or illustration carefully.

2. Read each isolated word or sentence aloud.

3. When learning another language it is sometimes necessary to guess. In doing so, you may come up with the right answer. For example, suppose you're not quite sure what **compra** means. If someone goes to a store, looks for something he or she needs, finds out how much it costs and then pays for it, you could possibly figure out that **compra** means *buys.*

4. It is strongly recommended that you not translate the vocabulary into English.

5. It is very important to know your question or interrogative words. Activity 4 on page 79 and Activity 8 on page 82 will help you do this. The answer in parenthesis in Activity 8 on page 82 tells you the meaning of the question word in the sentence.

QUESTION	ANSWER
Qué	a thing
Quién	a person
Dónde	location
Cuándo	time

6. After you have practiced your new words in the **Palabras 1** and **2** sections, cover up the words. Look at the photo or illustration and see how much you can say about it.

Hint for Speaking Whenever possible, read all the answers aloud to any activity labeled **Historieta.** Every time you do, you'll be telling a story on your own with the guidance of the activity in the text. This is an easy and useful way to get yourself speaking lots of Spanish.

Estructura

Presente de los verbos en -ar en el singular
(pages 84–86)

1. As you already know, the verb ending indicates who performs the action of the verb.

   -o   yourself
   -as   to a friend
   -a   about someone

2. The verb endings will be presented to you in very manageable segments. You now know three endings for an **-ar** verb. They are:

   -o
   -as
   -a

   Be sure to learn these three simple endings and how to use them. Learning just three is very easy. You will continue to learn more endings. Do not wait until you have lots of endings. Learn them step by step and you will have no problem.

Hint   Note that the structure activities in your book build from easy to more complex. For example, in Activity 14 on page 85 you use only **-a.** In Activity 15, you hear **-as** and respond always with **-o.** Activity 18 on page 86 makes you use and manipulate all three endings.

3. Do all the activities aloud before writing the answers.
4. Read all the answers to any activity labeled **Historieta** as a story.

Conversación *(page 88)*

This conversation should be very easy for you. You have already learned all the Spanish used in the conversation. When practicing this conversation with a classmate, feel free to make as many changes as you want, as long as they make sense. For example you can change **camisa** to another article of clothing you know.

Lectura cultural

Un alumno madrileño *(pages 90–91)*

1. Look at the photos on pages 90 and 91. Based on these photos, what do you think the reading is about?
   ❖ schools and students
   ❖ shopping for clothing
   ❖ planning a meal

2. Skim the reading selection and look for the important information such as:
   ❖ Who's the story about?
   ❖ Where does he live and go to school?
   ❖ What does he wear to school?

3. Factual recall is an important reading skill. First, find the facts in the reading and then commit them to memory. Activity B page 91 tells you what factual information to look for.

Vocabulario *(page 100)*

As you complete the chapter, look at the reference vocabulary list. If there are several words you don't remember, go back to the **Palabras 1** and **Palabras 2** sections and review. If there are only one or two, you can choose to look them up in the dictionaries beginning on page H34 at the end of this book.

⋯⋯⋯⋯ Capítulo 4 ⋯⋯⋯⋯

Vocabulario

PALABRAS 1 y 2 *(pages 104–111)*

1. Notice how one sentence can clarify the meaning of another.

   Los alumnos llegan a la escuela a eso de las ocho menos cuarto.

   No llegan a las ocho menos cuarto en punto.

   Llegan a las ocho menos veinte o a las ocho menos diez.

Study Tips

2. Notice how the way in which a word is used in several sentences helps to clarify meaning.

> **Los alumnos llegan a la escuela.**
> **¿A qué hora llegan?**
> **Llegan a las ocho menos cuarto.**
> **Algunos alumnos van a la escuela a pie.**
> **Otros alumnos van en carro.**

Which word do you think means *arrive?* Which one means *go?*

Hint If you're the type of learner who has to write something before you can remember, copy the words in the **Palabras** section once or twice. Use the following learning sequence: listen, repeat, read, write.

3. Activity 1 on page 106 once again helps you to respond correctly to the question or interrogative words.

4. After you have learned the new words in **Palabras 2,** look at each illustration, cover up the sentences, and say as much as you can about the illustration. If you can describe the illustration, you know your vocabulary. If you cannot describe it, you have to study some more.

Hint Read or say aloud all the answers to the **Historieta** activities to give you practice telling coherent stories in Spanish.

Estructura

Presente de los verbos en -ar en el plural
(pages 112–115)

1. You will now learn two more verb endings. Be sure to remember them and how to use them.

-amos	when talking about yourself and someone else
-an	when talking about two or more people when talking to two or more people

2. It's always a good idea to review something you already know that's related to something new that you are learning.

-o	when talking about yourself
-a	when talking about one person
-amos	when talking about yourself and someone
-an	when talking about more than one person

Hint Be diligent in doing your Spanish homework. Work for at least a brief period of time each day. This enables you to learn everything in small doses. Do not let things pile up.

Presente de los verbos ir, dar, estar
(pages 116–117)

1. We always try to group material together to make it as easy as possible for you to learn. With these three new verbs you have to learn only one new form—when talking about yourself.

> **voy   doy   estoy**

2. All other forms are the same as a regular **-ar** verb. You are therefore reviewing the same endings.

3. Recall—What is the **yo** form of the irregular verb **ser? Soy, ¿no?** Notice the similarity.

> **soy   voy   doy   estoy**

Conversación *(page 120)*

1. Pay careful attention when you listen to the conversation on the CD-ROM or when other students are repeating it in class. The more you hear spoken Spanish, the easier it will be for you to understand.

2. In this conversation there are two very common expressions. **Oye** is used to get a friend's attention. **Pues** has no specific meaning, but it is frequently used before answering a question.

Lectura cultural

Escuelas del mundo hispano *(pages 122–123)*
As you read this selection, concentrate on some differences between schools in the United States and in the Spanish-speaking world.

Study Tips

Capítulo 5

Vocabulario
PALABRAS 1 y 2 *(pages 142–149)*
1. It can be fun to study with a classmate. You can do the following.
   - ❖ Ask one another questions in Spanish about the illustrations.
   - ❖ Have a contest. See who can give more Spanish words describing the illustrations in a three-minute period.
   - ❖ Tell your friend which of the items you would order if you were at a café.
2. When doing the activities that follow each **Palabras** section, read aloud all the answers to each **Historieta** activity. By doing this you will be telling a story in Spanish. Always remember, the more you practice speaking Spanish, the better you'll be able to communicate.
3. In class, pay attention to the responses of the other students in class. Don't turn them off. The more you hear the new words used, the easier it will be for you to remember them.

Estructura
Presente de los verbos en -er e -ir
(pages 150–153)
1. Note the similarities in **-er, -ir** verb endings and those of the **-ar** verbs. The vowel **-a** is **-e** in most forms of the **-er** and **-ir** verbs.
2. Pay particular attention to the **nosotros** form, since it is the only one that is different.

comemos	**vivimos**
aprendemos	**escribimos**

Hint   The more you practice speaking Spanish, the better. When doing your homework, go over all the activities aloud. Don't just do your Spanish homework silently.

Conversación *(page 154)*
1. Listen carefully to the conversation. You can listen to your teacher or use the CD-ROM.

Listen more than once. Each time you'll pick up some more information.
2. Read the conversation several times aloud.
3. Try to answer the questions that follow without looking up the answers in the conversation.

Lectura cultural
En un café en Madrid *(pages 156–157)*
1. Based on the Reading Strategy, guess the meaning of the words **inmediatamente** and **cenan.**
2. Read the selection fast to get the general idea.
3. Read it a second time to get more details.
4. Making comparisons while reading is an important reading comprehension skill. In this reading, you learned about a cultural difference that's quite interesting. What is it? You may want to share this information with family or friends who don't know any Spanish.

Te toca a ti *(pages 162–163)*
In Activity 6 on page 163, you're going to write about a restaurant in Spanish.
1. Make a mental picture of the restaurant.
2. Write words you know in Spanish to describe a restaurant and restaurant activities.
3. List items that people may order.
4. Put these words into sentences. Your first paragraph will describe the restaurant. Your second paragraph will tell what your "characters" order. To finish your article, tell who paid for the meal.

Capítulo 6

Vocabulario
PALABRAS 1 y 2 *(pages 170–177)*
1. In **Palabras 1,** remember to listen to the words and repeat them orally before reading them.

Hint   If you're the type of learner who has to write something in order to remember it, copy

Study Tips

the words in the **Palabras** section once or twice. Use the following learning sequence: listen, repeat, read, write.

2. After you have learned the new words in **Palabras 2,** look at each illustration, cover up the sentences, and say as much as you can about the illustration. If you can describe the illustration, you know your vocabulary. If you cannot describe it, you have to study some more.

Hint Read or say aloud all the answers to the **Historieta** activities to give you practice in telling coherent stories in Spanish.

Estructura

Presente de tener *(pages 178–180)*
1. Familiarize yourself with the forms of **tener** as you read the verb chart.
2. Do the activities that follow the explanation diligently. They give you the practice you need to learn and retain the verb forms. To help you, they build from easy to more difficult.
3. Do the activities orally and in writing.
4. After doing all the activities, reread the grammar explanation. See if you can give the forms of the verb **tener** on your own without reading them.

Tener que, Ir a *(pages 181–182)*
Review Once again, review all the verbs you know so that you will be able to use the correct infinitive form.

-AR	-ER	-IR	IRREGULAR
necesitar	leer	escribir	ser
buscar	comer	recibir	tener
mirar	beber	vivir	ir
comprar	vender	subir	dar
pagar	comprender	cumplir	estar
usar, calzar	aprender		ver
llevar			
hablar			
trabajar			
llegar			

-AR *(cont'd)*
estudiar
enseñar
mirar
escuchar
prestar
tomar
sacar
bailar
cantar
preparar
desear
invitar

Conversación *(page 186)*
1. This conversation should be very easy for you. You have already learned all the Spanish that is used in the conversation. When practicing this conversation with a classmate, feel free to make as many changes as you want, as long as they make sense.
2. In this conversation, you hear Tadeo ask **¿Verdad? ¿Verdad?** is used a great deal by speakers to get confirmation of what they said.
3. **Hombre** is often used as a "flavor" word when speaking to a male rather than using his name.

Lectura cultural
La familia hispana *(pages 188–189)*
1. As you read each paragraph, draw a mental picture of what you're reading. To help you draw your mental picture, look at the photographs, too.

Te toca a ti *(pages 194–195)*
In Activity 5 on page 195, you are going to write about your house or a house of your dreams.
1. Picture the house.
2. In Spanish, think of or write a list of words you can use to identify parts of the house.
3. Think about or write a list of words you know in Spanish to describe a house or rooms of a house.

4. Organize your story. Divide the house into parts, such as living area, sleeping area, first floor, second floor. You may even want to make a drawing of your house. Write a few sentences about each area.
5. Put the sentences in a logical order.
6. Add a few sentences to describe the area around your house.

Vocabulario *(page 198)*

As you complete the chapter, look at the reference vocabulary list. If there are several words you don't remember, go back to the **Palabras 1** and **Palabras 2** sections and review. If there are only one or two, you can choose to look them up in the dictionaries beginning on page H34 at the end of this book.

Capítulo 7

Vocabulario

PALABRAS 1 y 2 *(pages 202–209)*

1. Look at each photo or illustration carefully.
2. Read the labels. What does each word refer to?
3. The words are then used in a meaningful context in a complete sentence. Repeat the sentence aloud as you look at the illustration.
4. To help you learn vocabulary, work with a friend or classmate. Have a contest. See who can say the most about each illustration or photo.
5. To review the vocabulary and see how much of it you know, cover the words and sentences and say as much as you can about each photo or illustration.
6. Do the activities that follow both orally and in writing.

Estructura

Verbos de cambio radical *(pages 210–214)*

1. Always simplify a grammatical rule to bare essentials to be able to hold onto it.

a. These verbs take the same endings as any regular verb belonging to that conjugation.
b. The stem change **ie** or **ue** takes place in all forms except **nosotros** (and **vosotros**).

Interesar, aburrir, gustar *(pages 215–217)*

1. Note that **mí** and **ti** are used after prepositions. All other forms are the same as the subject: **para él, ella, Ud., ellos, ellas, Uds., nosotros(as)**

Conversación *(page 218)*

1. Intonation is the melody of a language. Intonation is produced by the rise and fall of the voice. Each language has its own intonation patterns. English intonation is very different from Spanish intonation. Pay special attention to the rise and fall of the speakers' voices as you listen to the conversations on the audiocassette, CD, or CD-ROM.
2. Try to imitate the speakers' intonation as accurately as possible. If you do, you'll sound much more like a heritage Spanish speaker. Don't be inhibited. Pretend you are acting while you imitate the intonation.

Lectura cultural

El fútbol *(pages 220–221)*

1. Scan the reading. Get a general idea of what the **Liga española** is and what the **Copa mundial** is.
2. Read the passage a second time and look for the answer to the following question. Why can't the team members of **el Real Madrid** de Casero and da Silva play together on the same team during the **Copa mundial?**

Vocabulario *(page 230)*

Look at each word and see if you can use it in a short sentence.

Study Tips

Capítulo 8

Vocabulario
PALABRAS 1 y 2 *(pages 242–249)*
1. Whenever you have a chance to review previously learned material, do so. As you do **Palabras 1,** think of all the parts of the body you have learned in Spanish.
2. After studying the vocabulary, cover up the print and say as much about each photo or illustration as you can.

Estructura
Ser y estar *(pages 250–255)*
1. Keep the grammatical rule simple. Remember:

Characteristic	**ser**
Condition	**estar**
Place of origin	**ser**
Location, permanent or temporary	**estar**

2. As you do the practice activities, very quickly say why you used **ser** or **estar.** This will help you remember the rule.

Lectura cultural
Una joven nerviosa *(pages 260–261)*
1. As you read this selection, visualize Patricia's appearance and demeanor.
2. As you read, look for the following information.
   ❖ What's wrong with Patricia
   ❖ Why she's upset
   ❖ What the doctor does
   ❖ What the doctor tells Patricia

Capítulo 9

Vocabulario
PALABRAS 1 y 2 *(pages 274–281)*
1. For **Palabras 1,** after going over the new vocabulary, review immediately. Sit back for a moment and say aloud or to yourself five words or expressions associated with the beach.
2. Pretend you are on the beach. Think of three things you would like to do while on the beach. Start your sentences with **Quiero...**
3. After completing each activity on pages 276 and 277, read all the answers aloud or silently. You're not only reading a story with words you know; you're also having another opportunity to use your new words.
4. In **Palabras 2,** when learning the winter weather expressions, review the summer expressions on pages 274 and 275.
5. As you do the activities on pages 280 and 281, work with a classmate. Take turns asking and answering the questions orally. Then write your answers individually. Correct each other's work.

Estructura
Pretérito de los verbos en -ar *(pages 282–285)*
1. So far, all the verb endings you have learned are for the present tense. Be sure you are very familiar with these present tense endings that you have already learned because you are now about to learn a new set of endings.
2. The endings in this lesson are used with regular **-ar** verbs to express a past action. Compare present and past tense endings.

	PRESENT	PAST
yo	**-o**	**-é**
tú	**-as**	**-aste**
él, ella, Ud.	**-a**	**-ó**
nosotros	**-amos**	**-amos**
vosotros	**-áis**	**-asteis**
ellos, ellas, Uds.	**-an**	**-aron**

3. Go over all the practice activities very diligently. Do each activity aloud. Then write the answers. Then read your written answers. If you find any errors, correct them.
4. The more you practice using the endings, the easier it will be to remember them.
5. After doing the practice activities, see if you can give the correct verb ending for each subject without looking them up.

Pronombres lo, la, los, las *(pages 286–288)*
A direct object pronoun answers the question *who(m)* or *what*.

| Who(m) did you see? | I saw my friend. |
| What did you buy? | I bought a gift. |

Conversación *(page 290)*
1. As you listen to or read the conversation find out Paula's predicament and what she did about it.
2. Try to answer the questions without looking up the answers.

Lectura cultural
Paraísos del mundo hispano *(pages 292–293)*
Look at the photographs as you read this selection. They will help you visualize what you are reading about.

Capítulo 10

Vocabulario
PALABRAS 1 y 2 *(pages 306–313)*
1. Remember to listen to the words and repeat them orally before reading them.
2. After you have gone over the new vocabulary, see how many words you remember. Think of seven words about a movie. Think of five words about a play.
3. Go over each activity orally before you write the answers.

Estructura
Pretérito de los verbos en -er e -ir
(pages 314–316)
1. Remember that the verb ending in Spanish indicates not only who performed the action of the verb but also when he or she preformed the action. The tense of a verb indicates when the action was performed.
2. In this lesson you are learning the endings for the past tense (preterite) of **-er** and **-ir** verbs.

3. **Review** Contrast the endings for the past tense of **-ar** verbs and **-er, -ir** verbs.

-AR	-ER, -IR
-é	**-í**
-aste	**-iste**
-ó	**-ió**
-amos	**-imos**
-asteis	*-isteis*
-aron	**-ieron**

4. Do all the activities that follow the grammatical explanation diligently. We suggest you first do the activities aloud, even by yourself, and then write the answers. Practice using the verb endings is very important. The more practice you get, the better.
5. It is important to keep the verb endings straight without mixing up one group with another.

Complementos le, les *(pages 317–319)*
Here's an easy way to tell the difference between a direct object and an indirect object. A direct object answers the question *who(m)* or *what*.

| What did Juan throw? | The ball. |
| Who(m) did Juan see? | His friend. |

If it cannot answer the question *who(m)* or *what*, the object is indirect.

Lectura cultural
Dating *(pages 322–323)*
1. When reading, it helps to understand the passage when you have some idea of the information you are looking for. First, read the title. It tells you what the reading selection is about.
2. As you read, look for the following.
   - Differences, if any, in dating customs in Latin America and the United States
   - How dating customs are changing in Spain and Latin America

Study Tips

················· **Capítulo 11** ·················

Vocabulario

PALABRAS 1 y 2 *(pages 336–343)*

1. Repeat each new word in the **Palabras** sections several times. Look at the photo or illustration as you pronounce the word.
2. Some of you may remember information more easily after writing it down. Try copying each vocabulary word once or twice.
3. You may want to do the activities aloud with a friend as a paired activity. Then, individually write the answers and check each other's work.
4. Listen carefully to what your classmates say when they respond in class. The more you hear people use the new words, the more likely you are to remember them.

Estructura

Hacer, poner, traer, salir en el presente
(pages 344–346)

1. Review the present tense of a regular **-er** and **-ir** verb.

COMER	VIVIR
como	vivo
comes	vives
come	vive
comemos	vivimos
coméis	vivís
comen	viven

2. Remember, the verbs **hacer, traer, poner,** and **salir** have the same endings as a regular verb except in the **yo** form. Concentrate on the **yo** form.

    hago   pongo   traigo   salgo

3. Two other **g** verbs are **tener** and **venir.**

    hago   pongo   traigo   salgo
    tengo   vengo

Saber y conocer en el presente
(pages 348–349)

1. Simplify the grammatical rule: just remember that **saber** means to know something simple,

and **conocer** means to know or be familiar with something complex.

2. When doing these activities, pay particular attention to the object of each verb to determine the use of **saber** or **conocer.**

Conversación *(page 350)*

Note that **chist** is used in some areas of the Spanish-speaking world to have someone be quiet. It's like *shh* in English.

Lectura cultural

El avión en la América del Sur
(pages 352–353)

To identify the main idea of this reading selection, look for the following information: two reasons why air travel is so important in South America.

················· **Capítulo 12** ·················

Vocabulario

PALABRAS 1 y 2 *(pages 374–381)*

1. After learning the new vocabulary, cover up the print and tell what you see in each illustration.

Hint   If you are the type who has to write something to remember it, write the new words on a separate sheet of paper.

Estructura

Verbos reflexivos *(pages 382–385)*

1. Remember that if a person is doing something to or for himself or herself, the verb in Spanish is a reflexive verb, and you must use the additional pronoun.
2. You have already learned all the verb endings that are used in these activities. The only new concept is the use of the reflexive pronoun. Pay particular attention to this pronoun as you do these activities.

Verbos reflexivos de cambio radical
(pages 386–387)

Review These reflexive verbs have the same stem change as verbs you have already learned.

e → ie	empezar, comenzar, querer, perder, preferir
o → ue	volver, devolver, poder

Lectura cultural

Del norte de España *(pages 390–391)*

1. Go to the map of Spain on page xxx. Look at the area of northern Spain from the Pyrenees to the city of Santiago de Compostela to familiarize yourself with the area you'll be reading about.
2. To review the past tense of verbs you have already learned, look for all the preterite forms in this reading. There are quite a few of them.

Capítulo 13

Vocabulario

PALABRAS 1 y 2 *(pages 404–411)*

1. Listen to the new words in **Palabras 1** and repeat them orally before reading them.
2. After learning the new words, match the following opposites.

la llegada	bajar de
de ida y vuelta	ocupado
subir a	la salida
libre	tarde
a tiempo	sencillo

3. Read the answers aloud to all the **Historieta** activities.

Estructura

El pretérito de los verbos irregulares
(pages 412–416)

Note that these irregular verbs have the same endings in the preterite as regular verbs except in the **yo** and **él, ella, Ud.** forms.

	Regular	Irregular
yo	-í	-e
él, ella, Ud.	-ió	-o

Lectura cultural

En el AVE *(pages 420–421)*

1. Before reading this selection, look at the photo of the bird—**el ave, el pájaro.** What's the association of the bird with the train?
2. Scan the reading selection to get just the general idea.
3. Read the selection again and look for some more precise details about a trip on the **AVE.**

Capítulo 14

Vocabulario

PALABRAS 1 y 2 *(pages 434–441)*

1. Do some review as you learn this new vocabulary. Think of all the foods you have learned in Spanish. You may wish to refer back to Chapter 5.

Hint If you're the type who has to write something before you can remember it, write the new words several times.

2. Activity 8 page 441 reviews the use of **gustar.** You may review **interesar** and **gustar** on page 215.

Estructura

Verbos con el cambio e → i *(pages 442–443)*

1. You have already come across this type of stem change in the irregular verb **decir.**

   digo, dices, dice, decimos, *decís,* **dicen**

2. As with other stem-changing verbs you have learned so far **(e → ie, o → ue),** these verbs take the same endings as any other verb that belongs to that conjugation.

Hint If you pronounce these verbs correctly, you will never have trouble spelling them. Remember **i** is pronounced like *ee* in English *see* and **e** is pronounced like the *a* in *ate.*

Lectura cultural

La comida mexicana *(pages 448–449)*

If you have ever been to a Mexican restaurant, think about what you ate there. It will help you visualize what you are reading about.

Verb Charts

REGULAR VERBS

INFINITIVO	hablar *to speak*	comer *to eat*	vivir *to live*
PRESENTE	hablo hablas habla hablamos *habláis* hablan	como comes come comemos *coméis* comen	vivo vives vive vivimos *vivís* viven
PRETÉRITO	hablé hablaste habló hablamos *hablasteis* hablaron	comí comiste comió comimos *comisteis* comieron	viví viviste vivió vivimos *vivisteis* vivieron

STEM-CHANGING VERBS
(-ar and -er verbs)

INFINITIVO	empezar (e → ie)[1] *to begin*	almorzar (o → ue)[2] *to eat lunch*	perder (e → ie)[3] *to lose*	volver (o → ue) *to return*
PRESENTE	empiezo empiezas empieza empezamos *empezáis* empiezan	almuerzo almuerzas almuerza almorzamos *almorzáis* almuerzan	pierdo pierdes pierde perdemos *perdéis* pierden	vuelvo vuelves vuelve volvemos *volvéis* vuelven

[1] **Comenzar, sentar,** and **pensar** are similar.
[2] **Acostar, costar,** and **jugar (ue → ue)** are similar.
[3] **Defender** and **entender** are similar.

Verb Charts

STEM-CHANGING VERBS (-ir verbs)

INFINITIVO	preferir (e → ie, i) *to prefer*	dormir (o → ue, u)[1] *to sleep*	pedir (e → i, i)[2] *to ask for*
PRESENTE	prefiero prefieres prefiere preferimos *preferís* prefieren	duermo duermes duerme dormimos *dormís* duermen	pido pides pide pedimos *pedís* piden
PRETÉRITO	preferí preferiste prefirió preferimos *preferisteis* prefirieron	dormí dormiste durmió dormimos *dormisteis* durmieron	pedí pediste pidió pedimos *pedisteis* pidieron

IRREGULAR VERBS

INFINITIVO	andar *to walk*	dar *to give*	decir *to tell, to say*	estar *to be*
PRESENTE	*(regular)*	doy das da damos *dais* dan	digo dices dice decimos *decís* dicen	estoy estás está estamos *estáis* están
PRETÉRITO	anduve anduviste anduvo anduvimos *anduvisteis* anduvieron	di diste dio dimos *disteis* dieron	dije dijiste dijo dijimos *dijisteis* dijeron	estuve estuviste estuvo estuvimos *estuvisteis* estuvieron

[1] **Morir** is similar.
[2] **Repetir** and **servir** are similar.

Verb Charts

IRREGULAR VERBS

INFINITIVO	hacer *to do*	ir *to go*	poder *to be able*	poner *to put*
PRESENTE	hago haces hace hacemos *hacéis* hacen	voy vas va vamos *vais* van	puedo puedes puede podemos *podéis* pueden	pongo pones pone ponemos *ponéis* ponen
PRETÉRITO	hice hiciste hizo hicimos *hicisteis* hicieron	fui fuiste fue fuimos *fuisteis* fueron	pude pudiste pudo pudimos *pudisteis* pudieron	puse pusiste puso pusimos *pusisteis* pusieron

INFINITIVO	querer *to want*	saber *to know*	salir *to leave*	ser *to be*
PRESENTE	quiero quieres quiere queremos *queréis* quieren	sé sabes sabe sabemos *sabéis* saben	salgo sales sale salimos *salís* salen	soy eres es somos *sois* son
PRETÉRITO	quise quisiste quiso quisimos *quisisteis* quisieron	supe supiste supo supimos *supisteis* supieron	*(regular)*	fui fuiste fue fuimos *fuisteis* fueron

Verb Charts

IRREGULAR VERBS

INFINITIVO	tener *to have*	traer *to bring*	venir *to come*	ver *to see*
PRESENTE	tengo tienes tiene tenemos *tenéis* tienen	traigo traes trae traemos *traéis* traen	vengo vienes viene venimos *venís* vienen	veo ves ve vemos *veis* ven
PRETÉRITO	tuve tuviste tuvo tuvimos *tuvisteis* tuvieron	traje trajiste trajo trajimos *trajisteis* trajeron	vine viniste vino vinimos *vinisteis* vinieron	vi viste vio vimos *visteis* vieron

VERBS WITH A SPELLING CHANGE IN THE PRETERITE
(-car, -gar, -zar)

INFINITIVO	practicar[1] *to practice*	llegar[2] *to arrive*	comenzar[3] *to begin*
PRETÉRITO	practiqué practicaste practicó practicamos *practicasteis* practicaron	llegué llegaste llegó llegamos *llegasteis* llegaron	comencé comenzaste comenzó comenzamos *comenzasteis* comenzaron

[1] **Buscar** and **sacar** are similar.
[2] **Jugar** and **pagar** are similar.
[3] **Empezar** and **almorzar** are similar.

Spanish-English Dictionary

This Spanish-English Dictionary contains all productive and receptive vocabulary from the text. The numbers following each productive entry indicate the chapter and vocabulary section in which the word is introduced. For example, **3.2** means that the word was taught in **Capítulo 3, Palabras 2**. **BV** refers to the preliminary **Bienvenidos** lessons. If there is no number following an entry, this means that the word or expression is there for receptive purposes only.

A

a at; to
a bordo de aboard, on board, 11.2
a eso de at about (time), 4.1
a fines de at the end of
a la española Spanish style
a pie on foot, 4.1
a plazos in installments
a solas alone
a tiempo on time, 11.1
a veces sometimes, 7.1
a ver let's see
abordar to get on, board
abril April, BV
abrir to open, 8.2
abstracto(a) abstract
la **abuela** grandmother, 6.1
el **abuelo** grandfather, 6.1
los **abuelos** grandparents, 6.1
abundante plentiful
aburrido(a) boring, 2.1
aburrir to bore
la **academia** academy, school
acariciar to caress
el **acceso** access
el **aceite** oil, 14.2
aceptar to accept
el **acompañamiento** accompaniment
acompañar to accompany
acordarse (ue) to remember
acostarse (ue) to go to bed, 12.1
el **acrílico** acrylic
la **actividad** activity
activo(a) active
el **actor** actor, 10.2
la **actriz** actress, 10.2

la **acuarela** watercolor
acuático(a): el esquí acuático water-skiing, 9.1
acuerdo: de acuerdo OK, all right
adaptar to adapt
además moreover; besides
¡Adiós! Good-bye! BV
adivinar to guess
admirar to admire
admitir to admit
la **adolescencia** adolescence
el/la **adolescente** adolescent, teenager
¿adónde? where?, 1.1
adorable adorable
adorar to adore
adornar to adorn
la **aduana** customs, 11.2
aérea: la línea aérea airlines
el **aeropuerto** airport, 11.1
afeitarse to shave, 12.1
la **crema de afeitar** shaving cream, 12.1
aficionado(a) a fond of, 10.1
el/la **aficionado(a)** fan (sports)
afortunadamente fortunately
africano(a) African
afroamericano(a) African-American
el/la **agente** agent, 11.1
el/la **agente de aduana** customs agent, 11.2
agosto August, BV
agradable pleasant
el **agua** (f.) water, 9.1
el **agua mineral** mineral water, 12.2
esquiar en el agua to water-ski, 9.1
el **agujero** hole
ahora now, 4.2
el **aire** air

al aire libre outdoor (adj.)
el **ají** chili pepper
el **ajo** garlic, 14.2
el **ajuar de novia** trousseau
ajustar to adjust
al to the
al aire libre outdoor (adj.)
al contrario on the contrary
al principio at the beginning
alarmarse to be alarmed
la **alberca** swimming pool, 9.1
el **albergue para jóvenes (juvenil)** youth hostel, 12.2
el **álbum** album
la **alcachofa** artichoke, 14.2
el **alcohol** alcohol
alegre happy
el **alemán** German, 2.2
la **alergia** allergy, 8.2
el **álgebra** algebra, 2.2
algo something, 5.2
¿Algo más? Anything else?, 5.2
algunos(as) some, 4.1
el **alimento** food, 14.2
allí there
almacenar to store
la **almeja** clam, 14.2
almorzar (ue) to eat lunch
el **almuerzo** lunch, 5.2
tomar el almuerzo to have, eat lunch
la **alpargata** sandal
alquilar to rent
alrededor de around, 6.2
los **alrededores** outskirts
altivo arrogant, haughty
alto(a) tall, 1.1; high, 4.2
en voz alta aloud
la nota alta high grade, 4.2

la **altura** height
el/la **alumno(a)** student, 1.1
amarillo(a) yellow, 3.2
amazónico(a) Amazonian
ambicioso(a) hardworking, 1.1
ambulante itinerant
la **América Central** Central America
la **América del Norte** North America
la **América del Sur** South America
americano(a) American, 1.1
el/la **amigo(a)** friend, 1.1
el **análisis** analysis
analítico(a) analytical
analizar to analyze
anaranjado(a) orange, 3.2
anciano(a) old, 6.1
el/la **anciano(a)** old person
andaluz(a) Andalusian
andante: el caballero andante knight errant
andar to walk, to go to
el **andén** railway platform, 13.1
andino(a) Andean
la **anécdota** anecdote
el **animal** animal
anoche last night, 9.2
el **anorak** parka, 9.2
la **Antártida** Antarctic
anteayer the day before yesterday
los **anteojos de sol** sunglasses, 9.1
antes de before, 5.1
el **antibiótico** antibiotic, 8.2
la **antigüedad** antiquity
antiguo(a) old, ancient
anunciar to announce
el **anuncio** announcement
el **año** year, BV
cumplir... años to be . . . years old
el año pasado last year, 9.2
este año this year, 9.2
tener... años to be . . . years old, 6.1
el **apartamento** apartment, 6.2
la casa de apartamentos apartment house, 6.2

apasionado(a) passionate
la **apertura: la apertura de clases** beginning of the school year
aplaudir to applaud, 10.2
el **aplauso** applause, 10.2
recibir aplausos to receive applause, 10.2
aplicar to apply
el **apóstol** apostle
aprender to learn, 5.1
el **apunte: tomar apuntes** to take notes, 4.2
aquel that
en aquel entonces at that time
aquí here
Aquí tiene (tienes, tienen)... Here is (are) . . .
por aquí right this way
aragonés(a) from Aragon (Spain)
el **árbol** tree
el **arco** arc
el **área** (f.) area
la **arena** sand, 9.1
argentino(a) Argentinian, 2.1
el **argumento** plot
la **aritmética** arithmetic, 2.2
el **arma** (f.) weapon
la **arqueología** archeology
arqueológico(a) archeological
el/la **arqueólogo(a)** archeologist
arrancar to pull out
arrogante arrogant
el **arroyo** stream, brook
el **arroz** rice, 5.2
el **arsenal** arsenal
el **arte** (f.) art, 2.2
las bellas artes fine arts
el **artefacto** artifact
el/la **artista** artist, 10.2
artístico(a) artistic
la **ascendencia** background
el **ascensor** elevator, 6.2
así so, 12
el **asiento** seat, 11.1
el número del asiento seat number, 11.1
la **asignatura** subject, discipline, 2.1

el/la **asistente de vuelo** flight attendant, 11.2
asistir to attend
el **asno** donkey
el **aspa** (f.) sail (of a windmill)
la **aspirina** aspirin, 8.2
astuto(a) astute
atacar to attack
el **ataque** attack
la **atención: prestar atención** to pay attention, 4.2
aterrizar to land, 11.2
atlético(a) athletic
la **atmósfera** atmosphere
atrapar to catch, 7.2
atrás behind, in the rear
atravesar (ie) to cross
el **atún** tuna, 5.2
aún even
austral former Argentine unit of currency
auténtico(a) authentic
el **autobús** bus, 10.1
perder el autobús (la guagua, el camión) to miss the bus, 10.1
el/la **autor(a)** author, 10.2
el **autorretrato** self-portrait
el **ave** (f.) bird
la **aventura** adventure
la **aviación** aviation
el **avión** airplane, 11.1
la **avioneta** small airplane
ayer yesterday, 9.2
ayer por la mañana yesterday morning, 9.2
ayer por la tarde yesterday afternoon, 9.2
ayudar to help, 13.1
azul blue, 3.2

B

el **bachillerato** bachelor's degree
la **bacteria** bacteria
la **bahía** bay
bailar to dance, 4.2
el **baile** dance

bajar to lower; to go down, 9.2; to get off, 13.2

bajar(se) del tren to get off the train, 13.2

bajo: bajo cero below zero, 9.2

bajo(a) short, 1.1; low, 4.2

la planta baja ground floor, 6.2

la nota baja low grade, 4.2

el **balneario** beach resort, 9.1

el **balón** ball, 7.1

tirar el balón to throw (kick) the ball, 7.2

el **baloncesto** basketball, 7.2

la **banana** banana

la **banda** music band

el **bando** team

el **bañador** bathing suit 9.1

bañarse to take a bath, 12.1

el **baño** bathroom, 6.2; bath

el cuarto de baño bathroom, 6.2

el traje de baño bathing suit, 9.1

barato(a) cheap, inexpensive, 3.2

la **barra: la barra de jabón** bar of soap, 12.2

basado(a) based (on)

basar to base

basarse to be based

la **báscula** scales, 11.1

la **base** base, 7.2; basis

básico(a) basic

el **básquetbol** basketball, 7.2

la cancha de básquetbol basketball court, 7.2

bastante enough, rather, quite, 1.1

el **bastón** ski pole, 9.2

la **batalla** battle

el **bate** bat, 7.2

el/la **bateador(a)** batter, 7.2

batear to hit (sports), 7.2

el **batú** Taíno Indian game

el **bautizo** baptism

el/la **bebé** baby

beber to drink, 5.1

la **bebida** beverage, drink

el **béisbol** baseball, 7.2

el campo de béisbol baseball field, 7.2

el juego de béisbol baseball game, 7.2

el/la jugador(a) de béisbol baseball player, 7.2

el/la **beisbolista** baseball player

bello(a) beautiful, pretty, 1.1

las bellas artes fine arts

la **berenjena** eggplant, 14.2

la **bicicleta** bicycle

ir en bicicleta to go by bike, 12.2

bien fine, well, BV

muy bien very well, BV

la **bienvenida: dar la bienvenida** to welcome, 11.2

el **biftec** steak, 14.2

bilingüe bilingual

el **billete** ticket, 11.1

el billete de ida y vuelta round-trip ticket, 13.1

el billete sencillo one-way ticket, 13.1

la **biografía** biography

la **biología** biology, 2.2

biológico(a) biological

el/la **biólogo(a)** biologist

blanco(a) white, 3.2

el **bloc** writing pad, 3.1

bloquear to stop, block, 7.1

el **blue jean** jeans, 3.2

la **blusa** blouse, 3.2

la **boca** mouth, 8.2

el **bocadillo** sandwich, 5.1

la **boletería** ticket window, 9.2

el **boleto** ticket, 9.2

el **bolígrafo** ballpoint pen, 3.1

la **bolsa** bag, 5.2; pocketbook, 13.1

el **bolsillo** pocket

bonito(a) pretty, 1.1

la **bota** boot, 9.2

el **bote** can, 5.2

la **botella: la botella de agua mineral** bottle of mineral water, 12.2

el **brazo** arm, 7.1

breve brief

brillante bright

brillar to shine, 9.1

el **bronce** bronze, 10.2

bronceado(a) tan

bronceador(a): la loción bronceadora suntan lotion, 9.1

bucear to dive; to swim underwater, 9.1

el **buceo** diving, underwater swimming, 9.1

buen good

estar de buen humor to be in a good mood, 8.1

Hace buen tiempo. The weather is nice., 9.1

bueno(a) good, 1.2

Buenas noches. Good evening., BV

Buenas tardes. Good afternoon., BV

Buenos días. Hello, Good morning., BV

sacar una nota buena to get a good grade, 4.2

el **bus** bus, 4.1

el bus escolar school bus, 4.1

busca: en busca de in search of

buscar to look for, 3.1

la **butaca** seat (theater), 10.1

C

el **caballero** knight

el caballero andante knight errant

el **caballete** easel

la **cabeza** head, 7.1

el **cacahuete (cacahuate)** peanut

cada each, every, 1.2

la **cadena** chain (necklace)

el **café** coffee, BV; café, 5.1

el café al aire libre outdoor café

el café con leche coffee with milk, 5.1

el café solo black coffee, 5.1

Spanish-English Dictionary

la **cafetería** cafeteria

la **caja** cash register, 3.1

los **calcetines** socks, 3.2

la **calculadora** calculator, 3.1
   calcular to calculate

el **cálculo** calculus, 2.2

la **calle** street, 6.2

el **calor: Hace calor.** It's hot., 9.1

la **caloría** calorie
   calzar to take, wear (shoe size), 3.2

la **cama** bed, 8.1
   guardar la cama to stay in bed, 8.1
   hacer la cama to make the bed

el/la **camarero(a)** waiter, waitress, 5.1

el **camarón** shrimp, 14.2
   cambiar to change; exchange
   cambiar de tren to change trains (transfer), 13.2
   caminar to walk

la **caminata: dar una caminata** to take a hike, 12.2

el **camino** trail, path

el **camión** bus (Mex.), 10.1

la **camisa** shirt, 3.2

la **camiseta** T-shirt, undershirt, 3.2

la **campaña** campaign

el/la **campeón(a)** champion

el **campeonato** championship

el **campo** country; field
   el campo de béisbol baseball field, 7.2
   el campo de fútbol soccer field, 7.1
   la casa de campo country home

el **canal** channel (TV)

la **canasta** basket, 7.2

el **canasto** basket, 7.2

la **cancha** court, 7.2
   la cancha cubierta enclosed court, 9.1
   la cancha de básquetbol basketball court, 7.2
   la cancha de tenis tennis court, 9.1

la **canción** song
   cansado(a) tired, 8.1
   cantar to sing, 4.2

el **cante jondo** traditional flamenco singing

la **cantidad** amount

el **canto** singing

el **cañón** canyon

la **capital** capital

el/la **capitán** captain

el **capítulo** chapter

la **cara** face, 12.1

el **carbohidrato** carbohydrate
   cardinal: los puntos cardinales cardinal points

el **cardo** thistle

el **Caribe** Caribbean
   el mar Caribe Caribbean Sea

la **carne** meat, 5.2
   la carne de res beef, 14.2
   caro(a) expensive, 3.2

la **carpeta** folder, 3.1

el **carro** car, 4.1
   en carro by car, 4.1

la **carta** letter, 6.2

la **casa** home, house, 6.2
   la casa de apartamentos (departamentos) apartment house, 6.2
   la casa de campo country home
   la casa privada (particular) private house, 6.2
   en casa at home
   casado(a): estar casado(a) to be married

el **casete** cassette, 4.2
   casi almost, practically

el **caso** case

el **catarro** cold (illness), 8.1
   tener catarro to have a cold, 8.1

el/la **cátcher** catcher, 7.2

la **catedral** cathedral

la **categoría** category
   católico(a) Catholic
   catorce fourteen, BV

la **celebración** celebration

   celebrar to celebrate
   célebre famous

la **célula** cell
   celular cellular

la **cena** dinner, 5.2
   cenar to have dinner

el **centavo** penny
   central central

el **centro** center
   cepillarse to brush one's hair, 12.1
   cepillarse los dientes to brush one's teeth, 12.1

el **cepillo** brush, 12.2
   el cepillo de dientes toothbrush, 12.2
   cerca de near, 6.2

el **cerdo** pig (pork), 14.2

el **cereal** cereal, 5.2
   cero zero, BV

la **cesta** basket (jai alai)

el **cesto** basket, 7.2

el **chaleco** vest

el **chalet** chalet

el **champú** shampoo, 12.2
   ¡Chao! Good-bye!, BV

la **chaqueta** jacket, 3.2

la **chaucha** string beans

el **cheque de viajero** traveler's check
   chileno(a) Chilean

la **chimenea** chimney

la **china** orange (fruit)

el **chisme** piece of gossip
   ¡chist! shh!

el **choclo** corn

el **chocolate: de chocolate** chocolate (adj.), 5.1

el **churro** (type of) doughnut

el **cielo** sky, 9.1

las **ciencias** science, 2.2
   las ciencias naturales natural sciences
   las ciencias sociales social sciences, 2.2
   científico(a) scientific

el/la **científico(a)** scientist
   cien(to) one hundred, 3.2
   cinco five, BV
   cincuenta fifty, 2.2

el **cine** movie theater, 10.1

el **círculo** circle

la **ciudad** city

el **clarinete** clarinet

¡**claro!** certainly!, of course!

la **clase** class (school) 2.1; class (ticket). 13.1

   la apertura de clases beginning of the school year

   la sala de clase classroom, 4.1

   el salón de clase classroom, 4.1

   primera clase first-class, 13.1

   segunda clase second-class, 13.1

   clásico(a) classic

   clasificar to classify

el/la **cliente** customer, 5.1

el **clima** climate

   climático(a) climatic

la **clínica** clinic

el **club** club, 4.2

   el Club de español Spanish Club, 4.2

el **coche** car, 4.1; train car, 13.2

   en coche by car, 4.1

el **coche-cafetería** cafeteria (dining) car, 13.2

el **coche-cama** sleeping car, 13.2

el **coche-comedor** dining car, 13.2

la **cocina** kitchen, 6.2

el/la **cocinero(a)** cook, 14.1

la **coincidencia** coincidence

la **cola** line (queue), 10.1

   hacer cola to stand in line, 10.1

la **colección** collection

el **colector** collector

el **colegio** school, 1.1

el **colesterol** cholesterol

   colgar (ue) to hang

   colocar to put, place

   colombiano(a) Colombian, 1.1

la **colonia** suburb, colony

el **color** color, 3.2

   de color marrón brown, 3.2

   ¿**De qué color es?** What color is it?, 3.2

el/la **comandante** captain, 11.2

el **comedor** dining room, 6.2

   comenzar (ie) to begin

   comer to eat, 5.1

el **comestible** food, 14.2

   cómico(a) funny, 1.1

la **comida** food, meal, 5.2

   como like; as; since, 1.2

   ¿**cómo?** how?, what?, 1.1

     ¿**Cómo está... ?** How is. . . ?, 8.1

     ¡**Cómo no!** Of course!

la **comodidad** comfort

   compacto(a): el disco compacto compact disk, CD, 4.2

el/la **compañero(a)** friend, 1.2

la **compañía** company

la **comparación** comparison

   comparar to compare

la **competencia** competition

la **competición** competition, contest

   competir (i, i) to compete

   completo(a) full (train), 13.2

la **composición** composition

la **compra: ir de compras** to go shopping, to shop, 5.2

   comprar to buy, 3.1

   comprender to understand, 5.1

la **computadora** computer

   con with

   con mucha plata rich

   ¿**con quién?** with whom?

   con retraso with a delay, 13.2

   con una demora with a delay, 11.1

el **concierto** concert

el **conde** count

la **condición** condition

el **condimento** seasoning

el **condominio** condominium

   conectar to connect

la **conferencia** lecture

   Conforme. Agreed., Fine., 14.2

   congelado(a): los productos congelados frozen food, 5.2

el **conjunto** set, collection

   conocer to know, to be familiar with, 11.1

la **conquista** conquest

   conquistar to conquer

   consentir (ie, i) to allow, tolerate

   conservar to save

   considerar to consider

   consistir (en) to consist of

la **consulta: la consulta del médico** doctor's office, 8.2

   consultar to consult, 13.1

el **consultorio** medical office, 8.2

el/la **consumidor(a)** consumer

   consumir to consume

el **consumo** consumption

el **contacto** touch

la **contaminación** pollution

   contaminado(a) polluted

   contaminar to pollute

   contener to contain

   contento(a) happy, 8.1

   contestar to answer

el **continente** continent

   continuar to continue, 7.2

   contra against, 7.1

el **control** inspection, 11.1

   el control de pasaportes passport inspection, 11.1

   el control de seguridad security check, 11.1

   controlar to control

   conversar to talk, speak

   convertir (ie, i) to convert, transform

la **copa: la Copa mundial** World Cup

   copiar to copy

el/la **copiloto** copilot, 11.2

el **corazón** heart

la **corbata** tie, 3.2

el **cordero** lamb, 14.2

el **cordoncillo** piping (embroidery)

la **coreografía** choreography

la **córnea** cornea

el **coro** choir, chorus

el **correo: el correo electrónico** e-mail, electronic mail

correr to run, 7.2

cortar to cut

la **cortesía** courtesy, BV

corto(a) short, 3.2

    el pantalón corto shorts, 3.2

la **cosa** thing

coser to sew

la **costa** coast

costar (ue) to cost, 3.1

costarricense Costa Rican

la **costumbre** custom

la **costura** sewing

crear to create

el **crecimiento** growth

crédito: la tarjeta de crédito credit card, 14.1

creer to believe, 8.2; to think so

la **crema: la crema de afeitar** shaving cream, 12.1

    la crema dentífrica toothpaste, 12.2

    la crema protectora sunblock, 9.1

criollo(a) Creole

cristiano(a) Christian

cruzar to cross

el **cuaderno** notebook, 3.1

el **cuadro** painting, 10.2

¿cuál? which?, what?, BV

    ¿Cuál es la fecha de hoy? What is today's date?, BV

¿cuáles? which ones?, what?

cuando when, 4.2

¿cuándo? when?, 4.1

¿cuánto? how much?, 3.1

    ¿A cuánto está(n)... ? How much is (are) . . . ?, 5.2

    ¿Cuánto cuesta(n)... ? How much do(es) . . . cost?, 3.1

    ¿Cuánto es? How much does it cost?, 3.1

¿cuántos(as)? how many?, 2.1

cuarenta forty, 2.2

el **cuarto** room, bedroom 6.2; quarter

    el cuarto de baño bathroom, 6.2

    el cuarto de dormir bedroom

menos cuarto a quarter to (the hour)

y cuarto a quarter past (the hour)

cuarto(a) fourth, 6.2

cuatro four, BV

cuatrocientos(as) four hundred, 3.2

cubano(a) Cuban

cubanoamericano(a) Cuban-American

cubrir to cover

la **cuchara** tablespoon, 14.1

la **cucharita** teaspoon, 14.1

el **cuchillo** knife, 14.1

el **cuello** neck

la **cuenca** basin

la **cuenta** bill, check, 5.1

el/la **cuentista** short-story writer

el **cuento** story

la **cuerda** string (instrument)

el **cuerpo** body

    ¡cuidado! careful!

    con mucho cuidado very carefully

cultivar to cultivate

el **cumpleaños** birthday, 6.1

cumplir: cumplir... años to be . . . years old, 6.1

el/la **curandero(a)** folk healer

el **curso** course, class, 2.1

    el curso obligatorio required course

    el curso opcional elective course

D

la **dama** lady-in-waiting, woman

la **danza** dance

dar to give, 4.2

    dar a entender to imply that

    dar auxilio to help

    dar énfasis to emphasize

    dar la mano to shake hands

    dar un examen to give a test, 4.2

    dar una fiesta to give (throw) a party, 4.2

    dar una representación to put on a performance, 10.2

datar to date

los **datos** data, information

de of, from, for, BV

    de... a... from (time) to (time), 2.2

    de joven as a young person

    De nada. You're welcome., BV

    de ninguna manera by no means, 1.1

    de vez en cuando sometimes

debajo (de) under, below

deber must; should; to owe

decidir to decide

décimo(a) tenth, 6.2

decir to say, 13

    ¡Diga! Hello! (answering the telephone—Spain), 14.2

declarar to declare

el **dedo** finger

el **defecto** fault, flaw

definitivamente once and for all

dejar to leave (something), 14.1; to let, allow

del of the, from the

delante de in front of, 10.1

delantero(a) front

delgado(a) thin

delicioso(a) delicious

demás other, rest

demasiado too much

la **demora: con una demora** with a delay, 11.1

dentífrico(a): la pasta (crema) dentífrica toothpaste, 12.2

dentro de within

    dentro de poco soon

el **departamento** apartment, 6.2

    la casa de departamentos apartment house, 6.2

depender (de) to depend (on)

el/la **dependiente(a)** employee, 3.1

el **deporte** sport, 7.1

   el deporte de equipo team sport

   el deporte individual individual sport

  deportivo(a) (related to) sports, 6.2

   la emisión deportiva sports program (TV), 6.2

  derecho(a) right, 7.1

  derrotar to defeat

  desagradable unpleasant

  desamparado(a): los niños desamparados homeless children

  desayunarse to eat breakfast, 12.1

el **desayuno** breakfast, 5.2

   tomar el desayuno to eat breakfast, 12.1

el/la **descendiente** descendant

  describir to describe

  descubrir to discover

el **descuento** discount

  desde since

  desear to want, wish, 3.2

   ¿Qué desea Ud.? May I help you? (in a store), 3.2

los **desechos** waste

  desembarcar to disembark, 11.2

el **desierto** desert

  despachar to sell, 8.2

  despertarse (ie) to wake up, 12.1

  despegar to take off (airplane), 11.2

  después (de) after, 5.1; later

el **destino** destination, 11.1

  con destino a to

  devolver (ue) to return (something), 7.2

el **día** day, BV

  Buenos días. Good morning., BV

  hoy (en) día nowadays, these days

  ¿Qué día es (hoy)? What day is it (today)?, BV

la **diagnosis** diagnosis, 8.2

el **diálogo** dialogue

el **diamante** diamond

  dibujar to draw

el **dibujo** drawing

  diciembre December, BV

  diecinueve nineteen, BV

  dieciocho eighteen, BV

  dieciséis sixteen, B

  diecisiete seventeen, BV

el **diente: cepillarse los dientes** to brush one's teeth, 12.1

   el cepillo de dientes toothbrush, 12.2

  diez ten

la **diferencia** difference

  diferente different

  difícil difficult, 2.1

  ¡Diga! Hello! (telephone), 14.2

  diminuto(a) tiny, minute

la **dinamita** dynamite

el **dinero** money, 14.1

   el dinero en efectivo cash

  ¡Dios mío! Gosh!

la **dirección** address; direction

   en dirección a toward

  directo(a) direct

el/la **director(a)** director, principal

la **disciplina** subject area (school), 2.2

el **disco: el disco compacto** compact disk, CD, 4.2

  discutir to discuss

el/la **diseñador(a)** designer

el **diseño** design

  disfrutar to enjoy

la **disputa** quarrel, argument

el **disquete** diskette, 3.1

la **distancia** distance

la **diversión** amusement

  divertido(a) fun, amusing

  divertirse (ie, i) to enjoy oneself, 12.2

  dividir to divide

la **división** division

  divorciarse to get divorced

  doblado(a) dubbed, 10.1

  dobles doubles, 9.1

  doce twelve, BV

la **docena** dozen

el/la **doctor(a)** doctor

el **dólar** dollar

  doler (ue) to hurt, 8.2

   Me duele(n)... My . . . hurt(s) me, 8.2

el **dolor** pain, ache, 8.1

   el dolor de cabeza headache, 8.1

   el dolor de estómago stomachache, 8.1

   el dolor de garganta sore throat, 8.1

   Tengo dolor de... I have a pain in my . . . , 8.2

  doméstico(a) domestic

   la economía doméstica home economics, 2.2

el **domingo** Sunday, BV

  dominicano(a) Dominican, 2.1

   la República Dominicana Dominican Republic

  don courteous way of addressing a male

  donde where, 1.2

  ¿dónde? where?, 1.2

  dormido(a) asleep

  dormir (ue, u) to sleep

   el saco de dormir sleeping bag, 12.2

  dormirse (ue, u) to fall asleep, 12.1

el **dormitorio** bedroom, 6.2

  dos two, BV

  doscientos(as) two hundred, 3.2

la **dosis** dose, 8.2

el/la **dramaturgo(a)** playwright

  driblar to dribble, 7.2

la **droga** drug

la **ducha** shower, 12.1

   tomar una ducha to take a shower, 12.1

la **duda** doubt

  dulce: el pan dulce sweet roll, 5.1

la **duración** duration

  durante during

  duro(a) hard, difficult, 2.1

E

echar to throw
  echar (tomar) una siesta to take a nap
  echarle flores to pay someone a compliment
la ecología ecology
ecológico(a) ecological
la economía economics; economy
  la economía doméstica home economics, 2.2
económico(a) economical, 12.2
la ecuación equation
ecuatoriano(a) Ecuadorean, 2.1
la edad age
el edificio building
la educación education
  la educación física physical education, 2.2
efectivo: en efectivo in cash
el ejemplo: por ejemplo for example
el ejote string beans
  el the (m. sing.), 1.1
  él he, 1.1
electrónico(a) electronic
  el correo electrónico e-mail, electronic mail
la elevación elevation
elevado(a) elevated
elevar to elevate
ella she, 1.1
ellos(as) they, 2.1
el elote corn (Mex.)
embarcar to board, 11.2
embarque: la tarjeta de embarque boarding pass, 11.1
  la puerta de embarque departure gate
la emisión program (TV), 6.2; emission
  la emisión deportiva sports program, 6.2
emitir to emit
la emoción emotion

emocional emotional
empatado(a) tied (score), 7.1
  El tanto queda empatado. The score is tied., 7.1
empezar (ie) to begin, 7.1
el/la empleado(a) employee, 3.1
en in; on
  en aquel entonces at that time
  en punto on the dot, sharp, 4.1
el/la enamorado(a) sweetheart, lover
encantador(a) charming
encantar to delight
encender (ie) to light
encestar to put in (make) a basket, 7.2
encima: por encima de above, 9.1
encontrar (ue) to find
el/la enemigo(a) enemy
la energía energy
enero January, BV
el énfasis: dar énfasis to emphasize
enfatizar to emphasize
la enfermedad illness
enfermo(a) sick, 8.1
el/la enfermo(a) sick person, 8.1
el enganche down payment
enlatado(a) canned
la ensalada salad, 5.1
enseguida right away, immediately, 5.1
enseñar to teach, 4.1
entero(a) entire, whole
enterrar (ie) to bury
el entierro burial
entonces then
  en aquel entonces at that time
la entrada inning, 7.2; admission ticket, 10.1
entrar to enter, 4.1
  entrar en escena to come (go) on stage, 10.2
entre between, 7.1
entregar to deliver
la entrevista interview
enviar to send

envuelto(a) wrapped
el episodio episode
la época period of time, epoch
el equilibrio equilibrium
el equipaje baggage, luggage, 11.1
  el equipaje de mano carry-on luggage, 11.1
el equipo team, 7.1; equipment
  el deporte de equipo team sport, 7.2
erróneo(a) wrong, erroneous
la escala stopover
la escalera stairway, 6.2
los escalofríos chills, 8.1
escamotear to secretly take
escapar to escape
la escena scene
  entrar en escena to come (go) on stage, 10.2
el escenario scenery, set (theater), 10.2
escoger to choose
escolar (related to) school, 2.1
  el bus escolar school bus, 4.1
  el horario escolar school schedule
  los materiales escolares school supplies, 3.1
  la vida escolar school life
esconder to hide
escribir to write, 5.1
escuchar to listen (to), 4.2
el escudero squire, knight's attendant
la escuela school, 1.1
  la escuela intermedia middle school
  la escuela primaria elementary school
  la escuela secundaria high school, 1.1
  la escuela superior high school
el/la escultor(a) sculptor, 10.2
la escultura sculpture
esencialmente essentially

eso: a eso de at about (time), 4.1

el **espagueti** spaghetti

espantoso frightful

la **España** Spain, 1.2

español(a) Spanish (*adj.*)

el **español** Spanish, 2.2

la **espátula** palette knife, spatula

especial special

la **especialidad** specialty

especialmente especially

el **espectáculo** show, 10.2

ver un espectáculo to see a show, 10.2

el/la **espectador(a)** spectator, 7.1

el **espejo** mirror, 12.1

espera: la sala de espera waiting room, 13.1

esperar to wait (for), 11.1

espontáneo(a) spontaneous

la **esposa** wife, spouse, 6.1

el **esposo** husband, spouse, 6.1

el **esquí** skiing, 9.2; ski

el esquí acuático waterskiing, 9.1

el/la **esquiador(a)** skier, 9.2

esquiar to ski, 9.2

esquiar en el agua to water-ski, 9.1

la **estación** season, BV; resort; station, 10.1

la estación de esquí ski resort, 9.2

la estación de ferrocarril train station, 13.1

la estación de metro subway station, 10.1

el **estadio** stadium, 7.1

el **estado** state

los **Estados Unidos** United States

estadounidense from the United States

estar to be, 4.1

estar resfriado(a) to have a cold, 8.1

la **estatua** statue, 10.2

el **este** east

estereofónico(a) stereo

el **estilo** style

estimado(a) esteemed

el **estómago** stomach, 8.1

estornudar to sneeze, 8.1

la **estrategia** strategy

la **estrella** star

la **estructura** structure

el/la **estudiante** student

estudiantil (relating to) student

estudiar to study, 4.1

el **estudio** study

estupendo(a) stupendous

eterno(a) eternal

étnico(a) ethnic

la **Europa** Europe

exactamente exactly

exagerar to exaggerate

el **examen** test, exam, 4.2

examinar to examine, 8.2

la **excavación** excavation

excavar to dig, excavate

exceder to exceed

excelente excellent

la **excepción** exception

exclamar to exclaim

exclusivamente exclusively

la **exhibición** exhibition

existir to exist

el **éxito** success

la **expedición** expedition

la **experiencia** experience

el/la **experto(a)** expert, 9.2

explicar to explain, 4.2

el/la **explorador(a)** explorer

la **explosión** explosion

la **exposición (de arte)** (art) exhibition, 10.2

la **expresión: el modo de expresión** means of expression

extranjero(a) foreign

el país extranjero foreign country, 11.2

el/la **extranjero(a)** foreigner

extraordinario(a) extraordinary

F

la **fábrica** factory

fabuloso(a) fabulous

fácil easy, 2.1

la **factura** invoice

facturar el equipaje to check luggage, 11.1

la **Facultad** school (of a university)

la **faja** sash

la **falda** skirt, 3.2

la **fama** fame

la **familia** family, 6.1

familiar (related to the) family

famoso(a) famous, 1.2

fantástico(a) fantastic, 1.2

el/la **farmacéutico(a)** druggist, pharmacist, 8.2

la **farmacia** drugstore, 8.2

fascinar to fascinate

febrero February, BV

la **fecha** date, BV

¿Cuál es la fecha de hoy? What is today's date?, BV

feo(a) ugly, 1.1

la **fiebre** fever, 8.1

tener fiebre to have a fever, 8.1

fiel faithful

la **fiesta** party

dar una fiesta to give (throw) a party, 4.2

la **figura** figure

figurativo(a) figurative

fijo(a) fixed

la **fila** line (queue); row (of seats), 10.1

el **film** film, 10.1

el **fin** end

el fin de semana weekend, BV

a fines de at the end of

el **final: al final (de)** at the end (of)

las **finanzas** finances

la **física** physics, 2.1

físico(a): la educación física physical education, 2.2

flaco(a) thin, 1.2

la **flauta** flute

flechar to become enamored of (to fall for)

la **flor** flower

formar to make up, to form

la **foto** photo

la **fotografía** photograph

el **francés** French, 2.2

franco(a) frank, candid, sincere

la **frase** phrase, sentence

frecuentemente frequently

freír (i, i) to fry, 14.1

fresco(a) fresh

el **frijol** bean, 5.2

el **frío: Hace frío.** It's cold., 9.2

frito(a) fried, 5.1

las **papas fritas** French fries, 5.1

el **frontón** wall (of a jai alai court)

la **fruta** fruit, 5.2

la **fuente** source

fuerte strong

fumar: la sección de (no) fumar (no) smoking area, 11.1

la **función** performance, 10.2

el **funcionamiento** functioning

la **fundación** foundation

fundar to found, establish

la **furia** fury

furioso(a) furious

el **fútbol** soccer, 7.1

el **campo de fútbol** soccer field, 7.1

el **futuro** future

G

las **gafas de sol** sunglasses, 9.1

el **galán** beau, heartthrob

el **galón** gallon

gallardo(a) gallant, fine-looking

ganar to win, 7.1; to earn

la **ganga** bargain

el **garaje** garage, 6.2

la **garganta** throat, 8.1

el **gas** gas

gastar to spend

el/la **gato(a)** cat, 6.1

general: en general generally

por lo general in general

generalmente usually, generally

el **género** genre

generoso(a) generous, 1.2

la **gente** people

la **geografía** geography, 2.2

la **geometría** geometry, 2.2

geométrico(a) geometric

el **gigante** giant

el **gimnasio** gymnasium

la **gira** tour, 12.2

el **gol: meter un gol** to score a goal, 7.1

el **golfo** gulf

golpear to hit, 9.2

la **goma: la goma de borrar** eraser, 3.1

gordo(a) fat, 1.2

la **gorra** cap, hat, 3.2

gozar to enjoy

Gracias Thank you., BV

gracioso(a) funny, 1.1

el **grado** degree (temperature), 9.2

la **gramática** grammar

el **gramo** gram

gran, grande big, large, great

las **Grandes Ligas** Major Leagues

el **grano** grain

la **grasa** fat

grave serious, grave

la **gripe** flu, 8.1

gris gray, 3.2

el **grupo** group

la **guagua** bus (P.R., Cuba), 10.1

el **guante** glove, 7.2

guapo(a) handsome, 1.1

guardar to guard, 7.1; to keep

guardar cama to stay in bed, 8.1

guatemalteco(a) Guatemalan

la **guerra** war

la **guerrilla** guerrilla

el/la **guía** tour guide

el **guisante** pea, 5.2

la **guitarra** guitar

gustar to like, to be pleasing

el **gusto** pleasure

Mucho gusto. Nice to meet you.

H

la **habichuela** bean, 5.2

la **habichuela tierna** string bean

la **habitación** bedroom

el/la **habitante** inhabitant

habla: los países de habla española Spanish-speaking countries

hablar to speak, talk, 3.1

hace: Hace buen tiempo. The weather is nice., 9.1

Hace calor. It's hot., 9.1

Hace frío. It's cold., 9.2

Hace mal tiempo. The weather is bad., 9.1

Hace sol. It's sunny., 9.1

hacer to do, to make

hacer caso to pay attention

hacer la cama to make the bed

hacer la maleta to pack one's suitcase

hacer un viaje to take a trip, 11.1

hacia toward

hallar to find

la **hamburguesa** hamburger, 5.1

hambre: tener hambre to be hungry, 14.1

hasta until, BV

¡Hasta luego! See you later!, BV

¡Hasta mañana! See you tomorrow!, BV

¡Hasta pronto! See you soon!, BV

hay there is, there are, BV

hay que one must

Hay sol. It's sunny., 9.1

No hay de qué. You're welcome., BV

hecho(a) made
helado(a): el té helado
 iced tea, 5.1
el **helado** ice cream, 5.1
 el helado de chocolate
  chocolate ice cream, 5.1
 el helado de vainilla
  vanilla ice cream, 5.1
el **hemisferio norte**
 northern hemisphere
el **hemisferio sur** southern
 hemisphere
la **herencia** inheritance
la **hermana** sister, 6.1
el **hermano** brother, 6.1
 hermoso(a) beautiful,
  pretty, 1.1
el/la **héroe** hero
 higiénico(a): el papel
  higiénico toilet paper, 12.2
la **hija** daughter, 6.1
el **hijo** son, 6.1
los **hijos** children, 6.1
 hispano(a) Hispanic
 hispanoamericano(a)
  Spanish-American
 hispanohablante Spanish-
  speaking
el/la **hispanohablante** Spanish
 speaker
la **historia** history, 2.2; story
el/la **historiador(a)** historian
 histórico(a) historical
la **historieta** little story
la **hoja: la hoja de papel**
 sheet of paper, 3.1
 ¡Hola! Hello!, BV
el **hombre** man
 ¡hombre! good heavens!,
  you bet!
 honesto(a) honest, 1.2
el **honor** honor
la **hora** hour; time
 la hora de salida
  departure hour
 ¿A qué hora? At what
  time?, 2.2
 ¿Qué hora es? What
  time is it?, 2.2
el **horario** schedule, 13.1
 el horario escolar
  school schedule

 horrible horrible
el **hostal** inexpensive hotel, 12.2
el **hospital** hospital
la **Hostia** Host (religious)
el **hotel** hotel
 hoy today, BV
  hoy (en) día nowadays,
   these days
el **huarache** sandal
el **huevo** egg, 5.2
 humano(a): el ser humano
  human being
 humilde humble
el **humor** mood, 8.1
  estar de buen humor to
   be in a good mood, 8.1
  estar de mal humor to
   be in a bad mood, 8.1
el **huso horario** time zone

I

 ida: de ida y vuelta
  round-trip (ticket), 13.1
la **idea** idea
 ideal ideal, 1.2
el/la **idealista** idealist
la **iglesia** church
 igual equal
la **ilusión** illusion
 imaginado(a) imagined,
  dreamed of
 imaginar to imagine
 importante important
 imposible impossible
la **impresora** printer
el/la **inca** Inca
 incluido(a): ¿Está incluido
  el servicio? Is the tip
  included?, 5.1
 incluir to include, 5.1
 increíble incredible
la **independencia** independence
el **indicador: el tablero**
  indicador scoreboard, 7.1
 indicar to indicate, 11.1
 indígena native, indigenous
el/la **indígena** native person
 indio(a) Indian

 indispensable indispensable
 individual individual
  el deporte individual
   individual sport
el **individuo** individual
 industrial industrial
la **influencia** influence
la **información** information
 informar to inform, 13.2
la **informática** computer
 science, 2.2
el **inglés** English, 2.2
 inmediatamente
  immediately
 inmediato(a) immediate
 inmenso(a) immense
 inspeccionar to inspect, 11.1
el **instante** instant
la **instrucción** instruction
el **instrumento** instrument
  el instrumento musical
   musical instrument
 íntegro(a) integral
 inteligente intelligent, 2.1
el **interés** interest
 interesante interesting, 2.1
 interesar to interest
 intermedio(a): la escuela
  intermedia middle school
 internacional international
la **interpretación** interpretation
 íntimo(a) intimate
 inverso(a) reverse
la **investigación** investigation
el/la **investigador(a)** researcher
el **invierno** winter, BV
la **invitación** invitation
 invitar to invite, 6.1
la **inyección** injection, 8.2
 ir to go, 4.1
  ir a + infinitive to be
   going to (do something)
  ir a pie to go on foot, to
   walk 4.1
  ir de compras to go
   shopping, 5.2
  ir en bicicleta to go by
   bicycle, 12.2
  ir en carro (coche) to go
   by car, 4.1
  ir en tren to go by train

la **isla** island
italiano(a) Italian
izquierdo(a) left, 7.1

J

el **jabón** soap, 12.2
la barra (pastilla) de jabón bar of soap, 12.2
jamás never
el **jamón** ham, 5.1
el **jardín** garden, 6.2
el/la **jardinero(a)** outfielder, 7.2
el **jet** jet
el **jonrón** home run, 7.2
joven young, 6.1
de joven as a young person
el/la **joven** youth, young person, 10.1
la **judía: la judía verde** green bean, 5.2
el **juego** game
el juego de béisbol baseball game, 7.2
el juego de tenis tennis game, 9.1
los Juegos Olímpicos Olympic Games
el **jueves** Thursday, BV
el/la **jugador(a)** player, 7.1
el/la jugador(a) de béisbol baseball player, 7.2
jugar (ue) to play, 7.1
jugar (al) béisbol (fútbol, baloncesto, etc.) to play baseball (soccer, basketball, etc.), 7.1
el **jugo** juice
el jugo de naranja orange juice, 12.1
el **juguete** toy
julio July, BV
la **jungla** jungle
junio June, BV
junto(a) together
juvenil: el albergue juvenil youth hostel, 12.2

K

el **kilo** kilogram, 5.2
el **kilómetro** kilometer

L

la the (f. sing.), 1.1; it, her (pron.)
el **laboratorio** laboratory
el **lado** side
el **lago** lake
el **lamento** lament
la **lana** wool
la **langosta** lobster, 14.2
la **lanza** lance
el/la **lanzador(a)** pitcher, 7.2
lanzar to throw, 7.1
el **lápiz** pencil, 3.1
largo(a) long, 3.2
las them (f. pl.) (pron.)
la **lata** can, 5.2
lateral side (adj.), 13.2
el **latín** Latin, 2.2
latino(a) Latin (adj.)
Latinoamérica Latin America, 1.1
latinoamericano(a) Latin American
lavarse to wash oneself, 12.1
lavarse los dientes to brush one's teeth, 12.1
le to him, to her; to you (formal) (pron.)
la **lección** lesson, 4.2
la **leche** milk
el café con leche coffee with milk, 5.1
el **lechón** suckling pig
la **lechuga** lettuce, 5.2
la **lectura** reading
leer to read, 5.1
la **legumbre** vegetable, 14
la **lengua** language, 2.2
el **lenguaje** language
les to them; to you (formal pl.) (pron.)

la **letra** letter (of alphabet)
levantar to lift
levantarse to get up, 12.1
el/la **libertador(a)** liberator
la **libra** pound
libre free, 5.1
al aire libre outdoor (adj.)
el **libro** book, 3.1
el **liceo** high school
el **lienzo** canvas (painting)
la **liga** league
las Grandes Ligas Major Leagues
ligero(a) light (cheerful)
limeño(a) from Lima (Peru)
la **limonada** lemonade, BV
lindo(a) pretty, 1.1
la **línea** line
la línea aérea airline
la línea ecuatorial equator
la línea paralela parallel line
la línea telefónica telephone line
el **lípido** lipid, fat
líquido(a) liquid
listo(a) ready
la **litera** berth, 13.2
literal literal
literario(a) literary
la **literatura** literature, 2.1
el **litro** liter
llamado(a) called
llamar to call
llamarse to be named, to call oneself, 12.1
la **llegada** arrival, 11.1
llegar to arrive, 4.1
lleno(a) full
llevar to carry, 3.1; to wear, 3.2; to bring, 6.1; to bear; to have (subtitles, ingredients, etc.)
llover (ue) to rain
Llueve. It's raining., 9.1
la **lluvia** rain
lo it; him (m. sing.) (pron.)
lo que what, that which

local local, 13.2
la **loción: la loción
bronceadora** suntan
lotion, 9.1
loco(a) insane
los them (m. pl.) (pron.)
el **loto** lotto
luchar to fight
luego later; then, BV
¡Hasta luego! See you
later!, BV
el **lugar** place
lujo: de lujo deluxe
lujoso(a) luxurious
la **luna** moon
el **lunes** Monday, BV
la **luz** light

la **madre** mother, 6.1
madrileño(a) native of
Madrid
la **madrina** godmother
el/la **maestro(a)** teacher; master
magnífico(a) magnificent
el **maíz** corn, 14.2
mal bad, 14.2
estar de mal humor to
be in a bad mood, 8.1
Hace mal tiempo.
The weather's bad., 9.1
la **maleta** suitcase, 11.1
la **maletera** trunk (of a car),
13.1
el/la **maletero(a)** porter, 11.1
malhumorado(a) bad-
tempered
malo(a) bad, 2.1
sacar una nota mala
to get a bad grade, 4.2
la **mamá** mom
la **manera** way, manner, 1.1
de ninguna manera by
no means, 1.1
el **maní** peanut
la **mano** hand, 7.1
dar la mano to shake
hands
el **mantel** tablecloth, 14.1

mantener to maintain
la **manzana** apple, 5.2
mañana tomorrow, BV
¡Hasta mañana! See you
tomorrow!, BV
la **mañana** morning
de la mañana A.M.
(time), 2.2
por la mañana in the
morning
el **mapa** map
el **maquillaje** makeup, 12.1
poner el maquillaje to
put one's makeup on,
12.1
maquillarse to put one's
makeup on, 12.1
el **mar** sea, 9.1
el mar Caribe
Caribbean Sea
maravilloso(a) marvelous
el **marcador** marker, 3.1
marcar: marcar un tanto
to score a point, 7.1
el **marido** husband, 6.1
los **mariscos** shellfish, 5.2
marrón: de color marrón
brown, 3.2
el **martes** Tuesday, BV
marzo March, BV
más more, 2.2
más tarde later
más o menos more or
less
la **masa** mass
las **matemáticas** mathematics,
2.1
la **materia** matter, subject
el **material: los materiales
escolares** school supplies,
3.1
el **matrimonio** marriage
el/la **maya** Maya
mayo May, BV
mayor greater
la mayor parte the
greater part, the most
la **mayoría** majority
me me (pron.)
la **medalla** medal
media: y media half-past
(time), 2.2

la **medianoche** midnight, 2.2
el **medicamento** medicine
(drugs), 8.2
la **medicina** medicine
(discipline), 8.2
el/la **médico(a)** doctor, 8.2
la **medida** measurement
el **medio** medium, means
el medio de transporte
means of transportation
medio(a) half, 5.2
media hora half an hour
el **mediodía** noon
medir (i, i) to measure
melancólico(a) melancholic
menos less, fewer
menos cuarto a quarter
to (the hour)
la **mensualidad** monthly
installment
el **menú** menu, 5.1
el **mercado** market, 5.2
el **merengue** merengue
la **merienda** snack, 4.2
tomar una merienda
to have a snack, 4.2
la **mermelada** marmalade
el **mes** month, BV
la **mesa** table, 5.1; plateau
la **mesera** waitress, 5.1
el **mesero** waiter, 5.1
el/la **mestizo(a)** mestizo
el **metabolismo** metabolism
el **metal: instrumentos de
metal** brass (instruments
in orchestra)
meter to put, place, 7.1
meter un gol to score a
goal, 7.1
el **método** method
el **metro** subway, 10.1; meter
mexicano(a) Mexican, 1.1
mexicanoamericano(a)
Mexican-American
la **mezcla** mixture
mi my
mí (to) me (pron.)
el **microbio** microbe
microscópico(a)
microscopic
el **microscopio** microscope

el **miedo** fear
    tener miedo to be afraid
el **miembro** member, 4.2
mientras while
el **miércoles** Wednesday, BV
mil (one) thousand, 3.2
la **milla** mile
el **millón** million
el **minuto** minute
mirar to look at, watch, 3.1
    ¡Mira! Look!
mirarse to look at oneself, 12.1
mismo(a) same, 2.1; itself
el **misterio** mystery
misterioso(a) mysterious
mixto(a) co-ed (school)
la **mochila** backpack, 3.1; knapsack, 12.2
la **modalidad** mode, type
el/la **modelo** model
el **módem** modem
moderno(a) modern
el **modo** manner, way
    el modo de expresión means of expression
el **molino de viento** windmill
el **momento** moment
la **moneda** coin, currency
el **monitor** monitor
monocelular single-celled
el **monstruo** monster
la **montaña** mountain, 9.2
montañoso(a) mountainous
montar (caballo) to mount, get on (horse)
el **monumento** monument
moreno(a) dark, brunette, 1.1
morir (ue, u) to die
el **mostrador** counter, 11.1
el **motivo** reason, motive; theme
el **motor** motor
mover (ue) to move
el **movimiento** movement
el **mozo** porter, 13.1
la **muchacha** girl, 1.1
el **muchacho** boy, 1.1

mucho(a) a lot; many, 2.1
Mucho gusto. Nice to meet you.
los **muebles** furniture
la **muerte** death
la **mujer** wife, 6.1
la **multiplicación** multiplication
multiplicar to multiply
mundial worldwide, (related to the) world
    la Copa mundial World Cup
    la Serie mundial World Series
el **mundo** world
    todo el mundo everyone
el **mural** mural, 10.2
el/la **muralista** muralist, 10
el **museo** museum, 10.2
la **música** music, 2.2
el/la **músico(a)** musician
muy very, BV
    muy bien very well, BV

nacer to be born
nacido(a) born
nacional national
la **nacionalidad** nationality, 1.2
    ¿de qué nacionalidad? what nationality?
nada nothing, 5.2
    De nada. You're welcome., BV
    Nada más. Nothing else., 5.2
    Por nada. You're welcome., BV
nadar to swim, 9.1
nadie no one
la **naranja** orange, 5.2
el **narcótico** narcotic
la **natación** swimming, 9.1
natural: los recursos naturales natural resources, 2.1
    las ciencias naturales natural sciences

la **navaja** razor, 12.1
navegar to navigate
    navegar por la red to surf the Net
la **Navidad** Christmas
necesario(a) necessary
necesitar to need, 3.1
negro(a) black, 3.2
nervioso(a) nervous, 8.1
nevar (ie) to snow, 9.2
la **nieta** granddaughter, 6.1
el **nieto** grandson, 6.1
la **nieve** snow, 9.2
ninguno(a) not any, none
    de ninguna manera by no means, 1.1
el/la **niño(a)** child
    los niños desamparados homeless children
el **nivel** level
no no, BV
    No hay de qué. You're welcome., BV
    no hay más remedio there's no other alternative
noble noble
la **noche** night, evening
    Buenas noches. Good night., BV
    de la noche P.M. (time), 2.2
    esta noche tonight, 9.2
    por la noche in the evening, at night
la **Nochebuena** Christmas Eve
el **nombre** name
    ¿a nombre de quién? in whose name?, 14.2
el **noroeste** northwest
el **norte** north
norteamericano(a) North American
nos (to) us (*pl. pron.*)
nosotros(as) we, 2.2
la **nota** grade, 4.2
    la nota buena (alta) good (high) grade, 4.2
    la nota mala (baja) bad (low) grade, 4.2
    sacar una nota buena (mala) to get a good (bad) grade, 4.2

notable notable
notar to note
las **noticias** news, 6.2
novecientos(as) nine hundred, 3.2
la **novela** novel
el/la **novelista** novelist
noveno(a) ninth, 6.2
noventa ninety, 2.2
noviembre November, BV
el/la **novio(a)** boyfriend/ girlfriend; fiancé(e)
la **nube** cloud, 9.1
Hay nubes. It's cloudy., 9.1
nublado(a) cloudy, 9.1
nuestro(a) our
nueve nine, BV
nuevo(a) new
de nuevo again
el **número** number, 1.2; size (shoes), 3.2
el número del asiento seat number, 11.1
el número del vuelo flight number, 11.1
nupcial nuptial, wedding
la **nutrición** nutrition

O

el **objeto** object
obligatorio(a): el curso obligatorio required course
la **obra** work
la obra de arte work of art
la obra dramática play
la obra teatral play, 10.2
la **observación** observation
el/la **observador(a)** observer
observar to observe
el **obstáculo** obstacle
obtener to obtain
el **océano** ocean
ochenta eighty, 2.2
ocho eight, BV
ochocientos(as) eight hundred, 3.2
octavo(a) eighth, 6.2
octubre October, BV

ocupado(a) occupied, taken, 5.1
el **oeste** west
oficial official
ofrecer to offer
la **oftalmología** ophthalmology
oír to hear
el **ojo** eye, 8.2
la **ola** wave, 9.1
el **óleo** oil
la **oliva: el aceite de oliva** olive oil
once eleven, BV
la **onza** ounce
opcional: el curso opcional elective course
la **ópera** opera
el/la **operador(a)** operator
la **opereta** operetta
opinar to think
oralmente orally
la **orden** order (restaurant), 5.1
el **ordenador** computer
el **orfanato** orphanage
el **organismo** organism
el **órgano** organ
el **origen** origin
original: en versión original in its original (language) version, 10.1
el **oro** gold
la **orquesta** orchestra
la orquesta sinfónica symphonic orchestra
la **ortiga** nettle
oscuro(a) dark
otavaleño(a) of or from Otavalo, Ecuador
el **otoño** autumn, BV
otro(a) other, another
¡oye! listen!

P

la **paciencia** patience
el/la **paciente** patient
el **padre** father, 6.1
el padre (religioso) father (religious)

los **padres** parents, 6.1
el **padrino** godfather
los **padrinos** godparents
pagar to pay, 3.1
la **página** page
la página Web Web page
el **pago** payment
el pago mensual monthly payment
el **país** country, 11.2
el país extranjero foreign country
el **paisaje** landscape
el **pájaro** bird
la **palabra** word
el **pan: el pan dulce** sweet roll, 5.1
el pan tostado toast, 5.2
panameño(a) Panamanian, 2.1
el **panqueque** pancake
la **pantalla** screen, 10.1
la pantalla de salidas y llegadas arrival and departure screen, 11.1
el **pantalón** pants, trousers, 3.2
el pantalón corto shorts, 3.2
la **papa** potato, 5.1
las papas fritas French fries, 5.1
el **papá** dad
el **papel** paper, 3.1
la hoja de papel sheet of paper, 3.1
el papel higiénico toilet paper, 12.2
la **papelería** stationery store, 3.1
el **paquete** package, 5.2
el **par: el par de tenis** pair of tennis shoes, 3.2
el **paraíso** paradise
para for
¿para cuándo? for when?, 14.2
la **parada** stop, 13.2
parar to stop, to block, 7.1
parecerse to look like
parecido(a) similar
la **pared** wall
la **pareja** couple

el/la **pariente** relative, 6.1

el **parque** park

el **párrafo** paragraph

la **parte** part

la mayor parte the greatest part, the most

por todas partes everywhere

particular private, 6.2

la casa particular private house, 6.2

particularmente especially

el **partido** game, 7.1

pasado(a) past; last

el (año) pasado last (year)

el/la **pasajero(a)** passenger, 11.1

el **pasaporte** passport, 11.1

pasar to pass, 7.2; to spend; to happen

Lo están pasando muy bien. They're having a good time., 12.2

pasar por to go through, 11.1

¿Qué te pasa? What's the matter (with you)?, 8.1

el **pase** pass (permission)

el **pasillo** aisle, 13.2

la **pasta dentífrica** toothpaste, 12.2

la **pastilla** pill, 8.2

la pastilla de jabón bar of soap, 12.2

la **patata** potato

pedir (i, i) to ask for, 14.1

peinarse to comb one's hair, 12.1

el **peine** comb, 12.1

la **película** film, movie, 6.2

ver una película to see a film, 10.1

el **pelo** hair, 12.1

la **pelota** ball, 7.2

la pelota vasca jai alai

el/la **pelotari** jai alai player

la **península** peninsula

el **pensamiento** thought

pensar (ie) to think

la **pensión** boarding house, 12.2

pequeño(a) small, 2.1

la **percusión** percussion

perder (ie) to lose, 7.1; to miss, 10.2

perder el autobús (la guagua, el camión) to miss the bus, 10.2

Perdón. Excuse me.

el/la **peregrino(a)** pilgrim

perezoso(a) lazy, 1.1

el **periódico** newspaper, 6.2

el **período** period

permitir to permit, 11.1

pero but

el **perrito** puppy

el **perro** dog, 6.1

la **persona** person, 1.2

el **personaje** character

peruano(a) Peruvian

pesar to weigh

el **pescado** fish, 5.2

la **peseta** Spanish unit of currency

el **peso** peso (monetary unit of several Latin American countries), BV; weight

la **petición** petition

el **petróleo** petroleum, oil

petrolero(a) oil

el **piano** piano

el/la **pícher** pitcher, 7.2

el **pico** peak, mountain

y pico just after (time)

el **pie** foot, 7.1; down payment

a pie on foot, 4.1

de pie standing

la **pierna** leg, 7.1

la **pieza** room

la **píldora** pill, 8.2

el/la **piloto** pilot, 11.2

la **pimienta** pepper, 14.1

el **pincel** brush, paintbrush

la **pinta** pint

pintar to paint

el/la **pintor(a)** painter

pintoresco(a) picturesque

la **pintura** painting

la **pirueta** pirouette, maneuver

la **piscina** swimming pool, 9.1

el **piso** floor, 6.2; apartment

la **pista** (ski) slope, 9.2

la **pizarra** chalkboard, 4.2

el **pizarrón** chalkboard, 4.2

la **pizza** pizza, BV

la **plaga** plague, menace

la **plancha de vela** sailboard, 9.1

practicar la plancha de vela to go windsurfing, 9.1

planear to plan

la **planta** floor, 6.2; plant

la planta baja ground floor, 6.2

la **plata** money (income)

el **plátano** banana, plantain, 5.2

el **platillo** base, 7.2; saucer, 14.1

el **plato** plate, dish, 14.1

la **playa** beach, 9.1

playera: la toalla playera beach towel, 9.1

la **plaza** plaza, square; seat, 13.2

la **pluma** pen, 3.1

la **población** population, people

pobre poor

el/la **pobre** the poor boy (girl)

le **pobretón** poor man

poco(a) little, few, 2.1

un poco (de) a little

poder (ue) to be able, 7.1

el **poema** poem

la **poesía** poetry

el **poeta** poet

político(a) political

el **pollo** chicken, 5.2

el **poncho** poncho, shawl, wrap

poner to put, 11.1

poner la mesa to set the table, 14.1

ponerse to put on, 12.1

ponerse el maquillaje to put on makeup, 12.1

ponerse la ropa to dress oneself, to put on clothes, 12.1

popular popular, 2.1

la **popularidad** popularity

por for
> **por aquí** over here
> **por ciento** percent
> **por ejemplo** for example
> **por eso** therefore, for this reason, that's why
> **por favor** please, BV
> **por fin** finally
> **por hora** per hour
> **por la noche** in the evening
> **por lo general** in general
> **Por nada.** You're welcome., BV
> **¿por qué?** why?
> **por tierra** overland

el **poroto** string bean

porque because

la **portería** goal line, 7.1

el/la **portero(a)** goalkeeper, goalie, 7.1

la **posibilidad** possibility

posible possible

el **postre** dessert, 5.1

practicar to practice
> **practicar el surfing (la plancha de vela, etc.)** to go surfing (windsurfing, etc.), 9.1

el **precio** price

precolombino(a) pre-Columbian

preferir (ie, i) to prefer

la **pregunta** question

preguntar to ask (a question)

el **premio: el Premio Nóbel** Nobel Prize

preparar to prepare

la **presentación** presentation

presentar to present; to show (movie)

prestar: prestar atención to pay attention, 4.2

prevalecer to prevail

primario(a): la escuela primaria elementary school

la **primavera** spring, BV

primero(a) first, BV
> **en primera (clase)** first-class, 13.1

el/la **primo(a)** cousin, 6.1

la **princesa** princess

principalmente mainly

el/la **principiante** beginner, 9.2

prisa: a toda prisa as fast as possible

privado(a) private
> **la casa privada** private house, 6.2

el **problema** problem

procesar to process

la **procesión** procession

proclamar to proclaim

producido(a) produced

el **producto** product, 5.2
> **los productos congelados** frozen food, 5.2

el/la **profesor(a)** teacher, professor, 2.1

profundo(a) deep

el **programa** program

la **promesa** promise

pronto: ¡Hasta pronto! See you soon!, BV

la **propina** tip, 14.1

la **protección** protection

protector(a): la crema protectora sunblock, 9.1

la **proteína** protein

el **protoplasma** protoplasm

el/la **proveedor(a)** provider

proveer to provide

la **provisión** provision

próximo(a) next, 13.2
> **en la próxima parada** at the next stop, 13.2

proyectar to project, 10.1

publicar to publish

público(a) public

el **público** audience, 10.2

el **pueblo** town

el **puerco** pork

la **puerta** door; gate, 11.1
> **la puerta de salida** departure gate, 11.1

puertorriqueño(a) Puerto Rican

pues well

la **pulgada** inch

el **punto: en punto** on the dot, sharp, 4.1

los **puntos cardinales** cardinal points

el **puré de papas** mashed potatoes

puro(a) pure

qué what; how, BV
> **¡Qué absurdo!** How absurd!
> **¡Qué enfermo(a) estoy!** I'm so sick!
> **¿Qué tal?** How are you?, BV
> **¿Qué te pasa?** What's the matter (with you)?, 8.2

quechua Quechuan

quedar to remain, 7.1

querer (ie) to want, wish

el **queso** cheese, 5.1

el **quetzal** quetzal (currency of Guatemala)

¿quién? who?, 1.1

¿quiénes? who? (pl.), 2.1

la **química** chemistry, 2.2

químico(a) chemical

quince fifteen, BV

la **quinceañera** fifteen-year old (girl)

quinientos(as) five hundred, 3.2

quinto(a) fifth, 6.2

el **quiosco** newsstand, 13.1
> **Quisiera...** I would like . . . , 14.2

quitarse to take off

R

rápido quickly

la **raqueta** racket (sports), 9.1

el **rato** while

el **ratón** mouse

la **razón** reason

razonable reasonable

real royal

realista realistic

el/la realista realist

realmente really

rebotar to rebound

la recámara bedroom, 6.2

el/la receptor(a) catcher, 7.2

la receta prescription, 8.2

recetar to prescribe, 8.2

recibir to receive, 5.1

el reciclaje recycling

recién recently

recientemente recently

reclamar to claim (luggage), 11.2

el reclamo de equipaje baggage claim, 11.2

recoger to pick up

recoger el equipaje to claim one's luggage, 11.2

el rectángulo rectangle

el recurso: los recursos naturales natural resources

la red net, 9.1

navegar por la red to surf the Net

reducido(a) reduced (price)

reemplazar to replace

reflejar to reflect

el reflejo reflection

reflexionar to reflect

el refresco drink, beverage, 5.1

el refugio refuge

regalar to give

el regalo gift, 6.1

la región region

regional regional

el regionalismo regionalism

regresar to return

regreso: el viaje de regreso return trip, trip back

regular regular, average, 2.2

la reina queen

la relación relation

relacionado(a) related

relativamente relatively

religioso(a) religious

rellenar to fill

el remedio solution

renombrado(a) well-known

rentar to rent

renunciar to renounce, give up

repetir (i, i) to repeat; to take seconds (meal)

el reportaje report

la representación performance (theater), 10.2

dar una representación to put on a performance, 10.2

representar to represent

la República Dominicana Dominican Republic

requerir (ie, i) to require

la reservación reservation

reservado(a) reserved, 13.2

reservar to reserve, 14.2

resfriado(a): estar resfriado(a) to have a cold, 8.1

el/la residente resident

resolver (ue) to solve

la respuesta answer

restar to subtract

el restaurante restaurant, 14.1

el resto rest, remainder

la retina retina

el retintín jingle

el retrato portrait

el retraso: con retraso with a delay, late, 13.2

revisar to inspect, 11.1

revisar el boleto to check the ticket, 11.1

el/la revisor(a) (train) conductor, 13.2

la revista magazine, 6.2

revolver (ue) to turn around

el rey king

rico(a) rich; delicious, 14.2

el/la rico(a) rich person

el río river

rodar (ue) to roll

la rodilla knee, 7.1

rojo(a) red, 3.2

el rollo de papel higiénico roll of toilet paper, 12.2

romántico(a) romantic

la ropa clothing, 3.2

la tienda de ropa clothing store, 3.2

la rosa rose

rosado(a) pink, 3.2

rubio(a) blond, 1.1

la ruina ruin

el rumor rumor

rural rural

la ruta route

la rutina routine, 12.1

S

el sábado Saturday, BV

saber to know (how), 11.2

sabio(a) wise

sabroso(a) delicious

sacar to get, 4.2

sacar un billete to buy a ticket

sacar una nota buena (mala) to get a good (bad) grade, 4.2

el sacerdote priest

el saco jacket

el saco de dormir sleeping bag, 12.2

sacrificar to sacrifice

la sal salt, 14.1

la sala room; living room, 6.2

la sala de clase classroom, 4.1

la sala de espera waiting room, 13.1

la sala de salida departure area, 11.1

la salida departure, 11.1

la hora de salida departure hour, 13.1

la pantalla de llegadas y salidas arrival and departure screen, 11.1

la sala de salida departure area, 11.1

salir to leave, 10.1; to go out; to turn out

salir a tiempo to leave on time, 11.1

salir bien (en un examen) to do well (on an exam)

salir tarde to leave late, 11.1

Spanish-English Dictionary

el **salón: el salón de clase** classroom, 4.1

saltar to jump

la **salud** health

el **saludo** greeting, BV

salvar to save

el **sándwich** sandwich, BV

la **sangre** blood

el **santo** saint

el **saxofono** saxophone

la **sección de (no) fumar** (no) smoking section, 11.1

secundario(a): la escuela secundaria high school, 1.1

sed: tener sed to be thirsty, 14.1

seguir (i, i) to follow, 14

según according to

segundo(a) second, 6.2

 el segundo tiempo second half (soccer), 7.1

 en segunda (clase) second-class, 13.1

la **seguridad: el control de seguridad** security (airport), 11.1

seis six, BV

seiscientos(as) six hundred, 3.2

la **selección** selection

seleccionar to select

la **selva** jungle

la **semana** week, BV

 el fin de semana weekend, BV

 el fin de semana pasado last weekend

 la semana pasada last week, 9.2

el/la **senador(a)** senator

sencillo(a): el billete sencillo one-way ticket, 13.1

sentarse (ie) to sit down, 12.1

el **sentido** meaning, significance

el **señor** sir, Mr., gentleman, BV

la **señora** Ms., Mrs., madam, BV

la **señorita** Miss, Ms., BV

septiembre September, BV

séptimo(a) seventh, 6.2

ser to be

el **ser: el ser humano** human being

 el ser viviente living creature, being

la **serie: la Serie mundial** World Series

serio(a) serious, 1.1

el **servicio** service, tip, 5.1

 ¿Está incluido el servicio? Is the tip included?, 5.1

la **servilleta** napkin, 14.1

servir (i, i) to serve, 14.1

sesenta sixty, 2.2

la **sesión** show (movies), 10.1

setecientos(as) seven hundred, 3.2

setenta seventy, 2.2

sexto(a) sixth, 6.2

el **show** show

si if

sí yes

siempre always, 7.1

 de siempre y para siempre eternally, forever

la **sierra** sierra, mountain range

siete seven, BV

el **siglo** century

el **significado** meaning

significar to mean

siguiente following

la **silla** chair

similar similar

simpático(a) nice, 1.2

simple simple

sin without

 sin escala nonstop

sincero(a) sincere, 1.2

singles singles, 9.1

el **síntoma** symptom, 8.2

el **sistema métrico** metric system

el **sitio** place

sobre on top of; over; on, about

 sobre todo especially

sobresaltar to jump up

la **sobrina** niece, 6.1

el **sobrino** nephew, 6.1

social: las ciencias sociales social sciences

la **sociedad** society

la **sociología** sociology

socorrer to help

el **sol** Peruvian coin; sun, 9.1

 Hace (Hay) sol. It's sunny., 9.1

 tomar el sol to sunbathe, 9.1

solamente only

soler (ue) to be accustomed to, tend to

sólo only

solo(a) alone

 a solas alone

 el café solo black coffee, 5.1

soltero(a) single, bachelor

la **solución** solution

el **sombrero** hat

la **sonrisita** little smile

la **sopa** soup, 5.1

el **sorbete** sherbet, sorbet, 14

el/la **sordo(a)** deaf

 su his, her, their, your

 subir to go up, 6.2; to board, to get on

 subir al tren to get on, to board the train, 13.1

el **subtítulo** subtitle, 10.1

 con subtítulos with subtitles, 10.1

el **suburbio** suburb

 suceso: el buen suceso great event

 sudamericano(a) South American

el **sudoeste** southwest

el **suegro** father-in-law

el **suelo** ground

el **sueño** dream

 sufrir to suffer

 sumar to add

 superior: la escuela superior high school

el **supermercado** supermarket, 5.2

el **sur** south

el **surf de nieve**
snowboarding

el **surfing** surfing, 9.1
practicar el surfing to
surf, 9.1

el **suroeste** southwest

el **surtido** assortment
sus their, your (pl.), 6.1
suspirar to sigh

la **sustancia: la sustancia**
controlada controlled
substance

T

el **T-shirt** T-shirt, 3.2

la **tabla: la tabla hawaiana**
surfboard, 9.1

el **tablero** board, 7.1
el tablero de llegadas
arrival board, 13.1
el tablero de salidas
departure board, 13.1
el tablero indicador
scoreboard, 7.1

la **tableta** pill, 8.2
taíno(a) Taino
tal: ¿Qué tal? How are
you?, BV

la **talla** size, 3.2

el **talón** luggage claim ticket,
11.1

el **tamal** tamale, BV

el **tamaño** size, 3.2
también also
tan so

el **tango** tango

el **tanto** point, 7.1
marcar un tanto to score
a point
tanto(a) so much

la **taquilla** box office, 10.1
tardar to take time
tarda el viaje the trip
takes (+ time)
tarde late

la **tarde** afternoon
Buenas tardes. Good
afternoon., BV

esta tarde this
afternoon, 9.2
por la tarde in the
afternoon

la **tarifa** fare, rate

la **tarjeta** card, 11.1
la tarjeta de crédito
credit card, 14.1
la tarjeta de embarque
boarding pass, 11.1
la tarjeta de indentidad
estudiantil student
I.D. card

el **taxi** taxi, 11.1

la **taza** cup, 14.1
te you (fam. pron.)

el **té** tea, 5.1
el té helado iced tea, 5.1
teatral theatrical, 10.2

el **teatro** theater, 10.2
salir del teatro to leave
the theater, 10.2

el **teclado** keyboard

el/la **técnico(a)** technician

la **tecnología** technology
telefonear to telephone
telefónico(a) (related to
the) telephone
la línea telefónica
telephone line

el **teléfono** telephone
hablar por teléfono to
talk on the phone

el **telesilla** chairlift, 9.2

el **telesquí** ski lift, 9.2

la **televisión** television, 6.2

el **telón** curtain (stage), 10.2

el **tema** theme, subject

la **temperatura** temperature,
9.2
templado(a) temperate
temprano early, 12.1

el **tenedor** fork, 14.1
tener (ie) to have, 6.1
tener... años to be . . .
years old, 6.1
tener hambre to be
hungry, 14.1
tener miedo to be afraid
tener que to have to
tener sed to be thirsty, 14.1

el **tenis** tennis, 9.1

los **tenis** tennis shoes, 3.2
el par de tenis pair of
tennis shoes, 3.2

el/la **tenista** tennis player
tercer(o)(a) third, 6.2

la **terminal** terminal
terminar to end

el **término** term

la **ternera** veal, 14.2

la **terraza** terrace (sidewalk
café)
terrible terrible

el **terror** terror, fear

la **tía** aunt, 6.1

el **ticket** ticket, 9.2

el **tiempo** time; weather, 9.1;
half (game)
a tiempo on time, 11.1
el segundo tiempo
second half (game), 7.1

la **tienda** store, 3.2
la tienda de departamentos
department store
la tienda de ropa
clothing store, 3.2
la tienda de videos
video store
tierno(a) tender

la **tierra: por tierra** by land,
overland

el **tilde** accent
tímido(a) timid, shy, 1.2

el **tío** uncle, 6.1
los tíos aunt(s) and
uncle(s), 6.1
típicamente typically
típico(a) typical

el **tipo** type
tirar to kick, 7.1
tirar el balón to kick
(throw) the ball, 7.2

la **toalla playera** beach
towel, 9.1
tocar to touch; to play (music)
todavía yet, still
todo: todo el mundo
everyone
todos(as) everybody, 2.2;
everything, all
por todas partes
everywhere

tomar to take, 4.1
  tomar agua (leche, café) to drink water (milk, coffee)
  tomar apuntes to take notes, 4.2
  tomar el bus (escolar) to take the (school) bus, 4.1
  tomar el desayuno to eat breakfast, 12.1
  tomar el sol to sunbathe, 9.1
  tomar fotos to take photos
  tomar un jugo to drink some juice
  tomar un refresco to have (drink) a beverage
  tomar un vuelo to take a flight, 11.1
  tomar una ducha to take a shower, 12.1
  tomar una merienda to have a snack, 4.2
el **tomate** tomato
el **tomo** volume
la **tonelada** ton
  tonto(a) foolish
la **tortilla** tortilla, 5.1
la **tos** cough, 8.1
  tener tos to have a cough, 8.1
  toser to cough, 8.1
la **tostada** toast
  tostadito(a) sunburned, tanned
  tostado(a): el pan tostado toast, 5.2
el **tostón** fried plantain slice
  totalmente totally, completely
  tóxico(a) toxic
  trabajar to work, 3.2
el **trabajo** work
la **tradición** tradition
  tradicional traditionally
  traer to bring, 14.1
el **tráfico** traffic
el **traje** suit, 3.2
  el traje de baño bathing suit, 9.1
  el traje de gala evening gown, dress

el **tramo** stretch
  tranquilo(a) peaceful; calm; quiet
  transbordar to transfer, 13.2
  transformar to transform
  transmitir to send, to transmit
el **transporte** transportation
el **tratamiento** treatment
  tratar to treat; to try
  trece thirteen, BV
  treinta thirty, BV
  treinta y uno thirty-one, 2.2
el **tren** train, 13.2
  el tren directo nonstop train, 13.2
  el tren local local train, 13.2
  tres three, BV
  trescientos(as) three hundred, 3.2
el **triángulo** triangle
la **tripulación** crew, 11.2
  triste sad, 8.1
  triunfante triumphant
el **trombón** trombone
la **trompeta** trumpet
  tropical tropical
  tu your *(sing. fam.)*
  tú you *(sing. fam.)*
el **tubo: el tubo de pasta (crema) dentífrica** tube of toothpaste, 12.2
el/la **turista** tourist, 10.2

  Ud., usted you *(sing. form.)*, 3.2
  Uds., ustedes you *(pl.)*, 2.2
  último(a) last
  un a, 1.1
la **una** one o'clock, 2.2
  único(a) only
la **unidad** unit
el **uniforme** uniform
la **universidad** university
  universitario(a) (related to) university

  uno(a) one, a, BV
  unos(as) some
  urbano(a) urban
  usar to wear (size), 3.2; to use
  utilizar to use

la **vacación** vacation
el **vagón** train car, 13.1
  vainilla: de vainilla vanilla *(adj.)*, 5.1
la **vainita** string bean
  ¡vale! OK!
  valer to be worth
  valeroso(a) brave
el **valor real** true value
  vamos a let's go
la **variación** variation
  variado(a) varied
  variar to vary, change
la **variedad** variety
  varios(as) various
el **varón** male
  vasco(a) Basque
  la pelota vasca jai alai
el **vaso** (drinking) glass, 12.1
el/la **vecino(a)** neighbor
el **vegetal** vegetable, 5.2
el/la **vegetariano(a)** vegetarian
  veinte twenty, BV
  veinticinco twenty-five, BV
  veinticuatro twenty-four, BV
  veintidós twenty-two, BV
  veintinueve twenty-nine, BV
  veintiocho twenty-eight, BV
  veintiséis twenty-six, BV
  veintisiete twenty-seven, BV
  veintitrés twenty-three, BV
  veintiuno twenty-one, BV
la **velocidad** speed
  vender to sell, 5.2
  venezolano(a) Venezuelan

venir to come, 11.1

el viernes (sábado, etc.) que viene next Friday (Saturday, etc.)

la **ventanilla** ticket window, 9.2

ver to see; to watch, 5.1

el **verano** summer, BV

¡verdad! that's right (true)!

verdadero(a) true

verde green, 3.2

la judía verde green bean, 5.2

verificar to verify, 13.1

la **versión: en versión original** in (its) original version, 10.1

el **vestido** dress

vestirse (i, i) to get dressed

la **vez** time

a veces at times, sometimes, 7.1

de vez en cuando now and then

una vez más one more time, again

la **vía** track, 13.1

viajar to travel

viajar en avión to travel by air, 11.1

el **viaje** trip

el viaje de regreso return trip

hacer un viaje to take a trip, 11.1

victorioso(a) victorious

la **vida** life

la vida escolar school life

el **video** video

viejo(a) old, 6.1

el/la **viejo(a)** old person

el **viento** wind

el **viernes** Friday, BV

el **vinagre** vinegar

la **viola** viola

el **violín** violin, 2.1

visible visible

visitar to visit

vital vital

la **vitamina** vitamin

viviente: el ser viviente living creature, being

vivir to live, 5.2

vivo(a) living, alive

la **vocal** vowel

volar (ue) to fly

el **voleibol** volleyball

volver (ue) to return, 7.1

volver a casa to return home, 10.2

la **voz** voice

en voz alta aloud

el **vuelo** flight, 11.1

el número del vuelo flight number, 11.1

tomar un vuelo to take a flight, 11.1

el vuelo nacional domestic flight

Y

y and, BV

y cuarto a quarter past (the hour)

y media half past (the hour)

y pico just after (the hour)

ya already; now

la **yarda** yard

yo I, 1.1

el **yogur** yogurt

Z

la **zanahoria** carrot, 5.2

la **zapatería** shoe store

el **zapato** shoe, 3.2

la **zona** zone, area, neighborhood

el **zumo de naranja** orange juice

English-Spanish Dictionary

The English-Spanish Dictionary contains all productive and receptive vocabulary from the text. The numbers following each productive entry indicate the chapter and vocabulary section in which the word is introduced. For example, **3.2** means that the word was taught in **Capítulo 3, Palabras 2.** BV refers to the preliminary **Bienvenidos** lessons. If there is no number following an entry, this means that the word or expression is there for receptive purposes only.

A

a un(a)
able: to be able poder (ue), 7.1
aboard a bordo de, 11.2
about (time) a eso de, 4.1
above por encima de
abstract abstracto(a)
academy la academia
to **accept** aceptar
access el acceso
to **accompany** acompañar
according to según
ache doler
   My . . . aches Me duele… , 8.2
acrylic el acrílico
activity la actividad
actor el actor, 10.2
actress la actriz, 10.2
to **adapt** adaptar
to **add** sumar
to **adjust** ajustar
to **admire** admirar
admission ticket la entrada, 10.1
to **admit** admitir
adorable adorable
to **adore** adorar
to **adorn** adornar
adventure la aventura
African africano(a)
after después de, 5.1; **(time)** y
   It's ten after one. Es la una y diez.
afternoon la tarde
   Good afternoon. Buenas tardes., BV
   in the afternoon por la tarde

   this afternoon esta tarde, 9.2
against contra, 7.1
agent el/la agente, 11.1
   customs agent el/la agente de aduana, 11.1
agreed conforme, 14.2
air el aire
   open-air (outdoor) café (market) el café (mercado) al aire libre
airline la línea aérea
airplane el avión, 11.1
   by plane en avión, 11.1
airport el aeropuerto, 11.1
aisle el pasillo, 13.2
a lot muchos(as), 2.1; mucho, 3.2
alarmed: to be alarmed alarmarse
album el álbum
algebra el álgebra, 2.2
alive vivo(a)
all todos(as)
   All right. De acuerdo.
allergy la alergia, 8.2
to **allow** dejar; consentir (ie, i)
almost casi
alone solo(a)
aloud en voz alta
also también, 1.2
always siempre, 7.1
A.M. de la mañana
American americano(a)
amusement la diversión
analysis el análisis
analytical analítico(a)
to **analyze** analizar
ancient antiguo(a)
and y, BV
Andean andino(a)
anecdote la anécdota

animal el animal
another otro(a)
answer la respuesta
to **answer** contestar
Antarctic la Antártida
antibiotic el antibiótico, 8.2
antiquity la antigüedad
Anything else? ¿Algo más?, 5.2
apartment el apartamento, el piso, el departamento, 6.2
   apartment house la casa de apartamentos (apartamentos), 6.2
to **applaud** aplaudir, 10.2
applause el aplauso, 10.2
apple la manzana, 5.2
to **apply** aplicar
April abril, BV
Aragon: from Aragon (Spain) aragonés(a)
arc el arco
archeological arqueológico(a)
archeologist el/la arqueólogo(a)
archeology la arqueología
area el área (f.), la zona
Argentinian argentino(a), 2.1
argument la disputa
arithmetic la aritmética, 2.2
arm el brazo, 7.1
around alrededor de, 6.2; **(time)** a eso de, 4.1
arrival la llegada, 11.1
   arrival and departure screen la pantalla de salidas y llegadas, 11.1
   arrival board el tablero de llegadas, 13.1
to **arrive** llegar, 4.1

arrogant altivo, arrogante
arsenal el arsenal
art el arte, *(f.)* 2.2
artichoke la alcachofa, 14.2
artifact el artefacto
artist el/la artista, 10.2
artistic artístico(a)
as como
to ask (a question) preguntar
to ask for pedir (i, i), 14.1
asleep dormido(a)
aspirin la aspirina, 8.2
assortment el surtido
astute astuto(a)
at a, en
　at about (time) a eso de, 4.1
　at home en casa, 6.2
　at night por la noche
　at that time en aquel entonces
　at the end of a fines de
　at what time? ¿a qué hora?, 10.1
athletic atlético
attack el ataque
to attack atacar
to attend asistir
　attention: to pay attention prestar atención, 4.2
　audience el público, 10.2
August agosto, BV
aunt la tía, 6.1
　aunt(s) and uncle(s) los tíos, 6.1
Australia la Australia
author el/la autor(a), 10.2
autumn el otoño, BV
average regular, 2.2

B

baby el/la bebé
back to school la apertura de clases
background la ascendencia
backpack la mochila, 3.1
bacteria la bacteria

bad malo(a), 2.1
　to be in a bad (good) mood estar de mal (buen) humor, 8.1
bag la bolsa, 5.2
baggage el equipaje, 11.1
　baggage claim el reclamo de equipaje, 11.2
　carry-on baggage el equipaje de mano, 11.1
ball (basketball, soccer) el balón, 7.1; (tennis, baseball) la pelota, 7.2
　to throw (kick) the ball tirar el balón, 7.2
ballpoint pen el bolígrafo, 3.1
banana el plátano, 5.2
baptism el bautizo
bar: bar of soap la barra de jabón, la pastilla de jabón, 12.2
bargain la ganga
base (baseball) la base, 7.2
baseball el béisbol, 7.2
　baseball field el campo de béisbol, 7.2
　baseball game el juego de béisbol, 7.2
　baseball player el/la jugador(a) de béisbol, 7.2; el/la beisbolista
basic básico(a)
basket (basketball) el cesto, la canasta, 7.2
　to make a basket encestar, meter el balón en el cesto, 7.2
basketball el básquetbol, el baloncesto, 7.2
　basketball court la cancha de básquetbol, 7.2
Basque vasco(a)
bat el bate, 7.2
bathing suit el traje de baño, el bañador, 9.1
bathroom el baño, el cuarto de baño, 6.2
batter el/la bateador(a), 7.2
battle la batalla
bay la bahía

to be ser, 1.1; estar, 4.1
　to be able poder (ue), 7.1
　to be accustomed to soler (ue)
　to be afraid tener miedo
　to be born nacer
　to be going to ir a
　to be hungry tener hambre, 14.1
　to be included estar incluido, 14.1
　to be named (called) llamarse, 12.1
　to be pleasing gustar
　to be thirsty tener sed, 14.1
　to be tied (score) quedar empatado, 7.1
　to be worth valer, 7.2
　to be . . . years old tener… años, 6.2; cumplir… años
beach la playa, 9.1
　beach resort el balneario, 9.1
　beach towel la toalla playera, 9.1
bean el frijol, la habichuela, 5.2
　green bean la judía verde, 5.2
to bear (name) llevar (el nombre)
beau el galán
beautiful hermoso(a), bello(a), 1.1
because porque
bed la cama, 8.1
　to make the bed hacer la cama
　to stay in bed guardar cama, 8.1
bedroom la recámara, el dormitorio, el cuarto (de dormir), 6.2
beef la carne de res, 14.2
before antes de, 5.1
to begin comenzar (ie); empezar (ie), 7.1
　beginner el/la principiante, 9.2
　beginning: beginning of school la apertura de clases

behind atrás

being: human being el ser humano

　living being el ser viviente

to believe creer, 8.2

below debajo (de); bajo

below zero bajo cero, 9.2

berth la litera, 13.2

between entre, 7.1

beverage el refresco, 5.1

bicycle la bicicleta

　to go by bicycle ir en bicicleta, 13.2

big grande, 2.1

bilingual bilingüe

bill la cuenta, 5.1

biography la biografía

biological biológico(a)

biologist el/la biólogo(a)

biology la biología, 2.1

birthday el cumpleaños, 6.1

black negro(a), 3.2

　black coffee el café solo, 5.1

to block bloquear, parar, 7.1

blond rubio(a), 1.1

blood la sangre

blouse la blusa, 3.2

blue azul, 3.2

blue jeans el blue jean, 3.2

board: arrival board el tablero de llegadas, 13.1;

　departure board el tablero de salidas, 13.1

to board embarcar, 11.2; abordar; (the train) subir al tren, 13.1

boarding el embarque

boarding house la pensión, 12.2

boarding pass la tarjeta de embarque, 11.1

book el libro, 3.1

boot la bota, 9.2

to bore aburrir

boring aburrido(a), 2.1

born nacido(a)

bottle la botella, 12.2

boy el muchacho, 1.1

boyfriend/girlfriend el/la novio(a)

brave valeroso(a)

bread el pan, 5.1

breakfast el desayuno, 5.2

　to eat breakfast desayunarse, tomar el desayuno, 12.1

bright brillante

to bring llevar, 6.1; traer, 14.1

broadcast la emisión, 6.2

　sports broadcast la emisión deportiva, 6.2

bronze el bronce, 10.2

brook el arroyo

brother el hermano, 6.1

brown de color marrón, 3.2

brunette moreno(a), 1.1

brush el cepillo, 12.2

to brush one's hair cepillarse, 12.1

to brush one's teeth cepillarse (lavarse) los dientes, 12.1

building el edificio

bus el bus, 4.1; el autobús (la guagua [P.R., Cuba], el camión [Mex.]), 10.1

　school bus el bus escolar, 4.1

　to miss the bus perder el autobús (la guagua, el camión), 10.1

but pero

to buy comprar, 3.1

by (plane, car, bus, etc.) en (avión, carro, autobús, etc.)

C

cafe el café, BV

cafeteria la cafetería

to calculate calcular

calculator la calculadora, 3.1

calculus el cálculo, 2.2

called llamado(a)

can el bote, la lata, 5.2

candid franco(a)

canned enlatado(a)

cap la gorra, 3.2

capital la capital

captain el/la capitán; el/la comandante, 11.2

car el carro, el coche, 4.1

　by car en carro, en coche, 4.1

　cafeteria car el coche-cafetería, 13.2

　dining car el coche-comedor, 13.2

　sleeping car el coche-cama, 13.2

　train car el coche, el vagón, 13.2

card la tarjeta, 11.1

　credit card la tarjeta de crédito, 14.1

cardinal: cardinal points los puntos cardinales

careful! ¡cuidado!

carefully: very carefully con mucho cuidado

to caress acariciar

Caribbean el Caribe

carrot la zanahoria, 5.2

to carry llevar, 3.1

　carry-on luggage el equipaje de mano, 11.1

case el caso

cash register la caja, 3.1

cassette el casete, 4.2

cat el/la gato(a), 6.1

to catch atrapar, 7.2

catcher el/la receptor(a), el/la cátcher, 7.2

Catholic católico(a)

to celebrate celebrar

celebration la celebración

cell la célula

cellular celular

center el centro

central central, 13.2

Central America la América Central

century el siglo

cereal el cereal, 5.2

certainly! ¡claro!

chain (necklace) la cadena

chair la silla

chairlift el telesilla, 9.2

chalet el chalet

chalkboard la pizarra, el pizarrón, 4.2

champion el/la campeón(a)

championship el campeonato

to **change** cambiar

  to change trains (transfer) cambiar de tren, transbordar, 13.2

chapter el capítulo

character el personaje

charming encantador(a)

cheap barato(a), 3.2

check la cuenta, 5.1

to **check luggage** facturar el equipaje, 11.1

to **check one's ticket** revisar el boleto, 11.1

cheese el queso, 5.1

chemical químico(a)

chemistry la química, 2.2

chicken el pollo, 5.2

child el/la niño(a)

children los niños, 6.1

  homeless children los niños desamparados

Chilean chileno(a)

chills: to have chills tener escalofríos, 8.1

chocolate chocolate, 5.1

  chocolate ice cream el helado de chocolate, 5.1

choir el coro

to **choose** escoger

chorus el coro

Christian cristiano(a)

Christmas la Navidad

Christmas Eve la Nochebuena

church la iglesia

circle el círculo

city la ciudad

to **claim (luggage)** reclamar (el equipaje), 11.2

clam la almeja, 14.2

class la clase, el curso, 2.1

  first class primera clase, en primera, 13.1

  second class segunda clase, en segunda, 13.1

to **classify** clasificar

classroom la sala de clase, el salón de clase, 4.1

clinic la clínica

cloth el lienzo

clothing la ropa, 3.2

clothing store la tienda de ropa, 3.2

cloud la nube, 9.1

cloudy: to be cloudy estar nublado, 9.1

  It's cloudy. Hay nubes., 9.1

club el club, 4.2

  Spanish Club el Club de español, 4.2

coast la costa

co-ed mixto(a)

coffee el café, BV

  black coffee, el café solo, 5.1

  coffee with milk el café con leche, 5.1

cognate la palabra afina

coin la moneda

coincidence la coincidencia

cold (illness) el catarro, 8.1

  to have a cold tener catarro, estar resfriado(a), 8.1

cold: It's cold. Hace frío., 9.2

collection la colección, el conjunto

collector el colector

Colombian colombiano(a), 1.1

colonial colonial

colony la colonia

color el color, 3.2

  What color is . . . ? ¿De qué color es… ?, 3.2

comb el peine, 12.2

to **comb one's hair** peinarse, 12.1

to **come** venir

  to come (go) on stage entrar en escena, 10.2

compact disk el disco compacto, 4.2

to **compare** comparar

to **compete** competir (i, i)

competition la competición

complete completo(a), 13.2

compliment: to pay someone compliments echarle flores

composition la composición

computer el ordenador, la computadora

computer science la informática, 2.2

concert el concierto

condominium el condominio

conductor (train) el/la revisor(a), 13.2

confirmed bachelor el solterón

to **connect** conectar

to **conquer** conquistar

to **conserve** conservar, 11.1

to **consider** considerar

to **consist of** consistir (en)

to **consult** consultar

  consultation la consulta, 8.2

contest la competición

continent el continente

to **continue** continuar, 7.2

to **convert** convertir (ie, i)

cook el/la cocinero(a), 14.1

copilot el/la copiloto, 11.2

to **copy** copiar

corn el maíz, 14.2

to **cost** costar (ue), 3.1

  How much does . . . cost? ¿Cuánto cuesta(n)… ?, 3.1

Costa Rican costarricense

cough la tos, 8.1

  to have a cough tener tos, 8.1

to **cough** tener tos, 8.1

counter el mostrador, 11.1

country el país, 11.2

  foreign country el país extranjero, 11.2

course el curso, 2.1

  elective course el curso opcional

  required course el curso obligatorio

court la cancha, 2.1
  basketball court la cancha de básquetbol, 7.2
  indoor court la cancha cubierta, 9.1
  outdoor court la cancha al aire libre, 9.1
  tennis court la cancha de tenis, 9.1
courtesy la cortesía, BV
cousin el/la primo(a), 6.1
to **cover** cubrir
to **create** crear
  credit card la tarjeta de crédito, 14.1
  Creole el/la criollo(a)
crew la tripulación, 11.2
Cuban cubano(a)
Cuban American cubanoamericano(a)
to **cultivate** cultivar
cultural cultural
cup la taza, 14.1
  World Cup la Copa mundial
curtain (stage) el telón, 10.2
custom la costumbre
customer el/la cliente, 5.1
customs la aduana, 11.2
to **cut** cortar, 14.1

D

dad el papá
to **dance** bailar, 4.2
  dark (haired) moreno(a), 1.1
data los datos
date la fecha, BV
  What is today's date? ¿Cuál es la fecha de hoy?, BV
to **date** datar
daughter la hija, 6.1
day el día, BV
  day before yesterday anteayer
deaf person el/la sordo(a)
death la muerte
December diciembre, BV

to **decide** decidir
to **declare** declarar
to **defeat** derrotar
  degree (temperature) el grado, 9.2
  delay: with a delay con una demora, 11.1; con retraso, 13.2
  delicious delicioso(a), rico, 14.2; sabroso(a)
to **delight** encantar
to **deliver** entregar
  deluxe de lujo
  departure la salida, 11.1
  arrival and departure screen la pantalla de llegadas y salidas, 11.1
  departure board el tablero de salidas, 13.1
  departure gate la puerta de salida, la sala de salida, 11.1
  departure hour la hora de salida
  descendant el/la descendiente
  design el diseño
  designer el/la diseñador(a)
  dessert el postre, 5.1
  destination el destino, 11.1
  diagnosis la diagnosis, 8.2
  dialogue el diálogo
  diamond el diamante
to **die** morir (ue, u)
  difference la diferencia
  different diferente
  difficult duro(a), difícil, 2.1
to **dig** excavar
  dining car el coche-comedor, el coche-cafetería, 13.2
  dining room el comedor, 6.2
  dinner la cena, 5.2
  to have dinner cenar
  direct directo(a), 11
  director el/la director(a)
  discipline la asignatura, la disciplina, 2.1
to **discover** descubrir
to **discuss** discutir

to **disembark** desembarcar, 11.2
  dish el plato, 14.1
  disk: compact disk el disco compacto, 4.2
  diskette el disquete, 3.1
to **dive** bucear, 9.1
to **divide** dividir
  diving el buceo, 9.1
  divorced: to get divorced divorciarse
  doctor el/la médico(a), 8.2
  doctor's office la consulta del médico, el consultorio, 8.2
to **do** hacer, 11
  to do well (on an exam) salir bien (en un examen)
  dog el perro, 6.1
  domestic doméstico(a), 2.1
  Dominican dominicano(a), 2.1
  Dominican Republic la República Dominicana
  donkey el asno
  door la puerta
  dose la dosis, 8.2
  dot: on the dot en punto, 4.1
  doubles dobles, 9.1
  doubt la duda
  doughnut (a type of) el churro
  dozen la docena
  drawing el dibujo
  dream el sueño
  dreamed of imaginado(a)
  dress el vestido
to **dribble (basketball)** driblar, 7.2
  drink (beverage) el refresco, 5.1; la bebida
to **drink** beber, 5.1
  to drink water (milk, coffee) tomar agua (leche, café), 14.1
  druggist el/la farmacéutico(a), 8.2
  drugstore la farmacia, 8.2
  dubbed doblado(a), 10.1
  during durante

E

e-mail el correo electrónico

each cada, 1.2

early temprano, 12.1

to **earn** ganar

easel el caballete

east el este

easy fácil, 2.1

to **eat** comer, 5.1

  to eat breakfast desayunarse, tomar el desayuno, 12.1

economical económico(a), 12.2

economics: home economics la economía doméstica, 2.1

economy la economía

Ecuadorean ecuatoriano(a), 2.1

education: physical education la educación física, 2.2

egg el huevo, 5.2

eggplant la berenjena, 14.2

eight ocho, BV

eight hundred ochocientos(as), 3.2

eighteen dieciocho, BV

eighth octavo(a), 6.2

eighty ochenta, 2.1

electronic mail (e-mail) el correo electrónico

elegant elegante

element el elemento

elevator el ascensor, 6.2

eleven once, BV

else: Anything else? ¿Algo más?, 5.2

  No, nothing else. No, nada más, 5.2

emotion la emoción

emphasis el énfasis

to **emphasize** dar énfasis, enfatizar

employee el/la empleado(a), el/la dependiente(a), 3.1

enamored: to become enamored of (to fall for) flechar

enchilada la enchilada, BV

end el fin, BV

  at the end of a fines de

enemy el/la enemigo(a)

energy la energía, 8

English el inglés, 2.2

to **enjoy** gozar

  to enjoy oneself divertirse (ie, i), 12.2

enough bastante, 1.1

to **enter** entrar, 4.1

entire entero(a)

episode el episodio

epoch la época

equation la ecuación

equipment el equipo, 7.1

to **erase** borrar, 3.1

eraser la goma de borrar, 3.1

errant: knight errant el caballero andante

especially especialmente, particularmente, sobre todo

essentially esencialmente

to **establish** fundar

esteemed estimado(a)

ethnic étnico(a)

Europe la Europa

evening la noche

  evening gown el traje de gala

  Good evening. Buenas noches., BV

  in the evening por la noche

everyone todos, 2.2; todo el mundo

everything todos(as)

exactly exactamente, 11

to **exaggerate** exagerar, 11

exam el examen, 4.2

to **examine** examinar, 8.2

example: for example por ejemplo

to **excavate** excavar

excavation la excavación

excellent excelente

Excuse (me). Perdón.

exhibition (art) la exposición (de arte), 10.1

to **exist** existir

expedition la expedición

expensive caro(a), 3.2

expert el/la experto(a), 9.2

to **explain** explicar, 4.2

explosion la explosión

expression la expresión

  means of expression el modo de expresión

extraordinary extraordinario(a)

extreme extremo(a)

eye el ojo

F

face la cara, 12.1

faithful fiel

to **fall asleep** dormirse (ue, u), 12.1

false falso(a)

fame la fama

family la familia, 6.1

family (related to) familiar

famous famoso(a), 1.2

fan (sports) el/la aficionado(a)

fantastic fantástico(a), 1.2

fare la tarifa

fast rápido(a)

  as fast as possible a toda prisa

fat gordo(a), 1.2

father el padre, 6.1

father-in-law el suegro

favorite favorito(a)

fear el miedo, el terror

February febrero, BV

fever la fiebre, 8.1

  to have a fever tener fiebre, 8.1

few pocos(as), 2.1

  a few unos(as)

fiancé(e) el/la novio(a)

field el campo
  baseball field el campo de béisbol, 7.2
  soccer field el campo de fútbol, 7.1
fifteen quince, BV
fifteen-year-old (girl) la quinceañera
fifth quinto(a), 6.2
fifty cincuenta, 2.1
to **fight** luchar
figurative figurativo(a)
film la película, 6.2; el film, 10.1
finally por fin
to **find** hallar; encontrar (ue)
fine bien, BV; Conforme., 14.2
fine-looking gallardo(a)
finger el dedo
first primero(a), BV
fish el pescado, 5.2
five cinco, BV
five hundred quinientos(as) 3.2
flight el vuelo, 11.1
flight attendant el/la asistente de vuelo, 11.2
flight number el número del vuelo, 11.1
floor la planta, el piso, 6.2
  ground floor la planta baja, 6.2
flower la flor
flu la gripe, 8.1
to **fly** volar (ue)
folder la carpeta, 3.1
folk healer el/la curandero(a)
to **follow** seguir (i, i)
following siguiente
fond of aficionado(a)
food la comida, 5.2; el alimento, el comestible, 14.2
foolish tonto(a)
foot el pie, 7.1
  on foot a pie, 4.1
for por, para
  for example por ejemplo
foreign extranjero(a), 11.2
fork el tenedor, 14.1

to **form** formar
forty cuarenta, 2.1
to **found** fundar
four cuatro, BV
four hundred cuatrocientos(as), 3.2
fourteen catorce, BV
fourth cuarto(a), 6.2
frank franco(a)
free libre, 5.1
French el francés, 2.2
French fries las papas fritas, 5.1
fresh fresco(a)
Friday el viernes, BV
fried frito(a), 5.1
friend el/la amigo(a), el/la compañero(a), 1.1
frightful espantoso
from de, BV
front: in front of delante de, 10.1
frozen congelado(a), helado(a), 5.1
frozen foods los productos congelados, 5.2
fruit la fruta, 5.2
to **fry** freír (i, i), 14.1
full (train, bus, etc.) completo(a)
funny cómico(a); gracioso(a), 1.1
furious furioso(a)
furniture los muebles
fury la furia
future el futuro

G

gallant gallardo(a)
game el partido, 7.1; el juego, 7.2
  baseball game el juego de béisbol, 7.2
garage el garaje, 6.2
garden el jardín, 6.2
garlic el ajo, 14.2
gate: departure gate la puerta de salida, 11.1
generally generalmente

generous generoso(a), 1.2
gentleman el señor, BV
geography la geografía, 2.2
geometry la geometría, 2.2
German el alemán, 2.1
to **get a good (bad) grade** sacar una nota buena (mala), 4.2
to **get dressed** vestirse (i, i); ponerse la ropa, 12.1
to **get off (bus, train, etc.)** bajar(se) (del bus, tren, etc.), 13.2
to **get on** abordar; subir, 13.1
to **get on (horse)** montar (caballo)
to **get on board (bus, train, etc.)** subir (al bus, tren, etc.), 13.1
to **get up** levantarse, 12.1
  giant el gigante
  gift el regalo, 6.1
  girl la muchacha, 1.1
to **give** dar, 4.2; (gift) regalar
  to give (throw) a party dar una fiesta, 4.2
to **give up** renunciar
  glass (drinking) el vaso, 12.1
  glove el guante, 7.2
to **go** ir, 4.1
  to go by bicycle ir en bicicleta, 12.2
  to go by car ir en coche
to **go back** volver (ue)
to **go down** bajar
to **go home** volver a casa
to **go shopping** ir de compras, 5.2
to **go through** pasar por, 11.1
to **go to bed** acostarse (ue), 12.1
to **go up** subir, 6.2
to **go (walk) around** andar
  goal el gol, 7.1; la portería, 7.1
  to score a goal meter un gol, 7.1
goalie el/la portero(a), 7.1
goalkeeper el/la portero(a), 7.1
godfather el padrino
godmother la madrina
godparents los padrinos

gold el oro
good bueno(a); buen
  Good afternoon.
    Buenas tardes., BV
  Good evening. Buenas
    noches., BV
  Good morning. Buenos
    días., BV
good-bye! ¡adiós!, ¡chao!,
  BV
good-looking guapo(a),
  bonito(a), lindo(a), 1.1
Gosh! ¡Dios mío!, 11
gossip: piece of gossip
  el chisme
grade la nota, 4.2
grammar la gramática
grandchildren los nietos, 6.1
granddaughter la nieta, 6.1
grandfather el abuelo, 6.1
grandmother la abuela, 6.1
grandparents los abuelos, 6.1
grandson el nieto, 6.1
gray gris, 3.2
great gran(de)
  great event el buen
    suceso
greater mayor
green verde, 3.2
green bean la judía
  verde, 5.2
greeting el saludo, BV
ground el suelo
group el grupo
to **guard** guardar, 7.1
Guatemalan
  guatemalteco(a)
to **guess** adivinar
guitar la guitarra
gulf el golfo
gymnasium el gimnasio

H

hair el pelo, 12.1
half medio(a), 5.2
  half an hour media
    hora, 14
  second half el segundo
    tiempo, 7.1
ham el jamón, 5.1

hamburger la
  hamburguesa, 5.1
hand la mano, 7.1
  to shake hands dar la
    mano
handsome guapo(a), 1.1
to **hang** colgar (ue)
to **happen** pasar
  **What happened (to
    you)?** ¿Qué te pasó?
happy contento(a), 8.1
hard duro(a), 2.1
hardworking
  ambicioso(a), 1.1
hat el sombrero, la gorra,
  3.2
to **have** tener (ie), 6.1
  to have chills tener
    escalofríos, 8.1
  to have a cold tener
    catarro, estar
    resfriado(a), 8.1
  to have a drink (snack)
    tomar un refresco (una
    merienda), 4.2
  to have a fever tener
    fiebre, 8.1
  to have a headache
    tener dolor de cabeza,
    8.1
  to have a sore throat tener
    dolor de garganta, 8.1
  to have a stomachache
    tener dolor de
    estómago, 8.1
  to have to tener que
  **They're having a good
    time.** Lo están
    pasando muy bien., 12.2
he él, 1.1
head la cabeza, 7.1
headache el dolor de
  cabeza, 8.1
health la salud, 8.1
to **hear** oír
heart el corazón
heartthrob el galán
Hello! ¡Hola!, BV;
  **(answering the
  telephone—Spain)**
  ¡Diga!, 14.2
to **help** ayudar, 13.1
her su, 6.1; la (pron.)

here aquí
  Here is (are)... Aquí
    tiene…
heritage la ascendencia
hero el héroe
Hi! ¡Hola!, BV
to **hide** esconder
high alto(a), 1.1
high school el colegio,
  la escuela secundaria,
  la escuela superior, 1.1
hike: to take a hike dar
  una caminata, 12.2
him lo
his su, 6.1
historical histórico(a)
history la historia, 2.1
to **hit (tennis)** golpear, 9.1;
  (baseball) batear, 7.2
hole el agujero
home la casa, 6.2
  at home en casa
  country home la casa de
    campo
home economics la
  economía doméstica, 2.2
  home plate (baseball)
    el platillo, 7.2
  home run el jonrón, 7.2
homeless desamparado(a)
homeless children los
  niños desamparados
honest honesto(a), 1.2
honor el honor
horrible horrible
hospital el hospital, 8.2
hot: It's hot. Hace calor., 9.1
hotel (inexpensive) el
  hostal, 12.2
hour la hora
  per hour por hora
house la casa, 6.2
  apartment house la casa
    de apartamentos
    (departamentos), 6.2
  private house la casa
    privada (particular), 6.2
how? ¿cómo?, 1.1
  How absurd! ¡Qué
    absurdo!
  How are you? ¿Qué tal?,
    BV; ¿Cómo estás?, 8.1

How many? ¿Cuántos(as)?, 2.1

How much? ¿Cuánto?, 3.1

How much does it cost? ¿Cuánto es?, ¿Cuánto cuesta?, 3.1

How old is (are) . . . ? ¿Cuántos años tiene(n)… ?, 6.1

human humano(a)

human being el ser humano

humble humilde

hungry: to be hungry tener hambre, 14.1

to **hurt** doler (ue), 8.2

My . . . hurt(s) me. Me duele(n)…, 8.2

husband el marido, el esposo, 6.1

I yo, 1.2

ice cream el helado, 5.1

chocolate (vanilla) ice cream el helado de chocolate (de vainilla), 5.1

iced tea el té helado, 5.1

idea la idea

ideal ideal, 1.2

idealist el/la idealista

if si

illusion la ilusión

imagined imaginado(a)

immediately enseguida, inmediatamente, 5.1

immense inmenso(a)

to **imply that** dar a entender

important importante

impossible imposible

in en

in front of delante de

Inca el/la inca

to **include** incluir, 5.1

included incluido(a), 5.1

Is the tip included? ¿Está incluido el servicio?, 5.1

incredible increíble

independence la independencia

Indian indio(a)

to **indicate** indicar, 11.1

indicator el indicador, 7.1

indigenous indígena

individual individual, 7.2

individual sport el deporte individual, 7.2

inexpensive barato(a), 3.2

influence la influencia

to **inform** informar, 13.2

information la información

inhabitant el/la habitante

inheritance la herencia

injection la inyección, 8.2

inning la entrada, 7.2

insane loco(a)

to **inspect** inspeccionar, 11.2

to inspect (check) the ticket revisar el boleto, 11.1

inspection: passport inspection el control de pasaportes, 11.2

inspection: security inspection el control de seguridad, 11.1

instant el instante

instruction la instrucción

instrument el instrumento

integral íntegro(a)

intelligent inteligente, 2.1

interest el interés

to **interest** interesar

interesting interesante, 2.1

intermediate intermedio(a)

international internacional

interpretation la interpretación

interview la entrevista, 4.1

invitation la invitación

to **invite** invitar (a), 6.1

island la isla

it la (f.); lo (m.)

Italian italiano(a)

jacket la chaqueta, el saco, 3.2

jai alai la pelota vasca

January enero, BV

jingle el retintín

July julio, BV

to **jump** saltar

to jump up sobresaltar

June junio, BV

keyboard el teclado

to **kick** tirar (con el pie), 7.1

to kick the ball tirar el balón, 7.2

kilogram el kilo, 5.2

king el rey

kitchen la cocina, 6.2

knapsack la mochila, 3.1

knee la rodilla, 7.1

knife el cuchillo, 14.1

knight el caballero

knight errant el caballero andante

knight's attendant el escudero

to **know** saber, 11.2; conocer, 11.1

to know how saber, 11.2

laboratory el laboratorio, 2.1

lady la dama

lady-in-waiting la dama

lake el lago

lamb el cordero, 14.2

lance la lanza

to **land** aterrizar, 11.2

landscape el paisaje

language la lengua, 2.2

large grande

last último(a)

last night anoche, 9.2

last week la semana pasada, 9.2

last weekend el fin de semana pasado

last year el año pasado, 9.2

late tarde; con una demora, 11.1; con retraso, 13.2

later luego, BV
  See you later! ¡Hasta luego!, BV
Latin el latín, 2.2
Latin latino(a)
Latin America Latinoamérica
Latin American latinoamericano(a)
lazy perezoso(a), 1.1
league la liga
  Major Leagues las Grandes Ligas
to **learn** aprender, 5.1
to **leave** salir
  to leave late salir tarde, 11.1
  to leave on time salir a tiempo, 11.1
  to leave something behind dejar, 14.1
lecture la conferencia
left izquierdo(a), 7.1
leg la pierna, 7.1
lemonade la limonada, BV
to **lend** prestar, 4.2
lesson la lección, 4.2
to **let** dejar; permitir, 11.1
  let's see a ver
  Will you please let me see your passport? Me permite ver su pasaporte, por favor?, 11.1
letter la carta, 6.2; **(of the alphabet)** la letra, 11.1
lettuce la lechuga, 5.2
liberator el/la libertador(a)
life la vida
  school life la vida escolar
to **lift** levantar
light la luz
to **light** encender (ie)
like el gusto
to **like** gustar
  Lima: from Lima (Peru) limeño(a)
  line (of people) la cola, la fila, 10.1
linen el lienzo
to **listen (to)** escuchar, 4.2
  listen! ¡oye!, 1.1
literal literal

literary literario(a)
literature la literatura, 2.1
little: a little poco(a)
live vivo(a)
to **live** vivir, 5.2
  living viviente
  living creature el ser viviente
  living room la sala, 6.2
lobster la langosta, 14.2
local local, 13.2
long largo(a), 3.2
Look! ¡Mira!
to **look at** mirar, 3.1
to **look at oneself** mirarse, 12.1
to **look for** buscar, 3.1
to **lose** perder (ie), 7.1
  lotion: suntan lotion la loción bronceadora, 9.1
lotto el loto
lover el/la enamorado(a)
low bajo(a), 4.2
to **lower** bajar
luggage el equipaje, 11.1
  carry-on luggage el equipaje de mano, 11.1
  luggage claim ticket el talón, 11.1
lunch el almuerzo, 5.2
  to have lunch almorzar (ue)
luxurious lujoso(a)

M

ma'am la señora, BV
made hecho(a)
Madrid (native of) madrileño(a)
magazine la revista, 6.2
magnificent magnífico(a)
mail el correo
  e-mail (electronic mail) el correo electrónico
main principal
mainly principalmente
Major Leagues las Grandes Ligas
majority la mayor parte, la mayoría

to **make** hacer
  to make a basket (basketball) encestar, 7.2
  to make the bed hacer la cama, 13
makeup el maquillaje, 12.1
  to put one's makeup on maquillarse, ponerse el maquillaje, 12.1
male el varón
man el hombre, el señor
manner la manera, el modo
many muchos(as), 2.1
map el mapa
March marzo, BV
marker el marcador, 3.1
market el mercado, 5.2
marmalade la mermelada, 5.2
marriage el matrimonio
married: to be married estar casado(a)
marvelous maravilloso(a)
mass la masa
master el/la maestro(a)
material el material, 3.1
mathematics las matemáticas, 2.2
matter: What's the matter (with you)? ¿Qué te pasa?
May mayo, BV
Maya el/la maya
me mí, 5.1; me, 8
meal la comida, 5.2
meaning el significado, el sentido
means el medio, el modo
  by no means de ninguna manera, 1.1
means of expression el modo de expresión
meat la carne, 5.2
medal la medalla
medical office la consulta del médico, el consultorio, 8.2
medicine (drug) el medicamento, 8.2; **(discipline, field),** la medicina, 8.2

medium el medio

melancholic melancólico(a)

member el miembro, 4.2

menu el menú, 5.1

mestizo el/la mestizo(a)

Mexican mexicano(a), 1.1

Mexican American mexicanoamericano(a)

microbe el microbio, 2.1

microscope el microscopio, 2.1

microscopic microscópico(a)

middle: middle school la escuela intermedia

midnight la medianoche

mile la milla

milk la leche

million el millón

mineral water el agua mineral, 12.2

minute el minuto

mirror el espejo, 12.1

Miss señorita, BV

to **miss the bus** perder el autobús (la guagua, el camión), 10.1

mixed mixto(a)

mixture la mezcla

model el modelo

modem el módem

modern moderno(a)

mom la mamá

moment el momento

Monday el lunes, BV

money el dinero, 14.1

monitor el monitor

monster el monstruo

month el mes, BV

monument el monumento

mood el humor, 8.1

to **be in a bad mood** estar de mal humor, 8.1

to **be in a good mood** estar de buen humor, 8.1

moon la luna

more más

moreover además

morning la mañana

Good morning. Buenos días., BV

in the morning por la mañana

this morning esta mañana

mother la madre, 6.1

motive el motivo

to **mount (horse)** montar (caballo)

mountain la montaña

mountain range la sierra

mouse el ratón

to **move** mover (ue)

movie la película, 6.2; el film, 10.1

movie theater el cine, 10.1

Mr. el señor, BV

Mrs. la señora, BV

Ms. la señorita, la señora, BV

much mucho, 3.2

multiplication la multiplicación

to **multiply** multiplicar

mural el mural, 10.2

muralist el/la muralista

museum el museo, 10.1

music la música, 2.2

my mi, 6.1

name el nombre

My name is . . . Me llamo… , 12.1

napkin la servilleta, 14.1

national nacional

nationality la nacionalidad, 1.2

what nationality? ¿de qué nacionalidad?

native indígena

natural: natural resources los recursos naturales

natural sciences las ciencias naturales

near cerca de, 6.2

necessary necesario(a)

neck el cuello

necktie la corbata, 3.2

to **need** necesitar, 3.1

neighbor el/la vecino(a)

nephew el sobrino, 6.1

nervous nervioso(a), 8.1

net la red

to go over the net pasar por encima de la red, 9.1

to surf the Net navegar por la red

nettle la ortiga

never jamás, nunca

new nuevo(a)

news las noticias, 6.2

newspaper el periódico, 6.2

newsstand el quiosco, 13.1

next próximo(a), 13.2

nice simpático(a), 1.2

Nice to meet you. Mucho gusto.

niece la sobrina, 6.1

night la noche

at night por la noche

Good night. Buenas noches., BV

last night anoche, 9.2

nine nueve, BV

nine hundred novecientos(as), 3.2

nineteen diecinueve, BV

ninety noventa, 2.1

ninth noveno(a), 6.2

no no, BV

by no means de ninguna manera, 1.1

no one nadie

noble noble

nobody nadie

none ninguno(a), 1.1

noon el mediodía

north el norte

North America la América del Norte

North American norteamericano(a)

northwest noroeste, 8

no-smoking section la sección de no fumar, 11.1

not at all de ninguna manera

notable notable

note: to take notes tomar apuntes, 4.2

to **note** apuntar

notebook el cuaderno, el bloc, 3.1

nothing nada, 5.2
Nothing else. Nada más., 5.2
novel la novela
novelist el/la novelista
November noviembre, BV
now ahora, 4.2
  now and then de vez en cuando
nowadays hoy día
number el número, 1.2
  flight number el número del vuelo, 11.1
  seat number el número del asiento, 11.1
nuptial nupcial

object el objeto
obligatory obligatorio(a), 2.1
observation la observación
to **observe** observar
observer el/la bservador(a)
obstacle el obstáculo
occupied (taken) ocupado(a), 5.1
ocean el océano
o'clock: It's (two) o'clock. Son las (dos).
October octubre, BV
of de, BV
  of course! ¡claro!
official oficial
oil el aceite, 14.2
OK! ¡vale!
old anciano(a), antiguo(a), viejo(a), 6.1
olive: olive oil el aceite de oliva
on en
  on board a bordo de, 11.2
  on the contrary al contrario
  on the dot en punto, 4.1
  on time a tiempo, 11.1
  on top of encima de; sobre, 9.1
once and for all definitivamente, 11

one uno, BV
one hundred cien(to), 2.1
one thousand mil, 3.2
one-way: one-way ticket el billete sencillo, 13.1
only sólo, solamente
to **open** abrir, 8.2
  to open one's suitcases abrir las maletas, 11.2
opening: opening of school la apertura de clases
opinion: What's your opinion? ¿Qué opinas?
opera la ópera, 2.1
operator el/la operador(a)
optional opcional
orally oralmente
orange (color) anaranjado(a), 3.2
orange (fruit) la naranja, 5.2
orange juice el jugo de naranja, 12.1
order la orden, 5.1
organism el organismo
origin el origen
original: in its original language version en versión original, 10.1
orphanage el orfanato
Otavalo (of or from) otavaleño(a)
other otro(a), 2.2
our nuestro(a)
outdoor al aire libre
outfielder el/la jardinero(a), 7.2
outskirts los alrededores
over por encima de
to **owe** deber

to **pack one's suitcase** hacer la maleta, 11.2
package el paquete, 5.2
page la página
  Web page la página Web
pain el dolor, 8.1
  I have a pain in . . . Tengo dolor de… , 8.2

to **paint** pintar
  painter el/la pintor(a)
  painting el cuadro, la pintura, 2.1
pair el par, 3.2
  pair of tennis shoes el par de tenis, 3.2
Panamanian panameño(a), 2.1
pants el pantalón, 3.2
paper el papel, 3.1
  sheet of paper la hoja de papel, 3.1
parents los padres, 6.1
park el parque
parka el anorak, 9.2
part la parte
party la fiesta, 4.2
  to give (throw) a party dar una fiesta, 4.2
pass (permission) el pase
to **pass** pasar, 7.2
  passenger el/la pasajero(a), 11.1
  passport el pasaporte, 11.1
  passport inspection el control de pasaportes, 11.2
past pasado(a)
patient el/la enfermo(a), 8.1
to **pay** pagar, 3.1
  to pay attention prestar atención, 4.2; hacer caso
pea el guisante, 5.2
peaceful tranquilo(a)
pen la pluma; **(ballpoint)** el bolígrafo, 3.1
pencil el lápiz, 3.1
peninsula la península
penny el centavo
people la gente
pepper la pimienta, 14.1
percent por ciento
performance la función, la representación, 10.2
  to put on a performance dar una representación, 10.2
to **permit** permitir, 11.1
person la persona, 1.2
Peruvian peruano(a)
peso el peso, BV

English-Spanish Dictionary

petition la petición

pharmacist el/la farmacéutico(a), 8.2

pharmacy la farmacia, 8.2

photo la foto

photograph la fotografía

phrase la frase

physical education la educación física, 2.2

physics la física, 2.2

piano el piano

to **pick up** recoger

  to pick up (claim) the luggage recoger el equipaje, 11.2

picture el cuadro, 10.2

pig (pork) el cerdo, 14.2

pill la pastilla, la píldora, la tableta, 8.2

pilot el/la piloto, 11.2

pink rosado(a), 3.2

piping (embroidery) el cordoncillo

pitcher el/la lanzador(a), el/la pícher, 7.2

pizza la pizza, BV

place el lugar, el sitio

to **place** colocar, meter, 7.1

  to place one's suitcase poner la maleta, 11.2

plane el avión, 11.1

plate el plato, 14.1

  home plate el platillo, 7.2

plateau la mesa

platform (railroad) el andén, 13.1

play la obra teatral, 10.2

to **play** jugar (ue), 7.1

player el/la jugador(a), 7.1

  baseball player el/la jugador(a) de béisbol, 7.2

playwright el/la dramaturgo(a)

plaza la plaza

pleasant agradable

please por favor, BV

P.M. de la tarde, de la noche

pocket el bolsillo

pocketbook la bolsa, 13.1

poem el poema

poet el poeta

poetry la poesía

point (score) el tanto, el punto, 7.1

  cardinal points los puntos cardinales

  to score a point marcar un tanto, 7.1

pole: ski pole el bastón, 9.2

political político(a)

poncho el poncho

pool la alberca, la piscina, 9.1

poor pobre

poor boy (girl) el/la pobre

popular popular, 2.1

popularity la popularidad

pork el cerdo, 14.2

porter el/la maletero(a), el mozo, 13.1

portrait el retrato

possibility la posibilidad

possible posible

potato la papa, 5.1

  mashed potatoes el puré de papas

to **practice** practicar

pre-Columbian precolombino(a)

to **prefer** preferir (ie, i)

to **prepare** preparar, 4.2

to **prescribe** recetar, 8.2

prescription la receta, 8.2

to **present** presentar

pretty hermoso(a), lindo(a), bonito(a), bello(a), 1.1

price el precio

priest el sacerdote

primary primario(a)

princess la princesa

principal principal

printer la impresora

private particular, privado(a), 6.2

  private house la casa particular (privada), 6.2

prize el premio

  Nobel Prize el Premio Nóbel

problem el problema

to **process** procesar

procession la procesión

to **proclaim** proclamar

produced producido(a)

product el producto, 2.1

professor el/la profesor(a), 2.1

program (TV) la emisión, 6.2

  sports program la emisión deportiva, 6.2

to **project** proyectar, 10.1

promise la promesa

protoplasm el protoplasma

public público(a)

to **publish** publicar

Puerto Rican puertorriqueño(a)

to **pull out** arrancar

puppy el perrito

purchase la compra, 3.1

pure puro(a)

to **put** poner, 11.1

  to put on a performance dar una representación, 10.2

  to put on clothes ponerse la ropa, 12.1

  to put on makeup ponerse el maquillaje, maquillarse, 12.1

Q

quarrel la disputa

quarter: a quarter to menos cuarto

  a quarter past y cuarto

queen la reina

question la pregunta

  to ask a question preguntar

quetzal el quetzal

quickly rápido

quite bastante, 1.1

R

racquet la raqueta, 9.1

railroad el ferrocarril

  railroad station la estación de ferrocarril, 13.1

railroad track la vía, 13.1
railway platform el andén, 13.1
to **rain: It's raining.** Llueve., 9.1
rate la tarifa
rather bastante, 1.1
razor la navaja, 12.1
to **read** leer, 5.1
reading la lectura
ready listo(a)
realist el/la realista
realistic realista
really realmente
rear (in the) atrás
reasonable razonable
to **rebound** rebotar
to **receive** recibir, 5.1
    to receive a good (bad) grade recibir una nota buena (mala), 4.2
recently recientemente; recién
rectangle el rectángulo
red rojo(a), 3.2
reduced reducido(a)
to **reflect** reflexionar, reflejar
reflection el reflejo
refreshment el refresco, 5.1
region la región
regular regular, 2.2
relative el/la pariente, 6.1
religious religioso(a)
to **remain** quedar, 7.1
to **remember** acordarse (ue) de, 3.2
to **renounce** renunciar
to **rent** alquilar, rentar, 10.1
to **repeat** repetir (i, i)
to **replace** reemplazar
report el reportaje
to **represent** representar
republic la república
    Dominican Republic la República Dominicana
to **request** pedir (i, i), 14.1
required: required course el curso obligatorio, 2.1
reservation la reservación
to **reserve** reservar, 14.2
reserved reservado(a), 13.2
resident el/la residente

resort: seaside resort el balneario, 9.1
resource el recurso
    natural resources los recursos naturales
rest lo demás
restaurant el restaurante, 14.1
to **return** volver (ue), 7.1; **(something)** devolver (ue), 7.2
rice el arroz, 5.2
rich rico(a); con mucha plata
right derecho(a), 7.1
right away enseguida, 5.1
river el río
to **roll** rodar
roll (bread) el pan dulce, 5.1
roll of toilet paper el rollo de papel higiénico, 12.2
romantic romántico(a)
room la sala, el salón, el cuarto, la pieza, 4.1
    bathroom el cuarto de baño, 6.2
    classroom la sala (el salón) de clase, 4.1
    dining room el comedor, 6.2
    living room la sala, 6.2
    waiting room la sala de espera, 13.1
rose la rosa
round-trip ticket el billete de ida y vuelta, 13.1
routine la rutina, 12.1
row (of seats) la fila, 10.1
royal real
rubber la goma, 3.1
ruin la ruina
rumor el rumor
to **run** correr, 7.2
rural rural

to **sacrifice** sacrificar
sad triste
sail (of a mill) el aspa
sailboard la plancha de vela, 9.1

saint el santo
salad la ensalada, 5.1
salesperson el/la dependiente(a), el/la empleado(a), 3.1
salt la sal, 14.1
same mismo(a), 2.1
sand la arena, 9.1
sandal el huarache, la alpargata
sandwich el bocadillo, 5.1, el sándwich, BV
sash la faja
Saturday el sábado, BV
saucer el platillo, 14.1
to **save** salvar
to **say** decir
scale la báscula, 11.1
scene la escena
schedule el horario, 13.1
    school schedule el horario escolar
school la escuela, el colegio, 1.1
    elementary school la escuela primaria
    high school el colegio, la escuela secundaria, la escuela superior
    middle school la escuela intermedia
school (pertaining to) escolar
    school bus el bus escolar, 4.1
    school life la vida escolar, 4.1
    school schedule el horario escolar
    school supplies los materiales escolares, 3.1
science la ciencia, 2.2
    natural sciences las ciencias naturales
social sciences las ciencias sociales
scientific científico(a)
scientist el/la científico(a)
score el tanto, 7.1
to **score: to score a goal** meter un gol, 7.1
    to score a point marcar un tanto, 7.1

English-Spanish Dictionary

scoreboard el tablero indicador, 7.1

screen la pantalla, 10.1

sculptor el/la escultor(a), 10.2

sculpture la escultura

sea el mar, 9.1

  Caribbean Sea el mar Caribe

search: in search of en busca de

season la estación, BV

seasoning el condimento, 14.1

seat (theater) la butaca, 10.1; **(airplane, train, etc.)** el asiento, 11.1; la plaza, 13.2

  seat number el número del asiento, 11.1

second segundo(a), 6.2

  second half el segundo tiempo, 7.1

secondary secundario(a), 1.1

secret secreto(a)

security: security control el control de seguridad, 11.1

to **see** ver, 5.1

  See you later! ¡Hasta luego!, BV

  See you soon! ¡Hasta mañana!, BV

  See you tomorrow! ¡Hasta mañana!, BV

  to see a film ver una película, 10.2

to **select** seleccionar

selection la selección

to **sell** vender, 5.2; despachar, 8.2

to **send** transmitir, enviar

sentence la frase

September septiembre, BV

series la serie

  World Series la Serie mundial

serious serio(a), 1.1

to **serve** servir (i, i), 14.1

  service (tip) el servicio, 5.1

  set (theater) el escenario, 10.2

to **set the table** poner la mesa, 14.1

seven siete, BV

seven hundred setecientos(as), 3.2

seventeen diecisiete, BV

seventh séptimo(a), 6.2

seventy setenta, 2.1

several varios(as)

to **sew** coser

  sewing la costura

to **shake hands** dar la mano

shampoo el champú, 12.2

sharp en punto, 4.1

to **shave** afeitarse, 12.1

  shaving cream la crema de afeitar, 12.1

shawl el poncho

she ella, 1.1

sheet: sheet of paper la hoja de papel, 3.1

shellfish el marisco, 5.2

sherbet el sorbete

to **shine** brillar, 9.1

shirt la camisa, 3.2

shoe el zapato, 3.2

  shoe size el número, 3.2

  shoe store la zapatería

to **shop** ir de compras, 5.2

short (person) bajo(a), 1.1; **(length)** corto(a), 3.2

  short story la historieta

shorts el pantalón corto, 3.2

shot (injection) la inyección, 8.2

show la sesión, 10.1; el espectáculo, 10.2

  to see a show ver un espectáculo, 10.2

shower: to take a shower tomar una ducha, 12.1

shrimp el camarón, 14.2

shy tímido(a), 1.2

sick enfermo(a), 8.1

  sick person el/la enfermo(a), 8.1

side el lado; *(adj.)* lateral, 13.2

sierra la sierra

to **sigh** suspirar

similar parecido(a), similar

simple sencillo(a); simple

since como; desde, 1.2

sincere sincero(a), 1.2

to **sing** cantar, 4.2

single soltero(a)

single-celled monocelular

singles (tennis) singles, 9.1

sir el señor, BV

sister la hermana, 6.1

to **sit down** sentarse (ie), 12.1

six seis, BV

six hundred seiscientos(as), 3.2

sixteen dieciséis, BV

sixth sexto(a), 6.2

sixty sesenta, 2.1

size (clothes) el tamaño, la talla; **(shoes)** el número, 3.2

  What size do you take? ¿Qué talla (número) usa Ud.?, ¿Qué número usa (calza) Ud.?, 3.2

ski el esquí, 9.2

  water-ski el esquí acuático, 9.1

to **ski** esquiar, 9.1

  ski lift el telesquí, 9.2

  ski pole el bastón, 9.2

  ski resort la estación de esquí, 9.2

  ski slope la pista, 9.2

  skier el/la esquiador(a), 9.2

  skiing el esquí, 9.2

skirt la falda, 3.2

sky el cielo, 9.1

to **sleep** dormir (ue, u)

  sleeping bag el saco de dormir, 12.2

  sleeping car el coche-cama, 13.2

small pequeño(a), 2.1

smile: little smile la sonrisita

smoking (no-smoking) section la sección de (no) fumar, 13.1

snack la merienda, 4.2

  to have (eat) a snack tomar una merienda, 4.2

sneakers los tenis, 3.2

to **sneeze** estornudar, 8.1

snow la nieve, 9.2

to **snow** nevar (ie), 9.2

so tan

   so much tanto(a)

soap el jabón, 12.2

   bar of soap la barra (la pastilla) de jabón, 12.2

soccer el fútbol, 2.1

soccer field el campo de fútbol, 7.1

social sciences las ciencias sociales

society la sociedad

sociology la sociología

socks los calcetines, 3.2

solution la solución

to **solve** resolver (ue)

some algunos(as), 4.1

something algo, 5.2

sometimes a veces, 7.1

son el hijo, 6.1

soon pronto, BV; dentro de poco

   See you soon! ¡Hasta pronto!, BV

sorbet el sorbete

sore throat el dolor de garganta, 8.1

soup la sopa, 5.1

south el sur

South America la América del Sur

South American sudamericano(a)

southwest el sudoeste

Spanish español(a)

Spanish American hispanoamericano(a)

Spanish (language) el español, 2.2

Spanish-speaking hispanohablante

Spanish speaker el/la hispanohablante

to **speak** hablar, 3.1

special especial

specialty la especialidad

spectator el/la espectador(a), 7.1

to **spend: to spend the weekend** pasar el fin de semana, 9.1

spoon (tablespoon) la cuchara, 14.1; **(teaspoon)** la cucharita, 14.1

sport el deporte, 7.2

   individual sport el deporte individual

   team sport el deporte de equipo

sports (related to) deportivo(a), 6.2

   sports program (TV) la emisión deportiva, 6.2

spouse el/la esposo(a), 6.1

spring la primavera, BV

square la plaza

squire el escudero

stadium el estadio, 7.1

stage el escenario, la escena, 10.2

   to come (go) on stage entrar en escena, 10.2

stairway la escalera, 6.2

standing de pie

star la estrella

state el estado

station la estación, 13.1

   subway station la estación de metro, 10.1

   train station la estación de ferrocarril, 13.1

stationery: stationery store la papelería, 3.1

statue la estatua, 2.1

to **stay in bed** guardar cama, 8.1

steak el biftec, 5.2

stomach el estómago, 8.1

stomachache el dolor de estómago, 8.1

stop la parada, 13.1

to **stop** parar, bloquear, 7.1

store la tienda, 3.2

   clothing store la tienda de ropa, 3.2

   department store la tienda de departamentos

   stationery store la papelería, 3.1

to **store** almacenar

story: little story la historieta

strategy la estrategia

stream el arroyo

street la calle, 6.2

strong fuerte

structure la estructura

student el/la alumno(a), 1.1; el/la estudiante

student I.D. card la tarjeta de identidad estudiantil

study el estudio

to **study** estudiar, 4.1

stupendous estupendo(a)

style el estilo

subject la asignatura, la disciplina, 2.2

subtitle el subtítulo, 10.1

   The movie has subtitles. El film lleva subtítulos., 10.1

to **subtract** restar

suburb el suburbio, la colonia

subway el metro, 10.1

subway station la estación de metro, 10.1

such tal

suckling pig el lechón, 14.2

to **suffer** sufrir

suit el traje, 3.2

   bathing suit el traje de baño, el bañador, 9.1

suitcase la maleta, 11.1

   to pack one's suitcase hacer la maleta, 11.2

summer el verano, BV

sun el sol, 9.1

to **sunbathe** tomar el sol, 9.1

sunblock la crema protectora, 9.1

Sunday el domingo, BV

sunglasses los anteojos de sol, las gafas de sol, 9.1

sunny: It's sunny. Hace (Hay) sol., 9.1

suntan lotion la crema protectora, la loción bronceadora, 9.1

superior superior

supermarket el supermercado, 5.2

supplies: school supplies los materiales escolares, 3.1

to **surf** practicar la tabla hawaiana, 9.1

   to surf the Net navegar por la red

English-Spanish Dictionary

surfboard la tabla hawaiana, 9.1
surfing el surfing, 9.1
sweet roll el pan dulce, 5.1
sweetheart el/la enamorado(a)
to swim nadar, 9.1
swimming la natación, 9.1
  underwater swimming el buceo, 9.1
swimming pool la alberca, la piscina, 9.1
swimsuit el bañador, el traje de baño, 9.1
symptom el síntoma, 8.2

T

T-shirt el T-shirt, la camiseta, 3.2
table la mesa, 5.1
  to set the table poner la mesa, 14.1
tablecloth el mantel, 14.1
tablespoon la cuchara, 14.1
tablet la tableta, 8.2
taco el taco, BV
Taino taíno(a)
to take tomar, 4.1
  to take a bath bañarse, 12.1
  to take a flight tomar un vuelo, 11.1
  to take a hike dar una caminata, 12.2
  to take a nap echar (tomar) una siesta
  to take a shower tomar una ducha, 12.1
  to take a trip hacer un viaje, 11.2
  to take notes tomar apuntes, 4.2
  to take off (airplane) despegar, 11.2
  to take photos tomar fotos
  to take (clothing size) usar, 3.2
  to take (shoe size) calzar, 3.2
  to take time tardar
taken ocupado(a), 5.1

to talk hablar, conversar, 3.1
tall alto(a), 1.1
tamale el tamal, BV
taxi el taxi, 10.2
tea el té, 5.1
  iced tea el té helado, 5.1
to teach enseñar, 4.1
teacher el/la maestro(a), el/la profesor(a), 2.1
team el equipo, 7.1
  team sport el deporte de equipo, 7.2
teaspoon la cucharita, 14.1
technology la tecnología
teeth los dientes, 12.2
telephone el teléfono
  to speak on the telephone hablar por teléfono
telephone (related to) telefónico(a)
television la televisión, 6.2
to tell decir
temperature la temperatura, 9.2
ten diez, BV
to tend to soler (ue)
tender tierno(a)
tennis el tenis, 2.1
  tennis court la cancha de tenis, 9.1
  tennis game el juego de tenis, 9.1
  tennis player el/la tenista, 9.1
tennis shoes los tenis, 3.2
  pair of tennis shoes el par de tenis, 3.2
tenth décimo(a), 6.2
term el término
terminal la terminal
terrace la terraza
terrible terrible
terror el terror
test el examen, 4.2
  to give a test dar un examen, 4.2
thank you gracias, BV
that aquel; eso, 4.1
  at that time en aquel entonces
  that's right (true)! ¡verdad!

the el, la, 1.1
theater el teatro, 10.2
theatrical teatral, 10.2
their sus, 6.1
them las (f. pl.); los (m. pl.)
theme el tema
then luego, BV; entonces, 2.1
there allí
  there is/are hay, BV
they ellos(as), 2.1
thin flaco(a), 1.2; delgado(a)
thing la cosa
to think pensar (ie), opinar
  to think so creer
third tercer(o), 6.2
thirsty: to be thirsty tener sed, 14.1
thirteen trece, BV
thirty treinta, BV
thirty-one treinta y uno, 2.1
this este (esta)
thistle el cardo
thought el pensamiento
thousand mil, 3.2
three tres, BV
three hundred trescientos(as), 3.2
throat la garganta, 8.1
to have a sore throat tener dolor de garganta, 8.1
to throw lanzar, 7.1; tirar, 7.2
Thursday el jueves, BV
ticket el boleto, la entrada, 7.2; el ticket, 9.2; el billete, 11.1
  one-way ticket el billete sencillo, 13.1
  round-trip ticket el billete de ida y vuelta, 13.1
ticket window la ventanilla, la boletería, 9.2; la taquilla, 10.1
tie la corbata, 3.2
tied (score) empatado(a), 7.1
  The score is tied. El tanto queda empatado., 7.1

time el tiempo; la vez; la
hora
at times a veces
at what time? ¿a qué
hora?
on time a tiempo
one more time une vez
más, 12
timid tímido(a), 1.2
tiny diminuto(a)
tip el servicio, 5.1; la
propina, 14.1
Is the tip included?
¿Está incluido el
servicio?
to leave a tip dejar una
propina, 14.1
tired cansado(a), 8.1
to a; con destino a, 11.1
toast el pan tostado, 5.2
toasted tostado(a), 5.2
today hoy, BV
together junto(a), 5.1
toilet paper el papel
higiénico, 12.2
to tolerate consentir (ie, i)
tomato el tomate, 5.2
tomorrow mañana, BV
See you tomorrow!
¡Hasta mañana!, BV
tonight esta noche, 9.2
too también, 1.2
too much demasiado
tooth el diente, 12.1
toothbrush el cepillo de
dientes, 12.2
toothpaste la pasta (crema)
dentífrica, 12.2
tube of toothpaste el tubo
de pasta dentífrica, 12.1
tortilla la tortilla, 5.1
to touch tocar
touch el contacto
tour la gira, 12.2
tourist el/la turista
toward hacia
towel: beach towel la
toalla playera, 9.1
town el pueblo
toy el juguete
track la vía, 13.1
tradition la tradición

traffic el tráfico
trail (ski) la pista, 9.2
train el tren, 13.1
local train el tren local,
13.2
nonstop train el tren
directo, 13.2
train car el coche, el
vagón, 13.1
train station la estación
de ferrocarril, 13.1
to transfer transbordar, 13.2
to transmit transmitir
to travel viajar
to travel by air viajar en
avión, 11.1
tree el árbol
triangle el triángulo
trip el viaje, 11.1
to take a trip hacer un
viaje, 11.1
triumphant triunfante
trousers el pantalón, 3.2
trousseau el ajuar de novia
true verdadero(a)
true value el valor real
trunk (of a car) el/la
maletero(a), 11.1
truth la verdad
to try tratar
tube el tubo, 12.2
Tuesday el martes, BV
tuna el atún, 5.2
to turn around revolver (ue)
twelve doce, BV
twenty veinte, BV
twenty-one veintiuno, BV
two dos, BV
two hundred
doscientos(as), 3.2
type el tipo
typical típico(a)

U

ugly feo(a), 1.1
uncle el tío, 6.1
aunt(s) and uncle(s) los
tíos, 6.1
under bajo, debajo (de)

undershirt la camiseta, 3.2
to understand comprender,
5.1
uniform el uniforme
unit la unidad
United States los Estados
Unidos
university la universidad
university (related to)
universitario(a)
until hasta, BV
urban urbano(a)
us nos
to use usar, 3.2
usually generalmente

V

vacation la vacación
vanilla (adj.) de vainilla,
5.1
vanilla ice cream el
helado de vainilla, 5.1
various varios(as)
to vary variar
veal la ternera, 14.2
vegetable el vegetal, 5.2;
la legumbre
vegetarian el/la
vegetariano(a)
Venezuelan
venezolano(a)
version: in (its) original
version en versión
original, 10.1
very muy, BV
very well muy bien, BV
vest el chaleco
victorious victorioso(a)
video el video, 4.2
video store la tienda de
videos, 10.1
view la vista, BV
vinegar el vinagre, 14.2
violin el violín, 2.1
visible visible
vital vital
voice la voz
volleyball el voleibol, 2.1
volume (book) el tomo
vowel la vocal

W

to **wait (for)** esperar, 11.1
  waiter el camarero, el mesero, 5.1
  waiting room la sala de espera, 13.1
  waitress la camarera, la mesera, 5.1
to **wake up** despertarse, 12.1
to **walk (around, through)** andar
  wall la pared; **(of a jai alai court)** el frontón
to **want** querer (ie), desear, 3.2
  war la guerra
to **wash oneself** lavarse, 12.1
    to wash one's face (hands, etc.) lavarse la cara (las manos, etc.), 12.1
to **watch** mirar, ver, 3.1
  water el agua (f.), 9.1
  watercolor la acuarela
  waterskiing el esquí acuático, 9.1
    to go waterskiing esquiar en el agua, 9.1
  wave la ola, 9.1
  way la manera, el modo, 1.1
  we nosotros(as), 2.1
  weapon el arma (f.)
to **wear** llevar, usar; **(shoe size)** calzar, 3.2
  weather el tiempo, 9.1
    The weather is bad. Hace mal tiempo., 9.1
    The weather is nice. Hace buen tiempo., 9.1
  Wednesday el miércoles, BV
  week la semana, BV
    last week la semana pasada, 9.2
  weekend el fin de semana, BV
    last weekend el fin de semana pasado
to **weigh** pesar
to **welcome** dar la bienvenida, 11.2

  well bien; pues, BV
    very well muy bien, BV
  west el oeste
  what? ¿qué?, ¿cuál?, ¿cuáles?, ¿cómo?, 1.1
    What is he (she, it) like? ¿Cómo es?, 1.1
    What is it? ¿Qué es?, 1.1
    What is today's date? ¿Cuál es la fecha de hoy?, BV
    What time is it? ¿Qué hora es?
  when cuando
    for when ¿para cuándo?, 14.2
    when? ¿cuándo?
  where donde, adonde, 1.2
    where? ¿dónde?, ¿adónde?
    Where is he (she, it) from? ¿De dónde es?, 1.1
  which? ¿cuál?, ¿cuáles?, BV
  while el rato
  while mientras
  white blanco(a), 3.2
  who? ¿quién?, 1.1; quiénes, 2.1
    Who is it (he, she)? ¿Quién es?, 1.1
  whole entero(a)
  why? ¿por qué?
  wife la esposa, la mujer, 6.1
to **win** ganar, 7.1
  windmill el molino de viento
to **windsurf** practicar la plancha de vela, 9.1
  winter el invierno, BV
  wise sabio(a)
to **wish** querer (ie), desear, 3.2
  with con
  within dentro de
  woman la dama
  wool la lana
  word la palabra
  work el trabajo; la obra
    work of art la obra de arte
to **work** trabajar, 3.2

  world el mundo
  world (related to) mundial
    World Cup la Copa mundial
    World Series la Serie mundial
  worldwide mundial
  wrap el poncho
to **wrap** envolver (ue)
to **write** escribir, 5.1
  writing pad el bloc, 3.1

Y

  year el año, BV
    last year el año pasado, 9.2
    this year este año, 9.2
    to be . . . years old tener… años, cumplir… años, 6.1
  yellow amarillo(a), 3.2
  yesterday ayer, 9.2
    the day before yesterday anteayer
    yesterday afternoon ayer por la tarde, 9.2
    yesterday morning ayer por la mañana, 9.2
  yogurt el yogur, 5.2
  you tú (sing. fam.), Ud. (sing. form.); Uds. (pl.); te (fam. pron.), le (pron.)
    You're welcome. De nada., No hay de qué., BV
  young joven, 6.1
    as a young person de joven
  young person el/la joven, 8.1
  your tu(s), su(s)
  youth hostel el albergue juvenil (para jóvenes), 12.2

Z

  zero cero, BV
  zone la zona

Index

Cover (front)Vega/FPG, (back)(t)Robert Frerck/Stone, (cl)PhotoEdit, (cr)Roger Antrobus/CORBIS, (b)Bruce Herman/Getty Images; **iv** (t)Ken Karp, (bl)Suzanne Murphy-Larronde/DDB Stock Photo, (bc)Robert Ginn/PhotoEdit, (br)Antonio Azcona West; **v vi** (l)Michelle Chaplow, (r)Timothy Fuller; **viii** (t)Michelle Chaplow, (b)Curt Fischer; **ix** (l)Michelle Chaplow, (tr)Luis Delgado, (br)Morgan Cain & Associates; **x** (tl)Andrew Payti, (tr)Luis Delgado, (b)John Evans; **xi** Curt Fischer; **xii** (t)Timothy Fuller, (b)Michelle Chaplow; **xiii** (tl)John Terence Turner/FPG, (bl)Marlo Bendan, (r)Luis Delgado; **xiv** (l)Suzanne Murphy-Larronde/DDB Stock Photo, (r)Robert Fried/Robert Fried Photography; **xv** (l)Michelle Chaplow, (r)Scott Barrow; **xvi** (tl)Michelle Chaplow, (tr b)Luis Delgado; **xvii** (l)Luis Delgado, (r)Robert Fried/Stock Boston; **xviii** (l)Timothy Fuller, (r)Curt Fischer; **xix** CORBIS; **xxi** (t)Shaun Egan/Getty Images, (c)Nigel Atherton/Getty Images, (bl)Harvey Lloyd/The Stock Market, (bc)Photodisc, (br)SuperStock; **xxxiv** (t)Timothy Fuller, (c)Mark Smestad, (b)Curt Fischer; **xxxv** (t)Timothy Fuller, (b)Ed McDonald; Cheryl Fenton; **0–1** Timothy Fuller; **2** (t)Ken Karp, (b)Cliff Hollenbeck/International Stock; **3** (tl tc)Michelle Chaplow, (tr)Ken Karp, (bl)Luis Delgado, (br)Timothy Fuller; **4** Luis Delgado; **5** (t)Michelle Chaplow, (b)Robert Frerck/Odyssey/Chicago; **6** Ed McDonald; **7** CORBIS; **9** (t)Ken Karp, (c)Chad Ehlers/Stone, (b)David Young-Wolfe/PhotoEdit; **10** (tl)Massimo Borchi/Atlantide/Bruce Coleman, Inc., (tr)Ulrike Welsch, (bl)David Simson/Stock Boston, (br)David Simson/Stock Boston; **11** Luis Delgado; **12** Robert Frerck/Odyssey/Chicago; **12–13** Luis Delgado; **14** (l)Curt Fischer, (r)Timothy Fuller; **16** (t)Timothy Fuller, (c)Tom & Therisa Stack/Tom Stack & Associates, (b)Michelle Chaplow; **17** (tl)Ken Karp, (tr)Mark Smestad, (b)Aaron Haupt; **18 19 20** Curt Fischer; **21** (t)Ed McDonald, (b)Robert Frerck/Stone; **22** Curt Fischer; **23** (t)Richard Glover/CORBIS, (b)Macduff Everton/CORBIS; **24** (tl)Aaron Haupt, (tr)Luis Delgado, (b)Timothy Fuller; **25** (t)Laura Sifferlin Photography, (b)Eye Ubiquitous/CORBIS; **26** (t)Ken Karp, (b)Robert Frerck/DDB Stock Photo; **27** (t)Robert Fried/Tom Stack & Associates, (b)Timothy Fuller; **28** (t)Bob Krist/eStock, (b)Ed McDonald; **29** Ken Karp; **30** (t)Bettmann/CORBIS, (b)Robert Frerck/Woodfin Camp & Associates; **31** (t)Robert Frerck/Woodfin Camp & Associates, (b)©1999 Estate of Pablo Picasso/Artists Rights Society (ARS), New York; **32** (t)Luis Delgado, (b)Bruce Coleman, Inc.; **33** (t)Bruce Coleman, Inc., (b)Organization of American States; **34** (l)Guido Cozzi/Atlantide/Bruce Coleman, Inc., (r)Ricardo Carrasco; **35** (tl)Curt Fischer, (tr)J.C. Carton/Bruce Coleman, Inc., (b)Robert Frerck/Odyssey/Chicago; **36** (t)Luis Delgado, (b)Mark Smestad; **37** Steve Vidler/Leo de Wys Stock Photo Agency; **39** Robert Frerck/Woodfin Camp & Associates; **40** Timothy Fuller; **41** Marlo Bendan; **42** Cheryl Fenton; **42–43** Michelle Chaplow; **44** Luis Delgado; **45** (t)Aaron Haupt, (bl)Curt Fischer, (br)Michelle Chaplow; **46** (t)Luis Delgado, (b)Curt Fischer; **47** (t)Ken Karp, (b)Aaron Haupt; **48 49 50** Curt Fischer; **51** Robert Frerck/Odyssey/Chicago; **53** (t)Luis Rosendo/FPG, (b)Laura Sifferlin; **55** (l)Doug Martin, (r)John Evans; **56** (t)Tony Arruza/Bruce Coleman, Inc., (b)Ken Karp; **57** Ken Karp; **60** (l)Robert Fried/Robert Fried Photography, (r)Laura Sifferlin Photography; **61** Sven Martson/The Image Works; **62** Curt Fischer; **63** (l)Luis Delgado, (r)Jerry Driendl/FPG; **64** (l)James Ranklev/Stone, (r)Manfred Gottschalk/Tom Stack & Associates; **65** (t)Robert Frerck/Odyssey/Chicago, (b)Nicolas Sapieha/Art Resource, NY; **66** (tl)David Young-Wolfe/PhotoEdit, (tc)Chuck Savage/The Stock Market, (tr)Robert Fried/Tom Stack & Associates, (cl)Suzanne Murphy-Larronde/DDB Stock Photo, (c)H. Huntly Hersch/DDB Stock Photo, (cr)Antonio Azcona West, (b)Robert Ginn/PhotoEdit; **67** The Museum of Modern Art, New York. Photograph ©1996 The Museum of Modern Art, New York. National Palace, Patio Corido, Mexico City; **68** Timothy Fuller;

69 David Sutherland/Getty Images; **71** Lindsay Hebberd/CORBIS; **72** (t)Curt Fischer, (b)Ken Karp; **73** (t c)Marlo Bendan, (b)Robert Frerck/Odyssey/Chicago; **74** Cheryl Fenton; **74–75** Robert Frerck/Odyssey/Chicago; **76** Curt Fischer; **77** Timothy Fuller; **78** Luis Delgado; **79** Michelle Chaplow; **80** Luis Delgado; **81** (tl)Ken Karp, (tr)Luis Delgado, (cl)Esbin-Anderson/The Image Works, (cr)Curt Fischer, (b)Esbin-Anderson/The Image Works; **82** (1–6 b)Luis Delgado, (c)Esbin-Anderson/The Image Works; **83** (1–4)Luis Delgado, (5)Siede Preis/Photodisc, (bl)Ken Karp, (br)Michelle Chaplow; **85** (t)Luis Delgado, (b)Ken Karp; **86** Andrew Payti; **87** (1 5)Aaron Haupt, (2)Dale E. Boyer/Photo Researchers, (3)CORBIS, (4)Suzanne Murphy-Larronde/DDB Stock Photo; **88** Timothy Fuller; **89** Ken Karp; **90** (l)PhotoDisc, (r)Michelle Chaplow; **91** (t)Michelle Chaplow, (b)John Hicks/eStock; **92** (tl)Oliver Benn/Stone, (tr)Stephanie Maze/Woodfin Camp & Associates, (cl clc)Loren McIntyre/Woodfin Camp & Associates, (cr)Robert Fried/Robert Fried Photography, (crc)Curt Fischer, (b)Curt Fischer; **93** Courtesy Oscar de la Renta; **94** Esbin-Anderson/The Image Works; **95** Ed McDonald; **96** (t)Matt Meadows, (b)Michelle Chaplow; **98** Curt Fischer; **99** Joe Viesti/The Viesti Collection; **100** Timothy Fuller; **101** Marlo Bendan; **102** Cheryl Fenton; **102–103** Pablo Corral Vega/CORBIS; **104** (tl)Photodisc, (r)Michelle Chaplow, (bl)Doug Bryant/DDB Stock Photo; **105** (t)Michelle Chaplow, (b)Timothy Fuller; **106** Michelle Chaplow; **107** (t)Mark Smestad, (b)Doug Bryant/DDB Stock Photo; **108** Michelle Chaplow; **109** (t)Laura Sifferlin Photography, (b c)Curt Fischer; **110** (t)Michelle Chaplow, (b)Tom & Therisa Stack/Tom Stack & Associates; **111** (t)Aaron Haupt, (b)Philadelphia Museum of Art, A.E. Gallatin Collection; **112** Aaron Haupt; **113** Tom Bean/Stone; **114** (t)Ken Karp, (b)José Fuste Raga/The Stock Market; **116** Mark Smestad; **117** (t)Michelle Chaplow, (b)Dallas & John Heaton/Westlight; **118** Luis Delgado; **119** Curt Fischer; **120** Ken Karp; **122** (t)Luis Delgado, (b)Luis Rosendo/FPG; **123** Luis Rosendo/FPG; **124** (t)Mark C. Burnett/Stock Boston, (b)Joe Viesti/Viesti Associates; **125** (tl)UPI/Bettmann/CORBIS, (tr)Harvey Lloyd/The Stock Market, (b)Andrew Payti; **126** (t)Alex Kerstitch/Bruce Coleman, Inc., (bl)Luis Delgado, (br)Michael Evan Sewell; **127** Luis Delgado; **128** (t)Michelle Chaplow, (b)Doug Bryant/DDB Stock Photography; **129** Michelle Chaplow; **131** Mark Smestad; **132** (t)Mark Smestad, (b)Luis Delgado; **133** (t c)Marlo Bendan, (b)Cliff Hollenbeck/International Stock; **134** Morgan Cain & Associates; **135** Michelle Chaplow; **140** Cheryl Fenton; **140–141** Telegraph Color Library/FPG; **142** (tl b)Ken Karp, (tr)Doug Bryant/DDB Stock Photo; **144** Morgan Cain & Associates; **145** Michelle Chaplow; **146** (t)Morgan Cain & Associates, (bl)Michelle Chaplow, (br)Curt Fischer; **147** (t)Timothy Fuller, (c)Andrew Payti, (b)Doug Bryant/DDB Stock Photo; **148** (t)Andrew Payti, (b)Luis Delgado; **149** Andrew Payti; **151** Luis Delgado; **152** Morgan Cain & Associates; **154 156 157** Michelle Chaplow; **158** (l)Peter Menzel; **158** Curt Fischer; **159** Andrew Payti; **160** Michelle Chaplow; **161** Curt Fischer; **162** Andrew Payti; **163** (t)Michelle Chaplow, (b)Andrew Payti; **164** (tl)David Buffington/Photodisc, (tr)Andrew Payti, (bl)C Squared Studios/Photodisc, (br)Marshall Gordon/Cole Group/Photodisc; **165** Antonio Azcona West; **166** Ken Karp; **167** (t c)Marlo Bendan, (b)Esbin-Anderson/The Image Works; **168** Cheryl Fenton; **168–169** Robert Frerck/Woodfin Camp & Associates; **170** Ken McVey/International Stock; **171** Ann Summa/Getty Images; **172** (t)Ken Karp, (b)Luis Delgado; **173** (t)John Evans, (b)Ken Karp; **175** (t)John Evans, (b)Mark Smestad; **176** Michelle Chaplow; **177** (l)Andrew Payti, (r)Robert Fried/Robert Fried Photography; **179** (t)Ed McDonald, (b)Luis Delgado; **180** (t)Warren Morgan/Westlight, (b)Curt Fischer; **181** Matt Meadows; **182** Michelle Chaplow; **183 185** Andrew Payti; **186** Timothy Fuller; **188** Michelle Chaplow; **189** Luis Delgado; **190** Jose Carrillo/PhotoEdit; **191** Prado Museum, Madrid/Art Resource, NY; **192** Jacques & Natasha Gilman Collection; **193** (t)Prado Museum, Madrid/Art Resource, NY, (c)The Museum of Modern Art, New York, (b)House of El Greco, Toledo, Spain; **195** (t)Matt Meadows, (b)Andrew Payti; **198** (t)Ken Karp, (b)Robert Fried/Robert Fried Photography; **199** (t c)Marlo Bendan, (b)Christophe Simon/AFP/CORBIS; **200** Cheryl Fenton; **202** (l)David Cannon/Allsport, (r)Curt Fischer; **204** David Leah/Allsport, **205** (t)Clive Brunskill/Allsport, (b)Doug Bryant/DDB Stock Photography; **206** Curt Fischer; **207** (tl br)Curt Fischer, (tr)Image Club Graphics (cl bl)Aaron Haupt; **208** (t)David Leah/Allsport Mexico, (b)Luis Delgado; **209** Image Club Graphics; **210 211** Luis Delgado; **213** Martin Venegas/ Allsport Mexico; **214** (t)Ken Karp, (b)David R. Frazier/Photo Researchers; **215** Michelle Chaplow; **216** Andrew Payti; **217** Curt Fischer; **218** Michelle Chaplow; **220** (t)Paul Marriott/Empics Ltd., (b)Robert Frerck/Woodfin Camp and Associates; **221** Allsport/Getty Images; **222** (t)Doug Persinger/Allsport, (b)David Leah/Allsport Mexico; **223** (t)Robert Fried/Robert Fried Photography, (b)Tom & Therisa Stack/Tom Stack & Associates; **224** Robert Frerck/Odyssey/Chicago; **225** (t)Cliff Hollenbeck/International Stock, (b)Robert Fried/Robert Fried Photography; **228** Luis Delgado; **229** Simon Bruty/Allsport; **230** Curt Fischer; **231** (t c)Marlo Bendan, (b)David Leah/Allsport Mexico; **232** Luis Delgado; **234** Andrew Payti; **240** Cheryl Fenton; **240–241** Timothy Fuller; **242 243** Curt Fischer; **244** (t)Michelle Chaplow, (b)Timothy Fuller; **245** (t br)Curt Fischer, (bl)Aaron Haupt; **246** (t)Ken Karp, (b)Curt Fischer; **247** Michelle Chaplow; **248** (t)Timothy Fuller; **250** (t)Timothy Fuller, (b)Ken Karp; **251** Aaron Haupt; **253** (t)Macduff Everton/The Image Works, (b)Ken Karp; **254** Robert Fried/Robert Fried Photography; **255** Ken Karp; **257 258** Michelle Chaplow; **260** Andrew Payti; **261 262** Luis Delgado; **263** (t)Siegfried Tauqueuer/EStock, (b)courtesy Dr. Antonio Gassett; **264** Curt Fischer; **265** (t b)Curt Fischer, (c)Robert Frerck/Odyssey/ Chicago; **267** (t)Timothy Fuller, (b)Robert Frerck/Odyssey/ Chicago; **268** Timothy Fuller; **269** Luis Delgado; **270** (t b)Curt Fischer, (c)Ken Karp; **271** (t c)Marlo Bendan, (b)Robert Frerck/Stone; **272** Cheryl Fenton; **272–273** SuperStock; **274** (bkgd)Luis Delgado, (tl)Robert Fried/Robert Fried Photography, (tr)Robert E. Daemmrich/Stone, (c)Phillip Wallick/International Stock, (bl)Tony Arruza/Bruce Coleman, Inc., (br)Pascal Rondeau/Allsport; **275** Timothy Fuller; **276** (t)Luis Delgado, (c)Vladimir Pcholkin/FPG, (1 2 3)C Squared Studios/Photodisc, (4)Doug Bryant/DDB Stock Photo; **277** (t)Peter Gridley/FPG, (b)Michelle Chaplow; **278** (tr l)Curt Fischer, (tr)Buddy Mays/CORBIS; **280** (t)John Curtis/DDB Stock Photo, (b)Marco Corsetti/FPG; **283** Luis Delgado; **284** (t)Michelle Chaplow, (b)J.L.G. Grande/Tourist Office of Spain; **286** Ken Karp; **287** (t 1 5)Aaron Haupt, (2)Timothy Fuller, (3)Ryan McVay/Photodisc, (4)Jules Frazier/Photodisc, (6)Alaska Stock Images, (7)Thomas Veneklasen, (8)C Squared Studios/Photodisc, (b)Luis Delgado; **290** (l)Zbigniew Bzdak/The Image Works, (r)Laura Sifferlin Photography; **292** (l)Travelpix/FPG, (r)Hugh Sitton/Stone; **293** (l)Robert Fried/Robert Fried Photography, (tr)Caroline Von Trumpling-Manning/FPG, (br)Timothy O'Keefe/Bruce Coleman, Inc.; **294** (l)Buddy Mays/International Stock, (r)Walter Bibikow/FPG; **295** (l)John Terence Turner/FPG, (r)Scott Markewitz/FPG; **296** (l)Derke/O'Hara/Stone, (r)Robert Frerck/Odyssey/Chicago; **297** (t)Harold Castro/FPG, (bl)Robert Frerck/Woodfin Camp & Associates, (br)Mireille Vautier/Woodfin Camp & Associates; **298** Marco Corsetti/FPG; **300** (tl)Doug Bryant/DDB Stock Photo, (tc)C Squared Studios/Photodisc, (tr)Pascal Rondeau/Allsport, (bl)Jules Frazier/Photodisc, (br)Jack Hollingsworth/Photodisc; **301** Andrew Payti; **302** (t)SuperStock, (b)Curt Fischer; **303** (t c)Marlo Bendan, (b)Robert Frerck/Odyssey/Chicago; **304** Cheryl Fenton; **304–305** Robert Frerck/Odyssey/Chicago; **306 308** Michelle Chaplow; **309** Dallas & John Heaton/Westlight; **310** Culver Pictures; **311** (t)Cathlyn Melloan/Stone, (b)Ken Karp; **313** Robert Frerck/Odyssey/Chicago; **315** (t)Michelle Chaplow, (b)Robert Fried/Robert Fried Photography; **316** file photo; **317** Robert Frerck/Odyssey/Chicago; **318** (t)Aaron Haupt,

(b)Vladimir Pcholkin/FPG; **319** Prado Museum, Madrid; **320** Luis Delgado; **322** (t)Michelle Chaplow, (b)Luis Delgado; **323** Dave Bryant/DDB Stock Photo; **324** Luis Delgado; **325** (t)Gene Dekovic, (c)Jorge Contreras Chacel/International Stock, (b)Robert Frerck/Odyssey/Chicago; **327** (l)Doug Bryant/DDB Stock Photo, (tr)Ulrike Welsch, (cr)Suzanne Murphy-Larronde/DDB Stock Photo, (br)Robert Frerck/Odyssey/ Chicago; **328** Matt Meadows; **331** Tony Aruzza/Getty Images; **332** (t)Cathlyn Melloan/Stone, (b)Ken Karp; **333** (t c)Marlo Bendan, (b)Oliver Benn/Stone; **334** Cheryl Fenton; **334–335** Thomas D. Mayes, Jr.; **336 337 338** Michelle Chaplow; **339** Robert Fried/Robert Fried Photography; **340** Michelle Chaplow; **341** (t c)Scott Barrow, (b)Michelle Chaplow; **342 345** Michelle Chaplow; **346** Andrew Payti; **349** Will & Deni McIntyre/Photo Researchers; **350** (l)Robert Fried, (r)Aaron Haupt; **352** (t)Jacques Jangoux/Stone, (b)D. Rivademar/Odyssey/Chicago; **353** (t)Jim Zuckerman/Westlight, (b)Boyd Norton/The Image Works; **354** (t)Reuters NewMedia Inc./CORBIS, (b)Luis Delgado; **355** J.C. Carton/Bruce Coleman, Inc.; **356** Curt Fischer; **357** Doug Bryant/DDB Stock Photo; **360** Michelle Chaplow; **361 362** Scott Barrow; **363** (t c)Marlo Bendan, (b)Courtesy Mexicana Airlines; **364** Michelle Chaplow; **365** Ken Karp; **366** Photoworks/P. Lang/DDB Stock Photo; **372** Cheryl Fenton; **372–373** Adam Woolfitt/CORBIS; **374 375** Curt Fischer; **376** Michelle Chaplow; **377** (l)Morgan Cain & Associates, (r)Andrew Payti; **378** (t)Guido Cozzi/Atlantide/Bruce Coleman, Inc., (b)Curt Fischer; **379** (tl)Aaron Haupt, (tc)Curt Fischer, (tr bc)Andrew Payti, (bl)Luis Delgado, (br)Michelle Chaplow; **381** Curt Fischer; **383** Michelle Chaplow; **384** (t)Timothy Fuller, **384** (c1 c4 c5 c6)Timothy Fuller, (c2 c3)Aaron Haupt, (b)Ken Karp; **385** Michelle Chaplow; **386** Luis Delgado; **390** (l)Robert Frerck/Odyssey/Chicago, (r)Luis Delgado; **391** Robert Fried/Robert Fried Photography; **392** (t)K. Gillham/Photo 20-20, (bl)Robert Frerck/Woodfin Camp and Associates, (br)Massimo Borchi/Atlantide/Bruce Coleman, Inc.; **393** Robert Frerck/Odyssey/Chicago; **394** (t)Reuters NewMedia Inc./CORBIS, (b)Luis Delgado; **395** (t)Bernard P. Wolfe/Photo Researchers, (b)Andrew Payti; **397** Ken Karp; **398** (t bl)Curt Fischer, (bc br)Andrew Payti; **399** Caroline Von Trumpling-Manning/FPG; **400** (t)Michelle Chaplow, (b)Curt Fischer; **401** (t c)Marlo Bendan, (b)Esbin-Anderson/The Image Works; **402** Victoria & Albert Museum, London/Bridgeman Art Library; **402–403** Luis Delgado; **404** Michelle Chaplow, (inset)Luis Delgado; **405** EFE Reportajes; **406** Luis Delgado; **408** Michelle Chaplow; **409** (tl b)Doug Bryant/DDB Stock Photo, (tr)Brian Solomon; **410** (t)Luis Delgado, (b)Michelle Chaplow; **411** (t)Ken Karp, (bl)Ikeda/ International Stock, (br)Robert Fried/Robert Fried Photography; **413** Ken Karp; **414** House of El Greco, Toledo, Spain; **415** Yoichiro Miyazaki/FPG; **416** Robert Fried/Robert Fried Photography; **417** Ken Karp; **418 420** Luis Delgado; **421** (t b)Robert Fried/Robert Fried Photography, (c)Telegraph Color Library/FPG; **422** (t br)Robert Fried/Robert Fried Photography, (c)Robert Fried/Stock Boston, (bl)Robert Frerck/Odyssey/ Chicago; **423** M. Freeman/Bruce Coleman, Inc.; **425** (tl)Curt Fischer, (br)Michelle Chaplow, (others)Luis Delgado; **426** Morgan Cain & Associates; **427** file photo; **430** (t)EFE Reportajes, (b)Michelle Chaplow; **431** (t c)Marlo Bendan, (b)Chuck Szymanski/International Stock; **432** Museum of Fine Arts, Moscow/Bridgeman Art Library; **432–433** Luis Delgado; **434** Curt Fischer; **435** (t)Andrew Payti, (c bl)Doug Bryant/DDB Stock Photo, (br)Aaron Haupt; **436** (t)Ed McDonald, (b)Luis Delgado; **437** Luis Delgado; **438** Curt Fischer; **439** (t bl)Timothy Fuller, (br)Curt Fischer; **440** Michelle Chaplow; **443** (t)Ken Karp, (b)Morgan Cain & Associates; **445 446** Ken Karp; **448** (l)Curt Fischer, (r)Timothy Fuller; **449** National Palace, Mexico City; **450** (t)Michelle Chaplow, (c)Andrew Payti, (b)Curt Fischer; **451** Robert Fried/Robert Fried Photography; **452** (bl)Andrew Payti, (others)Curt Fischer; **453** Michelle Chaplow; **456** Curt Fischer; **458** (t)Timothy Fuller, (c)file photo, (b)Curt Fischer; **459** (t c)Marlo Bendan, (b)Jorge Contreras Chacel/International Stock;

460 Luis Delgado; 462 Timothy Fuller; 463 Michelle Chaplow/Andalucia Slide Library; 468 Photodisc; 468–469 CORBIS; 471 (t)Roberto R. Cinti/Bruce Coleman, Inc., (b)Cheryl Fenton; 474 Tess & David Young/Tom Stack & Associates; 475 J.P. Courau/DDB Stock Photo; 477 (t)Peter Menzel, (b)Byron Augustin/DDB Stock Photo; 480 Esbin-Anderson/The Image Works; 481 Paul Grebliunas/Stone; 482 Robert Frerck/Odyssey/Chicago; 483 (t)Robert Fried/Robert Fried Photography, (c)Pam Taylor/Bruce Coleman, Inc., (b)Chip & Rosa Maria Peterson; 486 Esbin-Anderson/The Image Works; 487 Chip & Rosa Maria Peterson; 488 Doug Bryant/DDB Stock Photo; 490 Photodisc; 490–H1 Jeremy Horner/Getty Images; H4 (tl)Curt Fischer, (others)Luis Delgado; H5 Michelle Chaplow; H10 (tl)Pascal Rondeau/Allsport UK Ltd., (tr)Phillip Wallick/International Stock, (b)Timothy Fuller; H14 (t b)Doug Bryant/DDB Stock Photo, (c)Michelle Chaplow.

Vista credits

136 (t)Mireille Vautier/Woodfin Camp & Associates, (cl)Robert Frerck/Stone, (cr)David Alan Harvey, (b)Kevin Schafer/Stone; 136–137 Bill Ross/Woodfin Camp & Associates; 137 (t)Robert Frerck/Woodfin Camp & Associates, (b)David Alan Harvey; 138 (t)Danny Lehman/CORBIS, (cl)Peter Menzel/Stock Boston/PNI, (cr)Poulides/Thatcher/Stone, (b)Stuart Franklin; 138–139 David Alan Harvey; 139 (t)Kal Muller/Woodfin Camp & Associates, (b)Mark Segal/Stone; 236 (t)Tor Eigeland, (b c)Robert Frerck/Woodfin Camp & Associates; 236–237 Oliver Benn/Stone; 237 (t)Jon Bradley/Stone, (b)Patrick Ward/CORBIS; 238 (tl)Robert Frerck/Woodfin Camp & Associates, (tr)Kim Newton/Woodfin Camp & Associates, (bl)Joanna B. Pinneo, (br)Louis Mazzatenta; 238–239 David Heald; 239 (t)Richard During/Allstock/PNI, (b)Adina Tovy/DDB Stock Photo; 368 (t)Robert W. Madden, (cl)Wolfgang Kaehler, (cr)Robert Frerck/Odyssey/Chicago, (b)Suzanne Murphy-Larronde/DDB Stock Photo; 368–369 Stuart Westmorland/Stone; 369 (t)Suzanne Murphy-Larronde/DDB Stock Photo, (b)Kevin Schafer; 370 (t)Dan McCoy/Rainbow/PNI, (cl)Macduff Everton, (cr)Robert Frerck/Odyssey Production/Chicago, (b)Stephanie Maze; 370–371 Tom Bean; 371 (t)Len Kaufman/Black Star/PNI, (b)Joan Iaconetti; 464 (t)Wolfgang Kaehler, (cl)Robert Frerck/Odyssey Productions/Chicago, (cr)Kevin Schafer, Martha Hill/Allstock/PNI, (b)Jeremy Horner/Panos Pictures; 464–465 Jeremy Horner/Panos Pictures; 465 (t)Suzanne L. Murphy/DDB Stock Photo, (b)Patricia Sydney Straub/DDB Stock Photo; 466 (b)David Fritts/Allstock/PNI, (others)Matteo Tori/Imago Latin Stock; 466–467 Eduardo Gill/Black Star/PNI; 467 (t)Tayacan/Panos Pictures, (b)Robert Frerck/Woodfin Camp & Associates.

Glencoe would like to acknowledge the artists and agencies who participated in illustrating this program: Ann Barrow; David Broad; Gregory Lane; Laurie Harden; Carlos Lacamara; Beverly Lazor-Behr; Joe LeMonnier; Betty Maxey; Jane McCreary; Rebecca Merrilees; Lyle Miller; Stephen Moore; Ortelius Design, Inc; Ed Sauk; Den Schofield; D.J. Simison and Susan Jaekel represented by Ann Remen-Willis; Romark Illustrations; Carol Strebel; Diana Thewlis; Meryl Treatner; Qin-Zhong Yu.